SHUI MU SHU TAN

李彬 著

水木书谭

新闻与文化的交响

新 华 出 版 社

图书在版编目（CIP）数据

水木书谭：新闻与文化的交响/李彬著

北京：新华出版社，2016.3

ISBN 978－7－5166－2329－9

Ⅰ.①水…　Ⅱ.①李…　Ⅲ.①新闻学—文化学—文集　Ⅳ.①G210－53

中国版本图书馆 CIP 数据核字（2016）第 026153 号

本书得到中信改革发展研究基金会资助

项目编号：A20151101

水木书谭：新闻与文化的交响

作　　者：李　彬

出 版 人：张百新	封面设计：臻美书装	
责任编辑：黄春峰	责任印制：廖成华	

出版发行：新华出版社

地　　址：北京石景山区京原路 8 号　　　　邮　　编：100040

网　　址：http：//www.xinhuapub.com　http：//press.xinhuanet.com

经　　销：新华书店

购书热线：010－63077122　　　　中国新闻书店购书热线：010－63072012

照　　排：新华出版社照排中心

印　　刷：北京明恒达印务有限公司

成品尺寸：170mm×240mm

印　　张：33.5　　　　　　　　字　　数：450 千字

版　　次：2016 年 3 月第一版　　印　　次：2016 年 3 月第一次印刷

书　　号：ISBN 978－7－5166－2329－9

定　　价：66.00 元

图书如有印装问题，请与出版社联系调换：010－63077101

目　录

致 谢

感谢《新闻爱好者》杂志与编辑郭玲玲，特辟我一方学术专栏——"新闻与文化书谭"，任我随心所欲，畅所欲言。

感谢方汉奇、王振铎等学界中人勖勉有加，殷勤提点，让我不断感到弥足珍贵的精神支援。

感谢河南大学新闻与传播学院前院长张举玺邀我受聘黄河学者，各届学院领导班子更是一同为我搭建新的学术平台，并施加必要而轻松的压力或动力。

感谢河南大学新闻系副主任张珂，作为黄河学者的助手，一方面为我分担各种事务性工作，一方面也以第一读者的慧眼与批评介入本书的撰写全程。

感谢清华大学博士生李海波对书稿的悉心校订，不仅扫除诸多习焉不察的差错，而且提出种种多所采纳的建议，包括四个乐章的架构。

感谢南振中与梁衡两位新闻界前辈慷慨赐序。作为首届范长江新闻奖获得者、新华通讯社原总编辑，也作为郑州大学中文系的老学长，南振中的美言让我再次承教之际，也自然怀念故土乡情的美好时光。作为名记者、散文家，梁衡的文字气象雄浑，长风浩荡，在文坛独树一帜，别开生面，拙著忝列其后，也觉蓬荜生辉。而更让我感念的是，两位前辈均为清华大学新闻学院先院长范敬宜的故交，从他们一言一行中我得以领略那种天长地久的家国情怀与道德文章。

序 一

南振中

李彬毕业于郑州大学，年轻时在母校从教多年，是我的校友，因此，我答应在他的《水木书谭》付印之前写几句话。

在我的记忆里，李彬是一个喜欢读书和荐书的人。2008年4月第13个世界读书日前夕，新华社一位同事问我该读哪些书。我向他推荐了李彬教授编写的《新闻与传播专业学生阅读书目》。李彬从高等院校新闻与传播专业学生的知识结构出发，开列了400种图书，内容涉及新闻、哲学、美学、法学、文学、艺术、科学、政治学、社会学、心理学、经济学、人类学、未来学、中外历史文化、当代国际社会等多个领域。书目分为两个部分：一是新闻专业类，选取图书120种，其中必读书40种、选读书80种；二是百科博通类，选取图书280种，其中必读书40种、选读书80种、参考书160种。之所以选中这个书目，主要是向年轻新闻工作者介绍书目分类的方法。有了分类、分层的书目，读书生活就不会"杂乱无章"。

最近翻阅李彬的《水木书谭》，感到他是一个真正的"读书人"。

作为研究马克思主义新闻理论的学者，李彬比较系统地阅读马克思主义经典著作。他曾获赠一套《马克思恩格斯文集》和《列宁专题文集》，几年间他不时翻阅，从中受到很大启发。他推崇潜心阅读马列主义经典著作的学者。在《马克思回来了》一文中，李彬讲述了一件往事："文化大革命"之后，中国人民大学招收第一批研究生。一位导师要求学生通读《马克思恩格斯全集》，其两位研究生用了一年多的时间，硬是把《马克思恩格斯全集》读了下来，从而奠定了他们的学术根基。在教学实践中,李彬很看重这种"学术根基"。他要求学生阅读《共产党宣言》,认为这部著作"眼界阔大、思想深邃、情感诚挚、文辞壮美"。2009 年,李彬主讲"马克思主义新闻观"等课程,深入浅出,很受年轻学子欢迎。这门课程已经成为清华大学的精品课程。

李彬讲授过外国新闻史、中国新闻史、新闻史研究等课程。由于教学工作需要,他对历史产生了浓厚兴趣。在《新闻与历史:且谈明朝那些事》一文中,他引用蔡元培先生"新闻者,史之流裔耳"一语,阐释了新闻与历史的渊源。他涉猎张荫麟的《中国史纲》、冯友兰的《中国哲学简史》、金冲及的《二十世纪中国史纲》、斯塔夫里阿诺斯的《全球通史》、史蒂芬斯的《新闻的历史》。由于有深厚的史学功底,他所教授的中国新闻传播史获评国家精品课;所撰写的《全球新闻传播史》获评国家精品教材。

2014 年恰逢李彬从事新闻教育工作 30 年。在这个人生节点上,李彬荣获第二届范敬宜新闻教育良师奖。评委会认为,李彬"潜心为学,学养深厚,著述丰硕,是新闻史论领域的重要学者,其著作和思想,滋养了一大批新闻学子的学术和专业成长"。评委会还认为,李彬"淡泊名利,宁静致远,君子之风,在当今浮躁之风盛行之时代,弥足珍贵"。在郑州大学新闻与传播学院 2013 届毕业生毕业典礼上,我曾讲过"毕业生是母校的'形象代言人'"。李彬教授在新闻教育岗位上默默耕耘,为母校争了光。我为有这样的校友而自豪。

2015 年 10 月 5 日

序 二

梁 衡

　　清华大学李彬教授研究新闻与文化，在他的著作出版前嘱写几句话。我曾应他之约到学校讲过两次课，这个题目也是有话想说的。

　　谈到新闻与文化的关系，先说说什么是新闻。关于新闻，学者给出的定义很多，但核心都离不开"新近发生的事情"，新闻的本质是信息。我主张的新闻定义是："受众所关心的新近发生的事实的信息传播。"这里面有受众、时效、事实、信息和传播五个要素。信息怎样传播，近几十年大学里已经有了一个专门的课程：传播学。在国外，上世纪40年代出现信息论，70年代出现传播学，后逐渐引入中国。在没有信息论与传播学之前，中国课堂里的新闻学是连内容带形式一齐讲，而且更重内容，像一门政治宣传学。新闻的内容是什么？是各种信息，各种文化的信息。这就要说到什么是文化。

　　文化的定义是：一切社会财富和总和，但一般特指精神财富。既然是总和，它就能概括一个时代、地区，代表一个高度。如汉代文化、中国文化、美国文化、农耕文化等。但这还不具体，我们还可以从内容和形态的角度细分为六种，即信息、知识、思想、道德、审美和制度文化。信息是文化的第一层。风起青萍之末，无论文化的何种内容总是先从信息开始显露、传播，然后才沉淀为知识，提炼为思想，升华为审美，规范为道德，最后固定在法律制度的框架内，如校规、军纪、国法等，一个国家最大的框架就是宪法。可以看出，在文化这个大系里，新闻只负责信息这一小块（正如图书主要负责知识、思想这一块），只占六分之一，而且是最初始的表面的皮毛的文化。

信息还不是知识、思想，是"毛知识"、"毛思想"。但是，百丈之木发于毫末，没有信息的披露、传播，就没有后来知识、思想等各阶段文化的积累、形成。从这个意义上说，信息又是文化的胚芽、花粉、种子。而新闻则是它们的载体，是吹撒花粉的春风，是育苗的土壤。它是一个举重若轻，以轻带重的行业。

像其他事物都有先进落后之分一样，文化也有先进落后之分。这是比较而言的。在同一种文化形态中更适应生产力的发展，适应人的生存，适应历史进步的文化就是先进文化。比如，在制度文化中民主比专制先进，经济管理中股份制比单纯雇用制先进；道德文化中人与人的平等比封建等级、依附关系先进。知识文化中新知识更是不断地淘汰旧知识。先进文化的形成有四个条件，或曰四个步骤：一是要充分地积累；二是要批判、扬弃旧的东西；三是要创新；四是普及推广，去为实践所检验。可以看出在这四个步骤中，文化每前进一步，都离不开新闻传播的推动。远的不说，1978年中国改革开放之初，为打破过去僵化的政治、经济体制和陈旧的思想观念，报纸上关于真理标准的大讨论，无数激动人心的改革事例的报道，大大促进了这一时期新文化的诞生。中国社会在知识、思想、道德、审美、制度，各个层面都焕然一新。因为信息的本质是推陈出新，新闻总是传播新事物，摧枯拉朽，是新文化、新时代的接生婆。

过去社会上曾有一种说法，新闻无学，新闻浮浅，是狗熊掰棒子。这是一种偏见，一种误解，没有看到新闻的文化潜力。没有看到它于无声处的存在，润物无声的功力和以轻举重，四两拨千斤的作用。没有看到新闻信息在暗中推动文化进步的作用。新闻学和信息论都是到了近现代，文化发展到一定阶段才出现的。一般说，世界上第一张报纸是1615年德国人办的《法兰克福报》，中国人办的第一张报是1857年的《香港船头货价纸》。中国的新闻学出现于"五四"新文化运动时期，1919年徐宝璜在北京大学开讲《新闻学》。可以看出，新闻是文化大潮的弄潮儿。潘阆的词《酒泉子》："弄潮儿向潮头立，手把红旗旗不湿。"与身后的滚滚大潮相比，一面小红旗不算什么，

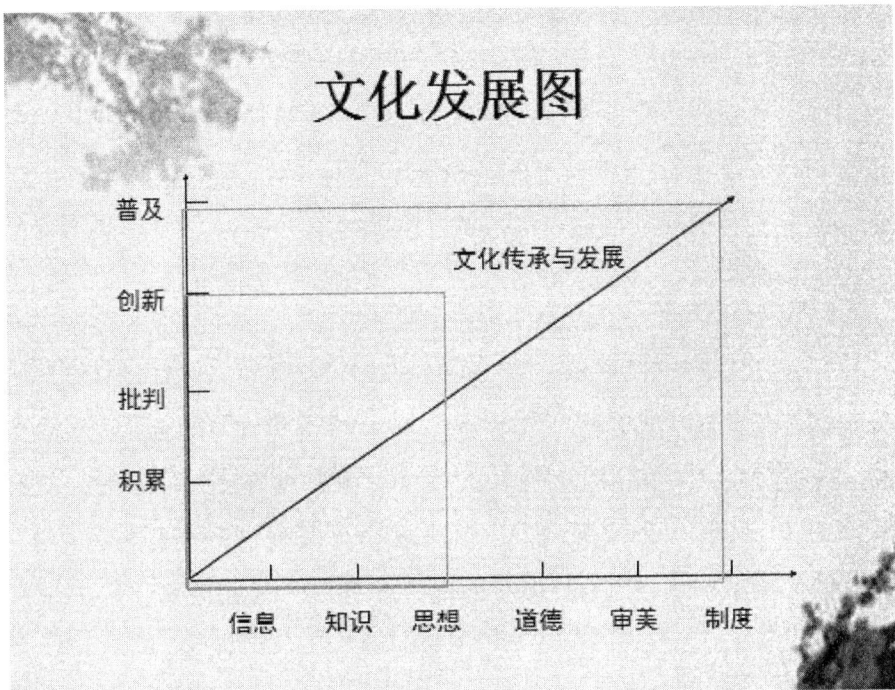

文化发展图

文化传承与发展

普及
创新
批判
积累

信息　知识　思想　道德　审美　制度

但它却立于潮头在引领大潮，是方向，是坐标。我在当记者时曾写过一篇采访体会，《在春风中寻找破土的新芽》，新闻记者永是新信息的发现者、鼓动者。这就是新闻与文化的关系，信息文化与整体文化的关系。

信息经新闻传播后，就立即发酵、生长，它可以悄无声息地推动其他五种文化形态中的任何一种。比如当年发了一条好战士雷锋的消息，推动了社会道德文化的变化；发了一条学习焦裕禄的消息，推动了政治思想文化的进步。新闻信息是一只看不见的手，是一种冥冥中的力，信息文化力。所以随着社会的进步，在实际操作中信息文化又从第一层上升到第六层，从最低层的原始文化形态上升到最高层的制度文化形态。各先进国家都懂得用硬制度来保护软信息，专门制定有保护信息（新闻）传播的法律。1766年瑞典制定《出版自由法》，1966年美国制定《信息自由法》，2010年中国公布《中华人民共和国政府信息公开条例》。在文化大家庭中新闻传播既是一种信息层面的无形流动，又是一种制度层面的有形约束。这流动和约束，即新闻传播和用制度来保证新闻的传播，都是社会文化的需要。是为了形成和保护文化进步的良性生态。

　　研究新闻与文化的关系，除了研究社会大文化的结构，还离不开新闻人的小文化结构。在文化的六个形态中，信息是最浮浅、最短暂、最易变易逝的。因此新闻人不可能如学者、专家、政治家、艺术家那样业务专深。但是，为了能把握、识别、传播信息于一瞬，他又必须有非凡的鉴别、决断能力与表达力。这就要说到新闻人的文化修养。他虽从事文化形态中的六分之一的工作，却要以其余的六分之五为基础。他虽从事表面信息的采集、传播，"风起于青萍之末"，但自己不是随风吹的浮萍。他有深深扎在文化土壤中的根。一般来讲要有一条主根，比如你是时政记者，你要通晓政治知识；你是金融记者，你要通晓金融知识。还得有许多毛根、须根，文学、历史、哲学、美学、社会学等等，用各方面的知识来濡养自己。弄潮儿在潮头能"手把红旗旗不湿"，功夫不在手上，而是脚下对大潮的把握。他虽然报道的是"春风中破土的新芽"，但他深知冬去春来的规律。他站在田埂上望着天安门，甚至望着全世界。他是一个全科医生，手中一管墨，胸中墨一桶。纸上十分钟，纸下十年功。而许多新闻人长期实践的结果也真的变成了学有所长的专家或可驾驭全局的帅才。一个好的新闻人最后必定是一个文化人。

　　新闻人是时代和社会的弄潮儿，他手中的那面红旗虽然不重，很容易举起，但是要练就立在潮头，"手把红旗旗不湿"的功夫，却不是一蹴而就的。这是新闻人与文化的关系。

2015 年 10 月 16 日

序 曲

○ 培养有梦想、有灵魂、有文化的中国记者

培养有梦想、有灵魂、有文化的中国记者

——2014 年在第二届范敬宜新闻教育奖颁奖仪式上的获奖感言

今年恰逢我从教 30 年，也是从事新闻教育 30 年，在这个人生节点上获此殊荣，自然感到格外荣耀。同时，我也深知，这个奖项与其说是授予我，不如说是授予清华新闻学院的老师，甚至可以说是授予全国新闻教育领域辛勤耕耘的园丁，而我是其中普通一员。

既然这个奖项同一代记者、文化人、新闻教育家范敬宜连在一起，在他生命最后的岁月里，我又有幸与他共事八年，耳濡目染，获益良多，言传身教，受用无尽，下面我就简单谈谈三点难忘印象。

第一点，如果有来生，还是做记者。

2001 年，我调入正在组建的清华大学新闻学院，担任首个新闻学本科班的班主任。为此，我给范敬宜打电话，想请他为全班 35 位同学作个讲座，谈谈他的新闻人生。主持建院工作的王建华书记听说请来一位人民日报总编辑，有点诧异地说：怎么搬动这么大的人物。在我心目中，范敬宜只是一位尊敬的前辈，当时我与他也从未谋面。可一提讲座的事情，他就毫不迟疑答应了。来的那天，我在二校门迎候他，一见之下，感觉非常平易，就像他在一篇文章里说的"一个老头儿"。

然而，等他一开讲，顿觉神采飞扬，语出不凡。一位前来旁听的研究生，本想听听而已，但一听之下，马上感到与众不同，赶忙向邻座同学借来纸笔，边听边记，后来整理出一篇发表在《新闻记者》杂志上的讲座纪要，而他毕业几年后也以一部《天珠——藏人传奇》，践行了清华新闻"面向主流，培养高手"的宗旨。那天的讲座内容丰

富，精意迭出，大热天里，范敬宜站在一间普通教室的讲台上，娓娓讲了三个小时，既讲他的新闻人生，也谈他对新闻的独到理解。尤其令人触动的是，他对清华学子表达了自己对新闻工作终生一贯的梦想、执着与痴迷，包括后来广为流传的那句话——如果有来生，还是做记者。2010年他驾鹤西去时，我就根据他的这句话，草拟了一副挽联：今生无悔做记者，来世有缘会清华。

第二点，信守马克思主义及其新闻观。

我们知道，当年范敬宜曾被划为右派，打入另册，不仅无法再从事他心爱心念的新闻工作，而且20多年备尝艰辛。然而，就在这样的人生际遇中，他却成就了一个堪称全国唯一的"纪录"，这就是以右派之身入党。在高度政治化的年代，这样的事情听起来就像天方夜谭。这个传奇故事除了表明范敬宜的立身处世得到各方一致认可，而且也显示他的政治信仰何等明确，始终如一。习近平在新一届中央政治局第一次集体学习中说："对马克思主义的信仰，对社会主义和共产主义的信念，是共产党人的政治灵魂，是共产党人经受住任何考验的精神支柱。"以此衡量，范敬宜一生，无论在什么情况下，都矢志不渝坚守这样的信仰和信念，如他在学院历年毕业典礼上几次即兴唱的《革命人永远是年轻》："它不摇也不动，永远挺立在山巅。"也正是这种顶天立地的信仰与信念，促使他以高度的社会责任感和强烈的历史使命感，在清华大学新闻学院开展马克思主义新闻学的教育、科研与学科建设，成立全国首家马克思主义新闻学研究中心并兼任中心主任，一时间在海内外产生广泛影响。

2012年清华新闻学院成立十周年之际，方汉奇先生在他的微博中用一句话概括道：清华出过一个中国近现代史上名气最大的新闻传播学大师梁启超和一个中国当代最受称赞的新闻传播学院的院长范敬宜。如果说梁启超开辟了现代中国的新闻传播学，那么范敬宜则开辟了当代中国的马克思主义新闻学新局面。我协助他开展这一工作，也受到潜移默化的熏染、启发和教育，我们主编的《马克思主义新闻观十五讲》和《马克思主义新闻观拓展读本》，既正本清源，又与时俱进，既坚持马克思主义的立场、观点、方法，又契合中国社会及其新闻实践，既紧扣新闻传播的现实问题，又放眼广阔视野下的多学科领域，出版以来颇受关注与好评，特别是青年学子觉得耳目一新，在相当程度上破除了对马克思主义及其新闻观的一些误解与偏见。

在他的教育和引导下，清华新闻学院涌现了一批志存高远、脚踏实地的青年才俊。比如，2003级本科生李强同学大二寒假深入山西农村，写出四万字的调研报告《乡村八记》，得到国务院总理的称道，其中第一记发在《人民日报》头版；2008级研究生曾维康同学奔走多地，历时一年，完成二三十万字的硕士学位论文《农民中国》，并在高等教育出版社出版，得到全国政协主席在两会上的推荐，《文汇报》以12个版面予以报道和摘发；2008级博士生姚遥同学利用公派访学哈佛的机会，上穷碧落下黄泉、动手动脚找材料，撰写了学位论文《新中国对外宣传史》，得到李肇星、赵启正、傅高义等嘉许；至于以本科毕业而被新华社录用，几年后即获得年度"十佳记者"的邢广利、"十佳编辑"的周劼人等，同样出类拔萃。我在配合范敬宜开展这些工作时，深切体会了马克思主义及其新闻观的核心在于一种活的灵魂，由此造就服务祖国、服务人民的新一代中国记者。正如范敬宜在一首词作中抒发的心意："平生愿，唯报国，征途远，肩宁息？到峰巅仍自朝乾夕惕。当日闻鸡争起舞，今宵抚剑犹望月。念白云深处万千家，情难抑。"

第三点，新闻要有文化，记者要有文化。

作为范仲淹的第28世嫡孙，范敬宜的血脉里仿佛也蕴含着先祖的文化基因。共和国60年大庆时，他约我在他家附近的茶馆叙谈，赠我渴望已久的墨宝——《岳阳楼记》。在这幅悬挂在我书房的书法作品中，他写下几句令人过目不忘的题款："先祖范文正公在布衣为名士，在州县为能吏，在边陲为良将，在庙堂为贤相，在文坛为大家，所撰《岳阳楼记》光昭日月，传诵千古，诚可谓不朽之人，不朽之文。"每读此段文字，我就不由想到，范敬宜的新闻人生也可谓不朽之人，不朽之文。而他之所以达到如此境界，很重要的一点正在于他的文化修养，以及由此涵养的参化天地的一生襟抱与吞吐日月的浩然之气。他既是有文化的新闻人，又是懂新闻的文化人，正如他所推崇的那些新闻大家：从王韬、章太炎、梁启超、张季鸾到毛泽东、瞿秋白、邹韬奋、恽逸群、胡乔木、乔冠华……在他看来，"这些人既是杰出的政治家，又是学养丰厚、才华横溢的文化人，政治品质和文化修养在他们的身上和笔下都得到了完美的统一"。他在清华八年时间，开设和主讲了多门本科生、研究生课程，其中两门在他临终之际给学院老师的遗言中特别强调，专门托付，一门是马克思主义新闻观，一门是新闻中的文化。

以马克思主义新闻观的教育为例，也可以看出他广博深厚的文化底蕴和自然天成的文化素养。比如，讲到政治家办报以及记者的政治意识、大局意识、责任意识时，他喜欢引用成都武侯祠的那副名联："能攻心，则反侧自消，从古知兵非好战；不审势，即宽严皆误，后来治蜀要深思。"用诸葛亮的故事阐述新闻与政治的关系，告诉学生政治家办报无非是审时度势。这种讲法别具一格，别开生面，体现了一种春风化雨的文化力量，也同毛泽东一脉相承，如出一辙。众所周知，上世纪50年代，毛泽东在同吴冷西、田家英等"秀才"漫谈新闻时，常以曹操、袁绍为例，将政治家办报归结为多谋善断。而不管审时度势，还是多谋善断，一向是古今中外一流记者的首要素质，从范长江到范敬宜，从李普曼到法拉奇，莫不如此。

眼下，全世界的新闻事业和新闻教育都貌似面临一些新情况、新局面、新问题，应对之际有时不免手忙脚乱。不过，无论世事如何变幻，新闻怎样演化，做一个怀抱梦想、虽九死其犹未悔的记者，一个用马克思主义及其新闻观武装起来的有灵魂的记者，一个拥有深厚文化底蕴的记者，我相信总是中国记者至高至大的人生境界，也是为人民服务、为社会主义服务的新闻教育一以贯之的高远目标与不懈追求。而这就是我们今天纪念范敬宜的意义所在，也是我荣获这个以范敬宜命名的新闻奖的点滴感悟。

第一乐章
新　闻

说新闻，道文化

——读《范敬宜文集》

　　一代新闻工作者与新闻教育家范敬宜，晚年念兹在兹的一件事，是新闻中的文化以及新闻人的文化。他以毕生新闻阅历以及"诗书画三绝"的文化底蕴，力倡新闻应有文化，新闻人更需有文化。他在《解放日报》第十届"文化讲坛"上发表演讲，题为《媒体的浮躁在于缺少文化》，并以广阔背景下的历史思考指出：

　　　　从近百年的中国新闻史来看，凡是杰出的新闻大家，几乎都是杰出的文化人。王韬、章太炎、梁启超、张季鸾，一直到毛泽东、瞿秋白、邹韬奋、恽逸群、胡乔木、乔冠华等，这些人既是杰出的政治家，又是学养丰厚、才华横溢的文化人，政治品质和文化修养在他们的身上和笔下都得到了完美的统一。他们的作品尽管时过境迁，但现在读起来仍然觉得有味道，有的甚至百读不厌。[①]

　　我从 30 余年的新闻教育及研究体会中，也深感此类问题之重要，点中当下新闻界与新闻学之"命穴"。说得简单和直白一点，如今的媒体乱象，主要不在于"专业主义""传播技术""产业规模"云云，而在于文化及其缺失，包括与此相关的文化自觉、文化政治、文化领导权。2013 年 3 月，新任国家主席习近平出访俄罗斯前夕，接受有关国家记者采访，谈到治国理政总是朝乾夕惕，如履薄冰，并引用古

---

　　① 范敬宜：《范敬宜文集：新闻教育文选》，北京，清华大学出版社，2011，第 51 页。

语"治大国如烹小鲜"。有的媒体在解读这句话时，不免想当然地理解为大刀阔斧什么的，而其原意恰恰相反，乃是说面对中国这样的大国，需要小心翼翼，战战兢兢，就像烹调小鱼小虾。此事虽小，可以喻大。

作为清华大学新闻学院首任院长，范敬宜开设了数门本科生与研究生的专业课程，而有两门课是他病危之际特别嘱托的，一门是"马克思主义新闻观"，一门就叫"新闻中的文化"。前者已建成清华大学精品课，后者是面向全校大一新生的研讨课，学生分别来自不同专业。2012年4月，清华大学新闻学院建院10周年前夕，《范敬宜文集》全部出齐，包括《新闻作品选》《总编辑手记》《敬宜笔记》《新闻教育文选》，其中既荟萃了他一生办报的精华，也包含了新闻与文化的思考。每次翻阅这笔沉甸甸的精神遗产，都觉得这样的作品这样的人既是清华新闻之幸，也是中国新闻之幸。

犹记十年前，第一次同他探讨出版文集的事情。当时，他的新闻办学思想已经在清华产生明显成效，他为培养新闻学子所付的心血日渐得到各方关注与称许。忝为他的助手，我不由琢磨如何使他的一生襟抱与经验，一方面作为新闻珍宝广为传播，一方面作为学院"家产"代代传承，于是建议他整理出版一套新闻文集，并初步设想了这四部书。没想到，他婉言回绝了，理由很简单，也出乎意料，他觉得自己没有什么值得一提的东西，留之多余，弃之无憾。想想眼下有的年轻记者，做了点儿工作，混了点儿脸熟，便忙不迭地出书宣扬，恨不得"天下谁人不识君"，不由令人感慨。后来我们几经劝说，特别是谈及他的"如果有来生，还是做记者""离基层越近，离真理越近""多吃文化的'五谷杂粮'，少吃精神的'维生素'"等新闻理念，若无一套系统读本，怎么让更多新闻人、让一代代新闻学子普遍受益时，他才算勉强答应先试着出版一部"作品选"。

这部作品选反复打磨，终于在2009年付梓，收录了他在不同时期的新闻作品，包括《分清主流与支流，莫把"开头"当"过头"》、"睡"出来的新闻《月光如水照新村》、脍炙人口的"十三大手记"

"十四大手记""两会漫笔"，以及《追求新闻中的文化味儿》等名篇佳作，有的作品还附有背景说明。当年夏天在主持学院毕业典礼时，我就借这部内涵丰厚、装帧大气的新书，向即将走出清华的新闻学子提出最后寄语，希望他们至少看看其中的《〈岳阳楼记〉我心中的灯》。仅从这篇作品中，也可以多少体味一代新闻大家的道德文章：

　　人的一生，总是有顺境，也有逆境。顺境如何自处，逆境如何自安，这是一门终生学不完的学问。

　　有些朋友问我：在你的一生中，有过大的顺境，也有过大的逆境，而且逆境的时间长于顺境。但是看来你似乎往往保持着一种平常心态，既无大悲，也无大喜，不知何以使然？

　　……原因是多方面的，其中包括组织的开导、亲友的鼓励、同志的爱护等等，除此之外，可能还有一点：中西文化的熏陶，特别是中国古典诗文的影响。

　　在浩如烟海的中国古典诗文中，我学过的只能说如沧海一粟。即使这一点点，由于它内容的博大精深，影响的潜移默化，使我终生受用。这里只想提一篇名文对我一生的影响，这就是范仲淹的《岳阳楼记》。

　　……

　　党的十一届三中全会以后，我的命运同国家的命运一样，发生了根本变化，走出逆境，跨入顺境，好事接踵而至，难免喜形于色。当我被任命为《经济日报》总编辑时，马上写信向上海八十多岁的老母亲报喜，信中自谦地说："多年荒疏，深恐难副重任"，本以为能使高堂高兴一番，不料母亲的回信却是："我觉得你是'其言若有憾焉，其实乃深喜之'。我劝你一句话：位高坠重，君可休矣！"一瓢冷水，把我浇得好心凉。冷静下来想想，母亲的话还是老祖宗"不以物喜，不以己悲"的意思，要我宠辱不惊，不要在顺境里冲昏头脑，忘乎所以。这番话，我至今难忘。①

接下来问世的两部书稿《总编辑手记》与《敬宜笔记》，均属旧作翻新。《总编辑手记》原是他在人民日报总编辑任上，利用午休时间，写下的值班手记，就某个专业问题或社会话题，有感而发，点到即止，后经整理由人民日报出版社印行，遂在新闻界广为流传，成为许多编辑记者的案头参考书。书中的文字或长或短，一觞一咏，丰富多彩，挥洒自如，无论对新闻工作，还是对有关的政治、经济、文化、社会等背景，都颇有足观，启人心智，既是一位老记者深中肯綮的真知灼见，又是一位文化人直抒胸臆的笔墨春秋。仅看一些手记标题，就可略见一斑了："新闻报道要有'意蕴'""着眼于静悄悄发生的变化""部主任应是'好主妇'""没有'鲜菜活鱼'不给付印""学习冯骥才的提问方式""惜墨如金的上乘之作""'通'然后才能'俗'""把'题眼'拎出来""让标题'跳'出来！""版面安排也有'文武之道'""评论三要素：思想·激情·文采""读者来信上一版头条，很好！""语言要'活'不要'油'""这首〈满江红〉出了笑话""先秦没有'得意忘形'之说""'漫道'并非'险道'"……再看一则手记"对张爱玲的评价要恰如其分"，寥寥数语而如四两拨千斤，以我有限的阅读，觉得胜似不少张爱玲评论：

> 今天十版《想起了傅雷先生》，立意是好的，但其中对张爱玲的评价过高，不符合历史。如说"四十年代的上海文坛，腾空而起一颗耀眼的彗星，天才奇女张爱玲的出现，使当时的上海文坛喜出望外，一时间好评如潮"。这样说太夸大了。事实是，张爱玲在当时并没有这样大的影响，她的作品的主要读者对象是中学生，特别是多愁善感的女学生。有点类似前几年的琼瑶或三毛。文笔比较优美，但生活圈子很狭小，因此真正的文学界并未给予很高的评价，解放以后几

① 范敬宜：《范敬宜文集：新闻作品选》，北京，清华大学出版社，2009，第328－329页。

乎已无人提起她。想不到这两年又突然炒热起来，对她的评价竟然超过解放以前。这种现象并不正常。

1995 年 8 月 8 日^①

与《总编辑手记》类似，《敬宜笔记》原是他为《新民晚报》"夜光杯"栏目撰写的随笔，题材更为广泛，文笔更为自如，后以《敬宜笔记》和《敬宜笔记续编》在文汇出版社结集出版，纳入《范敬宜文集》则合为一书。这部著作洋溢着浓郁的历史文化韵味，散发着鲜活的社会生活气息，内容淹博，思想清通，文采斐然，风流蕴藉，既是新闻名作，也是文坛佳构，堪比邓拓《燕山夜话》、秦牧《艺海拾贝》等传世之作。季羡林先生为之作序道：

近几年来，由于眼睛昏花，极少能读成本的书。可是，前些日子，范敬宜先生来舍下，送来他的《敬宜笔记》。我翻看了一遍，就被它吸引住，在诸事丛杂中，没用了很长的时间，就把全书读完了。我明白了很多人情事理，得到了极大的美感享受。

书中的文章都是非常短的，内容则比较多样。有的讲世界大事，有的讲国家大事，更多的则是市井小事，个人感受。没用半句假话、大话、空话、废话和套话。讲问题则是单刀直入，直抒胸臆。我想用四个"真"字来表示：真实、真切、真诚、真挚。可以称之为四真之境。

范敬宜的"笔记"是他自己的谦称，实际上都是美妙的散文或小品文。他几十年从事报纸编辑工作，有丰富的惨淡经营的经验。现在的"笔记"就是在这个基础上信手拈来的。敬宜不但在写作上有坚实的基础，他实际上是一位中国古代称之为"三绝"的人物，诗、书、画无不精妙。他还有胜于古代"三绝"之处，他精通西方文化必是古人难以望其

---

① 范敬宜：《范敬宜文集：总编辑手记》，北京，清华大学出版社，2010，第 424 页。

项背的。我杜撰一个名词，称之为"四绝"。①

对此，我也颇有同感。第一次读《敬宜笔记》的情景，至今记忆犹新：忙碌一天，午夜时分准备入睡，随手拿起新买的《敬宜笔记》，想着翻两篇就昏昏睡去了，哪曾想越看越上瘾，竟至一夜未眠，不知东方之既白。后来我对他说：你的书可把我"害惨了"！这等"大手笔，小文章"，不仅意蕴丰赡，但觉春风杨柳万千条，而且文辞隽永，恰似一江春水向东流。随举其中《莫把"大资"当"小资"》为例。近些年，民国热、民国范儿似乎沸沸扬扬，一波未平一波又起，把个长夜难明赤县天、百年魔怪舞翩跹、人民五亿不团圆的旧中国，弄得貌似"比西施还美，比王昭君还美，还比得上杨贵妃"，仿佛"中国人民蒙受了外国侵略和内部战乱的百年苦难"，都随着一片氤氲朦胧的清风明月以及"高等华人"的风流雅事而飘散了。这篇文章即从当下小资对旧上海的花样想象谈起，以自己的亲身经历与生活记忆说明，看上去很美的旧中国、旧上海的小资生活，其实都属于当时的"大资"——"外国的大商贾和冒险家，中国的大富翁和暴发户，洋行的买办，帮会的大亨以及形形色色的吸血虫"。文中娓娓写道：

> 我是三十年代就开始在上海生活的，住过法租界，也住过英租界。家庭成员中既有收入不薄的留美医师、教授，也有收入一般的中学教员，从经济状况来说，该能代表当时的"小资"吧。可是我家住的既不是花园洋房，也不是新式公寓，而是没有煤气、没有浴室的普通"弄堂房子"，更谈不上自备汽车（现在叫私家汽车）。上班、上学乘的都是有轨电车（而且总坐三等），难得坐一回黄包车。一日三餐，早餐照例是泡饭、腐乳、酱瓜，午晚一般是一荤两素，假日才加点排骨、黄鱼之类。在我们周围的"小资"们，生活大致如此。我去过大名鼎鼎的王蘧常教授家里，早餐同样只有一

---

① 季羡林：《代序——读〈敬宜笔记〉有感》，见《范敬宜文集：敬宜笔记》，北京，清华大学出版社，2011。

碗稀饭、一碟腐乳，偶然有一点肉松。在当时老百姓眼里，这就算是过的"好日脚"了。

那么，像现在那些小说里描写的豪华生活是不是事实呢？确是事实，可惜不属于靠工薪生活的"小资"们。即使在我上过学的著名贵族化学校——圣约翰大学里，坐着自备汽车来上课、晚上出入于夜总会、跳舞厅、咖啡馆的也只是极少数富家子弟，大多数同学生活和我差不多。当时我也在霞飞路、迈尔西爱路一带幽静的街道散散步，看见过夜上海的"各种神秘和放纵"，可是说实话，直到我二十岁离开上海，还从没有进过一次舞厅、咖啡馆，甚至连国际饭店的大门都没有跨进过。因为我知道自己和这种生活隔着太大的距离，而且比起闸北、南市一带的广大平民来，自己已经生活在"天堂"里了。

贫富的极度悬殊才是三十年代上海（其实也是旧中国——引者注）的真实"风景线"，如果不是这样，就很难理解为什么上海会成为中国革命的策源地。[1]

文章末尾的点睛之笔，真可谓一语中的，直指要害："莫把'大资'当'小资'！颠倒这个次序，就会颠倒了历史。"[2]

范敬宜不仅一生痴迷新闻，钟爱办报，而且余生又为新闻教育开辟了新的路径，一时间形成虎虎有生气的局面。他这方面的作为，通过《范敬宜文集》特别是其中的《新闻教育文选》而得到部分的展现和遗存，包括《新闻岂无学 典范在咫尺》《清华园的"孩子们"》《新闻敏感与文化积累》《关于马克思主义新闻观教育的一点粗浅体会》等。如《试着说点新鲜话》，针对的既是清华学子的问题，也是当下业界学界的一些普遍状况：

当代大学生接触的新事物多，知识面广，思维敏捷，这

---

[1] 范敬宜：《范敬宜文集：敬宜笔记》，北京，清华大学出版社，2011，第173页。

[2] 同上，第174页。

些特点决定了他们的思想观念比我们那一代大学生复杂得多。在这种新情况下，沿袭习惯使用的灌输、说教那一套方式越来越不灵了。形势逼着我们必须去探索新途径，研究新方法。我最近两年在清华大学新闻与传播学院教课，深切感到要想使思想政治教育在课堂上取得成效，必须放下架子，先当学生，陪着他们一起成长，了解他们的现实思想状况，了解他们困惑的来源，然后结合自己几十年的新闻实践和人生经历，试着用他们能够接受的方式，对他们说点新鲜话。

比如，新闻专业学生经常不理解的是，为什么要强调新闻媒体的"喉舌"作用。他们认为，新闻应当客观公正，而"喉舌"是没有独立见解的"传声筒"。面对这种质疑，光讲一般的定义、概念是收效不大的，就要试着从新闻史和语言学的角度进行辨析：只要翻翻中国新闻史，就可以知道"喉舌"并不是我们今天的发明创造，从王韬、梁启超、章太炎一直到孙中山，都曾把报刊称为"喉舌"。喉舌者，无非是代表政党、人民、团体发出的声音，并没有任何贬义。问题是西方攻击我们的根据，是我们讲的喉舌，翻译成英语便是"organ"，即人体的器官，我们的社会舆论载体也翻译成 organs of public opinion。这确实是很难听的，即使不是出于故意歪曲，起码也是不懂得中国文字的特点之一，是经常用人体的器官指代某种特定概念。比如：手足（之情）、唇齿（相依）、肝胆（相照）、耳目（灵通）、咽喉（要地）、心腹（大患）、股肱（之臣）……都另有其特定的涵义。如果直译，都可以让外国人摸不着头脑。所以，我们不但不必为当"喉舌"难受，还应该感谢智慧的老祖宗为我们创造了那么多丰富、传神的词汇……

"导向"也是学生们经常感到不理解的问题。"新闻要求用事实说话，强调导向会导致脱离事实，强加于人。"

我的"答辩"是："其实，导向并不神秘。人的一生，都离不开导向。小孩学走路的时候，大人告诉他：不要往那边走，那边有坑。这是人之初的导向。长大了，随时随地都要按老师、朋友、组织指导的方向去为人、做事，连旅游也要听从导游的小黄旗指引方向。我们讲的舆论导向当然比这些生活导向复杂得多，但归根到底是指导人们按照正确的方向去行事，去认识世界。西方何尝不讲导向？——leading opinion，guilding opinion，都是引导舆论的意思。所不同的是，我们从来认为'隐瞒自己的观点是可耻的'，强调要旗帜鲜明，而西方则强调把观点隐藏在事实的叙述之中。当然，我并不为某些生硬、僵化的'导向'护短，而始终认为，我们的舆论引导应该更讲究方法，讲究艺术。"①

曾任《人民日报》副总编辑的文化人梁衡，2008年写了一篇《饱学与忧心——读范敬宜》，将范敬宜与两位历史名人相提并论，一位是其先祖范仲淹，一位是当年《人民日报》总编辑邓拓，黄钟大吕，气象高古，那么就以此作结吧：

年前我在刊物上读到他的《重修望海楼记》，大喜。其结尾处的六个排比，气势之宏，忧怀天下之切，令人过目难忘，真正是一个《岳阳楼记》的现代版。当世之人，我还少见可与并驾之笔。现抄于后："望其澎湃奔腾之势，则感世界潮流之变，而思何以应之；望其浩瀚广袤之状，则感孕育万物之德，而思何以敬之；望其吸纳百川之广，则感有容乃大之量，而思何以效之；望其神秘莫测之深，则感宇宙无尽之藏，而思何以宝之；望其波澜不惊之静，则感一碧万顷之美，而思何以致之；望其咆哮震怒之威，则感裂岸决堤之险，而思何以安之。"没有一生坎坷、满腹诗书、一腔忧心，何能有这样的文字？

① 范敬宜：《范敬宜文集：新闻作品选》，北京，清华大学出版社，2009，第354—355页。

人民日报十多位总编，自邓拓之后，其才学堪与其比者，唯老范一人；范仲淹倡"先忧后乐"已千年，我身边亲历亲见，能躬行其道，又发之为文的新闻高官，唯老范一人。我只有用《岳阳楼记》的最后一句话来说："噫！微斯人，吾谁与归？"①

〔《范敬宜文集》之《新闻作品选》（2009）《总编辑手记》（2010）《敬宜笔记》（2011）《新闻教育文选》（2011），清华大学出版社〕

---

① 梁衡：《饱学与忧心——读范敬宜》，载《新湘评论》2010 年第 22 期。

闻鼓鼙而思将帅

——重读段连城《对外传播学初探》

　　新中国成立时，内外环境好似冰火两重天。内部一片天下归心的新天地，其喜洋洋的新气象；外部则以丘吉尔在美发表"铁幕演说"为标志，冷战阴云日渐浓重，社会主义与资本主义两大阵营壁垒分明，剑拔弩张。而随着占世界人口四分之一的中国人站立起来，人类社会正在或即将发生改观，几百年来列强对亚非拉的征服、奴役和殖民的历史已是西风残照，秋风落叶。中国人民志愿军司令员彭德怀的名言一向脍炙人口："西方侵略者几百年来只要在东方一个海岸上架起几尊大炮就可以霸占一个国家的时代是一去不复返了……一个觉醒了的、敢于为祖国光荣、独立和安全而战斗的民族是不可战胜的。"[1]

　　鉴于新中国成立后面临的内外环境，新闻传播自然形成两种既有联系，又有区别的领域，即通常所说的内宣与外宣。顾名思义，内宣是指对国内的新闻宣传活动，外宣是指对境外的新闻宣传活动；前者的主体是中国人民，后者的主体是世界人民，包括亚非拉地区、欧美国家以及海外各地的侨胞同胞等。于是，"内外有别"从此成为主导新中国新闻业的核心理念之一，日积月累渗入新闻人的自觉意识与潜意识。新华通讯社与中国新闻社、人民日报与人民日报海外版、中央人民广播电台与中国国际广播电台以及各地各部门的宣传部与外宣办等，都一目了然地标明这一内外有别的分野。

---

　　[1]　彭德怀：《关于中国人民志愿军抗美援朝工作的报告》，1953年9月12日，见中共中央文献研究室编：《建国以来重要文献选编》第4册，北京，中央文献出版社，2011，第327页。

进而言之，内外有别的内宣外宣不仅源于新中国的现实环境，而且来自数千年中华文明的悠远传统。九天阊阖开宫殿，万国衣冠拜冕旒。中华文明自古尊奉和而不同的"天下"理念，谐和万邦始终是中国人的大同理想，正心、诚意、修身、齐家、治国、平天下的家国情怀，普天之下、莫非王土、率土之滨、莫非王臣的文明体系，无不体现着这种天下一家的理念及其温柔敦厚的境界。清华大学教授许章润以高古的笔调就此写道：

> 华夏文明素有家国天下情怀，一种廓然大观的世界主义和世界精神。倚昆仑而濒大海，骋大漠以驰莽原，此间地缘架构，造就了中国文明极远极近、绝地绝天的人文性格，由此营造的一种政治时空、世界图景和文明景象，深刻影响了古今中国人的精神世界和政治理想。其非家族，非社群，非城邦，非民族国家，亦非帝国形态，也不是一般性的天下……乃"家国天下"也……"家国天下"的意象和胸襟，遂成中国民族性格，所谓天下一体，和而不同，而天下犹一家，中国为一人。英国历史学家汤因比以"中华民族逐渐培植的世界精神"揭橥，亦称允恰。[①]

天下理念施于治国理政，则有清华大学长江学者王绍光教授所论的三位一体之"政道"：本体意义的天道、伦理意义的仁道与行政意义的治道[②]；形于精神文化，则有不拘一格、因地制宜等传播思想与模式，"一种话，千种说""见什么人，说什么话"之类习俗背后，何尝不是对他人设身处地的理解与发自内心的尊重呢。由此说来，内宣外宣以及内外有别、外外有别等不仅契合着实事求是的精神传统，而且也彰显着中华文明海纳百川的胸襟气度。

这里，不妨听听熊向晖讲述的一个周恩来总理的故事。1954 年，

---

① 许章润：《汉语法学论纲——关于中国文明法律智慧的知识学、价值论和风格美学》，载《清华大学学报》2014 年第 5 期。

② 王绍光主编：《理想政治秩序：中西古今的探求》，北京，三联书店，2012，"序"，第 10—20 页。

中华人民共和国代表首次参加日内瓦会议，参与磋商朝鲜问题和印度支那问题。在这次有名的国际会议上，熊向晖奉派担任新闻联络官，负责中国代表团新闻办公室的工作。会议期间，针对外国记者希望了解新中国人民生活的情况，代表团团长周恩来指示举行一场电影招待会，放映纪录片《1952年国庆节》。事后周总理听取汇报，问有没有批评意见。熊向晖说，有个美国记者认为，这部影片说明中国在搞军国主义，因为有阅兵镜头。总理说，即使是个别人的看法，也值得注意，再给他们播放一部《梁祝哀史》——根据越剧《梁山伯与祝英台》拍摄的彩色戏曲片。为了取得更好效果，他们先在旅馆试映，一些瑞士人闻讯而来，但开映不久就一个个走掉了。其实熊向晖他们不看字幕，也听不懂，让外宾看更觉"对牛弹琴"。但为了完成总理交代的工作，他们还是尽力而为，洋洋洒洒写了十几页剧情说明。不料，总理批评他们搞"党八股"：十几页说明书谁看，我是记者就不看。然后，总理说：只要在请柬上写一句"请你欣赏一部彩色歌剧电影——中国的《罗密欧与朱丽叶》"，放映前用三分钟概括一下剧情，用词有点诗意，带些悲剧气氛，保证不会失败。总理还同熊向晖打赌，失败了，送你一瓶茅台酒，我出钱。果然，按照熊向晖的记述：

> 放映过程中，和上次不同，全场肃静。我举目四顾，都在聚精会神地观看。演到"哭坟"、"化蝶"，我听到啜泣声。放映结束，电灯复明，观众还如醉如痴地坐着，沉默了大约一分钟，才突然爆发出热烈的掌声。他们久久不肯离去，纷纷发表观感。普遍认为：太美了，比莎士比亚的《罗密欧与朱丽叶》更感人。

> 我向总理汇报演出获得的巨大成功时，谈了自己的感受。我说：这使我进一步懂得对外宣传的重要。总理说：问题在于宣传什么，怎么宣传。——他告诉服务员，给我一瓶

茅台酒，记他的账。①

改革开放以来，虽说我国的内外环境发生诸多变化，新闻传播领域也出现一系列相应调整，包括内宣外宣日益交融。但是历史传统与现实状况还是难免画出一条内外有别的楚河汉界，如宣传部与外宣办不尽相同的职能。说到底，内宣外宣的区分非由传播主体及其意愿，而在不同的传播对象及其需求。虽说同一个世界、同一个梦想令人神往，可现实世界毕竟千差万别，中外以及外外读者、听众与观众在社会政治、生活习俗、文化观念上更是迥异其趣，对拉斯维加斯的赌徒讲中国的脱贫故事，就像对帕米尔高原的牧民讲纽约的灯红酒绿，都同样圆凿方枘，格格不入。延安时代的老一辈新闻工作者、新中国建立后曾任中央广播事业局副局长并主持对外部工作的温济泽，早在1950年代就提出了对外广播有别于对内广播的四个不同：对象不同；任务不同；内容不同；方式方法不同。不顾实际，不讲差别，一味强调内外一律、外外一律的思路，同当年二十八个半布尔什维克用马列主义"普遍原理"加诸中国革命实践，或当下精英用"普世价值"强求中国特色社会主义道路一样，都有违多彩多姿的大千世界和云卷云舒的生活逻辑。其实，即便被一些人奉为圭臬的美国新闻也从来没有内外无别，如美国媒体的国际新闻并不为普通人所关注——这也是美国新闻学一向头疼的问题，而美国老百姓在意的家长里短同样不是世界上什么人都乐意操心的。因此，外宣内宣迄今还不可能也没必要完全打通，不可能更无必要事事混为一谈。与其汲汲于泯灭内宣外宣界限，不如一方面专心致志地推进国内新闻工作，同时借鉴世界各国包括美国的有益经验；一方面集中精力地开展外宣或对外传播，不仅注重内外有别，而且考虑外外有别，从而使内宣外宣各司其职，相得益彰，各尽所能，相映成趣。

如同新中国内宣领域已经堆积了丰厚遗产，尚待更多有识之士、

---

① 熊向晖：《我的情报与外交生涯》（增订新版），北京，中央党史出版社，2006，第113－116页。

有为之人从中开辟历史与逻辑、理论与实践有机统一的学术研究，外宣方面也积累了值得检视的宝贵库藏，同样需要后人认真清理、系统整理，从中提炼既切中实际又符合规律的、有益于对外传播与国际传播的科学理论。别的且不论，仅看外宣领域同样名家辈出，爱泼斯坦、熊向晖、乔冠华、刘尊棋、段连城、赵启正等，均为中外交流作出突出贡献，在中国与世界之间搭起一座座精神交往的桥梁，在新中国外宣史上刻下一道道鲜明烙印。下面不妨窥一斑而见全豹地看看段连城及其《对外传播学初探》。

段连城，云南昆明人，国家外文出版发行事业局（外文局）原局长。1948 年毕业于斯诺的母校，即美国密苏里大学新闻学院——世界首家新闻学院。新中国成立后，"满怀爱国热忱、壮志凌云，回到祖国，立即投身于他的国际新闻专业工作"（沈苏儒），历时近半个世纪，直至积劳成疾，久病不起，在钱钟书去世的翌日遽归道山。同为外宣大家的沈苏儒，概括了段连城一生为外宣事业立下的汗马功劳：

首先是在外宣实务方面。他是新中国第一本英文刊物《人民中国》（*People' China*）和它的后继者《北京周报》（*Beijing Review*）的创办人之一，这两本刊物在一个相当长的历史时期里在世界范围内发挥着新中国发言人的作用。

其次是在对外传播的理论建设方面。建国以来，我国的外宣实践已积累了相当丰富的、正反两方面的经验……有鉴于此，他完成了《对外传播学初探》一书，为我国的对外传播理论建设奠下了第一块基石。

第三是在教书育人方面。……在老一辈外宣工作者中，为培养中青年外宣干部，他作出的贡献大概可以说是最大的。他在北京大学国际关系学院（原国际政治系）任兼职教授，从国际交流专业（双学位制）开办时起就讲授对外传播学课程。他还在外文局、新华社为在职干部讲课。①

段连城的代表作《对外传播学初探》，就是他在 20 世纪 80 年代为北京大学国际交流专业研究生开设课程的讲稿，英文副题为"怎样帮助外国人了解中国"（*How to Help Foreigners Know China*），而让世界了解中国、让中国走向世界，也正是外宣或对外传播的特质。这部 1988 年问世的拓荒之作，不仅是"对外宣传方面的第一本学术性专著"（沈苏儒），而且理论上启人心智，实践上切实可行，迄今依然堪称对外传播学科的高峰。犹记 20 多年前，读到此书第一版时心向往之的印象。增订版问世 10 年后的今天，重读此书更是浮想联翩，寄慨良深。2013 年付梓的拙著《传播学引论》（第三版），还专门就此写下一段文字："相对于吴予敏对古代传播的学理阐发，段连城的《对外传播学初探》则针对现代中国的传播实践展开探讨，体现了同样鲜明的中国问题、中国意识、中国主张，在整个学界似乎重回晚清'视西人若帝天'之际弥足珍贵，不同凡响。"

举例来说，新世纪以来，伴随和平发展的进程，国家形象越来越成为外宣重点之一，有关著述不旋踵而汗牛充栋。2011 年，一部 60 秒的国家形象广告片在纽约时代广场亮相，这部由国务院新闻办公室即中共中央对外宣传办公室筹拍的作品，选取了 59 位当代名人，如袁隆平、杨利伟、姚明、章子怡等，一人一秒，播出后引发热议及批评，其中也贯穿某些通行的学术思想。而 20 多年前，段连城就曾对此展开专题论述，并揭示了树立国家形象的两个要点：

首先，树立的形象必须真实。对外宣传无非是为国家画像，美丑根本上取决于国家本身。我们当然应该善于发掘和表现本质上的美，但不能夸张和"创作"。

其次，树立的形象必须独特。由于我们在改革中吸收西方的各种长处（这是必要的），宣传上曾有过一些对西方过

---

① 段连城：《对外传播学初探》（增订版），北京，五洲传播出版社，2004，"增订版后记"，第 320－321 页。

分"认同"的现象。有些西方朋友说："如果你们总是讲些同西方社会一样的事，你们就失去了吸引力。"……我国形象的独特之处，就在于它一是社会主义，二是具有中国特色的社会主义，它正在建设一个新的世界，培育着一代新人。[①]

这两点看似寻常，却构成新闻传播包括对外传播的支点与命脉。如果说第一点"真实"是古今中外一切新闻传播的基石，用唐代史学家刘知几的话说"不虚美，不掩恶"，那么第二点蕴含的社会主义价值则属于外宣的灵魂。实际上，一切传播都是科学与价值的统一，如同信达雅、真善美的统一。秉承马克思主义科学精神与价值谱系的新中国新闻业包括内宣外宣，一方面注重"根据事实来描写事实"（马克思）、"请看事实"（毛泽东）、"拿事实来"（邓小平），一方面则俯首甘为孺子牛地始终高扬"为人民服务、为社会主义服务"的旗帜。新中国的外宣之所以曾经产生世界性反响，与和平共处五项原则的外交一道赢得"我们的朋友遍天下"的全新局面，就在于既遵循实事求是的原则，又蕴含这一社会主义的价值，亦即中国艺术研究院祝东力研究员所说的"中国革命反抗一切剥削和奴役的理想包含了人类的普适价值"：

　　20世纪50至70年代，中国一直处于美国为首的西方阵营的战略包围当中。但是，当时中国的核心价值观和意识形态却在不少亚非拉国家产生了很大影响，这种影响到六七十年代达到高峰，甚至波及西方国家。后来在八九十年代的中国思想界成为偶像的萨特、德里达、克里斯蒂娃等等闻名世界的巴黎思想家，当时都在读北京外文出版社出版的《毛泽东选集》。同样，中国当时的政治思潮也影响了美欧日青年学生群体的反资本、反官僚、反体制的无政府主义立场，

---

①　段连城：《对外传播学初探》（增订版），北京，五洲传播出版社，2004，"增订版后记"，第69页。

所以曾经风靡一时。今天，无论怎样评价这段历史的是非功过，但当时中国在核心价值观和思想观念方面处于"出超"的地位，应该是一个基本事实。[①]

如今，外宣或对外传播得到各方面的高度重视，经费投入与人才培养尤为突出，中国人民大学新闻学院、清华大学新闻学院和中国传媒大学承办的国际新闻传播硕士专业即为一例。不过，相较"硬件"的大幅度提升，"软件"的薄弱日益形成反差，特别是技术化或去政治化倾向尤为突出，从上到下似乎觉得，外宣成效更多取决于新闻发言人的一招一式、大力扩充国际化媒体及其人员设备、加速书报期刊的市场覆盖等。这些技术化事项无疑都是必要的，也大多符合传播或宣传规律，但不能忽略更必要、也更核心的精神价值——世界观、历史观、人生观。因为，一切传播的内核均在价值，看看好莱坞大片如何无所不在地隐含"美国梦"，点点滴滴彰显其意识形态与价值观就清楚了。无怪乎，好莱坞堪称美国的宣传部。2013年研究生答辩时节，一位来自中央外宣媒体的在职研究生在解释外宣投入巨大而结果不甚理想的原因时，竟然答以"我们是共产党国家，共产主义意识形态制约外宣效果"云云，一时令人瞠目，举座愕然。殊不知，这种价值混乱与价值虚无正是问题的关键之所在。殊不知，共产主义既为古往今来一切先知祈盼的大同理想，用韦君宜的话说，"世界一切美好的东西都包含在共产主义里面了，包括自由与民主"，也属段连城所言外宣或对外传播的价值所在、命脉所系。怎能一提共产主义，就兀自矮人三分，内心不自信，怎么让人信。而没有高远的、超越现实功利的精神价值，外宣或对外传播岂不沦为巧言令色，甚至婆婆妈妈，又如何赢得天下归心。所谓"软实力"，其实一刻也离不开硬内核——精神价值。提出"软实力"理论的哈佛大学教授约瑟夫·奈，2013年在北京的一次论坛上就强调，软实力取决三个重要资源，而

[①]　玛雅：《战略高度：中国思想界访谈录》，北京，三联书店，2008，第348页。

首屈一指的是政治价值。① 一旦熔铸令人向往的精神价值或政治价值，那么即便传播技巧糙一些，纵然宣传方式拙一点，美丽中国也能不胫而走，风行八方。当年外交部长乔冠华第一次登上联合国讲台，代表新中国发表激荡人心的演讲——"国家要独立，民族要解放，人民要革命"，既道出一个时代的人类心声，也成为新中国主导世界话语权的一个里程碑。相反，如果缺乏精神价值或政治价值，那么就像一个人打不起精神，软实力便真成为软塌塌的东西，哪怕花里胡哨，貌似眼花缭乱，也终究难有深入人心的传播效果，纽约时代广场播放的中国"成功人士"形象片就是一例。② 随着专业主义流行，外宣内宣都意识到"讲故事"的重要性，都强调讲好中国故事的意义，而且讲故事的技巧也越来越高明，可什么是中国故事及其要义却往往不甚了了。如果以为故事只是新奇性、趣味性、生动性，那么这样的故事讲得再多再好再生动也难得要领，更不用说打动人心，天下归心，因为其中没魂儿。什么是魂儿？魂儿就是精神价值，就是中国人对人生、对社会、对世界的基本信念，即青年学者李云雷在人民日报发表《何谓"中国故事"》一文所言：

　　"五四"时期，即使讲述个人故事其实也是在感时忧国，比如郁达夫的《沉沦》，主人公自杀之前还问祖国为什么不强起来，郭沫若的《女神》，更是以个人的激情在呼唤祖国的"凤凰涅槃"；而在上世纪50到70年代，即使讲述一个村子的故事，其实也是在讲述中国的故事，比如《创业史》中蛤蟆滩的故事、《艳阳天》中芳草地的故事，都有一种整体性的宏阔视野。讲述中国故事这一视野的消失可以说是80年代末90年代初的事情，而其消失的原因一则在于"宏

---

① ［美］约瑟夫·奈：《信息时代：比谁讲的故事更动听》，载《环球时报》2013年12月19日。

② 关于这部形象片的价值虚空及传播失效，青年学者杨庆祥曾以切身体验为切入点，进行了颇具历史纵深感的分析，参见杨庆祥：《80后，怎么办？》，载《东吴学术》2014年第1期。

大叙述"的消解，个人故事的盛行，二则在于中国视野的消失，以西方文学为规范。在这个意义上说，我们今天重提"中国故事"，也是重建一种新的历史与理论视野。①

段连城离休后，常以"老兵"自许，在外宣战线，他既是一员生命不息、冲锋不止的老兵，更是一位将军一去、大树飘零的大将，沈苏儒在其身后常用一句话表达崇敬与怀念："闻鼓鼙而思将帅"②。重读《对外传播学初探》，不由感叹那一代有理想、有信仰，胸怀祖国、放眼世界，融汇古今、会通中外的中国新闻人，何等气定神闲，指点江山，但使龙城飞将在，不教胡马度阴山。但看外文局两任局长段连城与范敬宜就何其相似，政治立场、文化素质、新闻业务、文字水平无不出类拔萃，一派运筹帷幄、决胜千里的大将风度。他们的新闻人生固然精彩，他们的学问同样臻于化境，不同于寻章摘句，迥异于自娱自乐，但觉浩浩汤汤又静水流深，熔铸万物又不失天籁，洋溢着一种俯仰天地的朴拙大气，正如宋人所言："学贵大成，不贵小用。大成者参于天地之谓也，小用者谋利计功之谓也。"（胡宏《胡子知言》卷三）1991年在外文出版社一次座谈会上，段连城颇具战略意识地谈道：

> 意识形态的沟很深，文化差异的墙很厚。
>
> 从长远战略来看，应该把对第三世界的宣传提到相当高的地位。在困难的时刻，是谁站在我们一边？是第三世界。……是那些"穷朋友，小朋友，黑朋友"！
>
> 我们用十倍力气去说服美国人，也说不服。你只用一分力去跟第三世界做宣传，就有效果。第三世界是培育国际友谊的肥沃土壤。如果放着不管，而只愿到那"高寒地带"美国去耕耘，那不合算。不去耕不对，但是要有思想准备，你

---

① 李云雷：《何谓"中国故事"》，载《人民日报》2014年1月24日。

② 此语源出川军将领王铭章师长的墓园楹联，由蒋介石撰写："执干戈以卫邦家，壮士不还，拼将忠诚垂宇宙；闻鼓鼙而思将帅，国殇同哭，忍标遗像肃清高。"王师长在台儿庄一战中，死守藤县，以身殉国。

得很吃力地耕。你到非洲去，我看只要耕耘，必有收获。[①]

在 1990 年的《对外传播学九条》里，他更阐发了一系列深思熟虑的，有实践、有理论、有见识的思想：

"口径不可无"，掌握要灵活。不管"口径"会成为乱叫的"青蛙"，照搬"口径"会成为学舌的"鹦鹉"。

"自己不信服，休想人信服；自己不感动，休想人感动。"对外宣传工作者要培养深厚的爱国主义感情。在当代中国，真正的爱国主义者必然会成为社会主义者或社会主义的"同路人"。但感情一般应寓于"客观"报道和冷静说理之中。

最根本的"内外有别"是文化差异。

"外外有别"："外"一般可分为五大系列——美国及其他西方国家；日本；第三世界；前苏联东欧；港澳台同胞和海外华裔华侨。

"庸俗宣传心态"的另一变种，表现为社会上流行的崇洋媚外和"骂国求宠"的风气；在外宣队伍中则表现为过分强调离现实政治较远的文化宣传。

尚平易，讲文采。崇尚平易，并非不讲文采。对外传播中"可译性"强又能表现文采的方式是：简练、形象、新鲜。毛泽东著作中的有些名篇，如开卷的《中国社会各阶级的分析》和《湖南农民运动考察报告》就是文采的范例。

使对外传播生动活泼的要素首先是 anecdotes（指珍闻逸事或有点趣味的真人真事）。[②]

诸如此类的所思所想，无不源于新中国外宣工作的丰富传统，包括他自己的半生经验。拿其名作《阳光·阴影·希望——南游百日

---

① 段连城：《对外传播学初探》（增订版），北京，五洲传播出版社，2004，第 164 —166 页。

② 同上，第 148—155 页。

记》来说，既体现了唯物史观的认识论，又饱含文化历史的厚重感，更让人领略"清水出芙蓉，天然去雕饰"的蕴藉风流，无愧外宣史上的经典。这篇刊于 1986 年《人民中国》第 4 期的作品，是段连城离休后，返乡游历昆明、成都、重庆、武汉等地的见闻，以平实、优美、生动的笔触，记述了中国的变化，在缅怀历史、赞美河山、歌颂人民之际，也反思了现代化的一些隐忧及其苗头。文章见报后，获得海外读者的广泛称道。爱泼斯坦说："就其亲切生动而言，堪称对外写作的一个范例。"如写昆明：

二次大战后期，美国空军云集昆明，古旧的城区出现了一条较为现代化的南屏街，号称"小上海"。如今的南屏街已相形见绌，显得又旧又窄。但这"小上海"却可爱多了，再没有强颜欢笑的"吉普女郎"、街角擦鞋的少年儿童、哀哀求告的男女乞丐和坐在人力车上一手执酒瓶、一手向行人扔爆竹取乐的外国醉汉了。……城郊有大观楼，是观赏湖光山色的胜地。白日登临，则见西山横翠，碧波万顷；黄昏眺望，红霞映湖，归帆点点。

家乡不如意的事还多。在我生长的那个小村，童年熟悉的青山已成秃岭，儿时戏水的清溪已成浊流。据说并非个别情况，这些年生态环境的破坏是严重的。农村内里虽已开始殷实，但外观仍很破旧。昆明多雨，经常是道路泥泞、步履维艰，一似当年。"旧貌换新颜"，还需要长期持续的努力。最恼人的是官商作风和官僚主义。民航办事处前排起购票长队，由于购票制度混乱，纠纷迭起。我目睹两群人对骂，用语不堪入耳，然后挥动拳头，武斗起来。民航办事处的头头却坐在办公室，安之若素。就这件事和另一些见闻，我写了一篇短稿，有批评也有表扬，投寄当地晚报，竟如石沉大海。三次函询稿子收到没有，未获只字答复。①

从容优雅，娓娓道来，如此笔法，也无异于为《对外传播学初探》提供了范例。再如写巴蜀，同样践行了他的主张"尚平易，讲文采""简练、形象、新鲜"：

> "蜀江水碧蜀山青"，成都平原的风光确实秀丽。虽届初冬，极目远望，田野仍是一片葱绿，生意盎然。几乎难以相信，这富饶景象得首先归功于 2200 年前的地方官吏李冰父子，他们主持设计和建造了"都江堰"工程（在成都附近的灌县），引岷江水灌溉大片田。后世帝王追封李冰父子王位，建有"二王庙"。

> "峨眉天下秀"，值得登临。千峰挺秀，云雾环绕，幽壑深处，清泉淙淙，而且是佛教四大名山之一，梵宇很多。

> 夜泊万县，住一晚，以便次日白天看三峡。船上二等舱（无头等）里几乎全是外国旅游者，日本最多，美国次之，澳大利亚有几个。相处三天，多少看到一些民族性格的差别。美国人开朗活跃，总爱窜出窜进。日本人比较文静，彬彬有礼。但他们一听到经过什么名胜时，便一起匆匆赶到甲板上，匆匆拍照，然后又匆匆回到舱里，显得不够悠闲。②

清华新闻学院首任院长范敬宜教授，曾就新闻"高手"提炼了三条标准："一是具有高度的社会责任感和使命感。二是有丰富的学养。三是要有好的文笔，特别要强调练笔，要练出一手好的文笔。"这三条标准既是其新闻人生的感悟，也与段连城等外宣大家的经验相通。作为对外传播及其教育的拓荒者，段连城 1988 年针对人才培养问题，结合自己在北京大学任教的情况也谈了四点英雄所见略同的看法：

> 一曰"知己"，要谙熟国情，要有几门学习中国古今概
> 况的课程；二曰"知彼"，要有几门介绍主要对象国家和地

---

① 段连城：《对外传播学初探》（增订版），北京，五洲传播出版社，2004，第 125—130 页。

② 同上，第 133—140 页。

区，包括中国在该地形象演变的课程；三曰"传播"，知己知彼还要懂得如何沟通双方……四曰"务实"，儒道墨法必须懂一些，弗洛伊德的"来比多"和存在主义的"死亡哲学"也要懂一些，但它们帮不了对外宣传工作者很大的忙，要强调课程的实践性。①

鲁迅先生有句名言说得好，"从喷泉里出来的都是水，从血管里出来的都是血"。在他看来，革命文学的根本问题在于作者是不是革命人，如果是，那么无论写什么，用什么材料，都是革命文学——"从血管里出来的都是血"。文学如此，外宣亦然，说来说去，关键在人。化用毛泽东延安时代那番痛定思痛的话来说，如果我们也有一百个至两百个段连城似的，系统地而不是零碎地、实际地而不是空洞地掌握了对外传播的大家高手，那么同样会大大提高中国外宣的影响力与感召力。

〔段连城：《对外传播学初探》（增订版），五洲传播出版社，2004；强世功：《中国香港：政治与文化的视野》，三联书店，2010；姚遥：《新中国对外宣传史——建构现代中国的国际话语权》，清华大学出版社，2014〕

---

① 段连城：《对外传播学初探》（增订版），北京，五洲传播出版社，2004，第134—141页。

史家之绝唱，记者之先声

—— 读伟大的司马迁与《史记》

记得叔本华的《论读书》有个观点：20 年之内的书最好不读，因为大多无非过眼云烟。回想自己数十年来过目的书，也许只有小部分能入叔本华心仪的正典，可谓"不读白不读"，其余大部分恐怕真成为过眼云烟了。而后者又分为两类，一是"读了也白读"，一是"白读也要读"。现代人匆匆忙忙，时间就是金钱成为当代最响亮的口号之一，读书时间更是稀缺。在寸阴寸金的时间里，除了应对"读了也白读"和"白读也要读"的东西——且不说微博微信什么的，如何尽可能浸淫于古典、陶冶于经典，委实是个突出矛盾。对此，前人已有各自行之有效的方法，如鲁迅先生把他人喝咖啡的时间都用来学习，这里借花献佛再贡献一点——化整为零，蚂蚁搬家。首届范长江新闻奖九位获奖者之一、新华社原总编辑南振中，2008 年为新华社年轻记者做了一场关于读书的报告，题为《把"阅读"培养成为一种爱好》，其中谈到自己通读《列宁选集》的经验即为一例：

《列宁选集》第 1 卷 858 页，第 2 卷 1005 页，第 3 卷 933 页，第 4 卷 765 页，4 卷合计 3561 页。由于采访报道任务繁重，要在短期内读完这 4 大本书，的确有一定困难。为了解决读书同时间的矛盾，1973 年元旦我拟定了一个总体学习计划：按照每小时平均 10 页的阅读速度，将《列宁选集》1—4 卷通读一遍需要 356 个小时。如果每天挤出 1 小时，不到一年就可以把《列宁选集》1—4 卷通读一遍。有了这个总体规划，零碎时间就像珍珠一样被串了起来。实践的结果是只用了 6 个月，就把《列宁选集》通读了一遍。①

他的经验也给了我启发。于是，除了数十年目睹之杂碎书，这些年还用此法哨读经典，温习古典，颇见成效，《鲁迅全集》《资治通鉴》等就是这样零打碎敲，用一年时间读完的。拿中华书局的点校本《资治通鉴》来说，共有 20 本约一万页，平均下来，每天三十来页，由于多为有声有色的人物以及一波三折的故事，读来有滋有味，不亚坊间八卦。2013 年，经方家数十年辛勤劳作，新版《史记》出版发行，接着《毛泽东年谱》（1949－1976）也在伟人诞辰 120 周年之际问世。《史记》10 本，《毛泽东年谱》6 本，于是决定 2014 年化整为零的攻坚目标就是这两套大书。结果表明，同南振中读《列宁选集》情形相似，不到半年就基本完成了。

当然，《史记》的"表""书"等专精内容匆匆翻过，重点是感兴趣的史记故事，如"本纪""世家""列传"等。关于《史记》，鲁迅先生的评语向称公论：史家之绝唱，无韵之离骚。放在人类文明长河，也许只有古希腊的"历史之父"希罗多德及其《历史》庶几近之。另外，司马迁及其《史记》既是名副其实的史家之绝唱，又是当之无愧的记者之先声。无论司马迁的读万卷书，行万里路，深入现场，调查研究的良史之才，还是《史记》的"其文直，其事核，不虚美，不隐恶"的实录记载，都不能不让新闻记者奉之为古往今来第一人。只消读读《太史公自序》，一位风尘仆仆的记者形象便跃然纸上：

> 迁生龙门，耕牧河山之阳。年十岁则诵古文。二十而南游江、淮，上会稽，探禹穴，阚九疑，浮于沅、湘；北涉汶、泗，讲业齐、鲁之都，观孔子之遗风，乡射邹、峄；厄困鄱、薛、彭城，过梁、楚以归。于是迁仕为郎中，奉使西征巴、蜀以南，南略邛、筰、昆明，还报命。

这位行者与记者——记述事实之人，使人不由想起新闻史上的名

① 南振中：《把"阅读"培养成一种爱好——关于年轻人读书问题的对话》，载《中国记者》2008 年第 5 期。

家名作，如范长江的《中国的西北角》、萨空了的《从香港到新疆》，想起当代中国那些"裤腿上永远沾着泥巴"的人民记者，如《告别饥饿》一书的四位新华社记者之一冯东书：

　　在从事新闻工作的 40 余年间，冯东书的足迹踏遍祖国东西南北的山山水水：东到黑龙江省抚远县，南到海南省三亚市，西到新疆帕米尔高原脚下的乌恰县，北到黑龙江省漠河县，并对全国多数贫困地区进行过调查。

　　冯东书的名字也俨然成为深入调研的代名词……一位老记者在博客中写道："当年新华社记者冯东书坐拖拉机下乡，我也在太行山上用脚板'量'路；那收获，绝对比如今坐小车下去采访大得多，也丰富得多。"这句话并不是虚言。在被誉为"新西行漫记"的《告别饥饿 1978》一书中，我们可以领略到冯东书"上穷碧落下黄泉"的调研所结出的硕果。

　　冯东书到农村调研的故事流传很广，至今还能从新华人的口中听到一些趣闻逸事。如他出差调研到某分社，分社门卫看他头发凌乱、衣衫褴褛，不像新华社记者，倒像是个叫花子或者上访者。[①]

如今，新闻行当大都意识到讲故事的重要性，懂得新闻固然得讲政治，因为新闻的本质是政治，核心在政治，即使"新闻自由"也属政治话语与范畴，但新闻之为新闻，首先在于故事，没有故事，新闻就成为评论或文章，哪怕是重要的评论，纵然是精彩的文章，也算不上新闻，更够不上好新闻。于是，讲故事成为新闻记者的共识。那么，什么是故事，怎么讲故事，又怎么讲好中国故事呢？这些问题，也可在古今记者第一人即司马迁及其《史记》中得到鲜活答案，尤其是中国气派、中国风格的答案。有位博士生、也是高校青年老师，一

---

　　① 万小广：《创作者永远是自学者——关于农村记者冯东书》，载《新闻业务·新华社建社 80 周年纪念特刊》（下），2011 年第 43 期。

次同我探讨学位论文的选题，提到中国的新闻叙事与西方专业主义的"嫁接"问题。我说，与其如此张冠李戴，还不如探讨中国的新闻报道与《史记》一类文本文体的内在关联呢。人民日报的一则《编辑札记》，也说明了这一点：

> 古人写文章，一到描写一个人，常用至妙至简之笔，而令其形神风度皆跃然纸上。

> 这种例子很多。司马迁写项羽，也是寥寥几笔，便见项羽一生。"项籍少时，学书不成，去。学剑，又不成。"他叔父于是教他兵法，项籍"大喜，略知其意，又不肯竟学。"此后见始皇帝游会稽，渡浙江，项籍又说："彼可取而代也。"学书学剑半途而废，雄图霸业自然也难有全终。一个性情浮躁、志大才疏的枭雄形象，便在太史公几句话里，展露无遗。

> 古人写人，运笔精妙，惜字如金，却见神见骨，风姿卓绝，余味难以穷尽；今人写人，洋洋洒洒，长篇高论，却千章一律，写到最后仍让人感觉面目模糊。古今之异，其何大哉。①

倘若说世界三大宗教无不关注人与超验世界的问题，那么源远流长的中华文明则始终操心人与现实世界的关系。所以，人世、人生、人伦、人情构成中国历史连绵不绝的主线，对现世生活的热望熔铸为千万年中华文明的底色，如"天行健，君子以自强不息；地势坤，君子以厚德载物"，如"舌尖上的中国"。无论先秦诸子深入浅出的寓言哲理，还是《左传》《战国策》《吕氏春秋》等引人入胜的历史叙事，无不散发着浓郁的、温暖的、可亲可近的人间烟火气。司马迁《史记》也处于这一脉文化源流之中，读《史记》，仿佛在读人生的喜怒哀乐与悲欢离合，一觞一咏无不浸透人世情怀，真切，自然，生动，朴实，犹如郦生对汉王刘邦进言："王者以民人为天，而民人以食为

---

① 张健：《编辑札记》，载《人民日报》2014年5月27日。

天。"（《郦生陆贾列传》）遗憾的是，下面不得不用列举法说明一二，而对于如此浑然一体的伟大作品，列举法实属焚琴煮鹤的无奈之举。

凡是故事，自然离不开人，核心都在人的活动、行为、言语、心理等。史记故事特别是最有故事性的列传，都是围绕一个个活生生的人而展开的。比如，著名的《刺客列传》，就写了春秋战国时代几位义薄云天的侠士、壮士、烈士。这些动人心魄的故事经过司马迁的娓娓讲述，千百年来代代传扬，家喻户晓，已经积淀为集体无意识中的文化原型，从而激励着一代代生为人杰死为鬼雄的中华儿女。鲁迅先生《故事新编》的眉间尺（《铸剑》），以及郭沫若《聂嫈》《高渐离》《棠棣之花》等剧作人物，就继续演绎着这些传奇故事，而《赵氏孤儿》更在民间广为流传。以《刺客列传》中的豫让为例，就是那么有血有肉，有声有色：

> 豫让者，晋人也，故尝事范氏及中行氏，而无所知名。去而事智伯，智伯甚尊宠之。及智伯伐赵襄子，赵襄子与韩、魏合谋灭智伯，灭智伯之后而三分其地……豫让遁逃山中，曰："嗟乎！士为知己者死，女为悦己者容。今智伯知我，我必为报雠而死，以报智伯，则吾魂魄不愧矣。"乃变名姓为刑人，入宫涂厕，中挟匕首，欲以刺襄子。襄子如厕，心动，执问涂厕之刑人，则豫让，内持刀兵，曰："欲为智伯报仇！"左右欲诛之。襄子曰："彼义人也，吾谨避之耳。且智伯亡无后，而其臣欲为报仇，此天下之贤人也。"卒醳去之。

士为知己者死，女为悦己者容，豫让以一己之生命诠释着这一中华文明的精神，抒写着《兰亭集序》所谓"人之相与，俯仰一世"的情怀。后来，豫让不依不饶，继续行刺赵襄子，结果同样失利。当他又被赵襄子捕获时，赵不解，说你也曾侍奉范氏和中行氏，智伯消灭他们后，你不为他们报仇，反而委身智伯，今天智伯已死，为什么偏偏没完没了地为他复仇呢？豫让回答说："臣事范、中行氏，范、中行氏皆众人遇我，我故众人报之。至于智伯，国士遇我，我故国士报之。"这同《大公报》的张季鸾颇为相似，当年蒋介石曾以国士相待，故张季鸾也以国士相报，遂有世人诟病的"小骂大帮忙"。听了豫让的回答，赵襄子喟然叹息，流泪说了一番话，然后配合豫让共同上演了一幕长歌当哭的悲剧：

> 襄子喟然叹息而泣曰："嗟乎豫子！子之为智伯，名既成矣，而寡人赦子，亦已足矣。子其自为计，寡人不复释子！"使兵围之。豫让曰："臣闻明主不掩人之美，而忠臣有死名之义。前君已宽赦臣，天下莫不称君之贤。今日之事，臣固伏诛，然愿请君之衣而击之，焉以致报雠之意，则虽死不恨。非所敢望也，敢布腹心！"于是襄子大义之，乃使使持衣与豫让。豫让拔剑三跃而击之，曰："吾可以下报智伯矣！"遂伏剑自杀。死之日，赵国志士闻之，皆为涕泣。

风萧萧兮易水寒，壮士一去兮不复还！豫让故事同荆轲及其刎颈之交高渐离前赴后继刺秦王的壮举一样，淋漓尽致展现了中华民族血气方刚的青春伟力，体现了"宁可站着死，绝不跪着生"的高贵精神。今天，知识分子及其话语俨然一枝独秀，有人将其同先秦的"士"联系起来。不过，通观古典时代，无论司马迁笔下的《刺客列传》，还是礼贤下士的战国四公子孟尝君、平原君、信陵君、春申君，"士"与其说是一种社会阶层，不如说是一种生命境界，如士可杀而不可辱，或曾子所言："士不可以不弘毅，任重而道远。仁以为己任，不亦重乎？死而后已，不亦远乎？"这从《管晏列传》的一个故事里，也可略见一斑。故事说的是，齐国贤相晏子有一次出门，他的车夫驾着高车大马，意气洋洋，其妻从门缝看到这一幕，觉得不胜羞愧，等车夫回家后，就提出分手。车夫不解，询问原因，于是这位无名无姓的女子说了一通话，既让车夫汗颜，也足令后人自省：

> 妻曰："晏子长不满六尺，身相齐国，名显诸侯。今者妾观其出，志念深矣，常有以自下者。今子长八尺，乃为人仆御，然子之意自以为足，妾是以求去也。"其后夫自抑损。晏子怪而问之，御以实对。晏子荐以为大夫。

　　司马迁不仅善于讲故事，而且长于写细节，往往白描式的几笔，就把人物神态与特定场景勾画得栩栩如生，活灵活现。下面再看一例。由于秦汉以后的郡县制奠定了中国大一统的社会政治制度，汉代高官也就包括京师的三公九卿和地方的郡守，其标志即为两千石及其以上的俸禄，正如过去十三级是高干门槛。汉文帝时有位朝廷元老，姓万名奋，由于本人以及四个儿子都是省部级以上高官，于是皇帝戏称他为"万石君"，也就是说父子五人的俸禄总计一万石。这位万石君及其儿子都憨厚实诚，下面这段《史记》花絮还被司马光用于《资治通鉴》，读着如在目前，令人忍俊不禁：

　　　　万石君少子庆为太仆，御出，上问车中几马，庆以策数
　　马毕，举手曰："六马。"

　　武帝看来是逗他玩儿的，因为皇家御驾的马匹都有定数，而且一目了然。没想到，这位可爱的万太仆居然举着马鞭，点着御马，一匹一匹数将过来。这样令人过目不忘的细节，《史记》中比比皆是。再如《孔子世家》末尾，写到孔子垂暮时，就有一段情景交融的细节：

　　　　孔子病，子贡请见。孔子方负杖逍遥于门，曰："赐，
　　汝来何其晚也？"孔子因叹，歌曰："太山坏乎！梁柱摧乎！
　　哲人萎乎！"因以涕下。

　　至于许多常被教科书选录的名篇，如《项羽本纪》《留侯世家》《孟尝君列传》《廉颇蔺相如列传》等，更有许多脍炙人口的故事与细节，就像流播人口的霸王别姬、鸡鸣狗盗、负荆请罪。下面不妨再看几例《李将军列传》的细节：

　　　　尝从行，有所冲陷折关及格猛兽，而文帝曰："惜乎，
　　子不遇时！如令子当高帝时，万户侯岂足道哉！"

　　　　广居右北平，匈奴闻之，号曰"汉之飞将军"，避之数
　　岁不敢入右北平。

　　　　广出猎，见草中石，以为虎而射之，中石没镞，视之石
　　也。因复更射之，终不能复入石矣。

　　　　广之将兵，乏绝之处，见水，士卒不尽饮，广不近水；

士卒不尽食，广不尝食。宽缓不苛，士以此爱乐为用。

……

众所周知，司马迁曾因"李陵案"遭受惨毒的腐刑，从他撰写的《李将军列传》中，也能体味一种悲凉慷慨的沉郁之情，宛若李陵《答苏武书》："凉秋九月，塞外草衰。夜不能寐，侧耳远听。胡笳互动，牧马悲鸣。吟啸成群，边声四起。晨坐听之，不觉泪下……"所以，每读《李将军列传》，心头都禁不住阵阵泛起后人那些怅惘低徊的深长歌吟，包括张承志《荒芜英雄路》中的《杭盖怀李陵》："两唐书中记载了大量黠戛斯（柯尔克孜）人自称李陵苗裔的族源传说；日本突厥学家护雅夫认为，黠戛斯之一部即黑发黑须黑瞳的一部，乃是李陵及降卒后裔这一传说，已经成为正史史源，但尚不是信史。"而诗坛千古流传的名篇佳作，更是后世之人对李广李陵祖孙两代英雄末路的无尽追怀：

秦时明月汉时关，万里长征人未还。但使龙城飞将在，不教胡马度阴山。（王昌龄）

林暗草惊风，将军夜引弓。平明寻白羽，没在石棱中。（卢纶）

使李将军，遇高皇帝，万户侯何足道哉。（刘克庄）

嘉会难再遇，三载为千秋。临河濯长缨，念子怅悠悠。远望悲风至，对酒不能酬。行人怀往路，何以慰我愁。独有盈觞酒，与子结绸缪。（《苏李诗》）

……

作为新闻的先声，司马迁《史记》既讲故事，状细节，又以"太史公曰"成为新闻评论的典范。这些评论文字，寥寥几笔，画龙点睛，顿使全篇故事形神兼备，顾盼生姿。事实上，太史公曰已经成为史记故事不可分割的有机构成。范敬宜在清华大学开设新闻评论课时，常常以此传道授业，《李将军列传》结尾的太史公曰，更是他的经典教学案例：

《传》曰"其身正，不令而行；其身不正，虽令不从"。

　　其李将军之谓也？余睹李将军悛悛如鄙人，口不能道辞。及死之日，天下知与不知，皆为尽哀。彼其忠实心诚信于士大夫也！谚曰"桃李不言，下自成蹊"。此言虽小，可以谕大也。

　　其实，这段文字何尝不是范敬宜的写照呢？"其身正，不令而行"，"悛悛如鄙人，口不能道辞"，"桃李不言，下自成蹊"，不也像这位"将军一去，大树飘零"的一代报人吗。再如《孔子世家》的太史公曰，同样堪称精辟、深刻而贴切：

　　诗有之："高山仰止，景行行止。"虽不能至，然心乡往之。余读孔氏书，想见其为人。适鲁，观仲尼庙堂车服礼器，诸生以时习礼其家，余祗回留之不能去云。天下君王至于贤人众矣，当时则荣，没则已焉。孔子布衣，传十余世，学者宗之。自天子王侯，中国言六艺者折中于夫子，可谓至圣矣！

　　拿破仑临终时，回顾自己曾经指挥千军万马而如今沦为孤家寡人，耶稣孑然一身而后世向心归化，于是不由感叹真正强大的不是利剑而是精神，这同司马迁的上述评论可谓英雄所见略同。除直抒胸臆的评论，司马迁还在看似不经意的叙事中，借故事中人物之口传达种种就事论事的评说。如《乐毅列传》记述了乐毅一封《报燕惠王书》，其中有一句："善作者不必善成，善始者不必善终。"习近平系列讲话中不时提到"善始善终，善作善成"，即由此点化而来。再如，《商君列传》中商鞅变法的一段陈词，也为治国理政提供了有益的思想启发：

　　孝公既用卫鞅，鞅欲变法，恐天下议己。卫鞅曰："疑行无名，疑事无功。且夫有高人之行者，固见非于世；有独知之虑者，必见敖于民。愚者闇于成事，知者见于未萌。民不可与虑始而可与乐成。论至德者不和于俗，成大功者不谋于众。是以圣人苟可以强国，不法其故；苟可以利民，不循其礼。"孝公曰："善。"

综上所言，除了文化以及文字的血肉关联，司马迁及其《史记》与现代新闻至少有三点可谓一脉相通：一是实事求是，调查研究；二是讲故事，重细节；三是字里行间的高远境界与高贵情怀。最后一点尤有现实意义，因为眼下一些新闻故事，絮絮叨叨，鸡零狗碎，仿佛沦为稗官野史，既没有政治意识，也没有什么精神价值。要之，《史记》既当得起鲁迅之定评，也无愧于记者之先声。司马迁在《屈原贾生列传》中，对《离骚》的一段经典评论也完全适用于《史记》："其文约，其辞微，其志洁，其行廉，其称文小而其指极大，举类迩而见义远。"

在千万年中华文明进程中，司马迁与《史记》如一座丰碑为人尊崇，自来著述也如万斛泉涌，不择地而出。河南大学教授王立群为"百家讲坛"栏目开讲《史记》，就是最新一例。在学术界，李长之的《司马迁之人格与风格》（1946）广为人知，备受推崇。李长之是"清华四剑客"之一，与吴祖细、林庚、季羡林相提并论。作为第一部全面评议司马迁与《史记》的专著，李长之在这部名山之作的自序中，将其人格与风格归结为一个共同点——"浪漫的自然主义"。所谓自然主义，乃指极端客观写实；而浪漫主义，则又极端主观，注重内心世界，抒发自我情感。两者看似对立，却相反相成地有机统一于司马迁及其《史记》，形成鲁迅先生的定评：史家之绝唱（写实），无韵之离骚（抒情）。实际上，古今中外的一流记者及其作品，也无一不是主客观的完美融合，绝对客观与绝对主观都不可能铸就好新闻，也不可能成就大记者。正如斯诺的《西行漫记》，一方面如此真切地记录了事实，达到古今良史与实录的水平；一方面又浸透着一位有良知记者的深挚情感，特别是对中国的热爱以及对中国人民与中国革命的深切同情。

西谚有云，一切哲学都是对柏拉图的注释。化用此语，一切对司马迁及其《史记》的解读，也不妨视为对司马迁《报任安书》的注释。这篇古今名篇，千回百转，心痛神伤，正如信里说的"肠一日而九回，居则忽忽若有所亡，出则不知其所往"。其中一些有名的文字，百代以下依然美丽动人："人固有一死，或重于泰山，或轻于鸿毛""究天人之际，通古今之变，成一家之言""藏之名山，传之其人""可为智者道，难为俗人言"……70年前，毛泽东在延安的演讲《为人民服务》，就用了其中名言："中国古时候有个文学家叫作司马迁的说过：人固有一死，或重于泰山，或轻于鸿毛。为人民利益而死，就比泰山还重；替法西斯卖力，替剥削人民和压迫人民的人去死，就比鸿毛还轻。"当然，最无愧司马迁及其《史记》的盖棺定论，当属《报任安书》那段耳熟能详而寄慨良深的文字：

> 西伯拘而演《周易》；仲尼厄而作《春秋》；屈原放逐，乃赋《离骚》；左丘失明，厥有《国语》；孙子膑脚，《兵法》修列；不韦迁蜀，世传《吕览》；韩非囚秦，《说难》、《孤愤》；《诗》三百篇，大抵圣贤发愤之所为作也。

上世纪最后一年，《杭州日报》西湖副刊创办《倾听·人生》版，定位于普通人的口述故事，每周一期，每期六七千字，算来约有六七百个故事了。创刊十年后的2010年，这些新闻故事又以《小人物史记》的书名付梓发行，按照主编赵晴的说法：

> 他们中有下岗女工当钟点工式的小人物，也有汶川大地震后打开生命通道的尖刀军长徐勇的亲身经历。小人物有时候甚至推动了历史的进程，获得第19届中国新闻奖一等奖的《一九八零，四位新华社记者的西行漫记》，讲述的更是大时代中一段鲜为人知的真实故事：30年前，四位新华社中青年记者受命调查西北农村现状，探讨治贫致富的良策，为此他们跨越4省（自治区）39县，走村串户，历时半年，行程万里，对党中央全面推行包产到户的重大政策，起到了关键性作用。[①]

这里提到的四位新华社记者及其西行漫记，就是前述冯东书参与

---

① 赵晴主编：《小人物史记》1、2，杭州，浙江大学出版社，2010，"序言：以小人物的命运反映时代变化"。

撰写的"尘封十八年的书稿"《告别饥饿》（人民出版社 1998）。口述《一九八零，四位新华社记者的西行漫记》的傅上伦，1966 年毕业于复旦大学新闻系，翌年分配到新华社宁夏分社，他对《倾听·人生》记者说起此次西行漫记时特别提到：

> 新华社领导对这次调查极为重视，出发之前，穆青同志亲自找我们谈话……他特别强调，要说实话，写实情。他说，斯诺的《西行漫记》，范长江的《中国的西北角》，为什么过了几十年，至今读来仍然震撼人心？就是因为他们真实地记录了大量的事实。他们当时发的新闻，今天成了历史。你们这次调查，今天看是新闻，明天也就成了历史。你们一定要有时代的责任感，历史的责任感，不要有单纯的任务观点。要走一路，看一路，听一路，写一路。[①]

末了说一下《史记》版本。提到版本，不能不涉及"点校本二十四史及清史稿修订工程"，这是新中国一项利归当下、功在千秋的文化建设项目，历时半个多世纪，涉及几代文化人，借用中华书局编辑部 2013 年《点校本二十四史及清史稿修订缘起》的说明：

> 二十世纪五十年代至七十年代，在毛泽东主席、周恩来总理的亲自部署和国家有关部门的直接领导下，由中华书局承担组织落实和编辑出版工作，集中全国学术界、出版界的力量，完成了"二十四史"及《清史稿》的点校整理和出版。从一九五八年九月标点"前四史"及改绘杨守敬地图工作会议召开，次年九月点校本《史记》问世，到一九七八年点校本《宋史》完成出版，整理工作历时二十年……点校本出版之后，以其优秀的学术品质和适宜阅读的现代形式，逐渐取代了此前的各种旧本，为学术界和广大读者普遍采用，成为使用最广泛的权威性通行本。
>
> 点校本"二十四史"及《清史稿》从开始出版，至今已

---

① 赵晴主编：《小人物史记》1，杭州，浙江大学出版社，2010，第 106 页。

超过半个世纪，上距一九七八年《宋史》出版，点校工作完成，也已经过去了三十多年……为适应新时代学术发展和读者使用的需求，亟须予以全面修订……形成一个体例统一、标点准确、校勘精审、阅读方便的新的升级版本。

这段概括的文字说明了此项工作的缘起、进程、内容、意义等，也提及第一项成果即点校本《史记》1959 年问世。当年主持《史记》点校工作的，均为老一辈著名学者如顾颉刚。他们以精湛的学术水平和严谨的治学精神，为这项文化盛事作出卓越贡献。别的不提，北京大学教授李零谈到的一件事，就足以表明这一点："我在台北文哲所见到林庆彰先生。他是文哲所的所长。他说，他第一次来大陆，非常惊讶，大陆竟然有那么多精心整理的古籍和工具书。"[①]

我的第一套《史记》，正是与我同庚的中华书局 1959 年点校本，文革后期上山下乡时购得。好像当年公社的小书店只进了一套，定价 10 元。这在那个年代可是一笔不菲开销，算来足够维持一个人一个月的小康生活，故记忆尤深（之所以不惜血本，也在于对王伯祥选注的《史记选》印象深刻，爱不释手）。这套平生第一部大部头"藏书"，几十年来走南闯北一直带在身边。来清华后，老同学知我所好，又惠赠一套精装版的点校本二十四史，包括《史记》，由于已有平装本，一直不舍得拆封，摆在办公室装点门面。新购的这套升级版《史记》，原价 590 元，网上购买还打折，差不多相当于京城小聚一次的餐费，比 40 年前的价格便宜多了。升级版《史记》第一次印刷时限量发行两万套，我的这套编号为 11441。由此说来，即使只有两万人在读《史记》，在忙碌而多元的时代似乎也值得宽慰了。

（李长之：《司马迁之人格与风格》，三联书店，1984；赵晴主编：《小人物史记》，浙江大学出版社 2010）

---

① 李零：《鸟儿歌唱——二十世纪猛回头》，北京，北京大学出版社，2014，第 192 页。

天下风云一报人

——索尔兹伯里与长征故事

　　距今 30 载的 1983 年，一位美国记者一再努力，终获中国政府同意，以古稀之年踏访红军长征路，并以一部轰动世界的新闻名作，成就了斯诺及其《西行漫记》后的又一里程碑。这位记者就是知名美国新闻界、驰誉天下新闻人的哈里森·索尔兹伯里（1908－1993），而那部名作就是脍炙人口的《长征：前所未闻的故事》。索尔兹伯里的《长征》，既为人们触摸一段传奇历史提供了鲜活的感觉，也为当代中国记者采写新闻、讲述故事展现了新颖的范本。仅看其中的小标题，就足以引发读者的好奇与兴致了：《月光下的行军》《"赤匪"的兴起》《担架上的"阴谋"》《魔毯》《永远打不倒的小个子》……

　　作为一代名记者，索尔兹伯里早在上世纪 30 年代，就以合众国际社记者活跃于欧美，二战期间，深入前线，采访苏联，发出《列宁格勒被困九百天》等报道。新中国成立的 1949 年，他又出任《纽约时报》常驻莫斯科记者，毛泽东主席出访苏联时，他还参加了苏方举行的欢迎宴会。他一生获得的荣誉与头衔，包括普利策新闻奖、《纽约时报》副总编辑、全美作家协会主席等。

　　1938 年，埃德加·斯诺的《红星照耀中国》（《西行漫记》）问世，30 岁的索尔兹伯里同千万欧美读者包括罗斯福总统一起先睹为快，从此他就对中国、对长征心向往之，对斯诺钦佩有加。不久，他在欧洲相遇了这位崇敬的同行：

　　　　我见到斯诺是在二次大战期间。这时我俩都是战地记者，恰巧都在苏联采访关于苏联红军作战的消息。我们一起上前线，报道苏联红军如何击退希特勒的部队，如何把他们从苏联的领土上清除出去。斯诺和我自然常常谈到中国……我同斯诺的多次交谈，加深了我对长征的兴趣。[①]

在闻名世界的《西行漫记》里，斯诺曾预言：总有一天，有人会写出一部关于长征这一惊心动魄远征的"全部史诗"。只是他未必想到，这一心愿由索尔兹伯里实现了。早在斯诺去世、尼克松访华的1972年，索尔兹伯里已向周恩来总理提出了采写长征的请求。过了11年，当中国大使馆打来电话，同意他的计划时，他欣喜不已地喊道："我简直不能想象，这世上还有什么比长征更绝妙更刺激的事情！"[②]

于是，1984年，红军长征50周年之际，索尔兹伯里从江西的于都河畔出发，沿着中央红军即红一方面军的行军路线乘车行进，途中也涉足了红二方面军与红四方面军的部分地区，历时72天，到达了长征的落脚点——陕北的吴起镇。一路中，陪伴他的除了妻子夏洛特，还有中国人民革命军事博物馆馆长秦兴汉将军、外交部译员、一位老红军的后代张援远——也是《长征》中译本的译者之一，美国外交官、中国通谢伟思——当年在延安就曾与毛泽东、周恩来、朱德等交往深厚，为此在麦卡锡时代还同斯诺等一同遭到政治迫害。

时隔20年，张援远想起那次"长征"还不胜感慨："那是一个真正的老人团呀"，"老头儿那年75岁，他的朋友谢伟思74岁。妻子夏洛特再有两星期就70岁！索尔兹伯里还有心脏病，身上还带着心脏起搏器呢"。张援远回忆，索尔兹伯里"这老头儿，可不得了"：

拒绝了各地政府提供的小轿车，只坐面包车或吉普车。虽然坐这种车对人的腰、腿、背都是一种"考验"，但好处是坐的人多，可以随时在车上开咨询会、座谈会。因为道路

---

　　① ［美］哈里森·索尔兹伯里：《长征：前所未闻的故事》，过家鼎、程镇球、张援远译，北京，解放军出版社，1986，"中文版自序"，第1页。

　　② 秦晓鹰：《索尔兹伯里和他的〈长征〉故事——访外交部翻译室主任张援远》，载《中国财经报》2004年10月23日。

十分颠簸，"老爷子"只能在车上记个梗概。他的笔记本上又是文字又是符号又是数字还有莫名其妙的涂鸦，简直就像"天书"。尽管各地政府对这位"老外"都极为照顾，但因为那时条件限制，也常常会有许多让这几个外国人感到不方便的地方。没有更洁净的水，一瓶水传来传去，几个人对着嘴喝……面对着漫长崎岖的路途，疲惫困乏的身体有时真感到难以支撑。每到这时，索尔兹伯里那种当战地记者锤炼出的意志和良好的职业道德就会显露出来。

"这老头儿还真有点'苦不苦，想想红军二万五'的精神。他一路上总是对我们说，中国红军男女完全靠徒步走下来的，我们呢？又有吉普车又有面包车，还有指挥车开道，已经很不错了。"张援远还记得索尔兹伯里在路上不止一次地对他说过："只有亲身走过这段路程的人才能以现实主义的方式描绘出长征中的战斗和艰难困苦——特别是过雪山和草地！"

索尔兹伯里真正开始"战斗"的时间是晚上。每当夜深人静的时候，伴着窗外的山风和虫鸣，索尔兹伯里那台在苏德战场就用的旧式打字机便噼噼啪啪响起来。他细细整理着白天的记录，小本上的一切数字符号草图此时都变成了流畅的文字，就连沿途所见的风俗风景也一一写了进去。陪同他的中方人员——军博馆长秦兴汉和翻译张援远歇息了，谢伟思睡了，连妻子夏洛特也进入了梦乡，只有索尔兹伯里和他的打字机还在工作。[①]

由于玩儿命工作，走到西昌时，索尔兹伯里的心脏病犯了，险些丧命，人们赶快用飞机送他去成都抢救，才算化险为夷。回到北京后，他又采访了多位红军将领，包括李先念、萧克、杨成武、萧华、

---

① 秦晓鹰：《索尔兹伯里和他的〈长征〉故事——访外交部翻译室主任张援远》，载《中国财经报》2004年10月23日。

程子华、李一氓、姬鹏飞等，以及几十位红军老战士、老船工、老赤卫队员等。然后，带着几箱资料、图片、照片和笔记本返回美国。1985 年，书稿杀青。由于邓小平发话，允许外国人用自己的眼光看待中国革命，于是让他意外的是，中国有关部门除了校正人名地名等，未对敏感章节增删任何内容。

红军不怕远征难，万水千山只等闲。如同古希腊的特洛伊战争激发诗人荷马的灵感，成就其两部英雄史诗《伊里亚特》与《奥德赛》。中国的万里长征不仅激发了诗人的喷薄诗情，留下脍炙人口的史诗华章——铁流两万五千里、不到长城非好汉、"20 世纪华人音乐经典"《长征组歌》……同时更吸引了新闻人与文化人，书写了各领风骚的名篇佳作，其中索尔兹伯里的《长征》如今最为流传。

作品开篇先声夺人："每一场革命都有自身的传奇。"美国革命的传奇，是独立战争最困难的冬天，华盛顿将军与爱国者们在"福吉谷"陷入险境，"度过了那次严峻考验之后，乔治·华盛顿和他的战士们踏上了胜利的征途"。与此相似，"法国革命摧毁了巴士底狱。对俄国革命来说则是攻占彼得格勒的冬宫。当时巴士底狱中仅关押着七名囚徒，而布尔什维克进入冬宫则易如反掌。因为冬宫只有一些年轻人和妇女在守卫。但是这些都无关紧要。它们都成了革命的象征"。①

而在索尔兹伯里看来，"一九三四年中国革命的长征却不是什么象征，而是考验红军男女战士的意志、勇气和力量的人类伟大史诗"，"本世纪中没有什么比长征更令人神往和更为深远地影响世界前途的事件了"。② 这是他为长征及其作品定的基调或主题，嘈嘈切切的缤纷叙事均由此展开。基调或主题尽管恢宏壮伟，但笔法却娓娓道来，朴素，生动，引人入胜。《长征》给读者的阅读体验以及鲜明印象，首先当属惟妙惟肖的人物故事以及富有历史感的细节。尤其刚刚走出格式化、程式化的年代，如此活灵活现的文字怎不令人耳目一新：

---

① ［美］哈里森·索尔兹伯里：《长征：前所未闻的故事》，过家鼎、程镇球、张援远译，北京，解放军出版社，1986 年，第 1 页。

② 同上。

——她还记得在吉安第一次参加战斗，在一个小屋里度过的一夜。小屋里亮着一盏没有灯罩的电灯。她从来没有见过电灯，也不知道怎么关灯。最后她拿起步枪，举起来用刺刀捅破了灯泡。这杆带刺刀的枪比她还高几英寸呢。

——博古在长征开始时是 20 六岁。从十八岁至 20 二岁，他在莫斯科待了四年。长驻莫斯科领导博古他们的王明也只有 20 八岁。洛甫当时是 30 四岁，算是较为年长的了。

——长沙师范学校大门的石头上刻着"实事求是"。这是"徐老（徐特立）"的手迹。毛泽东后来把这一格言当作他政治哲学的基础。

——危秀英是个黄花闺女，曾被卖给人家当童养媳，她记得当她和一位年青战士一起趟水过河时，引起了那位战士的惊慌。她的黑裙子一直卷到臀部，这位战士喊道："你受伤了吗？"她意识到，他看到了她的月经排血。他不知道妇女还来月经。在这方面许多战士与他一样无知。

——当晚，毛和李先念谈了一次话。毛问李 30 军有多少人（李以前指挥第九军，此时指挥第 30 军）。李说有两万多。毛问他多大了。李说二十五六。

——张国焘一度曾走到周恩来面前说："你们有多少人？"周天生是位外交家，反问道："你们有多少人？"张说："我们有十万。"周回答说："我们有三万。"周的夸张程度比张的要大得多。

——（过草地时）在后卫部队前面的红军指挥部的人们患了可怕的腹泻和痢疾。粗糙的整颗的谷粒和麦粒通过肠道排泄出来时带着血污。面临着饥饿威胁的后卫部队，挑拣着这些谷粒，就像麻雀从马粪中捡燕麦粒一样，他们把谷粒洗净煮沸后就狼吞虎咽地吃下去。

——高岗担任了刘志丹的政委。他能力很强，但正如一位中国人所说，他有"乱搞女人"的坏名声。刘志丹对此当然不能容忍，对高岗行为放荡不羁的问题，有一次刘曾提出要处决他。

　　——他（邓小平）打牌争输赢，但不赌钱。输者得钻桌子，邓输的时候，牌友们总是说："你可以免了。"他总是说："不，我要钻，这是我们打牌的规矩。"然后，他就钻了起来。由于他的身材矮小，钻桌子对他来说比较容易。[①]

　　……

　　故事，故事，故事！细节，细节，细节！引语，引语，引语！此类西方记者的新闻笔法，如今我们无不习以为常，并已融入中国的新闻实践。我在《新闻记者》撰文《读"天珠"，谈新闻》，谈到的清华大学新闻研究生刘鉴强的《天珠——藏人传奇》（西藏人民出版社2009年）即为一例。而熟悉斯诺的《西行漫记》，以及韩丁的《翻身》、白修德的《中国的惊雷》、贝尔登的《中国震撼世界》、里德的《震撼世界的十天》、曼彻斯特的《光荣与梦想》、《普利策新闻奖》（特稿卷）等作品，对这路新闻笔法更不陌生。欧美记者的新闻名作，都有类似的特征与风格——注重细节、讲究叙事、栩栩如生的情景、个性鲜明的引语……比如，被欧文·拉铁摩尔称为"优秀战地记者"的杰克·贝尔登，有一部记述解放战争的新闻经典《中国震撼世界》，其中一段描写华北平原的文字，读来生动形象，历历在目：

　　要想对华北平原的地形有一个清楚的概念，只需在地上放一个大写的 A 字，A 字的左腿代表平汉铁路，右腿代表津浦铁路，中间一横代表陇海铁路。A 字的顶点是蒋介石的华北集团军的司令部所在地北平；左边底端是他在华中的供应基地汉口；右边底端是蒋介石和国民党政府的所在地南京。

　　A 字上端的三角形可以代表华北平原的中心地带，自

---

　　① 〔美〕哈里森·索尔兹伯里：《长征：前所未闻的故事》，过家鼎、程镇球、张援远译，北京，解放军出版社，1986，第 33 页、80 页、86 页、91 页、279 页、282 页、312 页、337 页、400 页。

从一九三八年以来，共产党就在这个地区与日本人作战。

黄河像一条泥蛇，从群山西面游出来，沿着 A 字中间的横杠，忽上忽下，蜿蜒穿越过中原，滋养着中华半壁江山。①

贝尔登对中国革命性质及其原因的分析，更是举重若轻，鞭辟入里：

法国大革命的中心问题是实现平等和民主，近代德国革命的中心问题是实现统一，俄国革命的中心问题曾是土地革命。中国革命的任务则是同时解决这三种问题。中国必须争取民族独立，因为它仍然处于受外国支配的半殖民地地位；中国必须争取民主，因为它仍然处于专制统治之下；中国必须开展土地革命，因为它仍然被封建地权所束缚。②

至于美国记者科林斯与法国记者拉皮埃尔合写的《巴黎烧了吗？》，看起来简直就像一部惊险小说，环环相扣，扣人心弦。而如此传神的"深度报道"，没有一丝一毫虚构，"事事有根据，人人有下落，句句有出处"（董乐山），每个看似微不足道的细节，都无不有根有据，都由采访调查所得，让人叹服。同样令人叹服的是，《西行漫记》《第三帝国的兴亡》《美国新闻史》《巴黎烧了吗？》等佳作佳译，都出自同一位新华社的新闻人和文化人董乐山。他在译介名作之余所著的《译余废墨》，同《敬宜笔记》一样均属"大手笔，小文章"。巧的是，董乐山与范敬宜还是圣约翰大学的校友。

无论受到此类笔法多少熏染，反正中国 80 年代以来的"非虚构"作品，包括新闻报道显然日益灵动，千姿百态，如新华社的中国新闻奖一等奖作品《索玛花儿为什么这样红》、《中国青年报》"冰点周刊"的开篇之作《北京最后的粪桶》、《北京日报》的《赤脚医生——20世纪中国的温暖记忆》、中央电视台的《新疆塔县皮里村蹲点日记》，

---

① ［美］杰克·贝尔登：《中国震撼世界》，邱应觉等译，北京，北京出版社，1980，第 433 页。

② 同上，第 174 页。

以及黄济人的《将军决战岂止在战场》、张正隆的《雪白血红》……即使学术著述《苦难辉煌》，风格章法都颇有《光荣与梦想》的韵味。其间，王树增的非虚构"三部曲"《朝鲜战争》《长征》《解放战争》尤为典型。以书写长征而论，斯诺自是先驱，索尔兹伯里的《长征》再上层楼，而王树增的《长征》堪称又一高峰。为此，中央电视台曾邀请王树增在"百家讲坛"开讲长征，果然名不虚传。

或是所见略同的巧合，或是灵机一动的启发，就在索尔兹伯里踏访长征的1984年，《经济日报》记者罗开富也走上长征路。不同的是，他是靠两条腿一步一步"丈量"了万里长征路，而且严格按照红一方面军的路线和日程行进。所以，他成为第一位名副其实重走长征路的记者。每到一地，他都将当日见闻，写成新闻，发回报社。于是，从1984年10月16日到1985年10月19日，读者每天都能在邓小平题写报名的《经济日报》上，读到这组系列报道——《来自长征路上的报告》，仿佛随记者过湘江、渡赤水、攀上娄山关、跨越大渡河、雪山低头迎远客、草毯泥毡扎营盘……罗开富后来回忆道：

> 1935年1月7日夜里两点，红军打开了遵义城门。50年后的1985年1月7日我也必须在同一时辰进城门。在提前到达城门口的1个小时58分的大雨天气中，我脱下雨衣用棍子一撑当帐篷，搬了砖头垒起了"办公桌"，在忽明忽暗的烛光下写完稿子，用明码电报发回北京。[1]

继1985年《长征》问世，索尔兹伯里又在1988年出版了《变革时代》，中译本题为《天下风云一报人——索尔兹伯里采访回忆录》。在"卷头语"里，他提到自己敬佩的三位同行：以报道十月革命著称的约翰·里德、同中国革命息息相关的埃德加·斯诺、涉足古巴革命的《纽约时报》记者赫伯特·马修斯。他还说，中国是他"儿时及今心中之麦加"。拙著《传播学引论》从1993年第一版到2013年第三版，一直引用书中记述的一段里根逸事，以说明"拟态环境"的

---

① 陈燮衡：《新闻界的怪才——罗开富》，载《新闻战线》2007年第5期。

影响。

有一次里根接受记者采访，当谈到美国的种族问题时信口说道：我们美国真是一个妙不可言的地方！你们记不记得就在珍珠港事件后的一天，罗斯福总统一道命令就取消了美军中的种族隔离？记者一听不对头，美军中的种族隔离是到二战结束后，杜鲁门当政时才取消的嘛，为此还曾引起一场轩然大波。里根对记者的反驳并不介意，又耐心解释说：怎么不是，你忘了吗？当时珍珠港一艘军舰上有位黑人厨师，当全舰官兵都打光时，他抱起一挺机枪对空扫射，结果击落一架零式战斗机。于是，第二天罗斯福就下令取消美军中的种族隔离。听里根这么一说，记者才算明白是怎么回事："总统记得一点也不错，但那不是事实，而是一部电影里的情节。"①

距今 20 载的 1993 年，一代名记者哈里森·索尔兹伯里长别了一生钟爱的新闻工作。按照其生前嘱托，那台伴随他半个世纪，从苏德战场到万里长征的老式打字机留给了儿子；那个随身携带踏访长征路的心脏起搏器送给了中国。当年 5 月，当张援远把这件遗物转交中国军事博物馆时，在场许多人眼圈都红了。秦时明月汉时关，万里长征人未还。斯人已逝，长征魅力永恒：

> （长征）过去是激动人心的，现在它仍会引起世界各国
> 人民的钦佩和激情。我想，它将成为人类坚定无畏的丰碑，
> 永远流传于世。阅读长征的故事将使人们再次认识到，人类
> 的精神一旦被唤起，其威力是无穷无尽的。②

（［美］埃德加·斯诺：《西行漫记》，董乐山译，三联书店，1979；王树增：《长征》，人民文学出版社，2006）

---

① ［美］哈里森·索尔兹伯里：《天下风云一报人——索尔兹伯里采访回忆录》，粟旺等译，北京，中国对外翻译出版公司，1990，第 309 页。

② 同上，第 4 页。

记者的光荣与梦想

2014 年 4 月，受江西师范大学传播学院邀请，我有幸出席他们承办的全国高校传播学年会。其间，同一位负责接待的青年老师相识，了解到她正在攻读博士学位，研究普利策新闻奖特稿作品的叙事问题。由于 15 年前，自己也曾主持翻译了一部《普利策新闻奖：特稿卷》，于是我俩自然就此作了一番深入交流。

作为所谓"非虚构"的典范，普利策特稿堪称新闻写作的高峰，若想把握这种新闻文体的结构、叙事、风格，至少需同 20 世纪以来美国新闻叙事的渊源流变联系起来考察。2004 年，我在清华新闻学院开设《新闻史研究》课程时，组织研究生翻译了一篇纽约大学新闻系遴选的《20 世纪美国百佳新闻作品》（*The Top 100 Works of Journalism In the United States in the 20th Century*），然后撰写相关背景后刊发于《国际新闻界》当年第 5 期和第 6 期，题为《风云百年录华章——20 世纪美国百佳新闻作品一瞥》。这一百篇新闻作品既是美国新闻史的名篇佳作，也在 20 世纪全球新闻传播的历程上留下深浅不一的足印，其中一些篇什也可归入特稿或非虚构序列。随举几例如下。

——李普曼的哈佛同学、红色记者约翰·里德（John Reed），留下一部记述十月革命的新闻经典《震撼世界的十天》（*Ten Days That Shook the World*）。

——生于中国天津的约翰·赫西（John Hersey），采写六位原子弹爆炸幸存者生活的《广岛》（*Hiroshima*），被誉为"最杰出的战争经典作品之一"。

——作家诺曼·梅勒（Norman Mailer），以 1967 年 10 月华盛顿反战和平示威为题，撰写了有名的《夜幕下的大军》（*The Armies of the Night*）。

——杜鲁门·卡波特（Truman Capote），以间不容发、扣人心弦的故事情节，活生生展现了一幕令人心惊肉跳的谋杀事件，读其《冷血：一对杀人恶魔及其后果的真实报道》（*In Cold Blood：A True Account of a Multiple Murder and Its Consequences*），仿佛身临其境，点点滴滴，历历在目。

——因水门事件一举成名的《华盛顿邮报》记者鲍勃·伍德沃德和卡尔·伯恩斯坦（Bob Woodward and Carl Bernstein），合作完成了新闻与历史的一部名作《总统班底》（*All the President's Men*）。

……

除此之外，美国还有不少风靡天下的非虚构文字，均与普利策特稿形成相互辉映之势。在"新闻传播学百种基础书目"中，我还推荐了几部经典：斯诺（Edgar Snow）的《西行漫记》（*Red Star Over China*）、威廉·曼彻斯特（William Manchester）的《光荣与梦想》（*The Glory and the Dream：A Narrative History of America，1932－1972*）、威廉·夏伊勒（William L. Shirer）的《第三帝国的兴亡》（*The Rise and Fall of the Third Reich*）、哈里森·索尔兹伯里（Harrison Salisbury）的《长征：前所未闻的故事》（*The Long March：The Untold Story*）、美国记者拉莱·科林斯（Larry Collins）和法国记者多米尼克·拉皮埃尔（Dominique Lapierre）的《巴黎烧了吗?》（*Is Paris Burning?*）等。这些脍炙人口的文字既是新闻，也是历史，不仅原作出自记者手笔，而且中译也多出新闻名家，如董乐山及其翻译的《西行漫记》《第三帝国的兴亡》等。

随着 20 世纪 80 年代改革开放的全面展开，这些非虚构作品对中国新闻界的影响也越来越广泛，文本结构与叙事风格更是明显渗透于当今记者的笔端，包括中国新闻奖作品，如《索玛花为什么这样红》。

其中，曼彻斯特的《光荣与梦想》最有影响，堪称首屈一指的典范。那种引人入胜的叙事（narrative）尤其令人着迷，"光荣与梦想"也已作为一句现代汉语广为流传。就在起草这篇文章时，看到《人民日报》一篇真情文字《您好，王净将军!》，末尾一句就是"您的光荣与梦想，必将世代延续，闪耀中华"。

曼彻斯特（1922－2004），美国记者、作家，10岁时已是一位热心的报纸读者，后来成为大报《巴尔的摩太阳报》的记者，"从上世纪40年代末起，在一系列重大事件的报道中一直身处前沿"。《光荣与梦想》是他的第十部作品。在这部场景宏大而描写细腻的巨著中，他根据大量报刊资料和采访素材，充分运用新闻特稿笔法，生动勾画了从1932年罗斯福总统当选到1972年尼克松总统因水门事件下台，40年间美国政治、经济、文化、社会生活的全景式画卷，内容包罗万象，涉及大萧条、第二次世界大战、原子弹、朝鲜战争、越南战争、肯尼迪遇刺、黑人民权运动，以及美国人的精神风貌、各阶层的生活状态与心态、流行的衣饰发型、美语中的时尚用语等，真是面面俱到，娓娓道来，绘声绘色，有滋有味。本书副题为"美国史话（1932－1972）"，而作者也恰似一位说书人，用讲故事的口吻，朴实而生动地展现了二战前后与冷战期间的美国历史风貌，有情节，有细节，有起承转合的事件，有性格鲜明的人物，还有不少过目不忘的精彩对话与忍俊不禁的有趣场景。举例来说，全书开篇即《序幕：沟底》的第一句以及第一段，一下子就将读者带入上世纪二三十年代肃杀的大萧条氛围：

> 1932年那个山穷水尽的夏天，华盛顿哥伦比亚特区活像一座深陷敌围的欧洲小国京城似的。自从5月以来，大约有二万五千名世界大战的退伍军人，携家带口，身无分文，纷纷在市内的公园，垃圾堆积处，没主的货栈，歇业的铺子，拣个地方住下……经济萧条已经几乎整整三年了，这些退伍军人是来请求政府救济，具体地说，就是要求立即发给

"退伍军人补偿金"。①

接下来，作者用看似不经意的叙述，行云流水似的在读者眼前，敞开一幕幕可触可感的社会画面，既立体丰满地还原了一度穷愁潦倒的美国社会，描绘了空前剧烈的经济危机使美国陷入的绝望"沟底"（rock bottom），又栩栩如生地展现了当年美国及其首都的生活场景，与时贤心向往之的"人间天堂"大相径庭：

> 那时，英国外交部是把华盛顿市划归"亚热带气候地区"的。各国使节因为华盛顿气温高，湿气重，都讨厌这地方。这里，除了闹市里有少数几家戏院在广告上说有"冷气"外，别的房子都没有空气调节设备。一到夏天，华盛顿到处是凉篷，遮阳走廊，卖冰的手推车，乘凉用的躺椅和地席，而且，用官方游览指南的话来说，这里还是"一个研究昆虫的绝妙处所呢"。

> 1932年时，首都还有几千匹拉车干活的马，在K街的鹅卵石路上着实留下不少遗泽，臭气熏天，跟大市场和街角货摊的香味混在一起。②

如今，作为唯一的超级大国，美国对外穷兵黩武，横行全球，对内则建立了利维坦一般庞大的、令人咋舌的国家机器，斯诺登的揭秘不过是冰山一角，普利策新闻奖1982年特稿《联邦官僚机构》（*Bureaucracy*）对此所作的详尽解剖给人留下难忘印象，与所谓"小政府，大社会"之类的流行语格格不入。而谁曾想到，80年前美国对内对外的历史状况，竟是如下破落不堪的情景呢：

> 美国就像英国的直辖殖民地一样，完全在皇家海军的保护之下。

> 参谋长手头只留三万部队，比1776年英王乔治派来镇

---

① ［美］威廉·曼彻斯特：《1932－1972美国实录（光荣与梦想）》，广州外国语学院美英问题研究室翻译组译，朔望、董乐山、关在汉校，北京，商务印书馆，1986，第1页。

② 同上，第2页、第8页。

压北美殖民地革命的兵力还少。

美国陆军的质量更是坏得吓人。当时军费仅仅约为今天的庞大开支的千分之二点五上下；果然，一分钱，一分货。《幸福》月刊说美军是世界上"装备最差的"军队，对此谁也没有不同意的。

华盛顿政府的想法也是一样；美国没有大国的地位，大国的抱负，大国应有的庞大机构。夏天，首都沉沉欲睡恰如村野；至于其他季节，更没有人记得它了。

柯立芝总统通常到吃午饭时就办完了一天的公事。胡佛是第一位在办公桌上安起电话机的总统，因而轰动一时。

1929年一场大火烧了总统的椭圆形办公室以后，胡佛和总统府人员统统都搬进了行政大楼来，同国务卿、陆军部长、海军部长在一个楼里办公，也没有谁感到拥挤。那时是不讲究排场的。

陆军参谋长道格拉斯·麦克阿瑟将军也在行政大楼的同一层楼上办公。他和他唯一的副官只隔着一扇木条门。将军有事需人帮忙，只要喊一声"艾森豪威尔少校"，艾克就飞跑过来了。[①]

初次看到"艾克飞跑过来"时，忍不住哑然失笑。说起来，麦克阿瑟、艾森豪威尔、马歇尔、巴顿等，均属美军二战名将，除巴顿以四星上将殒命车轮，其余都官拜五星上将，相当于元帅，故民国报刊也称"马帅"（马歇尔）、麦帅（麦克阿瑟）等。有一部美国人写的书以这四人为主角，名为《十九颗星》，因为他们的将星加起来是19颗。而在1932年，身任美军最高军职的四星上将麦克阿瑟，可怜兮兮只有一员副官，也就是后来指挥诺曼底登陆的艾森豪威尔，美国人昵称艾克。不妨想一想，那位一向自高自大、喜欢使用第三人称，如

---

① ［美］威廉·曼彻斯特：《1932－1972美国实录（光荣与梦想）》，广州外国语学院美英问题研究室翻译组译，朔望、董乐山、关在汉校，北京，商务印书馆，1986，第3－6页。

不说"我认为"而说"麦克阿瑟认为"的狂人，一声吆喝，小少校艾森豪威尔便飞也似的跑来听命，那该是怎样有趣的一幕呢。当时，巴顿也是少校，驻扎在首都波多马克河对岸的迈尔堡。不过，与囊中羞涩的艾克不同，巴顿可是有钱人，一派纨绔气：

> 每到星期三、六下午四点就出来打马球。他骑着自备的马参加赛马，先后赢得了四百条奖带、二百只奖杯。这时他已经以用珍珠镶在左轮手枪柄上而远近闻名了；他还搞越野赛马、猎狐、射鸟练习，还有飞行。①

至此，看似不经意的各路散漫叙述线索，既勾勒了大萧条对美国的重创，世道人心沉入"沟底"，又九九归一为序幕的重头戏及其主角的历史亮相搭好了舞台。而这幕重头戏，就是胡佛总统与美国政府对和平请愿的数万名一战退伍军人与家属的无情镇压。于是，我们看到了一面是《巴尔的摩太阳报》报道的"衣衫褴褛，精疲力尽，神情木然，满面愁容"的退伍军人，一面是坦克、骑兵、挥舞的军刀、横飞的枪弹，曼彻斯特就这样淋漓尽致地呈现了一幕幕触目惊心的血腥惨剧，而剧中几位主角正是麦克阿瑟、艾森豪威尔、巴顿（中译本为"佩顿"）：

> 参谋长麦克阿瑟将军这时没有穿军服。他的副官艾森豪威尔认为不该穿，一再说："这是政治事件嘛，政治事件嘛。"副官认为，街头打架，将军犯不上插手。可是将军不同意。他宣布说："叛乱的苗头出现了，麦克阿瑟决定亲临督战。"于是，刚从迈尔堡开过来的士兵都集合在椭圆形广场上，胡佛从椭圆形办公室里远远望着他们。一名勤务兵冲过桥去，替麦克阿瑟将军去拿军衣、袖章、神射手徽章和英吉利斜纹布军裤。将军命令艾森豪威尔也穿上军服。他一边说，"我们要打断'远征军'的脊梁骨，"一边把幕僚们带进

---

① ［美］威廉·曼彻斯特：《1932—1972美国实录（光荣与梦想）》，广州外国语学院美英问题研究室翻译组译，朔望、董乐山、关在汉校，北京，商务印书馆，1986，第5页。

小汽车。车子开到宾夕法尼亚大道和第六街的交叉点（后来
这是华盛顿最大的廉价饮料店的所在地），靠人行道停下，
又等了一阵子。有人问："为什么不走啦？"麦克阿瑟回答
说："等坦克。"他打算使用坦克！

军刀砍来，刺刀捅来，那越来越猛的南风又吹来呛人的
瓦斯，吃尽苦头的退伍军人朝着安纳科斯夏河退却了，狼狈
异常。老婆抱着婴孩，丈夫提着破箱子，一路走一路还不断
受到瓦斯弹的袭击。加林格医院开始涌进了大量伤员。当晚
一片喧闹，十分吓人：救护车警笛声、救火车声、快马奔驰
声、步兵的沉重脚步声、报童叫卖号外声，还有坦克隆
隆声。

那些被骑兵用马刀赶走的衣衫褴褛的人们当中，有一个
叫作约瑟夫·T. 安吉利诺。这人曾于 1918 年 9 月 26 日在
法国阿尔贡森林战役中救护战友有功，获有殊勋十字奖章。
那被他救出的正是青年军官小乔治·S. 佩顿。[①]

卫青不败由天幸，李广无功缘数奇。平生战功卓著而一直沉寂下
僚的汉代飞将军李广，最后不忍面对刀笔吏之辱而引刀就刎之际，或
许再次后悔戎马一生的最大失误："吾尝为陇西守，羌尝反，吾诱而
降，降者八百余人，吾诈而同日杀之。至今大恨独此耳。"二战中，
统领美军第三集团军直取巴黎、挺进柏林的巴顿，刚刚迎来胜利的荣
耀便在一次车祸中意外丧生，莫非同当年的忘恩负义也有点儿宿命式
关联？不管此类关联是否"无稽之谈"，反正上述武力镇压中的当事
人及其性格确实跃然纸上，呼之欲出：狂傲自大不可一世的麦克阿
瑟、性情温和颇有政治家风范的艾森豪威尔、粗鲁莽撞直来直去的
巴顿。

当然，如果以为曼彻斯特的《光荣与梦想》是在揭美国老底，那

---

① ［美］威廉·曼彻斯特：《1932－1972 美国实录（光荣与梦想）》，广州外国语
学院美英问题研究室翻译组译，朔望、董乐山、关在汉校，北京，商务印书馆，1986，
第 15－20 页。

就大错特错了。相反，这部中译本四大册、280万字的皇皇之作，以记者的生花妙笔和史家的如椽大笔，细致入微地绘制了一幅今日美国的有声有色风情画、有情有义市井图，宛若一幅令人着迷的清明上河图。虽然过了30年，我对坐在暨南大学图书馆，读着《光荣与梦想》的印象依然深刻难忘，但觉杂花生树，群莺乱飞。改革开放初，广州领风气之先，女孩子长发飘飘，走起路来娉娉婷婷。于是，看到曼彻斯特描绘当年美国大学校园风景的一个细节，不由莞尔：由于长发披肩，每个女生从后面看上去都像美女。于是，一边津津有味地捧读此书，一边不时摘录其中的精彩片段：

——女学生把头发披在背后，袅袅婷婷地走过校园，就像年轻的女神一样。正如弗雷德里克·刘易斯·艾伦所说的，"从背后看去，哪一个姑娘都是美人。"

——《纽约邮报》表示哀思的方式，简单隆重，如总统有灵，也会深为感动。该报只是在每日伤亡栏栏首，发布一则消息：

华盛顿4月16日电：最近一批部队死伤名单及其近亲的姓名：

陆军一海军阵亡

富兰克林·德·罗斯福，总司令。妻：安娜·埃莉诺·罗斯福，地址：白宫。

——那个农场主以为橡树岭市（相当于中国原子弹试验基地马兰——引者注）真有一个"原子弹公司"，于是他写信给这个并不存在的公司说，"我地里有些树桩，想把它炸掉。请问贵公司有无这样规格的原子弹？要是有的话，请函复我并把价格告诉我。我想用原子弹该比用炸药好些。"

——他们回来后，肯尼迪总统再次召开国家安全委员会会议，由他们两人分别作报告。克鲁拉克将军说，战争正在取得胜利，吴庭艳干得再好也没有了。门登霍尔说，吴庭艳政权已临近崩溃的边缘了。全场沉默。然后，总统问，"你们两位先生去的是不是同一个国家?"①

……

如果没有对现代世界体系深入透彻的把握,对国际关系与国际政治冷峻理性的认识,特别是对美国社会及其时代背景全面系统的理解,那么仅看《光荣与梦想》,难免对那个"美妙的新世界"悠然神往,望风追怀,就像读了随风飘去的小说《飘》一样。就此而言,曼彻斯特不愧是位高明的记者,《光荣与梦想》也不愧是部好莱坞大片似的宣传力作,正如中译本"出版说明"所言,"作者是从资产阶级自由派的观点来观察近40年的美国历史的"。应该承认,美国这套意识形态具有很强的感召力与感染力,并如钢筋水泥凝聚着美国社会及其核心价值观,使其历经风霜而固若金汤,甚至使离经叛道之人最终也如迷途羔羊,向心归化。上世纪三四十年代有名的马克思主义学者悉尼·胡克(Sidney Hook)、抗战时期《时代》周刊派驻中国的名记者白修德(Theodore White),以及垮掉的一代嬉皮士等,后来不都成为美国主流社会及其意识形态的忠实信徒吗。至于曼彻斯特这种铁杆儿的"爱国者",更对"美丽的阿美利加"及其光荣与梦想,发自内心地嗟叹之,咏歌之,手之舞之,足之蹈之。由于其高超的写作技巧,读者往往也心悦诚服地为其吸引之,感动之,钦慕之,赞叹之。只不过与此同时,别忘了令全世界遗憾之、愤懑之、震惊之、痛恨之的另一面黑暗事实:且不说近年斯诺登揭秘的骇人听闻,也不说十年来在伊拉克、阿富汗造成的巨大人道主义灾难,以子虚乌有的理由发动战争致百十万人丧生;既不说如今搅动全球的"恐怖分子"正是当年美国一手扶持的"自由战士",更不说造成300万人死亡的越南战争以及其间风起云涌的黑人民权运动和妇女解放运动才使美国的"女子"与"小人"获得解放;仅看美国时事评论员威廉·布鲁姆列举的一组数据,就可以明白何谓"流氓国家"(rogue state):二战以来,

① 〔美〕威廉·曼彻斯特:《1932—1972美国实录(光荣与梦想)》,广州外国语学院美英问题研究室翻译组译,朔望、董乐山、关在汉校,北京,商务印书馆,1986,第352页、第509页、第547页、第1391页。

美国曾经向30多个国家及其人民投掷过炸弹；企图推翻50多个外国政府，尽管这些政府绝大部分都是民选政府；企图暗杀50多位外国领导人；扶持了诸多如狼似虎的独裁者或军政府，如韩国的李承晚、朴正熙、南越的阮文绍、吴庭艳、伊朗的巴列维、智利的皮诺切特、尼加拉瓜的索摩查家族、西班牙的佛朗哥、乌干达的阿明、南非白人种族主义政权（曼德拉就是由于中情局提供的情报而被捕入狱数十年）……对此，《光荣与梦想》也作了一些揭露和批评，除前面提及的镇压手无寸铁的退伍老兵及其家属，下面不妨再看几例：

——百货店、电影院、政府机关自助食堂都不许黑人进去。黑种工人在宾夕法尼亚大道为司法部新楼挖地基都自带午饭，否则就得挨饿；哪怕要一杯水喝，也得走上两英里路，过了第七街，才能找到一家小食店肯卖给他们。

——整个第二次世界大战期间，红十字会将血分成"白人血"和"黑人血"，用不同容器分装。

——5月4日世界各地的报纸读者看到一张一只巨大的警犬张牙舞爪地扑向一个受惊的黑人妇女的照片，无不感到震惊。[1]

当然，由于固有立场以及唯心史观，曼彻斯特"不可能彻底揭露美帝国主义的本质"（《光荣与梦想》"出版说明"），也难以像旁观者清那样透视美国主流社会的三个代表——"一是犹太集团，二是军工集团，三是金融大鳄"[2]。如今，在知识界包括新闻界，抹黑新中国特别是前30年，讴歌美帝国几乎成为一种新潮时尚，翻案、揭秘、解构层出不穷。拿中美对抗来说，全然不顾美国及其主导的北大西洋公约组织与巴黎统筹委员会对新中国的铁壁合围，更不提毛泽东、周

---

[1] ［美］威廉·曼彻斯特：《1932—1972美国实录（光荣与梦想）》，广州外国语学院美英问题研究室翻译组译，朔望、董乐山、关在汉校，北京，商务印书馆，1986，第7页、第406页、第1371页。

[2] 李零：《鸟儿歌唱——20世纪猛回头》，北京，北京大学出版社，2014，第235页。

恩来以及亿万人民为打破这种封锁付出的心血、汗水、眼泪、生命，包括至今令其胆战心寒的抗美援朝战争、1954 年确立的和平共处五项原则、1964 年的中法建交、1971 年的恢复联合国合法席位、1972 年的尼克松访华以及随后一批西方国家纷纷与新中国建交等，而常常像某位中央电视台主持人在耶鲁大学演讲的说辞——"闭关锁国"云云，好像新中国饿得没事干，自己把自己封在家中玩儿，仿佛民谚说的那样"阴天打孩子，闲着也是闲着"。殊不知，冷战正如北京大学教授李零形象深刻的描绘："两人同时拔出枪，冷枪顶着热脑门，谁也不肯放下。"① 所以，他一语中的地指出，"封闭是因为封锁"。② 看看《光荣与梦想》对麦卡锡疯狂反共以及如下社会状况的大量刻画，对此也多少有所领悟：

　　——在得克萨斯州的圣安东尼奥市，就有人建议公共图书馆把被称为共产党人或有同情共产党嫌疑的人所写的书都盖上红色标记，这引起了一场风波。

　　——辛辛那提棒球红队一度更换了名字。社会学教师如果不臭骂"共产主义奴役"的邪恶，就有被解雇的危险。……甚至美国小姐的候选人都必须陈述她们对卡尔·马克思的看法……

　　——她在加利福尼亚大学洛杉矶分校任助理教授教哲学的时候，里根州长的校董会按照校董会禁止共产党员担任教职员的决议，于 1970 年 4 月议决将她解雇。③

　　除了《光荣与梦想》的生动叙事，中文版译文同样流丽畅达。此书是在"文革"后期集体翻译的，署名"广州外国语学院美英问题研究室翻译组"，并作为著名的"皮书"于 1978 年付梓，我早先读的就

① 李零：《鸟儿歌唱——20 世纪猛回头》，北京，北京大学出版社，2014，第 70 页。

② 同上，第 20 页。

③ ［美］威廉·曼彻斯特：《1932－1972 美国实录（光荣与梦想）》，广州外国语学院美英问题研究室翻译组译，朔望、董乐山、关在汉校，北京，商务印书馆，1986，第 820、800－801、1685 页。

是黄色封面、印有"内部发行"字样的版本。在这个出色的翻译集体中，有位依然健在的新闻名家：暨南大学新闻系梁洪浩先生。上世纪80年代，我曾受业梁先生门下，亲炙其为人为学的君子之风、大家之气，获益良多，受用无尽。梁先生2014年适逢九秩高龄，惠赐我的书信中有四句小诗，其中"少年流亡路，一生两从戎"，凝聚了其一生的报国经历与英雄情怀。一生两从戎，一为抗战后期担任来华美军的翻译，一为抗美援朝时期以新华社记者奔赴前线。抗美援朝结束后，梁先生执教于广州暨南大学新闻系。"文革"期间，暨南大学撤销，先生遂落脚广州外国语学院。就是在此期间，他参与翻译了《光荣与梦想》，承担开篇的《序幕：沟底》。记得在复校的暨大求学时，同学们提起梁先生与《光荣与梦想》，无不钦佩与羡慕。此书能在中国产生如此影响，显然也同梁洪浩等译者、董乐山等校者的中西学养，以及炉火纯青的文字功夫分不开。董乐山有《译余废墨》传世，可见一斑。这里不妨看一例《光荣与梦想》的妙译，也是前面引用的文字："当时军费仅仅约为今天的庞大开支的千分之二点五上下；果然，一分钱，一分货。"其中的"果然，一分钱，一分货"，纯属中国化表达，也就是"为中国老百姓所喜闻乐见的中国作风和中国气派"，由此引出美军质量坏得吓人等下文，语气与内容也显得自然而然，一脉贯通。而对照一下这一句的原文：It cost roughly a quarter of one percent of today's military juggernaut, and looked it. 不难看到梁先生将"and looked it"，译为"果然，一分钱，一分货"，果然觉得形神兼备，妙不可言。若是某些洋八股，还不知怎么硬译呢，没准儿就像《人民日报》一篇文章列举的："采用了基于 OpenEdX 开源平台，开发了 HTML5 视频播放器，不再依赖国外课程播放首选的 YouTube，解决了国内用户无法访问国外 edX 平台问题。"在当下新闻文体与文字日渐凋零，特别是碎片化、浅俗化、甚至粗鄙化的新媒体"书写"日渐风行，而且频见新潮人物跟风鼓噪，轻贱文字、鄙薄写作之际，重温古今中外一切伟大的叙事传统与新闻传统，从司马迁到希罗多德，从里德到李普曼，从范长江到范敬宜，他们心中笔下的光荣与梦想，就显得格外意味深长了。毕竟，说到底，新闻、新闻记者、新闻作品等，无非像中国人民大学的新闻大家甘惜分先生所言："为文莫如真善美，论世当知天地人。"

一位曾在我执教过的新闻院系就读的学子，如今已是一家报纸的书评人。他在回忆自己读《光荣与梦想》的感受时，曾经提及当代中国受其启发的一些案例：

> 凌志军应该会记得《光荣与梦想》，他的《变化》一书是对威廉·曼彻斯特的致敬之作，显然他有和曼彻斯特同样的心愿，那就是"让新闻成为历史，又让历史像散文一样美丽"。陈徒手应该会记得《光荣与梦想》，他的《人有病，天知否？》一书所力图构建的"全息图景"是不是和曼彻斯特的历史观不谋而合？许知远应该会记得《光荣与梦想》，如果年轻的时候他不是《光荣与梦想》一书的崇拜者，那么他至少不会像今天这样激情四溢探究各种写作的可能性……

这个序列还可以不断补充，包括拙著《全球新闻传播史》和《中国新闻社会史》，而且前者的不少历史细节也出自《光荣与梦想》。为此，除了认同李零教授一语概括的"美国是个全世界人民爱恨交集的国家"[①]，我也愿借此向那位了不起的美国记者曼彻斯特致以由衷的敬意。同时，希望有朝一日，哪位了不起的中国记者能够写出一部新中国亿万各族人民的"光荣与梦想"。

（[美] 科林斯、[法] 拉皮埃尔：《巴黎烧了吗？》，董乐山译，译林出版社，2005；[美] 威廉·夏伊勒：《第三帝国的兴亡》，董乐山等译，世界知识出版社，2005）

[①] 李零：《鸟儿歌唱——20 世纪猛回头》，北京，北京大学出版社，2014，第 228 页。

重构中国传播学

本文题目出自海外知名批判学者赵月枝教授的一篇学术访谈，借花献佛，借题发挥。

2010年清华大学新闻学院首任院长范敬宜辞世前一月，我也恰好辞去副院长。采菊东篱下，悠然见南山，从此可以更专心致志地读书、教书、写书了。后来还不揣浅陋为学术刊物组织了一些专题笔谈，如《南京社会科学》的新闻学笔谈、《新闻记者》的传播学笔谈、《山西大学学报》的新闻史笔谈，有的文章还得以收入《新华文摘》、人大报刊复印资料等。从这些笔谈中，我也获得不少学术新知与思想启迪，就像2015年第1期《新闻记者》的三篇传播学笔谈：清华大学新闻学院博士生沙垚的《重构中国传播学——传播政治经济学者赵月枝教授专访》、北京大学新闻学院副教授王维佳的《传播治理的市场化困境——从媒介融合政策谈起》、北京外国语大学新闻学院讲师王晶的《最美好的时代？最糟糕的时代？——对崛起的中国互联网络民意的反思》。四位学者的这组笔谈，均属马克思主义的思想谱系与批判传统，体现着鲜明的问题导向、政治意识和历史情怀，也蕴含着对新闻传播学科及其发展方向的深刻反思。

在《传播治理的市场化困境——从媒介融合政策谈起》一文中，王维佳针对如火如荼的媒体融合问题，从商业化、市场化的运行机制及其政治后果展开独到分析，指出媒体的市场化发展路径不仅不是传播治理的有效手段，而且很可能造成南辕北辙的政治后果。在他看来，认为任何现代政治目标都可以通过市场机制达成的想法，只是没有充分认识媒体商业运行规律的天真误判而已：

> 在传媒管理的理念上，粗糙的决定论总是将媒体垄断和资本掌控看作实现舆论主导权的充分必要条件。一种有代表性的媒介融合思路即是如此：正如跨国商业资本掌握着西方主流媒体的所有权，进而能够创造出有利于他们发展的政治氛围一样，只要国资出手搭建新平台，国家掌握所有权，就相应地掌握了政治导向的控制权。殊不知，只有媒体的运营方式、管理方式、媒体人的操作范式、价值认同等软性因素与媒体出资方的政治目标相协调时，这种以所有权为链条的掌控才能发挥作用。市场化媒体运作所特有的规范和手段伴随着欧美商业社会的成熟壮大而逐渐兴盛，经过几百年的发展已经完全能够将强势利益集团的政治性目标巧妙地融入它的专业化和商业化轨道当中。试图照本宣科式的搬用这套市场化媒体运行范式，服务于政治目标和所处社会条件完全不同的政治主体，极有可能适得其反、作茧自缚。

这一分析与赵月枝 2014 年一篇广受关注的文章异曲同工，所见略同："任何鼓吹媒体和文化产业不仅能赚大钱，而且还能打赢意识形态战争的说法，如果不是别有用心的意识形态烟幕弹，就是痴人说梦。"[①] 仅举一例，即知大概。原国家广播电影电视总局新闻发言人朱虹，2015 年在《人民日报》撰文写道："我们的电视剧，现在一年超过了 1.5 万集，可拿着电视节目遥控器，翻来覆去，100 多个频道却找不出多少好节目看。再比如，我们的电影，现在一年生产达到了 600 部，然而，近半数影片因质量等问题不能进影院。"[②] 其实，即使进影院又能好到哪儿去。诸如此类的问题及其论断，无异于再次提示了迄今为止的传播史及其定律：传播问题归根结底不在专业，也不在

---

① 赵月枝：《被劫持的"新闻自由"与文化领导权》，载《经济导刊》2014 年第 7 期。

② 朱虹：《用文艺精品反映和塑造伟大时代——学习习近平总书记在文艺工作座谈会上重要讲话的体会》，载《光明日报》2015 年 3 月 1 日。

技术，更不在市场，而在人心所向与价值所系的政治或文化政治。就像王维佳针对媒体与文化政治所作的剖析：

> 当市场化的因素培养了媒体精英与都市商业精英相互依存的黏性，一个党派性的政治共同体会在商业逻辑的利益链条上慢慢形成。由此，很多与专业主义伦理背道而驰的现象会在市场化媒体中浮现，如彰显的阶级属性和文化品位、强烈的政治导向性和煽动性、黑箱操作和暗金资助等。现代商业媒体有着高超的专业操作技能，足以让强势社会阶层和特定利益群体的政治导向以普遍性、先进性、代表性，甚至普世性的面目出现，从而赢得社会舆论的广泛追捧。此时高度资本化和商业化的媒体不仅会脱离民主治理的目标，更会脱离公共性和专业性的约束，成为各种社会话题集纳、发掘、过滤、设计、编排、发布的枢纽。如果社会控制机制相对健全，没有大的危机存在，这种商业化逻辑会导向美国式的传媒文化，它的日常运行围绕着商业原则展开，用媒体的议程代替公共政治的议程。眼球逻辑打着新闻自由和普遍代表性的旗号腐蚀民主政治，上演各种带有娱乐性质的政治真人秀。而一旦社会危机总爆发，市场化媒体的政治面目和煽动力就可能随着颠覆性的力量一起释放出来。

总之，国家出钱改造传媒业，搭建新平台，大力推进媒体融合，同时又把媒体控制权拱手让给市场中占据主导的政治力量，塑造与公共治理目标相互对抗的文化政治，如此思路的蹩脚之处是十分明显的，政治后果甚至也是可以预见的。

如果说王维佳的文章涉及当代传播的文化政治，那么王晶的文章则从其中一个具体问题入手探究了传播及其研究的文化政治，这就是网民与人民问题。2014年春季学期，王晶选修了我为博士生开设的专业课"新闻传播与社会变迁"，这篇文章就是课上研讨的话题之一。众所周知，近20年来，在传播技术形态急速变化的背景下，随着网络手机新媒体的突飞猛进，一个个乌托邦似的曼妙说辞也如万斛泉涌，不择地而出，其中网民就是一例。在前呼后拥的时兴理论中，网民及其正当性俨然天经地义，不言自明，网民代表一切，一切尽在网民，得民心者得天下，似乎成为得网民者得天下了。与此相应，在业界学界不少人心目中，为人民服务也不知不觉发生了变异——为网民服务。看看不少媒体一天到晚追逐网上热点，而往往忽视调查研究与亿万人民的真情实感就知道了。

其实，不用大数据云计算，仅凭生活常识就不难判断，虚拟世界的所谓网民除了在触网这一点上相通，其他方面往往千差万别，无法一概而论。正如现实世界的人们除了生活在同一个地球，其他方面同样不可同日而语，甚至风马牛不相及。拿当下接近饱和的中国六亿网民和四亿手机上网网民来说，十之八九的日常上网不过是浏览，以及购物、聊天、炒股、游戏什么的。至于活跃的数千万乃至上亿网民，指点江山，激扬文字，又基于社会阶层、职业背景、文化价值而形成不同群体。用毛泽东的话说，凡是有人的地方，都有左中右，少数活跃的网民在政治立场与价值取向上也不例外。按照一般的正态分布，即中间大、两头小，中派的活跃网民又居于多数，而左右两翼则是极少数。由此说来，互联网上看似热热闹闹的聚合，实际上一方面是相对十三四亿中国人的两个极少数对立人群，一方面则是占据网民主体的中派人群，而这部分居于多数的中派活跃网民，在十八大以来日渐晴朗的网络环境中，也越来越构成中国道路不可或缺的正能量。汪晖在《两种新穷人及其未来》一文中，从阶级政治角度分析了当下两种新穷人，一是传统的农民工群体即"新工人"，一是受过高等教育而蜗居城市边缘的小资白领："这一群体是新兴媒体的积极参与者，显示出较之新工人群体强烈得多的政治参与意识和动员能力。"[①] 这类新穷人既属于活跃网民的两个极化群体，也是王晶文章讨论的主体：受过高等教育，掌握高科技，又在种种压力下拼搏的网络达人。

---

① 汪晖：《两种新穷人及其未来——阶级政治的衰落、再形成与新穷人的尊严政治》，载《开放时代》2014 年第 6 期。

王晶首先从概念入手，分析了网民与人民的关系。依据她的辨析：无论是作为实体，还是作为文化与伦理共同体，人民的概念无不反映了某个社会的政治关系，具有特定的阶级内容和历史内涵，如人民共和国、人民内部矛盾、人民民主专政等。而网民只是从中分化的一个特殊群体，在人口学意义上无法代表人民整体，在政治学意义上更无法等同人民概念。当大家担心"微博控"是否会影响年轻人日常生活、"低头族"是否会损害家庭亲密关系时，还有一大半中国人根本不会收发电子邮件和手机短信呢。且不说十之八九的"普通农民、工人、农民工上网率极低，网上公共参与率更低"[①]，更不说压根儿未入此列的、占人口一多半的"非网民"。而时下触目可见的各路传播理论，以自由、交互、共享、自媒体、人人都是记者、个个拥有麦克风等说辞，构建了一个反抗传统、挑战权威的所谓开放讨论和信息交流平台，甚至出现"信息共产主义"的曼妙想象。王维佳在第43次北大新闻学茶座的学术报告《赛博迷思的政治学》中对此剖析道：

> "赛博迷思"的新经济和新政治许诺，是新自由主义经济政策顺利推行的关键思想资源。二者在理念构想上有着众多吻合之处。例如，脱离社会历史条件的机会平等主张、去中心化的控制论逻辑、建立在原子化个体基础上的自由至上主义、社会运行的自发秩序原理、不设限制的自由交易等等。

> 在赛博迷思制作者们欢愉而简洁的乌托邦叙述中，几乎完全没有关于产业状况、所有权问题、网民社会经济背景等真实社会问题的讨论。特别有意味的是，流行的数字化巫师们不仅不反对信息的私有化和垄断这些直接危害网络公共性的因素，甚至本身就是传播资源不平等分配的积极推动者。他们把一个政治经济意义上十分复杂的平等和正义问题替换成了一个简单而抽象的机会平等的假象，让自由自在、温情

---

① 丛日云：《论网民政治参与中的民粹主义倾向》，载《领导者》2014年第8期。

脉脉的小资文化彻底占据大众传播的主流，将那些质问传播权力本身分配不公的声音排除在外。①

在诸如此类的政治想象中，许多人也想当然确认网络舆论的"公共性"，甚至"人民性"，"网民"这个十分可疑的词汇频繁调用，不但在无意识、无缘由的状况下确认了共同体内部的平等，而且抹去了网民的阶层属性、社会角色等与外部世界的文化、政治、经济之勾连。实际上，与人民的社会政治意味不同，网民或者说小部分活跃网民即使不论五颜六色的价值谱系，也如王晶所指出的："就是掌握了计算机技术与拥有信息优势的年轻人和知识阶层，他们正迅速成为信息富人，他们在网络中发挥着越来越突出的影响力，他们的存在加深了卡斯特所描述的社会鸿沟和数字鸿沟。"

基于网民与人民的概念辨析，王晶又进一步探讨了网络舆情与现实民意的关系，得出两点结论。其一，网民群体所覆盖的社会阶层与现实中各个阶层的分布存在巨大差异。比如，占人口将近一半的农村劳动者在网民群体中只占微不足道的一个零头，因此他们的声音显然不会在网民民意中得到充分体现。其二，利用网络进行政治参与和民主体验的网民，同样只占全体网民的一小部分。于是，显现的网络舆论在许多情况下既不能代表网民总体的想法，更遑论代表全体人民的意见了。王维佳等论述新浪微博与吴英案的文章，为此提供了一个典型案例：在这场貌似声势浩大的公共讨论中，88%的博主身份为学者、媒体人、企业管理者以及律师，也就是说都市精英知识分子占据绝对主导优势。作为网络舆论中的意见领袖，这群活跃的公共性政治议题参与者掌握了相当的经济资本、文化资本和社会资本，他们对重要公共事件的态度和判断非常一致，具有巨大的舆论动员潜力。② 面对这一现实状况，如果不管三七二十一径直将网络议政平台当作所谓公共空间，甚至将精英知识分子等同于全体网民，进而将网民直接等

① 《北大新闻学通讯》2015年5月20日，总第15期，第18—19页。
② 王维佳、杨丽娟：《"吴英案"与微博知识分子的"党性"》，载《开放时代》2012年第5期。

同于人民，那么就意味着认可极少数的商界、学界精英就是人民共和国的主体——人民，而这显然有悖事实，更有悖共产党与共和国的政治宗旨与政治价值。最后，王晶写道：

> 20 年的互联网络发展为中国网民挑战"沉闷文化"和既定的权力结构提供了一定的契机，但我们应该意识到，在中国广袤的国土上，经济社会的发展是如此不平衡，那些在一次次的网络热点公共事件中贡献眼球、留下呐喊的网民，只不过是中国人民信息化之旅中"最幸运"的一部分。我们非但无法在"网络舆论"和"人民呼声"之间建立等同关系，而且应该看到网络的匿名性、自由性有时也会造成一部分网民的网络舆情表达失真、失控，进而经由网络这一渠道感染"志同道合"的网民，出现群体极化现象。因此，应该理性客观地看待网络民意，它不代表人民的现实民意，也并非总是全体网民的真实诉求。

既然网民并不等于人民，网络舆情也与现实民意往往千差万别，那么各级人民政府在应对网民或少部分活跃网民的利益与政治诉求之际，就不能不更关注在网络手机新媒体中"沉默"的、远为广大的各族人民及其心声，同时也不能不更关注虽然触网而"基本沉默"的广大网民及其心声。同样，新闻媒体不能只作充其量占人口十分之一者的代表或喉舌，而更应意识到邓小平的视野和思路，他在 1990 年一次视察中谈到："中国有十一亿人口，如果十分之一富裕，就是一亿多人富裕，相应地有九亿多人摆脱不了贫困，就不能不革命啊！"①

这组传播学笔谈排在当期杂志之首，赵月枝一文标题"重构中国传播学"还置于封面。了解学术前沿的人都知道，作为加拿大国家特聘教授与中国教育部长江学者讲座教授，赵月枝是在国际学界卓有影响的传播学者，也是坚守马克思主义道统与社会主义价值的批判学

---

① 中共中央文献研究室编：《邓小平年谱（一九七五——一九九七）》（下），北京，中央文献出版社，2004，第 1317 页。

者。她不仅在世界发出不同于西方主流学术的傥言正音，而且也对中国传播研究产生积极影响。除了英文专著，如 *Global Communications：Toward a Transcultural Political Economy*、*Communication in China：Political Economy，Power，and Conflict* 等，她还出版了若干颇受青睐的中文著述，《维系民主？西方民主与新闻客观性》与《传播与社会：政治经济与文化分析》尤其广受好评。2014 年，我在澳门科技大学讲授博士生"传播理论前沿"课程，将《传播与社会：政治经济与文化分析》列为必读书。没想到，这部专业性、学理性很强的学术著作居然脱销，有位学生几经辗转才购得一本：先在郑州网购，然后快递西安家中，再从西安带到澳门。除了此类学术大部头，她还用中文发表了一些高水平文章，而每一篇都如横空盘硬语，以历史与逻辑、传播与社会有机统一的视角，切中当代中国的传播命门，比如给我印象深刻的几篇：《为什么今天我们对西方新闻客观性失望？》（《新闻大学》2008 年第 2 期）、《重现乌托邦：中国传播研究的想象力》（《现代传播》2010 年第 5 期）、《大众娱乐中的国家、市场与阶级——中国电视剧的政治经济分析》（《清华大学学报》2014 年第 1 期）、《东西方之间的批判传播研究：道路、问题与使命》（香港中文大学《传播与社会学刊》总第 28 期）、《被劫持的"新闻自由"与文化领导权》（《经济导刊》2014 年第 7 期）等。这篇《重构中国传播学——传播政治经济学者赵月枝教授专访》，不仅是她多年思考、研究及著述的又一成果，而且也以一个总览性方案，使 30 年来亦步亦趋的中国传播学科看到了一丝生机，为照猫画虎的传播研究开启了一条生路——切实而非虚幻的生路。

这篇文章是赵月枝与国家公派留学加拿大的博士生沙垚之间的一次学术对谈。由于 2015 年赵月枝会同原复旦大学新闻学院、现华东师范大学传播学院教授吕新雨、中国社会科学院新闻与传播研究所研究员卜卫三位传播学界的"女将"，在浙江筹备组织召开"乡村、文化与传播"国际会议，对谈就从乡村与传播的话题开始。赵月枝开宗明义谈道，为什么关注乡村以及乡村与传播，这个问题既关乎中国传播学的前景，更关乎中国社会的未来，而绝非一个单纯的学科问题，更非一个专业化的研究分支问题。她明确说道，乡村与传播的研究不应仅仅视为一个新的学科方向，在本已支离破碎的传播研究中再辟出一个小分支，而应在城乡关系、中心与边缘的大视野中，将城乡关系提升到定义传播研究的基本理论框架的高度进行讨论。重构中国传播学离不开中国与世界的历史语境，特别是由此展开的社会主义新中国的历史实践，包括当下的新常态、有机农业、生态社会主义等。在《中国传播政治经济学》（Communication in China）一书中，她曾说到社会主义就是"社会至上"主义，中国对社会主义道路的探索，应由前30年的"国家至上"与后30年的"市场至上"，转向社会至上，尤其是劳动者至上。而这一社会至上的思路，既是新中国一以贯之的价值所系，包括毛泽东的为人民服务、邓小平的共同富裕、习近平的群众路线等，也契合中华民族数千年文明史的主流与主线——从孔夫子的天下大同到孙中山的天下为公。

无论古典中国，还是现代中国，乡土一直属于首屈一指的社会空间与精神空间，无论是逐水草而居的游牧文明，还是依土地而生的农耕文明，厚德载物的大地，都是多元一体的中华民族赖以为继的根基。当今不管怎样现代化，也不管如何全球化、市场化、城市化，中国都永远无法摆脱这一文明宿命，无法抹去费孝通所说的乡土中国的底色。人口众多而资源稀缺的基本国情，更不用说传统、习俗、民族关系、当今国际环境等，不可能让中国像欧美那样存续发展，赵月枝称之为"城市中心主义"。而30多年来大规模引进的传播学，无论是北美的行政管理学派，还是欧洲的文化批判学派，不仅都是西方中心主义乃至美国中心主义的，而且也是城市中心主义的。尽管为人马首是瞻的中国传播学，在技术性、操作性环节上不无实际功用，如广告、公关、媒体经营等，但总体看来正如赵月枝所言，"基于西方经验的传播学理论已经不足以解释中国复杂的现实"。面对纷繁复杂的社会现实与传播现象，传播学者往往无能为力，在社会科学纷纷介入重大问题及其理论讨论之际陷入失语。赵月枝举例说，在前20多年的剧烈政治经济转型中，"三农"问题日益凸显，抵制苛捐杂税、反抗剥夺土地、抗议环境污染等问题一度遍及城乡，而中国传播学并没有太多参与和发言，即便有也是基于现代化和发展主义视角，认为只要普及电视、实现电信村村通、送文化下乡就可以万事大吉。有件事让她刻骨铭心，从而产生强烈的学术冲动，将批判传播研究落实在中国的历史实践中：

> 那是几年前的一个周末，我去超市购物时，无意中看到一份免费的温哥华华人报纸《环球华报》，头版头条竟是两位云南青年与一位浙江缙云县青年通过网络相约自杀的故事。最后两位云南青年只来了一位，与那位浙江青年一起自杀于我老家所在的缙云县新建镇的一家小旅店，而那位浙江缙云青年是河阳村人，也就是我出生的那个村庄。

> 沙垚：我在陕北做过一个新农村文化建设的项目，就看到乡村中老年的男性农民用智能手机看黄片，并且他们还告诉我，可以定期去镇上的网吧更新，一个片子一块钱，形成一个微型的地下产业。

> 赵月枝：对啊，这些事情让我感到震惊，农村就算是人人有手机，家家有电脑，24小时能看到卫星电视，又怎么样呢？有了手机之后干什么？

面对诸如此类以及更加纷繁错综的现实问题，西方中心主义与城市中心主义的传播理论，往往只能作壁上观，既无法解释世界，又不能改变世界，充其量翻腾一点云里雾里的理论，可怜无补费精神，为他人作嫁衣裳。所以，如今迫切需要重构中国传播学，而发展具有真正社会主义的传播学，自然离不开乡土中国的基本国情以及城乡关系的核心关切。不仅如此，重构中国传播学非但不能忽略乡村、农民以及城乡关系等视野，而且更应该注重亿万人民的主体性与创造性，真正把人民视为人民共和国的主人公和创造者，而不是被施舍、被关注、被传播的对象。拿热热闹闹的文化下乡、送书下乡来说，赵月枝就毫不留情地批评道：

第一，你送的书真的是农民需要的吗？我们的图书出版业本身就是城市中心主义的。第二，青壮年都到外面去打工了，留守的老人小孩，谁会读农业科技的书？至于电影下乡，则更讽刺。刚上院线的片子太贵，因此送下乡的片子里，老掉牙的内容占了很大比例，这些片子农民都看了几十年了，都是些都市文化的"残羹冷炙"，这简直是在侮辱农民。我在调研中听到一个故事，在一个送电影下乡的放映现场，观众只有一个老人，放映员说，"大爷你也回家吧，很冷啊。"老大爷说，"我回家了就没人给你锁门了。"因此，这里最关键还是福利主义的思路不对。当下，主导政治和知识的精英们已经意识到了，现代工业发展过程中农民吃亏了，因此想要反哺农村，做出一些补偿，这比起《河殇》里对农民的态度，是一个进步了，但是在这个过程中，农民还是被当作亟待教化的对象，都市精英文化施舍的对象，最多也只是都市文化的消费者，而不是文化的主体。……可是怎么可能把几亿的中国农民都当作文化反哺的对象呢？这会扼杀了多少人的文化创造力啊。

这里看似巧合的一点是，三篇文章不约而同涉及"回延安"的话题。在阐旧邦以辅新命的批判与建构中，几位学者都把目光投向这一现代中国的经典，包括王晶对人民的解读、王维佳对主流媒体的认识和赵月枝对中西新闻理论的反思：

王晶：毛泽东的人民概念是一个内容丰富的政治概念，其内涵是指一切能够促进革命发展和社会进步的阶级、阶层和社会团体。

王维佳：治理者如果忽略了所谓主流媒体的运行已经高度商品化的现实，就会将政治范畴中的"社会群众"与媒体商业范畴中的"受众"相混淆，迷信所谓主流媒体的到达率和市场占有率，盲目地搭台唱戏，更多的投入反而带来更被动的局面。回想当年共产党进城执政之前，全国几乎所有的

"主流媒体"都不在他们手中，甚至很多被他们的对手控制，而真正扎根社会和知识分子群体的统一战线工作却依靠政治判断和主动出击、四处开花的游击战，成功地为中共赢取了文化政治上的主动权，让当时都市精英圈的"主流"变得一文不值。这样的传统遗产如今恐怕已经难觅踪迹了。在当前社会阶层分化和利益集群化越发明显的历史条件下，单纯依靠党管媒体的市场化和资本化不会让党离群众更近，只会让党离群众更远。不懂得这个基本的道理，就不是一个合格的现代传播治理者。

赵月枝：我开始反思改革开放前的中共马克思主义新闻理论与改革开放后从西方引入的传播学的断裂与脱节问题。在中国，共产党领导了以"农村包围城市"为核心和以农民为主体的社会革命，在这个过程中，通过马列主义新闻理论和实践的"本土化"发展出了源于"山沟沟里"的中共新闻理论，包括毛泽东的新闻理论。虽然这一套理论没有被"传播学"所取代，从"新闻传播学"这一学科设置中颇有"中国特色"的词汇中，我们还能看到有本土革命历史渊源的"新闻学"之于有深刻冷战色彩的"传播学"的优先地位，但是，这两者实际上是两套话语，水火不容，而且前者处于实际上被边缘化的尴尬状态。

关于近30年来马克思主义新闻学与西方传播学在中国的此消彼长，以及与之相应的传播与社会的同构问题，赵月枝2014年发在《经济导刊》的文章《被劫持的"新闻自由"与文化领导权》，更是提供的一个发人深省的案例：

中国共产党本来是有一套新闻自由理论的，就是基于马克思主义阶级理论的新闻自由观。这个理论认为，新闻自由是有阶级性的。回顾历史，中华人民共和国的立国过程包括了共产党领导的中国革命以"人民"的名义剥夺"资产阶级新闻自由"的过程；包括了在宪法序言中所言的"工人阶级领导的、以工农联盟为基础的人民民主专政，实质上即无产阶级专政"的基础上，建立起"无产阶级新闻自由"的过程。在这一语境中，"无产阶级新闻自由"首先被定义为，新闻机构摆脱国内外私人资本控制的自由。

不可否认，在当下中国的"新闻自由"舆论中，存在着事实上的资产阶级价值观和话语霸权。一个重要的表现是，西方自由主义新闻理论和美国宪法第一修正案成了中国"新闻自由"言说的理论和世界历史及现实的参照。

例如，我们的新闻教育至今还在用美国冷战新闻学中最富反共色彩的教科书，即施拉姆等人的《报刊的四种理论》。实际上，早在1995年美国伊利诺伊大学出版了一本书，叫《最后的权利：反思报刊的四种理论》(*Last Rights*：*Revisiting Four Theories of The Press*)。该书从学术角度将《报刊的四种理论》批得体无完肤。然而，这本美国当代学者的批判之作在中国被视而不见，而《报刊的四种理论》至今仍被列为经典。这一现象，令人深思。

如果从大背景、长时段审视这一"反常"现象，也许可以看到一种有如正反合趋势。前30年，马克思主义新闻学一枝独秀，西方新闻学遭到全面放逐，《报刊的四种理论》最早是20世纪60年代作为"内部批判"材料，由中国人民大学新闻系翻译的，如同当年一批"灰皮书""黄皮书"等。改革开放以来，西方传播学大举引入，施拉姆、《报刊的四种理论》更成为标志大行其道，恰似韩愈《华山女》一诗所言："街东街西讲佛经，撞钟吹螺闹宫廷。"而与此同时，马克思主义道统的新闻学一步步退居边缘，乃至如今几乎成为传播学的一统天下。有个说法听起来刺耳，但也绝非无稽之谈：新闻教育全面沦陷！所谓沦陷，乃指马克思主义的新闻传播之学，而欧美意识形态的新闻传播之学则可谓全面占领——占领学科，占领学界，占领中国记者的头脑。如果说如上简约的脉络构成正题与反题的话，那么重构中国传播学则属于未来的合题，即赵月枝所说的"发展具有真正的社会主义的、后资本主义的传播学"。2015 年初，一份中央文件对新闻传播学科给予前所未有的重视，也为此提供了难得的契机。在这份中共中央办公厅和国务院办公厅印发的《关于进一步加强和改进新形势下高校宣传思想工作的意见》中，有两处引人注目地提及新闻传播学，一是制定实施马克思主义理论、新闻传播学、法学、经济学、政治学、社会学、民族学、哲学、历史学等教学质量国家标准，一是深入实施卓越新闻传播人才与法律人才的培养计划。

　　具体说来，重构中国传播学，一方面需要认真审视社会主义在中国的历史实践，包括新闻传播的历史实践及其传统，从《新青年》到延安《解放日报》，从陆定一到甘惜分；另一方面，需要重新激活与重申政治意识、问题意识、自觉意识，将新闻传播之学从去政治化的政治中，以及等而下之的为作而作、自娱自乐的学术游戏化中解放出来，认真面对社会主义中国的历史实践，以及其中广阔的国际主义背景和悠远的精神文化传统，进而重塑马克思主义的新闻学术及其道统。简言之，"立足中国土，回到马克思"（甘惜分），特别是马克思的批判意识与精神："'批判'是马克思对待知识的基本态度，正是通过这样的态度，马克思和恩格斯方才跨越了他们自己所处的阶级和时代局限，从而能够虚心而真诚地倾听别人的声音，特别是这个世界上沉默的大多数——无产者和劳动者的声音。正是通过这样的态度，马克思才因为包纳了无数众生渴望的眼睛，而变得目光如炬。"[1] 2015 年，中国大百科全书第三版工作启动，这一版将新闻学与传播学分列两卷。在一篇意见书里，我特别提到应使传播学卷成为名副其实的中国大百科全书，而非不列颠百科全书或其他百科全书的"中国版"：

　　　　作为一门学科，传播学总体看来一方面在世界上还是一
　　人一把号，各吹各的调，知识体系颇为庞杂，莫衷一是。一
　　方面，改革开放以来作为舶来品引入中国的传播学，大抵属

---

　　① 韩毓海：《伟大也要有人懂：少年读马克思》，北京，中国少年儿童出版社，2015，第 27 页。

于一套以美国的社会政治、历史文化、传播实践、理论话语为基本蓝图的知识谱系，包括大众传播、人际传播、组织传播、政治传播、健康传播、跨文化传播等知识划分与知识叙述，以及信息、媒介、受众、效果等核心概念和专业范畴。

对中国社会与传播而言，这套知识谱系又有"横向不到边，纵向不到底"的局限。所谓横向不到边，是指这套舶来品即使适用，也大多针对东部地区，而在中西部广大地区则不免圆凿方枘，甚至格格不入。同样，纵向不到底乃指这套知识话语主要关注"北上广"发达状况，包括网民、中产阶级、消费主义、商业文化、个人价值与自由，甚至拜金主义、"普世价值"等意识形态，而十多亿普通民众及其丰富多彩或错综复杂的社会生活与传播实践基本处于其理论盲区。

随着中国发展的历史进程，特别是两个一百年目标日渐显现以及相伴的文化自觉意识日渐凸显，如何在"中国"大百科全书传播学卷中体现中国人在传播理论与实践中的立场、观点与方法，改变传播研究亦步亦趋、唯人马首是瞻的总体格局，是第三版编纂中需要格外留意的。事实上，中国数千年幽远的文化传统，从诸子百家的传播思想，到因人而异、因地制宜等传播习俗，特别是近百年来共产党领导人民走社会主义道路的历史性巨变，以及马克思主义的传播、新文化新思想的深入人心、无产阶级文化领导权的兴衰起落、党性人民性的现代传播意识等，都在广阔领域留下丰富厚重的遗产。对此，也应有相应的道路自信、制度自信、理论自信，从而有所体现以对世界的传播学作出中国的贡献。

放眼世界也不难发现，曾被奉为圭臬的西方传播学，早已陷入严重困境，面临一系列新情况、新问题、新局面。赵月枝提到的《最后的权利：重议〈报刊的四种理论〉》，固然是对美国冷战传播学的一次深刻批判，同时更有不少学者对曾被奉若神明的美国传播学，以及其中的政治话语和意识形态予以全面反思。港台学者李金铨就指出，应把美国主导的西方传播学视为一种地方性知识，而非放之四海而皆准的普世真理，不应亦步亦趋地唯其马首是瞻。在 2014 年发表的一篇文章中，他还用"内卷化"一语，概括美国新闻传播理论的贫乏状况与学科的尴尬地位。比如，篇篇文章在技术上精致得无懈可击，却缺乏知识上的兴奋，他称之为"毫无用处的精致研究"（elaborate study of nothing）。在这篇题为《传播研究的典范与认同》的文章中，他对美国传播学的乏善可陈作了专业的评述：

> 一九七〇年代，我初入研究院就读时，新闻系内部密集出现以下的"理论"：议程设置（agenda setting）、知识鸿沟（knowledge gap）、使用与满足（uses and gratifications）、沉默的螺旋（spiral of silence）、认知共同适应（co-orientation）、第三者效果（third-person effect）、涵化（cultivation）、框架和铺垫（framing, priming）、创新扩散（diffusion of innovation），等等。这些"理论"的生命力不等，有的一开始就有气无力，有的刚提出时颇有新意，但因为长期孤立使用，过劳而透支，很快呈现疲态。几十年后，我都快退休了，看过各种走马灯似的流行，抓住几个老题目不断再生产，固然资料累积很多，但见解增加几许？何况连这类"内部理论"也长久不见有人提出，而整个学科生态又满足于划地自限，不作兴跨学科互动，其理论贫瘠的尴尬境况可想而知。坦白说，今天在美国有些大学博士课程，可以狭窄到从上述的"理论"选择一个题目，写一篇不痛不痒的论文，就可以拿到学位了。

> 在我看来，"内卷化"是学术创造力的退化，特别是在当今急功近利的大学奖惩体制内，鼓励放大镜照肚脐眼，抱住一个小题目做到死，不但隔行如隔山，甚至同行如隔山。社会科学的知识一旦丧失"公共性"，便只成为学苑内部的

游戏。这是可怕的学术危机，尤以中国的传播边缘学科为然。①

无独有偶，一位年届退休、长期担任美国传播研究组织主席的人物，2000 年也对美国的传播研究深感失望地说：除了一些著名学者所做的少量工作外，大多数被认为是关于媒体的"学者研究"是相当肤浅的。当代美国传播学者麦克切斯尼在 2007 年的新作《传播革命》中，讲述了这一故事并论及美国传播研究的困境与窘境：

> 从 20 世纪 80 年代中期明显地到 90 年代（也就是美国传播学大规模进入中国的时期——引者注），传播研究的活力却逐渐衰退。传播研究在制度层面上成熟并趋于僵化，它成为高校学术研究中最封闭的部分。也是在这个时期，传播研究定位于美国学术研究的二流角色，很少出现卓越的研究成果。虽然我们可以给博士生提供很多研究项目，但是只有很少的项目对于这个狭小领域的外在世界抱有更多兴趣或给予更多关注。②

2014 秋季开学时，《新闻记者》策划了一组研究生导师为新进研究生谈治学的文章。我们提交了一篇《既读书，又读报》，说到研究生的学习除了博览群书，研习经典，还需留意报章杂志。因为，严肃的思考、前沿的研究、漂亮的文章，也同样见于报章杂志——报（报刊）。过去说某人大老粗，没文化，叫"不读书，不看报"，今天依然如此，不会由于新媒体而有什么改变。

（赵月枝：《传播与社会：政治经济与文化分析》，中国传媒大学出版社，2011；邱林川：《信息时代的世界工厂：新工人阶级的网络社会》，广西师范大学出版社，2013；郑永年：《技术赋权：中国的互联网、国家与社会》，东方出版社，2014）

---

① 李金铨：《传播研究的典范与认同》，载《书城》2014 年第 2 期。

② ［美］罗伯特·W.麦克切斯尼：《传播革命——紧要关头与媒体的未来》，高金萍译，上海，上海译文出版社，2009，第 9 页。

正本清源，论从史出

——读俞凡《新记〈大公报〉再研究》

俞凡博士所著《新记〈大公报〉再研究》（以下简称《再研究》）由中华书局付梓之际，来函嘱我作序。之前听他谈及这一研究，也读到一些有关成果，并为其蓊郁蓬勃的学术活力所感染，可打开书稿还是不免惊异于其中的万千气象。适逢期末，诸务繁杂，依然忍不住一气读完，掩卷而思，感触良多。

会当凌绝顶，长啸气若兰。这部十年磨一剑的《再研究》，才、学、识无不可圈可点，才学固然丰盈，识见更觉不凡。孙正聿教授认为："一篇好的学术论文，一部好的学术著作，既要有深刻的思想，又要有厚重的论证，还要有优雅的叙述。"① 类似清季桐城派的三位一体说：义理、考据、辞章。以此衡量，这部新闻学新作既有竭泽而渔、无征不信的考据，又有抽丝剥茧、步步为营的论证与义理，还有严谨而不失鲜活、科学而不失优雅的辞章。拿辞章来说，《大公报》早期与蒋政府"就像一对新婚夫妻，在磕磕碰碰中相互了解，最终走到一起"，而晚期则是"哀其不幸，怒其不争"。再比如，"《大公报》所经历的年代，恰好是中国近代史上最为风云诡谲的年代。皇亲国戚、军阀官僚、各路神仙你方唱罢我登场，城头变幻大王旗，言论控制时松时紧，报人一会儿是众星捧月的无冕之王，一会儿又成了噤若寒蝉的秋扇流萤"……凡此种种，都让我不由勾连起当初拜读方汉奇

---

① 孙正聿：《做学问就是要"跟自己过不去"》，载《光明日报》2015 年 6 月 4 日。

教授《中国近代报刊史》的印象。说起来，历史上不少名山之作大多出自血气方刚的青春岁月，虽然伟人大家不好简单比附，但在我的有限专业阅读内，诸多新闻传播代表作确实成于而立不惑之年，这部《再研究》同样如此。

既然名为"再研究"，那么显然是针对已有研究及其不足而展开的。关于新记《大公报》研究，近二三十年来不断升温，早已炙手可热，仅看博士、硕士乃至学士论文的相关题目就可略见一斑。但凡一种学术思潮的潮起潮涌，都可以说既有学科自身演化的内因，包括李金铨提到的"学术猎狗转而追逐更鲜美的新猎物"[①]，更有社会政治变迁的外因，新闻传播学研究更是如此，因为新闻传播与社会政治息息相关，形同一体。力主新闻的阶级性与政治性的"无产阶级新闻学"固然是高度政治化的学术思想，如一代新闻学家、法学家张友渔的论断——"报纸是阶级斗争工具"，而貌似不讲政治、不论阶级的"新闻专业主义"又何尝不是高度政治化的理论说辞呢，其中一整套现代性逻辑如市场经济、选举政治、公民社会、自由至上等，大抵属于中产阶级的意识形态（"中产阶级"这一话语就是意识形态的表征）。赵月枝举的一个例子耐人寻味：

> 在我熟悉的西方批判学术界，诸如"意识形态斗争"、"资本主义"、"阶级"这些词，现在都还常见。但是在国内的语境下，这些词汇却变得特别刺眼。比如我的一篇文章在某大学新闻学院一个学术刊物上发表的过程中，审稿的编辑一定要我把"资本主义"改成"市场经济"，"阶级"改成"阶层"。[②]

新记《大公报》研究的火热，归根结底也在于这种新的、所谓"去政治化的政治"。举例来说，相对当年对《大公报》的定性——

---

① 李金铨：《在地经验，全球视野：国际传播研究的文化性》，载《开放时代》2014 年第 2 期。

② 赵月枝：《被劫持的"新闻自由"与文化领导权》，载《经济导刊》2014 年第 7 期。

"小骂大帮忙",当下喜谈新记《大公报》标举的"四不主义"——不党、不卖、不私、不盲;针对当年党报的"四性一统"——党性、群众性、战斗性、指导性而统一于党性实即政治性,当下研究几乎无不将"专业主义"奉为圭臬,乃至为《大公报》戴上大公无私超政治的桂冠。俞凡不仅以实事求是的考据、义理、辞章,以其才、学、识对新记《大公报》进行再研究,而且也隐含着对时下学术思潮的批判性反思。借用马克思的用语,可谓"批判的批判之批判"、"否定的否定之否定"。什么意思呢?新中国前30年,鉴于新记《大公报》与"蒋家王朝"的关联,各界的态度自然是"批判"与"否定","小骂大帮忙"的定性更是广为人知。随着上世纪80年代"新启蒙"以及西方新闻思潮的起伏涌动,包括史学的"现代化范式消解革命范式"与新闻学的"人民性高于党性论",对《大公报》的认识逐渐发生变化,乃至最后完全逆转,是为"批判的批判"、"否定的否定"。而今,《再研究》以一人之力,穷十年之功,凭借大卫对阵歌利亚的学术勇气与担当,力争将颠倒的历史颠倒过来,故曰"批判的批判之批判"、"否定的否定之否定"。

全书以新记《大公报》与蒋介石政府的关系为主线,以吴鼎昌、胡政之、张季鸾、王芸生等新闻巨头在国、共、日三方关系中的重要事件为节点,借助一手的档案、精审的辨析、严谨的方法,合情合理地阐述了一系列既关乎新闻史,更涉及新闻学的重大命题,通过分析《大公报》以及一系列新闻与社会历史,澄清了近代私营报刊与政府的复杂关系,包括"四不主义""文人论政""小骂大帮忙""新闻专业主义"等关键问题,达到历史与逻辑的有机统一。具体说来,《再研究》将《大公报》与蒋政府24年的"爱恨情仇"分为四个时期:

试探时期(1926—1933)

合流时期(1933—1941)

分歧时期(1941—1946)

决裂时期(1946—1949)

经过由此及彼、由表及里的实证研究与理论分析,作者最后在结论部分表达了四个核心思想：第一，不能抛开政治的影响而单纯谈新闻观念；第二，《大公报》人体经历了从疑蒋反共到拥蒋反共再到反蒋反共三个阶段，对蒋介石的态度虽有变化，但反共却一以贯之；第三，"小骂大帮忙"是客观事实，而"文人论政"和"四不主义"则是虚幻的标榜；第四，所谓"新闻专业主义"，对新记《大公报》而言只是一个附会的概念。下面不妨看看书中论述的几个具体问题。

——四维互动模式

从 1939 年 1 月吴鼎昌与蒋介石就热河事变初次互动开始，到 1941 年底王芸生发表《拥护修明政治案》引起蒋介石暴怒为止，是《大公报》与蒋政府热络合流的蜜月时期。这一时期，双方互动频繁，通过热河事变、福建事变、华北事变等一系列问题上的频繁函电往来，形成一种四维互动模式，即一方面是公开的政府与《大公报》互动，一方面是私下的蒋介石与吴鼎昌、胡政之、张季鸾等互动：

> 具体来说，有些纯属台下交易，如蒋有时需要《大公报》为其政策帮忙，便会直接指示，吴接令后，便会在该报发文回应；有些则是从台上到台下，比如吴对当时北方时局、中日中苏关系等问题有些意见，不便或不及向蒋直接汇报时，便会在该报撰文，蒋看到后会酌情考虑采纳，发电回复，从而由台上的"吾人以为"进入台下的暗箱操作；也有从台下到台上，比如蒋有些政策即将执行，需要试探外界意见，或幕后交易引起坊议汹汹，需要平息舆论，又或是蒋在对日交涉中难以承受日方压力，需要制造舆论以利谈判，这些时候便需要有人对外适当吹风，而台下的交易，究竟有哪些可以对外明言，又究竟说到何种程度合适，此中机微，甚难把握，而对新闻工作谙熟于心的吴、胡、张正是最合适的人选，三人正可以在其中长袖善舞。

——国家中心论

马克思在《路易·波拿巴的雾月十八日》中写道："正如在日常生活中应当把一个人对自己的想法和品评同他的实际人品和实际行动区别开来一样，在历史的斗争中更应该把各个党派的言辞和幻想同它们的本来面目和实际利益区别开来，把它们对自己的看法同它们的真实本质区别开来。"[①] 纵观《大公报》的历史，特别是"三驾马车"与南京政府的关系，支撑其立身行事的思想基础并非津津乐道的"四不主义""文人论政"，而是国家中心论。《再研究》揭示了不党、不卖之自欺欺人，不私、不盲也形同虚设，至于"文人论政"更像一种理想姿态[②]。与之相对，国家中心论倒是《大公报》切实践行的核心价值观，其中又集中体现为对蒋政府的拥戴和对共产党的拒斥：

> 抗战期间，《大公报》坚定地支持政府抗战到底，决不妥协，功不可没，而就当时中国的形势来看，也的确需要维护一个"国家中心"团结全民族共同抗战，但是该报的"国家中心论"却并不仅限于抗战时期，在该报 24 年的历史中，除了初期和后期的一小段时间外，这种主张可以说是一以贯之的。1935－1936 年间，该报在东北沦陷，平津危急的情况下，仍然坚定地支持蒋政府"围剿"红军的行动；在"七君子事件"和"西安事变"中，该报旗帜鲜明地反对建立抗日民族统一战线，坚决"拥护国家中心组织，为建国御侮之前提条件"；抗战胜利后，该报总编王芸生面劝毛泽东"不要另起炉灶"，并且发表包括《东北的阴云》《为交通问题着急》《质中共》等多篇文章，在国共内战中为蒋政府摇旗呐

---

① 中共中央编译局编译：《马克思恩格斯文集》第 2 卷，北京，人民出版社，2009，第 498－499 页。

② 北京大学新闻学院博士李杰琼在其学位论文中，也对此作了专题研究和深刻阐述，她以"报格断裂"概括这一半殖民主义语境中的现象，认为根本上是由资本主义新闻商品化的内在矛盾造成的。见《半殖民主义语境中的"断裂"报格：北方小型报先驱〈实报〉与报人管翼贤》，北京，中国社会科学出版社，2015。

喊，所有这些表现，恐怕很难说是"渴望团结、共御外侮"。

——对日和谈问题

抗战期间，张季鸾、胡政之屡受蒋介石委托，前往香港、日本同日方代表进行秘密的"和谈"，几乎达成内含承认"满洲国"意向的停战协议，如1938年的"张季鸾－神尾路线"、1939年的"小川平吉路线"。对此，作者在《抗战初期中日和谈"张季鸾－神尾路线"始末析》、《1939年中日和谈"小川路线"始末析》等文章中作出翔实论述，并投寄《历史研究》与《中国社会科学》。这也是《再研究》及其前期成果引人注目的一个亮点。当然，作者也分析了这些"路线"与汪伪投敌的本质区别，指出其中爱国的底线所在，同方汉奇主编《中国新闻事业通史》对《大公报》的评价所见略同：爱国、拥蒋、反共。

——官价外汇事件

1945年4月，胡政之向蒋介石申请购买20万美元的官价外汇，并迅速得到批复，成为《大公报》历史上最具争议的事件。按照过去的历史叙事，这一事件显然是《大公报》依附蒋家王朝、为虎作伥的铁证。而随着《大公报》研究的逆转，官价外汇事件渐渐淡化为"正常的商业行为"。《再研究》也对此进行了专题考察，以期弄清楚：这一事件的经过、性质、结果，最后得出的结论是：

1.《大公报》申请这笔官价外汇，未循正常渠道申请，乃是靠胡走"上层路线"所得，并在其中获得了巨大的利益。

2. 蒋批准这一申请，乃是出于维护双方良好关系的考虑，也是政府关照该报诸多行动中的一例。

3. 胡申请这笔外汇，既有发展该报事业的考虑，也有其政治态度的影响。

4.《大公报》在接受这笔外汇前后，对共产党的态度发生了明显的变化，虽然我们无法确定这一事件在其中起了多大作用，但该报却难脱瓜田李下之嫌。

——小骂大帮忙

如前所述，关于这一点，眼下时论多予否认。大略说，《大公报》对蒋政府既有小骂，也有大骂；同时，对共产党也有骂有帮忙。换言之，无论对谁，《大公报》都是客观的、公正的、不偏不倚的，是所谓新闻专业主义。对此，《再研究》一书进行了系统的而非零碎的、联系的而非孤立的、总体的而非局部的、演变的而非静止的辨析，从而发现如下普遍问题，并得出令人服膺的科学结论：

在该报 24 年历史上的绝大部分时间里，《大公报》关注国民党方面的频率要远高于中共；该报对中共的负态度也远高于对国民党；中共阵营中，毛、周、朱等人物都曾被"骂"，而国民党方面的蒋介石却始终幸免；《大公报》对国民党的批评，多针对具体政策，且多是出于一种"恨铁不成钢"的心态，而对中共则多次声明反对其意识形态，并一再宣称共产主义不适于中国；至少在 1933 年至 1940 年间，《大公报》与蒋介石之间一直存在密切互动，双方就该报言论问题多有探讨，而中共则从未有类似待遇。

基于以上分析，笔者认为，我们似乎可以得出如下结论：

1. 就"骂"而言，《大公报》骂国民党比骂共产党更频繁，但这并非是由于该报对中共更加友善，而是由于其对中共的轻视与漠视；同时，《大公报》骂共产党人物的级别更高，用词更狠，且直指其意识形态基础。

2. 就"帮忙"而言，除了最后很短的一段时间之外，《大公报》一直在积极地向国民党当局提出建议，同时在很长一段时间里与其最高层人物保持密切互动，甚至主动要求其对言论方针加以指导。

3. 基于前述 1、2 两点, 笔者认为, 所谓"小骂大帮忙", 在《大公报》历史上的绝大部分时间里, 确实存在。

道可道, 非常道。有非常之功, 自有非常之道。这里所谓道, 不仅指达至目标的路径, 而且指为文立论的道义。如果说前者这些年借研究方法畅通无阻, 那么后者则被一套价值中立的说辞一步步流放远方。然而, 看似矛盾的一点是, 就在"热情维护自己自由的人民精神的千呼万应的喉舌"(马克思)、"集体的宣传员、鼓动员、组织者"(列宁)、"为人民服务"(毛泽东为《大公报》的题词) 等道义渐行渐远时, "独立报刊""专业主义""文人论政"等价值又日益高视阔步。而不管路径, 还是道义, 《再研究》都无愧非常道。就研究方法而言, 《再研究》在两点上尤为突出: 一是定量实证方法。量化统计在传播学中屡见不鲜, 有时甚至走火入魔, 但在新闻学中运用得恰如其分尚不多见。《再研究》既科学地、有效地、适度地采用了这种方法, 又具有明确的问题意识与方法自觉。也就是说, 不是为方法而方法, 而是基于特定问题而选用相应方法, 就像作者说的, "定量只是手段, 定性才是目的"。他在全书最后采用定量方法, 对新记《大公报》1926 年续刊到 1949 年在大陆终刊的 24 年报纸进行了抽样、编码、统计, 为的是进一步验证"小骂大帮忙"问题, 使自己的研究及其结论更有科学性、更具说服力。

二是档案文献的发掘与运用。《再研究》作者以上穷碧落下黄泉、动手动脚找材料的钻劲儿, 以蚂蚁啃骨头的韧劲儿, 搜集了一批前所未闻的档案资料, 包括日本、中国台湾等地的档案, 然后, 参酌互证, 去伪存真, 从而见前人所未见, 发前人所未发。目前台海两岸关于《大公报》的研究, 主要基于三种史料: 报纸原件、时人评述和回忆录。这三种史料, 都各有缺陷: 作为公开出版物的报纸虽然内含办报人的思想, 但毕竟隔了一层; 时人述评各有立场, 不免偏颇, 而且云里雾里, 让人不得要领; 回忆、自传更是免不了有所选择、遗忘、隐藏、美化、自圆其说。因此, 档案文献就显现首屈一指的价值, 正如作者所言, "我们必须从档案入手, 去理清作者与各方间复杂的关系，才可能真正读懂文章"，也才可能真切把握《大公报》在风云变幻的民国年月长袖善舞的一招一式。这些年来，我审阅的一些复旦大学、暨南大学等新闻学博士论文，也都采用了这一方法，取得同样"不凡"的研究进展。《再研究》在几近汗牛充栋的《大公报》研究中脱颖而出，应该说首先得益于同一研究路径，也印证了尼采的论断："最有价值的洞见最迟被发现：而最有价值的洞见乃是方法。"①

一手档案与量化统计固然是此项成果在方法上的突出特征，但《再研究》超越林林总总的《大公报》研究，我以为关键还在于唯物史观及其"立场、观点和方法"，包括总体史的视野以及阶级分析法、具体问题具体分析的认识论，以及联系的、变动的、对立统一的辩证法。正是由于作者一方面掌握了闻所未闻、见所未见的档案文献以及科学的研究方法，一方面将《大公报》置于现代中国勾连繁复的社会政治语境中，综合考察当时政治的、经济的、文化的、社会的等多重因素，加之十分明确的政治意识与问题意识，也就是卓南生教授谈及新闻史研究所说的"为何研究"和"为谁研究"，《再研究》才得以对横看成岭侧成峰的问题作出实事求是的研究与论述，进而对批判的批判进行再批判，对否定的否定进行再否定。当然，按照辩证法，这一批判与否定不是简单的推翻，而是对既往研究的扬弃和对前人成果的超越。恰似批判的批判之批判还是批判，否定的否定之否定还是否定，只不过是在更开阔的学术视野上，在更深邃的思想认识上的批判与否定。同理，按照辩证法，也需特别厘清若干界限：《大公报》的总体倾向并不意味着——落实在具体新闻人的具体行为上；《大公报》特定阶段的政治立场并不意味着体现在每篇新闻与评论中；《大公报》的舆论导向并不意味着其他方面的内容也随之"舆论一律"；对新记《大公报》的"再研究"更不意味着其他论说失去意义，相反，正是在"解放思想、实事求是、与时俱进"的背景下，在百花齐放、百家

---

① 转引自［德］海德格尔：《在通向语言的途中》，孙周兴译，北京，商务印书馆，2004年，第168－169页。

争鸣的对话中，才能不断推进和深化《大公报》以及新闻学研究。

之所以提及唯物史观辩证法，也是因为随着马克思主义事实上的边缘化，思想文化领域包括新闻学中形而上学日见流行。比如，抓住一点，不及其余，习见手法就是用小细节模糊、混乱、颠覆大道理。举例来说，袁世凯如何孝顺，民国学术如何发达（许多不过是想当然），大学教授（其实只是少数精英教授）如何自由，诸如此类，不一而足，以表明袁世凯并非"窃国大盗"，民国乃是"黄金时代"。同样，以往对蒋介石早有定论，如"三座大山""四大家族"，而如今一些翻案文章恨不得奉之为"民族英雄"，更有文人盛赞认贼作父的汪精卫与所谓"才情人品"。与此相似，一部谈论传教士在华所办中文报刊的新著，把鸦片战争前后至新中国一百多年的传教士报刊活动，差不多说成了一部科学民主的启蒙史，一部推动中国社会进步的文明史，如同央视一度热播的《大国崛起》。新记《大公报》从蒋政府的"净友"或"帮闲"，一步步走上"独立之精神，自由之思想"的圣坛，也同这种形而上学之风不无关系。有个流行的说法就认为，由于《大公报》里有中共地下党员，如浦熙修、杨刚、彭子冈、李纯清等，《大公报》就俨然一大二公而非"小骂大帮忙"。照此逻辑，蒋政府中埋伏了一批共产党"卧底"，岂不也成为共产党的天下吗。列宁关于辩证法的一段名言说得好：

> 如果从事实的整体上、从它们的联系中去掌握事实，那么，事实不仅是"顽强的东西"，而且是绝对确凿的证据。如果不是从整体上、不是从联系中去掌握事实，如果事实是零碎的和随意挑出来的，那么它们就只能是一种儿戏，或者连儿戏也不如。①

虽然我对《大公报》没有研究，但相信诸多历史亲历者与当事人，包括毛泽东、周恩来、范长江、徐铸成对《大公报》的不良印

① 列宁：《统计学与社会学》，见《列宁全集》第28卷，北京，人民出版社，1990，第364页。

象，不仅不是空穴来风，无稽之谈，而且由于切身感受而使其判断更为真实，更为可靠。当然，他们的感受与判断由于历史上的敌我之分与你死我活难免极端，对新记《大公报》的评价也自然不够全面，但纵然如此，还是不能不承认与事实相去不远。所以，拙著《中国新闻社会史》在一片《大公报》的莺歌燕舞声中，依然坚信"小骂大帮忙"的定性，而这一定性如今重新得到《再研究》的有力确证：

> 笔者以为，《大公报》对于推动国家近代化进程所做出的努力，绝大部分都是通过依附于蒋政府的形式而完成的，换句话来说，在它24年的历史中，在大部分时间里，《大公报》是坚定地奉蒋政府为正朔，希望通过对它的建议、批评、扶掖来实现中国的独立、自强和复兴，从而实现自己"文人论政"的理想追求。所以对蒋政府的决策，无论对错，该报在大部分时间里都是坚决支持的，而只要我们承认蒋政府"攘外必先安内"的政策是错误的，只要我们承认抗战胜利后共产党政权是比国民党政权更加进步、更加民主、更能代表人民愿望的，我们就不能对《大公报》的历史作出如此简单的评价，更不可将该报简单地视为"公正""独立"的代名词。

或许，值得深思的还不在于新记《大公报》的研究，也不在于与此相关的新闻学思潮，而在于更广阔的社会政治以及文化政治问题。当李公朴、闻一多、杨杏佛、史量才等惨死法西斯之手的文化人，以切身感悟与生死经历不断昭示中国的"两种命运、两种前途"之际，自诩文人论政翘楚的《大公报》，特别是胡政之、张季鸾却一方面对蒋政府抱有幻想，一方面对共产党深怀敌意，就让人不能不质疑究竟是认识水平使然，还是阶级立场使然。与此相似，如今高谈阔论的文人论政、新闻独立、专业主义等，究竟是就事论事的实然判断，还是政治价值的应然判断呢？在《马克思的事业：从布鲁塞尔到北京》一书中，韩毓海教授对中国社会与历史文化有段透辟论述，对理解这一问题提供了一种深切洞明的启示。

　　当论及马克思主义中国化即《马克思与毛泽东》一章内容时，韩毓海分析了中国社会传统中的"三重结构"——上层朝廷，中层文人，基层宗法："数千年的基本统治结构：宗法—科举—朝廷，或曰士绅—士大夫—王朝。"以往历次革命包括洪秀全、孙中山领导的太平天国、辛亥革命之所以归于失败，就在于仅把目标对准上层的朝廷，而根本没有也不可能触动中层与基层。为此，毛泽东把再造基层社会和改造士大夫阶级视为中国革命的两大目标："长期垄断中国基层的士绅—胥吏阶级，为在中国革命中诞生的基层劳动者组织（青抗会、妇救会、儿童团，社、队）所取代——而这便是新民主主义革命成功的要害。"①而改造中层则不顺利，尽管有得有失，但最终还是遭遇巨大挫折。明代思想家中，毛泽东尤其推崇王阳明，《实践论》深受王阳明知行合一论的影响。同王阳明一样，毛泽东看到士大夫的两大缺点：脱离现实、脱离群众。而恰恰这个文人士大夫阶级又构成统治结构的中坚，成为文化的垄断者与文明的立法者，向上则庙堂的后备军，向下则宗法的常备军。针对这一痼疾，毛泽东把"理论联系实际、密切联系群众、批评与自我批评"视为共产党人区别文人士大夫的最优秀品质，并希望借此改造这个蒋廷黻所谓"肩不能担手不能提"，还自视甚高自以为是的阶级，造就一个新社会的中坚力量或中间阶层，一个"有社会主义觉悟的，有文化的劳动者"。邓小平1978年提出知识分子是工人阶级一部分的思想，即使含有纠正"极左"路线的权宜考虑，但内在逻辑与"有社会主义觉悟的，有文化的劳动者"显然一脉相通。就像一位法国学者在"文革"后期出版的《论中国》一书中从哲学层面概括的，"使'智慧的人'和'劳动的人'统一为一个完整的存在，成为一个完全的人"（玛丽娅·马希奥希）②。只是受制于或超前于种种主客观条件，这一宏韬伟略留下的败绩似乎

---

　　①　韩毓海：《马克思的事业：从布鲁塞尔到北京》，北京，中国人民大学出版社，2012，第273—274页。

　　②　转引自张世明：《被忽视的理论旅行：以法国五月风暴为例》，载《中华读书报》2015年6月17日。

多于战果：

> 毛泽东在建国后力图以"劳动人民知识化，知识分子劳动化"去改造中国社会的中层，即数千年来"君子动口不动手"的士大夫阶级，触动这个阶级的必然产物"官僚集团"，并以马克思主义和现代科学实践向以儒教为核心的中国传统意识形态宣战的时候，这再次证明了他所领导的革命是"真正的革命"，毛泽东要走的，乃是我们的前人从来没有走过的道路。在这场面向旧的统治结构的"中层"或"中坚"而进行的艰辛改革过程中，毛泽东当然取得了伟大的成就（劳动者素质的迅速提高，以及与之伴随的中国迅速工业化），但是，他更遭遇了巨大的挫折（"文化大革命"），留下了极其沉重的历史教训。[①]

也正因如此，毛泽东最为担心的"身后事"，就是为人民服务的共产党人蜕变为脱离实际、脱离生产劳动、脱离人民群众、脱离世界大势的"新的士大夫阶级"："他当然不愿看到：新的士大夫阶级靠'半部《论语》'、一个市场'治天下'，重新成为脱离现实的精英。"[②] 而如今，知识精英、文人论政、传媒领袖……仅从这一脉蛛丝马迹中，就不难感受历史的顿挫，也更能体味陆定一当年《我们对于新闻学的基本观点》：千万要有群众观点，不要有"报阀"观点，脱离人民，脱离现实，还自以为是，唯我独尊……

历史不会自动讲述，而必须经过今人转述。因此，历史既是凝固的事实，又是流动的书写或叙事，所谓一切历史都是当代史。然而，书写或叙事是不是就可以"真理在胸笔在手，无私无畏即自由"呢。法国年鉴学派宗师马克·布洛赫讲述的一个故事，常常萦绕我心。有位中世纪农夫拿着法院裁决所依据的文书抗辩道：任何人都可以在纸上想怎么写就怎么写！（《历史学家的技艺》）如果说前人的作为是作

---

① 韩毓海：《马克思的事业：从布鲁塞尔到北京》，北京，中国人民大学出版社，2012，第 274 页。

② 同上，第 313 页。

曲家谱写的乐谱，那么后人的转述就是演奏家的演奏与演绎，即使高手的发挥与华彩也不能"离谱"。为此，就需要不断正本清源，用一句流行语来说：不论走多远，都别忘了为什么出发。巧的是，俞凡博士"材识兼茂，体裁凝远"的《再研究》与卓南生教授的《中国近代报业发展史：1815－1874（增订新版）》几乎同时到手，读至后者《增订新版自序》的结语，感到格外心有戚戚焉，那么就用此收束吧：

正本清源，论从史出。

（张友渔：《张友渔学术论著自选集》，北京师范大学出版社，1992；王中：《王中文集》，复旦大学出版社，2004；甘惜分：《甘惜分自选集》，中国人民大学出版社，2007；方汉奇：《方汉奇自选集》，中国人民大学出版社，2007）

回延安

　　2014年霜叶红于二月花时节，习近平在京主持召开了文艺工作座谈会。这是近30年来文艺界以及整个文化界的大事，自然引起海内外舆论高度关注，也让人不由联想到毛泽东主持的延安文艺工作座谈会。两次座谈会相隔72年，人世沧桑，天翻地覆，而其间一以贯之的还是现代中国即新中国的价值与灵魂，还是现代文化即新文化的精神气象与美学品位。

　　不无巧合的是，"文化大革命"期间，习近平曾在延安地区上山下乡，同千百万知识青年一道走与工农相结合的道路，也就是延安时代开辟的现代知识青年的成长之路。用毛泽东在纪念五四运动20周年讲演中的话说："看一个青年是不是革命的，拿什么做标准呢？拿什么去辨别他呢？只有一个标准，这就是看他愿意不愿意、并且实行不实行和广大的工农群众结合在一块。"当时，一首陕北等地知青创作的长诗《理想之歌》，点燃了无数热血青年的青春梦想，中央人民广播电台以配乐诗朗诵播出后，更将土窑洞的灯火、信天游的歌声烙在一代人的心中：

　　　　红日、

　　　　　　白雪、

　　　　　　　　蓝天……

　　　　乘东风

　　　　　　飞来报春的群雁。

　　　　从太阳升起的北京

启程，

飞翔到宝塔山头，

落脚在延河两岸。

……

40 年后的 2013 年五四青年节，习近平与各界青年座谈，还畅谈起这段青春岁月："上山放羊，我揣着书，把羊圈在山坡上，就开始看书""我并不觉得农村 7 年时光被荒废了，很多知识的基础是那时候打下来的"。2015 年春节前夕，习近平又来到下乡的地方，看望父老乡亲，代表党中央向老区和全国人民拜年，对围拢的群众说"我是延安人"，再次让世人的目光投向陕北，聚焦延安。

延安，一座历史文化名城。北宋范仲淹在此戍边，留下千古传诵的《渔家傲·秋思》：塞下秋来风景异，衡阳雁去无留意，四面边声连角起，千嶂里，长烟落日孤城闭……现代延安以革命圣地闻名天下，人民共和国的点点滴滴无不在延安奠定基础并臻于完成。也正是延安时代，现代中国的政治革命与文化革命达到高度统一，五四新青年与亿万老百姓结合起来，先锋队与主力军会合起来，最终形成席卷天下的历史洪流。毛泽东在延安文艺工作座谈会上有个比喻：中国革命有两支大军，两个总司令，一是朱总司令统帅的大军，一是鲁（迅）总司令麾下的新文化大军。用当今学术语言来讲，延安时代不仅将五四新文化运动的精神价值发扬光大，而且为现代中国的新政治新经济确立了一整套强有力的文化领导权。中国社会科学院研究员李洁非，在《解读延安》一书的结语中，列出十二项"延安重大成果及影响一览"，第一项就是"建立了文化领导权"。[①] 其中，尤为突出的是，不仅产生了一大批新文化的经典之作，包括诗歌、小说、音乐、绘画、戏剧、思想理论、学术著述、新闻传播等，而且锻造了一大批置身人民革命与历史实践的"有机知识分子"（葛兰西语）。仅从如下

① 李洁非、杨劼：《解读延安——文学、知识分子和文化》，北京，当代中国出版社，2010，第 313 页。

"延河边的文人们"及其历史功业，就不难想象新中国新文化的波涌浪翻，云蒸霞蔚：

留学生：王学文（留日）、何干之（留日）、叶以群（留日）、周扬（留日）、艾思奇（留日）、陈伯达（留苏）、师哲（留苏）、杨松（留苏）、冼星海（留法）、艾青（留法）、陈学昭（留法）、李又然（留法）、江隆基（留德）、高士其（留美），等等。

大学生：黄华、丁玲、吴伯箫、王实味、齐燕铭、范文澜、卞之琳、何其芳、张庚、胡乔木、王汝琪、蒋南翔、刘端棻、王大化、周而复、任仲夷、欧阳山尊、于光远、杨西光、邓力群、田间、陈传纲、李锐、胡绳、高原、朱穆之、顾准、刘祖春、吴光伟、龚澎、严慰冰、浦安修、韦君宜、苏灵扬、李慎之、王光美，等等。

专科生：杨献珍、王朝闻、钱俊瑞、李庄、袁庚、吴南生、陈叔亮、萧军、塞克、孔厥、胡考、贺绿汀、陈企霞、蔡若虹、刘大年、吴印咸，等等。

中学生：安志文、吴德、廖盖隆、吴冷西、田家英、贺敬之、冯牧、沙汀、陈荒煤、徐懋庸、郭小川、柳青、秦兆阳、刘宾雁、马宾、江青、叶群、戈扬、李鹏、穆青、王若望、凌云、马天水、聂元梓，等等。①

这个名单可以继续延长，即使新中国新文化的凌烟阁功臣，也有不少未列其中，如马克思主义新闻学奠基人、百岁老人甘惜分，如邓拓、马可两位当年河南大学学子等。邓拓后以人民日报社社长、《燕山夜话》知名新闻界，并以史学经典《中国救荒史》入选首批"学部委员"，马可有《南泥湾》《白毛女》《我们工人有力量》等名曲蜚声天下。至于众多新文化的经典及其意义，对比一下国民党宪兵学校军歌与"红色经典第一歌"《三大纪律八项注意》就一目了然了：

---

① 朱鸿召：《延河边的文人们》，上海，东方出版中心，2010，第13—14页。

整军饬纪，宪兵所司，民众之保，军伍之师。

以匡以导，必身先之，修己以教，教不虚施。

充尔德性，肃尔威仪，大仁大勇，独立不移。

克励尔学，务博尔知，唯勤唯敏，唯职之宜。

军有纪律，国有纲维，孰为之率，唯尔是资。

完成革命，奠固邦基，匪异人任，念兹在兹。①

革命军人个个要牢记，三大纪律八项注意。

革命纪律条条要记清，人民战士处处爱人民。

……

文学博士朱鸿召在其第一部研究延安的专著《延安文人》，即后来再版的《延河边的文人们》一书中禁不住赞叹，现代急剧动荡的思想潮流与文化运动中，"组织最严，程度最烈，声势至大，影响至深的，不是发生在城市里的五四新文化运动，而是出现在黄土地上的延安整风运动。时势造英雄，20世纪中国的真正英雄，也不是发起五四新文化运动的'总司令'陈独秀，而是领导延安整风运动的人民领袖毛泽东"②。正因如此，新中国新文化包括新闻传播无不将延安奉为圣地，从中汲取源源不断生生不息的精神源泉，犹如伊斯兰的麦加，犹太人的耶路撒冷。《中国人民解放军军歌》作者郑律成，1938年谱写的《延安颂》荣膺"20世纪华人音乐经典"：夕阳辉耀着山头的塔影，月色映照着河边的流萤……这首名曲的词作者是鲁艺学生、时年20岁的诗人莫耶，新中国成立后任西北军区《人民军队报》总编辑，1955年专任《甘肃日报》副总编辑。"文革"后期问世的《回延安》同样传唱不衰：离别30年，今日回延安……以《桂林山水歌》闻名的诗人贺敬之，也以同样情一样深啊梦一样美的《回延安》，表达了一种朝圣般心情：

---

① 王鼎钧：《关山夺路：回忆录四部曲之三》，北京，三联书店，2013，第41页。

② 朱鸿召：《延河边的文人们》，上海，东方出版中心，2010，"自序"，第1页。

几回回梦里回延安，

双手搂定宝塔山。

千声万声呼唤你，

——母亲延安就在这里！

在当今消费、时尚、后现代潮流中，庄严神圣的延安就像一大批现代经典的遭际，形容漫漶，精神消隐，尤其在一片解构反讽的虚无主义声浪中，延安传统往往横遭唐突。上焉者以形形色色"思痛录""忏悔录""老来醒"，要么痛哭流涕，竞相为当年的少不更事反省悔过，就像腥风血雨年代的变节者在国民党反省院幡然醒悟，重新做人，要么以学术之名深文周纳，指鹿为马。下焉者则不惜道听途说，甚至无中生有。一次，某校举行新闻师资培训班，应邀授课的一位专家不谈专业，不论新闻，而大讲毛泽东在延安如何天天吃鸡一类八卦，弄得年轻教师不辨真伪。我只好说，别的不清楚，但有个细节是真的：1930 年，陈嘉庚访问延安，毛泽东请他吃饭，仅有白菜、咸饭、一味鸡汤。毛泽东抱歉道：我薪俸有限，只能用这些东西款待你，这只鸡还是邻居老大娘听说我有远方客人，特意送来的。也正是延安之行，以及国民党与共产党的鲜明对比，使这位爱国华侨领袖、回国前的坚决"拥蒋派"断定："国民党政府必败，延安共产党必胜。"

这个故事也见于朱鸿召的《延安缔造》，这部新书同他之前叫好叫座的《延安日常生活中的历史（1937－1947）》一样，在我有限的延安阅读中均为难得一遇的佳作，前书 47 万字，后书 27 万字，加上《延安文人》，总计百万字，读来只觉其短，不嫌其长。对新闻人来说，这三部曲似的著作，除了意气风发的精神气息，高屋建瓴的历史视野，激荡人心的时代风云，更有许多有滋有味、有声有色的故事与细节，当成长篇报道、深度报道、系列报道来读均无不可。这里，刻意不提"报告文学"，是因为它们均属厚重严谨的学术研究与历史著述，只不过以传神的细节和生动的笔墨呈现而已。其实，这样一脉史传学统源远流长，从《左传》到《史记》，从范文澜的《中国通史简编》到张荫麟的《中国通史》，代为不绝。国家精品课"中国新闻传播史"配套教材、拙著《中国新闻社会史》，也多少借鉴了这一传统。这一传统的突出特点，在于让普通人也能进入纷繁复杂的历史，把握其脉络，认识其规律，感悟其道理。以延安为例，从朱鸿召的娓娓叙述中，宝塔山、延河水不再让今人觉得敬而远之，而成为活生生的、既可感可触又可亲可敬的革命圣地。下面随便摘录其中几个故事：

——1944 年 5 月，从晋察冀边区到延安帮助建立广播电台的英国人林迈克……后来回忆说："我们初到延安时，那里还没有标准时间。有些单位使用中国东部的华东标准时间，有些单位则使用华中时间，而延安地方政府则在他们的院子里安上一个日晷，时间是以太阳移动而决定的。这样多的不同标准时间当然会引起混乱。"由于他的工作是建立电台，并负责接受并联系外地电台，所以必须要有一个统一的标准时间。于是，他致信毛泽东。"结果毛泽东先生让他的一位秘书给在延安的各机构打电话，询问使用什么样的标准时间最好。过了几天《解放日报》登出了一条新通知，规定延安就使用所处时区的时间，即中国中部标准时间。"

——1943 年 2 月 4 日，农历腊月 30，从下午到晚上，延安城南门外广场，人山人海，盛况空前。各界军民两万多人聚会，庆祝中美、中英订立新约，废除近代以来对华不平等条约。相互拉歌，领导讲话，群众欢呼后，锣鼓队、秧歌队、宣传队等近百个文艺团体，竞相表演，气氛热烈，广场上到处洋溢着一派火热的革命喜悦气氛。在人声鼎沸的歌舞海洋里，鲁迅艺术文学院派出 150 人组成的"鲁艺宣传队"特别出众。他们阵容强大……还演出新编秧歌小剧《拥军花鼓》，让人耳目为之一新。……他们且歌且舞，一唱众合，在群众中却大受欢迎。

正月里来是新春，/赶上猪羊出（哇）了门。/猪哇、羊啊，送到哪里去？/送给咱英勇的八（呀）路军！/哎哩美翠花，黑不溜溜儿花，/送给咱英勇的八（呀）路军！

当他们唱到"哎哩美翠花，黑不溜溜儿花"的时候，秧歌队全体队员一齐非常热情地大声接唱叠句，为之帮腔，观众更是大笑不止，前仰后合，掌声雷起。开始，他们都以为演员表演精彩，观众爆发笑声掌声。但后来发现不对，观众笑得有蹊跷？几场演出都是在这接唱叠句处引发全场骚动，散场后他们请教当地群众为什么，群众又都笑而不答，这就更奇怪了？后来，他们找到民间秧歌老把式，得到的回答是："那是一句〔恶〕话（即不好听的话），是说男女下半身部分……"这才恍然大悟，他们后来将此处唱词改为："哎哩美翠花，嗨哩海棠花。"

——羊皮大衣，貂皮帽子，高筒马靴，史沫特莱是一身时装出现在延安一片青灰色军装制服面前的。与她形影不离的是一位年轻漂亮，长发披肩，大学毕业后写过诗，演过话剧的吴光伟（吴莉莉），时任史沫特莱的翻译兼秘书。平时偶尔和她们一起出现的还有那位浓眉大眼，最早奔赴陕北，被称为文艺明星的丁玲。[①]

——延安是时尚的，延安是开放的。

中国现代革命引起世界普遍关注，始于延安。在国民党军事"围剿"、新闻封锁的形势下，偏居一隅的陕北延安，能打开通向全中国、通向世界的信息通道，是远道而来的国际友人的功劳。

安娜·路易斯·斯特朗在延安采访毛泽东，把"一切反动派都是纸老虎"的豪言壮志传播给世界。白求恩从加拿大来到延安，坚持在抗战前线为八路军和根据地群众义务服务，把志愿者精神发挥到极致。朝鲜青年郑律成用自己的艺

① 朱鸿召：《延安日常生活中的历史（1937－1947）》，桂林，广西师范大学出版社，2007，第10页、123－124页、148页。

术才思，谱写了《八路军进行曲》，后来被确定为《中国人

民解放军军歌》……①

如果说 2007 年付梓的《延安日常生活中的历史（1937－1947）
是一部珠玉满地的私人叙事，那么 2013 年出版的《延安缔造》则是
一部气贯长虹的宏大叙事了。在这部新作中，朱鸿召博士以近 50 万
字的篇幅，系统的、全面的、深入的考察了延安这一历史文本，揭示
了一百多年来仁人志士艰辛探求的中国道路如何在这里形成，描绘了
新中国的雏形如何在这里孕育，勾勒了民族复兴的梦想如何从这里启
航。一句话，现代中国如何在延安诞生。即使如此，这部沉甸甸的力
作依然保留了《日常生活》一书的鲜活生动，活灵活现。比如，除了
字里行间窥一斑而见全豹的故事、细节、叙事等笔墨，在全书七个章
节后面都有一个案例：斯诺在陕北发现了什么、陈嘉庚访问延安看到
了什么、萧军在延安经历了什么、黄炎培到延安问到了什么、徐佛观
（港台新儒家代表徐复观——引者注）驻延安观察到什么、美军观察
组为延安说了什么、梁漱溟两访延安听到了什么。再如，开篇就讲述
了四个放弃大城市大学生的优渥生活或社会地位，毅然决然奔向延安
的青年知识分子故事：

黄华，第一个奔赴陕北的大学生

陈明，上海学生的请愿与斗争

丁雪松，一个重庆银行职员的爱国路径

胡绩伟，从成都读书到延安救国

黄华，燕京大学新闻系学生，同北京大学的黄敬、清华大学的姚
依林等，领导了轰轰烈烈的"一二·九"运动，1936 年作为斯诺的
翻译来到延安，后任外交部部长、国务院副总理、全国人大常委会副
委员长；陈明，北平"一二·九"运动爆发时，正在上海读高三，担
任学校学生自治会主席，投身抗日救亡运动，后与丁玲结为夫妻；丁
雪松，新中国第一位女大使，去延安前在银行有一份待遇丰厚的稳定

---

① 朱鸿召：《延安缔造》，西安，陕西人民出版社，2013，第 8－9 页。

工作，1937 年底，悄然离开重庆，春节前夕到达延安，脱下呢子大衣、丝绸旗袍，打上绑腿，系上皮带，进入中国人民抗日军事政治大学学习，从一位城市白领变成革命战士，后与郑律成结为伉俪；胡绩伟，参与延安时代著名的《边区群众报》创办与编辑工作，改革开放后曾任人民日报社社长，1936 年考入四川大学，参加学生爱国运动，发起成立"中华民族解放先锋队成都部队"，负责宣传工作，后来几经周转，冲破国民党重重阻挠，1939 年 12 月 20 日抵达延安：

> 在延安窑洞里，胡绩伟看到了几天前延安各界纪念"一二·九"运动四周年大会上毛泽东发表的演讲，心里感觉到一种无比的温暖和振奋。共产党充分肯定"一二·九"运动为爱国义举，充分肯定各地爱国青年推动全国抗日救亡运动的先锋作用。他觉得自己就是属于被卷入"一二·九"运动的浪潮，又积极参加推波助澜的，最后走上延安革命道路的知识青年。这种回家的温暖感、归宿感，促使胡绩伟对延安的高度精神认同。[①]

黄河之滨，集合着一群中华民族优秀的子孙……如同漫漫长夜的北斗星，茫茫大海的指南针，延安就是这样强烈地吸引了成千上万向往光明、追寻真理的中华儿女，如长河大川一泻汪洋的抗大校歌，由"20 八个半布尔什维克"之一的凯丰谱写，既体现了一代革命知识分子的共同心愿，也抒发了黄华、陈明、丁雪松、胡绩伟一批爱国青年的报国情怀。

从朱鸿召的延安系列著述中，我不仅重温了耳熟能详的历史，获得了前所未闻的新知，而且体味了经典的意味。何谓经典？不谈学理与定义，仅从寻常事实入手，是否可以说，经典就是面临困惑，遭遇迷途，陷入混沌之际，能让人们重新清醒，豁然开朗，正本清源，返璞归真的东西。古典中国每逢天崩地坼，礼崩乐坏，总是返诸圣贤，解读孔孟经典，从新获得澄明、定力与方向，所谓天不生仲尼，万古

---

① 朱鸿召：《延安缔造》，西安，陕西人民出版社，2013，第 29 页。

如长夜。现代中国，百年激荡，左冲右突，东进西出，最终在延安形成现代中国的类似经典。这一经典既立足中国的历史文化，又契合浩浩荡荡的世界潮流，在古为今用、洋为中用、推陈出新的创造中，飞扬着正大光明的现代意识、现代精神、现代灵魂。下面让我们且以新闻为例，重温一下这一现代经典。

上世纪七八十年代以来，新闻界在"全面开放"的时代氛围中，乘长风破万里浪，为探求中国特色社会主义道路，推进中国特色社会主义事业，做出历史性贡献。与此同时，由于邓小平反复提醒的"一手硬，一手软"问题日益凸显，文化领导权不断变异（如李陀《新小资与文化领导权》一文所论），新闻传播领域也难免乱象滋生。其中包括已经懒得提及的虚假报道屡禁不绝，有偿新闻司空见惯，黑社会一般的新闻腐败与新闻敲诈也时有所闻，一些市场化媒体更像八卦娱乐名利场。为此，坊间甚至流传"防火防盗防记者"（有的是防舆论监督）。《新闻记者》杂志从 2001 年开始，每年评选一次年度十大假新闻，最初希望是第一次，也是最后一次，没想到一直评到现在还没完没了，评到第八年时编辑部无奈感叹：艰苦卓绝的抗日战争打了八年，而假新闻还正未有穷期！面对诸如此类新闻乱象，各方疾首蹙额，建言献策。主管部门十年来推行三贴近、走转改、马新观等，更是影响广泛。问题是，政界、业界、学界费劲移山心力，虽然也不无成效，产生一批高水平、正能量的作品，如人民日报《热血铸雄关》、新华社《索玛花儿为什么这样红》、经济日报《国之重器 声动九天》、北京日报《赤脚医生——20 世纪中国的温暖记忆》、科学时报《社会系统与生态系统》、中国青年报《新教条主义的光荣孤立》、中央电视台《新疆塔县皮里村蹲点日记》、中国教育电视台《迁徙的人》、文汇报《曾维康：来自泥土地上的低语》等，但总体情况并不很乐观，一些深层次问题不仅没有得到根本解决，反有愈演愈烈之势。

大略说来，主要问题集中在两方面：一是业务问题，诸如采访不实，调查不细，事实不清，客里空现象五花八门，层出不穷。如前些年甬温线动车事故，就被炒成子虚乌有的"高铁"问题，对中国高铁一度造成重创。再如，2015 年第 2 期《新闻记者》发表了《2014 年十大传媒伦理问题研究报告》，其中涉及抄袭侵权、暗访报道、报道煽情、恶俗炒作、新闻敲诈、恣意策划、遮蔽重大议题等现状。另一方面，更严峻的问题还在于政治价值的模糊，甚至变异。北京大学青年学者王维佳举例说，"这几年很多中央媒体的传播内容，尤其是新媒体传播内容在文化品位和政治思想上对都市商业阶层和白领阶层的明显偏斜就很说明问题"。① 芝加哥大学终身教授赵鼎新的断言，更是令人悚然而惊：掌握话语权的媒体精英与国家精英只有利益认同，而无价值认同，一旦有风吹草动，就会毫无心理障碍地站到对立面，为政治危机添砖加瓦。② 海外学者十几年前就得出的结论，今天看来依然有效并更加习见：

> 部分新闻从业者已经不再服膺传统的意识形态与宣传话语，但另一方面就公开的报道空间而言，他们又不得不遵从官方意识形态的表达。
>
> 中国新闻从业者有五种策略来应对……一是经过规训，逐步改变其另类观点，认同官方话语；二是尽管其私人观点与官方话语不合，但基于现实利益的考量（如收入、地位），在公开的新闻工作中完全遵守官方话语；第三是公开空间表达官方话语，但在私人空间则保持并表达另类话语，这种策略在现实中颇为常见；第四是尽力拓宽官方话语的边界（如"打擦边球"）；第五是利用公开渠道（如海外媒体）表达民间话语。③

这种现象说白了，就是身在曹营心在汉，甚至明里暗里，吃你的

---

① 王维佳：《传播治理的市场化困境——从媒体融合政策谈起》，载《新闻记者》2015 年第 1 期。

② 赵鼎新：《社会与政治运动讲义》（第二版），北京，社会科学文献出版社，2012，第 284 页。

③ 见何舟 "*Working with a dying ideology*"，载 *Journalism Studies* 2000 年第 1 卷第 4 号。转引自周葆华《中国新闻从业者的社交媒体运用及其影响因素：一项针对上海青年新闻从业者的调查研究》，载《新闻与传播研究》2014 年第 12 期。

饭，砸你的锅。面对一系列新闻乱象以及日益严峻的文化领导权问题，让我们返诸现代经典——延安，返璞归真，正本清源，看看问题及其根源，也可谓"照镜子，正衣冠"。

众所周知，延安《解放日报》改版是新闻史上的里程碑，由此奠下的一系列思想、观念、制度、体制、传统等影响至今，科班出身者对其核心内容更是烂熟于心："四性一统"（即党性、群众性、组织性、战斗性统一于党性），全党办报，群众办报，调查研究，不尚空谈，消灭客里空，反对党八股……然而，随着新自由主义在全世界狼奔豕突，以及"新四化"即市场化、自由化、私有化、全球化等意识形态潮起潮涌，特别是取代马克思主义新闻观而成为业界学界主流的专业主义广泛蔓延，中国媒体的不少记者也早已精神恍惚，甚至失魂落魄，延安形塑的新闻传统新闻魂不说风飘云散，也是七零八落。就拿党性人民性来说，在年青一代的记者与学者中，还有几人真正理解与认同，恐怕真是"天知道"。2014年某所高校招考博士生，问及陆定一《我们对于新闻学的基本观点》，有高校新闻专业教师竟浑然不晓。这道试题中规中矩，平淡无奇，但确也点中新闻传播的七寸，触及业界学界的病灶。

作为《解放日报》改版的一篇经典文献，《我们对于新闻学的基本观点》主要谈了两个问题，也是古往今来一切新闻学、新闻业的关键问题，一是新闻的本源，一是新闻的价值（不是"新闻价值"），一者涉及新闻的科学意味，一者关乎新闻的价值取向。关于新闻的本源问题，一切严肃的新闻学、新闻业无不遵奉事实第一、事实至上的观点，没有事实就没有新闻，先有事实而后才有新闻，乃是中外古今一切新闻人的共识与常识。陆定一或者说马克思主义新闻观在这个问题上不同于其他新闻学的地方，仅仅在于赋予这一新闻第一要义以唯物史观的认识论和方法论，包括辩证全面的总体视野、调查研究的工作方法以及"人民，只有人民才是创造世界历史的动力"的阶级意识。值得提及的是，2013年岁末与2015年年初，中共中央政治局两次集体学习的主题，分别是历史唯物主义与辩证唯物主义。按照唯物史观的认识论与方法论，陆定一对新闻学的第一要义做了经典阐发：

　　辩证唯物主义，主张依照事物的本来面目去解释它，而不作任何曲解或增减。通俗一点说：辩证唯物主义就是老老实实主义，这就是实事求是的主义，就是科学的主义。

　　唯物论者认为，新闻的本源乃是物质的东西，乃是事实，就是人类在与自然斗争中和在社会斗争中所发生的事实。因此，新闻的定义，就是新近发生的事实的报道。

　　新闻的本源是事实，新闻是事实的报道，事实是第一性的，新闻是第二性的，事实在先，新闻（报道）在后，这是唯物论者的观点。

　　因此，唯物主义的新闻工作者，必须尊重事实，无论在采访中，在编辑中，都要力求尊重客观的事实。[1]

如果说，关于新闻的本源，陆定一的观点与其他新闻学差异不大，至少尊重事实是世所公认的，那么在新闻的价值取向上，他的观点则鲜明体现了马克思主义及其新闻观的立场——全心全意为人民服务。毛泽东在《解放日报》改版座谈会上一言以蔽之地说，"共产党的路线，就是人民的路线"。《我们对于新闻学的基本观点》的第二个要点，就在于集中阐述这一新闻传播的群众路线及其价值：

　　只有为人民服务的报纸，与人民有密切联系的报纸，才能得到真实的新闻。

　　这种报纸，不但有自己的专业的记者，而且，更重要的（再说一遍：更重要的！）是它有广大的与人民血肉相联的非专业的记者。它把这二者结合起来，结合的方法就是：一方面，发动组织和教育那广大的与人民血肉相联的非专业的记者，积极的为报纸工作，向报纸报道他自己亲身参与的事实，因为他们亲身参与这些事实，而且与人民血肉相联，因此他们会报道真实的新闻；另一方面，教育专业的记者，做

――――――――――

[1]　陆定一：《我们对于新闻学的基本观点》，载《解放日报》1943 年 9 月 1 日。

人民的公仆，对于那广大的与人民血肉相联的人们，要做学生又做先生。[①]

这一价值立场，上承"跻身 19 世纪最伟大新闻工作者"（罗伯特·麦克切斯尼）的马克思及其人民报刊传统："报刊按其使命来说，是社会的捍卫者，是针对当权者的孜孜不倦的揭露者，是无处不在的耳目，是热情维护自己自由的人民精神的千呼万应的喉舌。"[②] 下续中国共产党人及其党报党刊的政治价值与政治宗旨。重庆谈判期间，毛泽东访问《大公报》，应总编辑王芸生的邀请，挥笔留下一幅墨宝——为人民服务。如今，无论在党和国家心脏中南海的影壁上，还是在天南海北各种公务场所包括清华园的会议室门楣上，为人民服务这五个毛体字都触目可见，人们早已习以为常，司空见惯，并视为理所当然。而这个现在看来如此普通的思想，当年却有着石破天惊的意义。因为，历史上何曾将芸芸众生放在至高无上的地位，更未闻"俯首甘为孺子牛"的意识。人民、人民至上、为人民服务，乃是中国共产党与人民共和国塑造的核心价值，毛泽东更以一句震古烁今的口号，言简意赅表达了这一现代价值——人民万岁！同样，延安之前，最优秀的中国记者，充其量也只是进抵"铁肩担道义，辣手著文章"的境界，以一种悲天悯人的心态，关注民生，鞭挞黑暗，呼唤光明，而不会懂得人民是历史的创造者，从而与亿万人民同甘共苦。直到《解放日报》改版，为人民服务才成为一种新的世界观、价值观与新闻观。《我们对于新闻学的基本观点》以及一系列马克思主义新闻观经典，如毛泽东《对晋绥日报编辑人员的谈话》、刘少奇《对华北记者团的谈话》、胡乔木《报纸是人民的教科书》、习仲勋《新闻工作就是群众工作》等，无不高扬这一价值，将新闻与人民的血肉相连作为至高无上的价值皈依。

如今，无论新闻学，还是新闻业，往往只谈业务，不谈价值，盛

---

① 陆定一：《我们对于新闻学的基本观点》，载《解放日报》1943 年 9 月 1 日。

② 马克思、恩格斯：《〈新莱茵报〉审判案》，见《马克思恩格斯全集》第 6 卷，北京，人民出版社，1961，第 277 页。

行的专业主义俨然将新闻仅仅视为一种手艺，好像记者只需掌握一套专业化技巧就足矣，更好像西方的新闻学新闻业只问专业，不涉价值、价值中立、价值无涉云云，这也是时下典型的"不讲政治的政治"或"去政治化的政治"。其实，人世间哪有纯粹的新闻专业及其主义，任何新闻学与新闻业归根结底都离不开特定的价值立场和政治取向，正如任何军事都是政治的继续，何曾见过只管开枪开炮而不问为谁扛枪、为谁打仗。就拿新闻专业主义来说，其中点点滴滴无不关涉着私有制、代议制、资产阶级意识形态等价值。美国批判传播学者罗伯特·麦克切斯尼明确指出，"美国媒介史就是一部大型公司利益持续不断、无往不胜的成功史"，"它的一切都是直接面向利润最大化，其他任何事情几乎都是公关"，"新闻自由意味着资本家自由地从媒体产业中捞取尽可能多的金钱"①，等等。

马克思主义及其新闻观，一向将科学与价值明确统一起来：科学就是实事求是，老老实实，全面地、真切地了解世界，把握世界，解释世界；价值就是全心全意为人民服务，俯首甘为孺子牛地积极推动世界，影响世界，改变世界。也就是说，从不故作清纯自欺欺人地陶醉于所谓"客观中立""价值中立"，就像某央视主持人把新闻的核心归结为一个冷冰冰的"知"字。对照延安的现代经典不难看到，当下新闻学与新闻业之所以乱象丛生的根源，一方面在于模糊了实事求是的科学精神，你方唱罢我登场的新潮理论甚至认为，互联网时代采访都成为多余，"只需采而无需访"，通过电子邮件、视频通话、数据新闻，借助推特、脸谱，再收集一下网上评论什么的，就能轻松"搞掂"一切。② 另一方面更致命的是，远离甚至背离为人民服务的价值与宗旨，一些名利双收的记者、编辑、主持人恐怕不仅淡忘了陆定一再三说的"时刻勉励自己，做人民的公仆""千万要有群众的观点，

---

① ［美］罗伯特·W·麦克切斯尼：《传播革命——紧要关头与媒体的未来》，高金萍译，上海，上海译文出版社，2009，第 2 页、第 46—47 页、第 95 页。
② 郑一卉：《互联网时代：谁是记者？——对记者职业身份的思考》，载《现代传播》2014 年第 7 期。

不要有'报阀'的观点",有心无意地抛却人民记者穆青念兹在兹的座右铭——"勿忘人民",而且更以党和人民赋予的话语权谋求个人名利,如年轻轻还没有怎么着呢,先把自己搞得恨不得天下谁人不识君,以至于不少新闻学子视之为人生楷模,将出人头地当作人生目的。对此现象与倾向早在改革开放初,邓小平就予以高度关注与严厉批评:"这种'一切向钱看'、把精神产品商品化的倾向,在精神生产的其他方面也有表现。有些混迹于艺术界、出版界、文物界的人简直成了唯利是图的商人。"①

虽然也有一些人话里话外不离人民,张口闭口谈论人民,但要么受制于唯心史观,将人民抽象化、空洞化,脱离活生生的历史实践与社会背景而空谈;要么明修栈道,暗度陈仓,以人民性高于党性等说辞,实际上既取消党性也取消人民性。有一次,在办公室与研究生聊天,谈及党性人民性的话题。学生倒背如流地重复了一通"一致论""统一论"等,我说这样讲固然不错,但为什么一致、为什么统一,你们似乎并没有彻底理解,说得恐怕也难以让人心服口服,更不用说入脑入心,包括你们自己。马克思说,理论只要说服人,就能掌握群众;而理论只要彻底,就能说服人。那么,这里如何达到彻底呢?如何彻底理解党性人民性问题呢?我说,是不是可以这样看:一方面,没有现代意义的先进政党,就不可能有人民这一政治主体。比如,古代中国有草民,有小民,而唯独没有现代意义的人民,虽然儒家一直讲民为本,君为轻,历朝历代也懂得载舟覆舟的道理,但这个"民"没有也不可能有当家作主的主体意识,小日子一旦过不下去了,就揭竿而起,"杀进东京,夺了鸟位",然后改朝换代,一切依然如故。而人民以及人民性这一事物及其概念本身,无所不在地隐含着一套现代价值与启蒙理念,如自由、民主、平等,如民有、民治、民享,也就是人民当家作主。比如,安源路矿工人罢工期间,共产党领导工人俱

---

① 邓小平:《党在组织战线和思想战线上的迫切任务》,1983 年 10 月 12 日;见《邓小平文选》第 3 卷,北京,人民出版社,1993,第 43 页。

乐部提出的口号——"从前是牛马，现在要做人"。显而易见，这一政治主体及其价值不会自动生成，不可能自然而然地落实在现实中、思想上，而是点点滴滴依靠先进政党及其作为，包括一系列理论建设、文化传播、思想宣传、精神动员等，就像"庶民的胜利""劳工神圣""男女平等""翻身解放""剥削压迫"等新词语新思想的生成，就像诗人雷抒雁在人民共和国六十大庆时以炽烈诗句再次抒写的：

> 宽皮带束紧着灰色的军装
>
> 短头发的女县长
>
> 以她洪亮的嗓音
>
> 把"人民共和国"译成亲切的乡音
>
> 让这新鲜的词汇
>
> 一遍遍撞击衣衫褴褛的
>
> 穷苦人的心
>
> ……
>
> "解放"，"翻身"
>
> 共和国啊，最初的年代
>
> 那些赢得战争的大手
>
> 抖落了乡村千年的灰尘
>
> 一寸寸温暖着穷苦大众的心[1]

由此看来，没有现代的先进政党，就没有作为一种政治主体的人民及其现代意识。所以，没有党性，就没有人民性，有的只能是马克思说的一个个马铃薯汇集而成的一袋马铃薯，有的只能是小生产的汪洋大海，"而小生产是经常地、每日每时地、自发地和大批地产生着资本主义和资产阶级的"[2]。有位新闻要人曾经提出"党性来源于人民性""人民性高于党性"，乍一听冠冕堂皇，细一想似是而非，也属典型的"左派"幼稚病。因为，这种所谓"人民性"，说到底只能是

---

[1] 雷抒雁：《最初的年代》，载《诗刊》2009年10月号。

[2] 列宁：《共产主义运动中的"左派"幼稚病》，见《列宁专题文集　论无产阶级政党》，北京，人民出版社，2009，第245页。

"马铃薯性""小生产性""传统性",而不可能是"翻身解放""当家做主"的人民性、现代性。

另一方面,作为中华民族与中国人民的先锋队,中国共产党的宗旨又在于全心全意为人民服务,除此之外,别无所求,离开人民及人民性,共产党及其党性就势必成为空中楼阁。毛泽东有个比喻:共产党人好比种子,人民好比土地。再好的种子,只有在人民中间,才能生根、发芽,才能茁壮成长。所以,共产党人必须同亿万人民结合起来,党性由此寓于人民性之中。总之,从历史与逻辑有机统一的视角看,党性与人民性水乳交融,就像一张纸的两面,无论怎样剪裁都相互依存,也就是统一的、一致的。

正因如此,中国共产党与人民共和国的新闻传播,一方面必须信守实事求是的科学精神,也就是老老实实的态度与作风,既不弄虚作假,也不装腔作势;一方面必须把握为人民服务的价值立场,全心全意为人民服务,正如习近平在文艺工作座谈会的讲话所言:"始终把人民的冷暖、人民的幸福放在心中,把人民的喜怒哀乐倾注在自己的笔端","必须自觉与人民同呼吸、共命运、心连心,欢乐着人民的欢乐,忧患着人民的忧患,做人民的孺子牛"。而这一切,都在延安时代奠下根基,并形成《解放日报》改版、《我们对于新闻学的基本观点》、反客里空等一系列新闻经典。对当下新闻学与新闻业而言,价值问题尤为关键,用清华大学汪晖教授的话说:"中华民族是以人民为主体的政治共同体,它的制度建设、社会政策和民族政策都必须考虑这一政治共同体的基本原则,即人民主体原则。"[①] 而这也是现代文明的普遍价值,具有放之四海而皆准的正当性。《在延安文艺工作座谈会上的讲话》中,毛泽东就明确指出:"为什么人的问题,是一个根本的问题,原则的问题。"72年后,习近平在文艺工作座谈会上又说道:"不能在为什么人的问题上发生偏差","社会主义文艺,从

① 汪晖:《东西之间的"西藏问题"(外二篇)》,北京,三联书店,2011,第104页。

本质上讲，就是人民的文艺。文艺要反映好人民心声，就要坚持为人民服务、为社会主义服务这个根本方向"。社会主义文艺，从本质上讲，就是人民的文艺——由此引申一下，是否也可以说社会主义新闻，从本质上讲，就是人民的新闻。而这也正是延安及其历久弥新的现代经典留给今人的深刻启示。

〔赵超构：《延安一月》，上海书店，1992；朱鸿召：《延安日常生活中的历史（1937－1947）》，广西师范大学出版社，2007〕

附识：

本篇刊发前，编辑部来信，告知某位审稿专家提出如下意见，并要求改换标题，当时为了正常出刊，不得已暂用"回望延安"：

"回延安"，回什么延安？是回到延安时代，还是回到"讲话"精神？如果是前者，显然不可能。只能是后者，即回到"讲话"精神。这就涉及如何看待和评价新中国整个文艺工作的方向问题。应该说，新中国成立60多年来，尤其是改革开放以来，文艺工作包括新闻界工作的方向是坚持"讲话"精神的，即坚持"为人民服务、为社会主义服务的"，这是主流，是主要的，也是不可否定的。正是在延安"讲话"精神的指导下，我国文艺包括新闻工作取得了巨大成绩，推动了社会主义文化的大发展和大繁荣。因此何来还要"回延安?"

第二乐章
政　治

马克思回来了

2013 年 7 月，中国传媒大学成立"传播政治经济学研究所"，学校党委书记将所长聘书颁给教育部长江学者赵月枝教授。这是继 2007 年清华大学成立"马克思主义新闻学研究中心"（主任范敬宜教授）、2011 年复旦大学成立"当代马克思主义新闻与传播研究中心"（执行主任吕新雨教授），国内又一遵循马克思传统的新闻传播学平台，成立之际举行的研讨会主题就是"马克思回来了"。

这个主题鲜明生动，也不免令人心生困惑。如果说马克思回来了，那么是否意味着马克思曾经走了，而在中国马克思何曾离开过呢？研讨会上，中国传媒大学政治传播研究所所长荆学民教授就从这个角度表达了疑问。确实，马克思主义始终是中国立党立国的基石，明确写入党章、宪法、历届党代会报告、各种重大活动的讲话以及无数社论文件等，邓小平在平生最后一次讲话的结尾处还谈道：

> 我的入门老师是《共产党宣言》和《共产主义 ABC》。最近，有的外国人议论，马克思主义是打不倒的。打不倒，并不是因为大本子多，而是因为马克思主义的真理颠扑不破。实事求是是马克思主义的精髓。[①]

尤其引人注目的是，近年来清华、北大、人大、复旦等一大批高校都相继组建了"马克思主义学院"，看上去马克思不仅未曾离开，

[①]　邓小平：《在武昌、深圳、珠海、上海等地的谈话要点》，1992 年 1 月 18 日—2 月 21 日；见《邓小平文选》第 3 卷，北京，人民出版社，1993，第 382 页。

而且欣欣向荣，蒸蒸日上。当然，众所周知，也毋庸讳言，实际情况并非如此，甚至远非如此。人们记得，毛泽东曾经号召全党全国人民"认真看书学习，弄通马克思主义"，1963 年提议和审定中高级干部阅读马列著作 30 种，1970 年又提议和审定中央委员和中央候补委员阅读马列著作 9 种，如《共产党宣言》《哥达纲领批判》《法兰西内战》《国家与革命》。前些年，领导干部也喜欢开书单，要求下属读书，某位坐镇一方的"督抚大员"颇有代表性，他的书单且不说没有一部马克思的书籍，相反，倒有一部美国流俗学者的畅销书赫然在目——《世界是平的》。颇有影响的思想文化刊物《读书》2012 年第 10 期发表了一篇文章，字里行间更是频见诸如此类的语句："（共产主义）一个幻想的飘逝""变成了一个巨大的梦魇，最终被一阵飓风吹得无影无踪了""最终变成了冬天里的一个梦魇"……①倘说这个作者尚属名不见经传的人物，那么，北京大学原副校长梁柱教授在一篇演讲里不具名提及的非马甚或反马人士可都是有头有脸的名流，如经济学家、大学校长、学部委员等。② 这一切无不凸显了 2013 年习近平"8·19"讲话，以及 2015 年中共中央办公厅和国务院办公厅印发《关于进一步加强和改进新形势下高校宣传思想工作的意见》等所针对的严峻态势，同时又让人深切感到 130 年前马克思去世时，恩格斯在伟人墓前的悼词：正因为马克思发现了两大规律——唯物史观和剩余价值，以及马克思作为革命家毕生为无产阶级解放事业所做的"满腔热情、坚忍不拔和卓有成效"的斗争，"所以马克思是当代最受嫉恨和最受污蔑的人"③。

再看看新闻传播学科，高校"三部曲"即教学、科研与社会服务方面，以马克思为旗的队伍也早从当年兵强马壮的正规军，日渐沦为

---

① 傅铿：《回首 20 世纪》，载《读书》2012 年第 10 期。

② 梁柱：《历史虚无主义思潮的由来与危害》，载《大讲堂》2013 年第七期（总第81 期）。

③ 中共中央编译局编译：《马克思恩格斯文集》第 3 卷，北京，人民出版社，2009，第 601—602 页。

散兵游勇的游击队。改革开放初，中国人民大学第一次招收研究生，如今百旬老人甘惜分先生和正好相差十岁的方汉奇先生为第一批导师。依据中国人民大学新闻学院资深教授郑保卫的回忆，他们这批"文革"后第一届研究生入学时，甘先生什么也不要求，只是让童兵和他两位亲炙弟子老老实实通读一遍马恩全集。于是，他们用一年多时间，坐在国家图书馆从头至尾把 50 卷、3200 万字的马恩全集读了下来，由此奠定他们后来的学术根基，并都成为新中国第二代新闻学专家，童兵的博士论文就是《马克思主义新闻思想史稿》。

如今，不要说硕士生通读马恩全集，就是博士生读一遍数万字的《共产党宣言》，恐怕都寥寥无几了。想想开国元勋王震将军对原中国社会科学院副院长李慎明说的话：《共产党宣言》我读了没有 100 遍，也有 80 遍。① 而与此同时，欧美新闻传播教科书及其理论体系、教学案例、思想蕴含等，却日见大规模"进课堂、进教材、进头脑"，一些西方二三流或末流学者，甚至以"反华反共"起家人物，都纷纷被冠以吓人唬人的头衔在中国登堂入室，数十年来生息繁衍，前赴后继，影响了一批批唯人马首是瞻的中国学者与记者（大多数应该说属于无知无意识）。借用哈佛大学燕京学社研究员黄万盛的批评："优秀的教师一本正经地把学生导向细枝末节的实证考据，不合格的老师则把搞乱学生的头脑作为职业成就。"② 更诡异、也更可怕的还在于，非马甚或反马的东西可以改头换面，甚至招摇过市，而继承、坚持与发扬马克思的学术思想却不断"边缘化"，乃至"污名化"。范敬宜在清华推展马克思新闻学时，就有同行曾经善意提醒，说你们能不能不用"马克思"名号，以免引起"反感""反弹"（不幸言中）。清华大学一位博士后以音乐舞蹈史诗《东方红》为案例，探讨新中国 60 年来文化建设的利弊得失，而几年前出站时就有专家院长明确告知：此路遵循"为人民服务、为社会主义服务"的文化研究，在新闻传播学

---

① 郑海鸥：《马克思主义基本理论研究专家李慎明：研读经典 关照现实》，载《人民日报》2014 年 12 月 29 日。

② 黄万盛：《革命不是原罪》，桂林，广西师范大学出版社，2007，第 1 页。

界没有前途，没有出路（不幸言中）。

10 年前，肉食者已经清醒认识了上述问题，看到经过 20 多年"一手硬，一手软"的发展，特别是"发展硬道理"以及相应的"GDP 硬道理"，一方面社会状况日趋严峻，如贫富差距、官员贪腐、民生问题、资源环境等问题，一方面"核心价值观"日益瓦解，礼崩乐坏，作家张炜形象地称为"全民性精神恍惚"。有鉴于此，中共中央一方面提出并完善科学发展观，一方面于 2004 年发出《关于进一步繁荣发展哲学社会科学的意见》，开始实施马克思主义理论研究和建设工程（俗称"马工程"）。这一高层所谓"一号工程""生命工程"包括五项内容：

> 一是加强对马克思主义中国化理论创新成果和重大现实问题的研究；二是加强对马克思主义经典著作的编译和研究；三是建设具有时代特征的马克思主义基础理论和哲学社会科学学科体系；四是编写体现当代中国马克思主义最新理论成果的哲学、政治经济学、科学社会主义、政治学、社会学、法学、史学、新闻学和文学等重点学科（在《关于进一步加强和改进新形势下高校宣传思想工作的意见》中也提及九个学科：即马克思主义理论、新闻传播学、法学、经济学、政治学、社会学、民族学、哲学、历史学——引者注）教材，形成哲学社会科学教材体系；五是建设一支老中青三结合的马克思主义理论研究和教学骨干队伍。

这一工程对壮大马克思主义的思想文化阵地，传播马克思主义的真理功不可没。比如，马工程重大项目之一的 10 卷本《马克思恩格斯文集》和 5 卷本《列宁专题文集》，在对马克思、恩格斯、列宁的重点著作译文进行重新编译和精心修订的基础上，于 2009 年完成并付梓。主持其事的中共中央编译局副局长、北京大学政治学教授俞可平对我说，这套精编精译精校的经典著作，仅仅校对环节就增加了 20 余道。于是，文集一问世，受到广泛关注，得到各方嘉许。2011 年，中国共产党成立 90 年之际，北京大学史学博士、《光明日报》高级记者薄洁萍，采写了《一群人 一辈子 一件事——记奋战在马克思主义中国化第一线的中共中央编译局优秀翻译家群体》，对这方面鲜为人知的工作进行了全景式报道：

1920 年，在中国浙江省义乌县分水塘村的一间破旧柴草屋内，诞生了中国第一部马克思主义经典著作全译本——共产主义小组成员陈望道在这里翻译出了《共产党宣言》。见证这一创世伟业的是一盏昏暗的煤油灯和不时吹入陋室的刺骨寒风。同年夏天，在北京到处搜寻共产主义书籍的毛泽东，将这本用中文出版的第一部马克思主义的书深深地铭刻在心中，从此开始了改变中国命运的征程。

推进这一事业的有党的早期领导者李大钊、瞿秋白、蔡和森、张闻天、李达等，有党的理论工作者吴黎平、张仲实等，也有来自不同专业领域的著名学者如郭沫若、郭大力、王亚南、侯外庐等。他们筚路蓝缕、百折不回，翻译出了《共产党宣言》、《哥达纲领批判》、《反杜林论》等名篇。

1953 年，中共中央编译局成立了，这是马克思主义百年传播史上的大事，标志着马克思主义经典著作编译事业进入了全新时代。师哲、陈昌浩、姜椿芳、张仲实，正是在老一辈翻译家的带领下，中央编译局完成了《马克思恩格斯全集》、《列宁全集》和《斯大林全集》的翻译出版工作。

1953 年大学一毕业就来到编译局工作的张钟朴先生向记者回忆起当时编译局集体学习、集体翻译、集体校审，精益求精、一丝不苟而又热情高涨的场面。这位几乎能把《资本论》背下来的 81 岁老人，曾经参加了各种版本的《资本论》翻译校订工作，至今仍然坚守在岗位，还在为这项事业尽力量。

"让马克思的科学发现原原本本地按照他自己的叙述传给后世"——恩格斯的这一教导是编译局一代代编译群体永远的职守。

截至 2011 年，中央编译局共有 138 名长期从事经典著作编译和中央文献翻译的专家学者获得了全国"资深翻译家"荣誉称号，成为中国翻译界最大的资深翻译家群体。[①]

让新闻人感到荣耀的是，《共产党宣言》第一个中译本译者陈望道，也是新闻教育家，曾执掌复旦大学新闻系近 10 年，提出至今沿用的系铭——"好学力行"。

我有幸获赠一套《马克思恩格斯文集》和《列宁专题文集》，几年来不时翻阅，对教学科研帮助很多，启发很大，深感这项工作利在当下，功在千秋。在我那份谬得传播的《新闻传播学基础阅读推荐书目（100 种）》里，就将《共产党宣言》列为"博通类（50 种）"之首，并附一段提要文字："眼界阔大、思想深邃、感情诚挚、文辞壮美，一曲大气磅礴的政治抒情诗和哲理诗，精髓可用马克思《致燕妮》一诗的名句概括：'让整个诗的世界在人类历史上出现！'"当然，这不过是提示学生关注这篇马克思主义与国际共产主义经典文献的说法，实际上作为"千年第一思想家"的马克思及其终生挚友恩格斯之毕生开山之作，《共产党宣言》体大思精，包含着远为丰富深邃的思想内涵，仅看那些启示录一般朗朗上口、深入人心的警言妙语，就展现了何等雄奇的精神伟力，同时也让人深切感到这篇 19 世纪中叶横空出世的奇文，如今读来依然那么鲜活，如此契合人类历史包括中国社会：

一个幽灵，共产主义的幽灵，在欧洲游荡。

至今一切社会的历史都是阶级斗争的历史。

资产阶级在它已经取得了统治的地方把一切封建的、宗法的和田园诗般的关系都破坏了。

它使人和人之间除了赤裸裸的利害关系，除了冷酷无情的"现金交易"，就再也没有任何别的联系了。

[①] 薄洁萍：《一群人　一辈子　一件事——记奋斗在马克思主义中国化第一线的中共中央编译局优秀翻译家群体》，载《光明日报》2011 年 6 月 26 日。

一切等级的和固定的东西都烟消云散了，一切神圣的东西都被亵渎了。

这个曾经仿佛用法术创造了如此庞大的生产资料和交换手段的现代资产阶级社会，现在像一个魔法师一样不能再支配自己用法术呼唤出来的魔鬼了。

共产党人不屑于隐瞒自己的观点和意图。他们公开宣布：他们的目的只有用暴力推翻全部现存的社会制度才能达到。让统治阶级在共产主义革命面前发抖吧。无产者在这个革命中失去的只是锁链。他们获得的将是整个世界。

全世界无产者，联合起来！①

由于这篇共产主义的"圣经"如此遒劲有力，惊天动地，如此科学深刻地揭示了现代世界的来龙去脉以及资本主义的历史命门，所以，问世以来不仅深刻影响了世界历史与现代社会，包括伟大的中国革命，而且不可避免地遭到种种明枪暗箭的中伤。远的不说，当今颇有一些中国文人及其媒体，喜欢征引宣言中的那句名言——每个人的自由发展是一切人自由发展的条件，以此作为其新自由主义私货的挡箭牌或助推器。而仅看宣言的上下文就不难明白马恩的本意：

当阶级差别在发展进程中已经消失而全部生产集中在联合起来的个人的手里的时候，公共权力就失去政治性质。原来意义上的政治权力，是一个阶级用以压迫另一个阶级的有组织的暴力。如果说无产阶级在反对资产阶级的斗争中一定要联合为阶级，通过革命使自己成为统治阶级，并以统治阶级的资格用暴力消灭旧的生产关系，那么它在消灭这种生产关系的同时，也就消灭了阶级对立的存在条件，消灭了阶级本身的存在条件，从而消灭了它自己这个阶级的统治。

代替那存在着阶级和阶级对立的资产阶级旧社会的，将

①　中共中央编译局编译：《马克思恩格斯文集》第2卷，北京，人民出版社，2009，第30—66页。

是这样一个联合体，在那里，每个人的自由发展是一切人的
自由发展的条件。①

显而易见，这里有个重要的前提条件——"代替那存在着阶级和
阶级对立的资产阶级旧社会"，如果没有这个先决条件，而依然处于
"存在着阶级和阶级对立的资产阶级旧社会"，那么，所谓每个人自由
发展云云不过是漂亮的空话，就像资本主义允诺的种种"自由"包括
"新闻自由"，听起来无不天花乱坠而实际上空洞无物，虚无缥缈。换
言之，不同于资产阶级思想家包括当今中国一些文人高谈阔论的美妙
自由，马克思主义的自由观不仅涉及形式上的自由，如法律上的规
定，而且更着眼于现实意义的实质性自由，"不仅仅考虑人应该有什
么样的自由，有哪些自由，而且考虑这些自由需要什么样的条件"②。
用列宁的话说，在印刷时代，没有印刷机和纸张，出版自由不就是空
话么。同样道理，"对腿有残疾者说你有跑步的自由、对目盲者说你
有看东西的自由、对一个智障者说你有科学发明的自由，这不是恶毒
的讽刺又是什么呢?"③ 而在马克思恩格斯看来，实现每个人的自由
发展、实现人的自由全面的发展，归根结底在于消灭资本主义的所有
制即私有制，因为，"正是私有制使得资产阶级所说的自由对于无产
者来说仅仅停留于形式，正是私有制使得自由成为少数人的自由，正
是私有制使得自由变得片面和虚伪"④。

2013 年 5 月，一家中央级媒体在理论版上发表文章，宣扬某位
退休高官的文集，其中醒目处理的下列文字令人诧异之际，也无异于
再次凸显宣言的核心价值:

《共产党宣言》中所说的"消灭私有制"，德文原版用的
是 Aufhebung（扬弃），而不是 Abschaffung（消灭）……中
文译本又以俄文本为原本，以讹传讹，误译为"消灭"，从

---

① 同上，第 53 页。
② 李文阁:《马克思与恩格斯思想的差异》，载《学术研究》2015 年第 2 期。
③ 同上。
④ 同上。

而造成混乱。

此论非同小可！因为，如果这一说辞能够成立，那么也就意味着1921年成立的中国共产党及其尊奉马克思主义的理论与实践，从根儿上就错了，一开始就误入歧途了。理论不精、德语不通如笔者自然不敢掉以轻心。于是，赶忙翻出手头的《马克思恩格斯文集》，其中第2卷第45页赫然写明："共产党人可以把自己的理论概括为一句话：消灭私有制。"而文集的"编辑说明"第四条特别说明：

> 为了保证译文的准确性，课题组根据最权威、最可靠的外文版本对全部译文重新作了审核和修订。校订所依据的外文版本主要有：《马克思恩格斯全集》历史考证版（MEGA2）、《马克思恩格斯全集》德文版（柏林）和《马克思恩格斯文集》英文版（莫斯科、伦敦、纽约）。

为了进一步确证此事，我又专门请教了欧洲名校一位懂得英语、法语、德语的熟识学者，得到回复如下：

> Aufhebung 在这里本身就是"取消、废止"（abolition）的意思。其实作为哲学专用词汇的扬弃在一般字典上都没有，得非常大的字典才有。比如我手头的这本 *Collins German Dictionary* 德英字典的解释就没有扬弃这个释义：
>
> Aufhebung：a（＝ Abschaffung）abolition；（von Vertrag）cancellation；（von Urteil）quashing；（von Verlobung）breaking off
>
> b（＝ Beendigung）（von Blockade，Beschraenkung etc）lifting；（von Sitzung）closing
>
> c（von Widerspruch）resolving；（von Schwerkraft）cancelling out.
>
> 定义 a 中，第一个就是将 Aufhebung 与 Abschaffung 两个词对等，用等于号。就是英文的 abolition，也就是废止，取消的意思。而 a、b、c 三个释意中没有一个是扬弃 sublate。所以故意用一个很稀有的释义来将之称为唯一正

确的翻译，显然是不合理的。并且，英文版的《共产党宣言》中用的对等词就是 abolition——废止，也可见马克思和恩格斯的原意就是这个。

其实，不用死抠字眼，看看《共产党宣言》的前言后语就一清二楚了：

共产主义的特征并不是要废除一般的所有制，而是要废除资产阶级的所有制。

但是，现代的资产阶级私有制是建立在阶级对立上面、建立在一些人对另一些人的剥削上面的产品生产和占有的最后而又最完备的表现。

从这个意义上说，共产党人可以把自己的理论概括为一句话：消灭私有制。

有人责备我们共产党人，说我们要消灭个人挣得的、自己劳动得来的财产，要消灭构成个人的一切自由、活动和独立的基础的财产。

好一个劳动得来的、自己挣得的、自己赚来的财产！你们说的是资产阶级财产出现以前的那种小资产阶级的、小农的财产吗？那种财产用不着我们去消灭，工业的发展已经把它消灭了，而且每天都在消灭它。

或者，你们说的是现代的资产阶级的私有财产吧？

但是，难道雇佣劳动、无产者的劳动，会给无产者创造出财产来吗？没有的事。这种劳动所创造的是资本，即剥削雇佣劳动的财产，只有在不断产生出新的雇佣劳动来重新加以剥削的条件下才能增值的财产。

……

我们要消灭私有制，你们就惊慌起来。但是，在你们的现存社会里，私有财产对十分之九的成员来说已经被消灭了；这种私有制之所以存在，正是因为私有财产对十分之九

的成员来说已经不存在。① （如"占领华尔街"的口号"1％

对99％"）。

众所周知，《共产党宣言》是为共产主义者同盟起草的纲领，而此前一年夏天在伦敦举行的同盟第一次代表大会，就明确表明同盟的目的是："推翻资产阶级，建立无产阶级统治，消灭旧的以阶级对立为基础的资产阶级社会和建立没有阶级、没有私有制的新社会。"②《共产党宣言》问世一年多之际，在《共产主义者同盟中央委员会告同盟书》中，马恩又重申这一思想："对我们来说，问题不在于改变私有制，而只在于消灭私有制，不在于掩盖阶级对立，而在于消灭阶级，不在于改良现存社会，而在于建立新社会。"③ 即使在青年马克思的《1844年经济学哲学手稿》中，马克思也明确写道："私有制使我们变得如此愚蠢而片面，以致一个对象，只有当它为我们所拥有的时候，就是说，当它对我们来说作为资本而存在，或者它被我们直接占有，被我们吃、喝、穿、住等的时候，简言之，在它被我们使用的时候，才是我们的。"④

基于铁证如山的事实，我在致报纸编辑的信里写道：贵刊发表上述文字，是非常不严肃、不严谨、不科学的，希望尽快予以更正，以正视听，免得"造成混乱"，贻笑大方。结果，就像这些年来许多类似情况一样不了了之，而这种情况既使谬论不断传播，又使真理不断遭到亵渎、歪曲、唐突。其实，就"扬弃"一事而言，我知道，明眼人也知道，表面在谈学问、抠字眼，而内里在讲政治、论主义。对此，没有比《共产党宣言》说得更精当的了："资产阶级抹去了一切

---

① 中共中央编译局编译：《马克思恩格斯文集》第2卷，北京，人民出版社，2009，第45—47页。

② 中共中央编译局编译：《马克思恩格斯全集》第1卷，北京，人民出版社，1958，第572页。

③ 中共中央编译局编译：《马克思恩格斯文集》第2卷，北京，人民出版社，2009，第192页。

④ 中共中央编译局编译：《马克思恩格斯文集》第1卷，北京，人民出版社，2009，第189页。

向来受人尊崇和令人敬畏的职业的神圣光环。它把医生、律师、教士、诗人和学者变成了它出钱招雇的雇佣劳动者。"① 不管结果怎样，看到精英及其喉舌强征马克思为其站台时，不由想起记者张季鸾的一篇名文《蒋介石之人生观》(1927)：

> 离妻再娶，弃妾新婚，皆社会中所偶见，独蒋介石事，诟者最多，以其地位故也。然蒋犹不谨，前日特发表一文，一则谓深信人生若无美满姻缘，一切皆无意味，再则谓确信自今日结婚后，革命工作必有进步，反翘其浅陋无识之言以眩社会。
>
> 一己之恋爱如何，与"革命"有何关连哉？
>
> 夫以俗浅的眼光论，人生本为行乐，蒋氏为之，亦所不禁。然则埋头行乐已耳，又何必哓哓于革命！

与此相似，眼下大发"私有万岁""资本万能"之高论者举世滔滔，比比皆是，想怎么说就怎么说好了，何必还拿《共产党宣言》垫背，就像蒋介石想娶宋美龄只管娶就是了，何必还拿"革命"说事。张季鸾正言不讳："甚矣不学无术之为害，吾人所为蒋氏惜也。"北宋名儒孙奭的说法更是直截了当，"将以欺上天，则上天不可欺；将以愚下民，则下民不可愚！"(《续资治通鉴》卷20九)

如果说类似私有制的问题并不难识别的话，那么林林总总"皇帝的新衣"就不是那么容易看穿了。举例来说，2015年，某位高官在一所名校的校庆活动中侈谈"中等收入陷阱"，一时引发争议。作为人云亦云的流行语，所谓"中等收入陷阱"乃属典型的形而上学，似乎社会问题只是由于表面上的收入平均值达到某个水平而引发的，从而忽略、规避或掩饰真实问题及其政治经济根源。对此，经济学家张宇教授撰文《用马克思主义的观点看"中等收入陷阱"》，一针见血说道：

---

① 中共中央编译局编译：《马克思恩格斯文集》第2卷，北京，人民出版社，2009，第34页。

"中等收入陷阱"并不是普遍事实和一般规律。

人均收入这一概念只具有统计学的意义，而不反映任何经济规律。

当今世界，处在中等收入水平的国家有 100 多个，它们的发展阶段、社会制度、经济体制、资源禀赋和文化传统千差万别，面临的问题各不相同，很难用一个空泛的中等收入陷阱概念加以解释，否则就会抹杀了矛盾的特殊性，陷入形而上学的泥潭。

透过现象看本质，因此，决定一个国家发展水平的关键性因素不是人均收入，而是生产能力特别是科技创新力；决定国民生活质量的关键因素不是收入的平均水平，而是收入的合理分配。

为什么大多数发展中国家长期锁定于不发达状态而难以自拔呢？根源就在于资本主义世界体系本身。资本主义世界体系天生是不平等的，表现在一个国家内部，是资本对劳动的支配以及财富占有上的两极分化；表现在国家之间，则是少数发达国家对大多数不发达国家的支配以及财富占有上的两极分化，发达国家在经济、政治、文化、军事、科技以及战略性资源控制等方面都处于支配地位，而不发达国家则处于被支配地位，从而形成对发达国家的"依附"。这一不平等体系演变的一般规律是，穷者愈穷，富者愈富，强者恒强，弱者恒弱，这是马克思所揭示的资本积累一般规律在国际经济关系中的具体表现。

所谓的"中等收入陷阱"只是一种现象，其实质是如何在资本主义世界体系中摆脱贫穷落后、被动挨打的宿命，提高国家的自主发展能力，缩小与发达国家的差距，实现经济和社会的现代化。从这个意义上看，这并不是什么新鲜的问题，而是近代以来中国民主革命和社会主义革命的主题，也是中国社会主义建设和改革开放的主题。①

如此看来，不管马克思是否离开或回来，都始终是当代思想的制高点，这个制高点既关乎抽象的思想理论，更涉及实际的社会政治。所谓"道路自信、理论自信、制度自信"，不仅源于几代中国人的社会主义实践与探索，而且也来自马克思主义及其所蕴含的"天下大同""天下为公"等高远境界与道义理想，用钱学森的一句话来说："不管今天有些人怎么怀疑马克思主义，不管今天有些人怎样批判科学共产主义的学说，马克思恩格斯提出的人类共产主义文明更高阶段的理想，是真善美的统一，是真正合乎人性的，是真正人道主义的，它确实是人类文明的理想境界。"② 引人注目的一点是，十八届中央政治局有两次集体学习的主题分别为历史唯物主义和辩证唯物主义。2015 年，一本写给青少年的书《伟大也要有人懂：少年读马克思》，由于深入浅出也得到成年读者的喜爱，而讲给孩子们的道理，不也正是人世间最朴素、最永恒、最深刻的真理：

迄今为止的人类知识和思想是一座巍峨的大厦，马克思的学说就是构造这座大厦的钢筋和龙骨。如果从人类思想和知识中抽掉了马克思的学说，那么，人类知识和思想的大厦实际上就已经解体了。

一个人可能有许多的知识、读过许多的书，但是，如果他没有关于马克思的知识，没有读过马克思的书，那么，他一生注定只能在各种建筑材料之间搬运摸索，充其量只能成为一名不错的"砖家"而已。

今天的知识体系有什么缺陷呢？我们今天不是一般缺少知识，而是缺少知识中的"钙"，我们缺少的是把知识组织起来的框架和纽带，而马克思就是那个框架和纽带，就是我

---

① 张宇：《用马克思主义观点看"中等收入陷阱"》，载《光明日报》2015 年 5 月 6 日。

② 钱学森：《社会主义文明的协调发展需要社会主义政治文明建设》，载《政治学研究》1989 年第 9 期。

们最需要的骨架和钙。有了骨架和钙，知识才能站起来，而不是像现在这样匍匐在地。[①]

作为一种对比，2013年一家颇有影响的读书报推荐了一百种所谓"家庭理想藏书"，包括一大批近现代资产阶级思想家的著述，而唯独没有剑桥大学1999年评选的"千年第一思想家"马克思的经典，也没有光耀人心而脍炙人口的《共产党宣言》。而同时，面对席卷世界的金融海啸以及资本主义体制的沉疴，英国思想家特里·伊格尔顿2011年在耶鲁大学出版新作《马克思为什么是对的》，引发举世关注，2014年一部法国经济学家的《21世纪资本论》同样全球瞩目，卷帙浩繁的《资本论》更成为西方政界、学界、商界的热门书。

马克思回来了吗？

（范敬宜等主编：《马克思主义新闻观十五讲》，清华大学出版社，2007；韩毓海：《马克思的事业：从布鲁塞尔到北京》，中国人民大学出版社，2012）

[①]　韩毓海：《伟大也要有人懂：少年读马克思》，北京，中国少年儿童出版社，2015，第35—36页。

从去政治化到再政治化

——读赵月枝教授《传播与社会：政治经济与文化分析》

在国际传播学界，赵月枝是一位卓有建树的学者，也是 20 年来"反哺"母国学术的给力人物。她以阐扬传播批判理论而著称，特别是承袭马克思主义的批判性传统，结合社会主义中国的历史实践以及新闻传播实践所做的一系列理论探讨，更是富有洞察力与想象力、批判性与开拓性。不妨说，在西人主导的国际学界，她是中国大陆走出的第一位传播批判学者。

这些年来，赵月枝频频回国，又受聘中国传媒大学"长江学者"。其间，我们也屡邀她顺访清华讲学，而她的每次学术讲座都使求知若渴的学子感到"过瘾"。2011 年，中国传媒大学"新闻学与传播学名家论丛"书系，出版了她的第一部中文专著《传播与社会：政治经济与文化分析》，汇聚了她对诸多新闻传播问题的研究与思考，取精用弘，登高壮观，确属呕心沥血的倾心之作。

全书以"传播与社会"的思路，总揽各种富有张力的研究，透过传播政治经济学与文化政治的视角剖析当代传播领域的重大命题，既对理论研究与传播实践多有启发，又对阅读与思考构成挑战。也就是说，领悟其中深沉而深刻的内涵需对新闻传播的理论与实践有深入系统的把握，更需对社会历史进程及其种种思想理论有深切洞明的理解。

全书包括序言《我的跨国学术，我的跨国体验》和四编正文。序言的有关内容曾在《新闻大学》刊发，以纪念改革开放 30 周年并回应有关话题，如众声喧哗之下的"新闻自由"。其中，尤富深意地提到当年出国时随手带的两本专业书——冷战时期的美国新闻理论经典《报刊的四种理论》和联合国教科文组织的著名报告《多种声音，一个世界》：

> 这两本随我出国的书，冥冥之中把"自由"与"平等"这两个主题放入了我的理论视野，而我当时从一个社会主义的东方民族国家到一个资本主义的西方民族国家的"出国"旅程则意味着，我对这两个问题的思考离不开对东西方关系、民族国家范畴，以及"资本主义"与"社会主义"这一对相关的政治经济和社会文化概念的审视。[①]

正文第一编"理论视野"，梳理并阐释新闻传播的前沿理论，如传播政治经济学、文化研究等，为全书提供了核心的理论框架。第二编"帝国时代的世界传播"，解剖当代世界传播领域的"热点"现象及其走势，涉及美国媒体解读、新闻客观性、新自由主义冲击下的欧美公共广播、媒体全球化与民主化等。这里所说的"帝国"，既不同于19世纪马克思论述的殖民帝国，也不同于20世纪列宁揭橥的垄断帝国，而是21世纪以来日渐凸显的新帝国形态，如西方马克思主义学者奈格里与哈特在《帝国》（2000年）一书中论及的全球秩序，这部著作也被誉为"后现代的共产党宣言"。第三编"世界结构中的中国传播"，从类似世界体系的理论视角分析中国当代的传播问题，包括报业的市场化转型、中国电视的历史演化、上世纪90年代兴起的"小报"、"入世"与媒体、手机媒体与"数字革命"，等等。最后一编即第四编"另一个世界是可能的"，以向西看、向南走的全球视野，揭示了一种人道的、民主的、公平正义的传播与社会之愿景，表达了一种超越二元对立、摆脱种种异化、让思想冲破牢笼的学术旨趣：

> 我对一些不但没有建设性而且可能隐藏着话语霸权动机的简单化等同逻辑保持警觉，包括把市场等同于自由（"自

---

① ［加］赵月枝：《传播与社会：政治经济与文化分析》，北京，中国传媒大学出版社，2011，第1页。

由市场"），把"自由市场"等同于民主圭臬，把消费者等同于"人民"，把"中产阶级"等同于民主主体，把国家等同于压制，把媒体规制等同于威权，把"新闻自由"等同于"私人办报"，把批判知识分子等同于国家主义者，把反帝立场等同于民族主义等等。①

这些命题无不关系重大，缕清其间乱麻似的现象并探究其中纷繁复杂的背景与动因，非有大手笔不可为，而赵月枝及其著述当得起大手笔之谓。她的诸多中英文成果，包括清华大学出版社的《维系民主？西方政治与新闻客观性》、复旦大学出版社的《传播政治经济学英文读本》，以及海外英文著述 *Media，Market and Democracy in China*、*Communication in China* 、*Democratizing Global Media*、*Global Communications*，往往给人大江东去、浩浩汤汤、繁星满天、闪闪烁烁的思想启迪。

新自由主义

如上所述，《传播与社会》的基本内容大都围绕当代中国与世界的新闻传播问题，集中于近三十年传播与社会的总体状况。而从批判性视角看，上世纪 80 年代以来的时代潮流鲜明体现为"新自由主义"，新自由主义给世界各国的政治经济及其传播格局打上无所不在的烙印。所谓新自由主义，按照思想家乔姆斯基在《新自由主义和全球秩序》一书里的界定："是在古典自由主义思想的基础上建立起来的一个新的理论体系，亚当·斯密被认为是其创始人。该理论体系也称'华盛顿共识'……华盛顿共识的'主要建筑师'是私有经济的大师们。他们拥有的经济集团，多数控制着世界经济的命脉，并有能力主宰政策的制定和思想观念的形成。"② 1998 年，在为《新自由主义

---

① ［加］赵月枝：《传播与社会：政治经济与文化分析》，北京，中国传媒大学出版社，2011，第 4 页。

② ［美］诺姆·乔姆斯基：《新自由主义和全球秩序》，徐海铭、季海宏译，南京，江苏人民出版社，2000，第 3 页。

和全球秩序》撰写的导言中，批判传播学者罗伯特·麦克切斯尼又具体指出："新自由主义是我们这个时代明确的政治、经济范式——它指的是这样一些政策与过程：相当一批私有业者能够得以控制尽可能广的社会层面，从而获取最大的个人利益。新自由主义首先与里根和撒切尔有关，最近20年，它一直是主流政治党派、大多传统左派和右派所采取的全球政治、经济趋向。这些党派及其实施政策代表了极端富裕的投资者和不到1000家庞大公司的直接利益。"[1] 也许，中国社会科学院"新自由主义研究"课题组的解释，在熟悉马克思主义立场、观点和方法的国人看来更为显豁，直指要害：

> 新自由主义是在继承资产阶级古典自由主义经济理论的基础上，以反对和抵制凯恩斯主义为主要特征，适应国家垄断资本主义向国际垄断资本主义转变要求的理论思潮、思想体系和政策主张。新自由主义与古典自由主义经济理论既有联系又有区别，并且通过对凯恩斯革命的反革命而著称于世；"华盛顿共识"的形成与推行，则是新自由主义从学术理论嬗变为国际垄断资本主义的经济范式和政治性纲领的主要标志。[2]

相较于古典自由主义，新自由主义是一种对市场和资本更加自由放任的政治思潮和意识形态，故也称"原教旨自由主义""市场原教旨主义"等。它在经济上主张彻底的私有化、市场化，如要求国家通过各种手段包括强权，开拓和保证市场秩序之际，否定对私人资本及其权力的任何干预；在政治上坚决否定任何公有制，否定社会主义的理论与实践；在战略上推动以美国为主导的一体化，即所谓"全球化""与国际接轨"，等等。一句话，正如批判知识分子大卫·哈维所言，20世纪曾被社会主义运动风卷残云的资本势力，实际上将新自

① ［美］诺姆·乔姆斯基：《新自由主义和全球秩序》，徐海铭、季海宏译，南京，江苏人民出版社，2000，"导言"第1页。
② 中国社会科学院"新自由主义研究"课题组：《新自由主义研究》，载《马克思主义研究》2003年第6期。

由主义作为重新恢复阶级权力的政治工程。从世界范围看，新自由主义虽从上世纪 70 年代影响当代政治经济格局，但上升为一套主导全球性意识形态，则以上世纪 90 年"华盛顿共识"为标志。1990 年，由美国国际经济研究所牵头，由世界银行、国际货币基金组织、美国财政部等机构联合拉丁美洲等国家和地区，在华盛顿达成一揽子经济与社会纲领，包括开放市场、贸易自由化、放松对外资的限制、国有企业私有化、保护私人财产权等，这就是所谓"华盛顿共识"。它的出台标志着新自由主义从一种学术思想理论，正式确立为国际垄断资本的政治经济纲领及其意识形态。当时，拉丁美洲成为新自由主义的实验区，由此引发的一系列危机统称为"拉美化"，包括贫富差距、社会动荡、环境污染、金融危机等。大卫·哈维在《新自由主义简史》一书里就写道：

> 新自由主义化的进程带来了非常大的"创造性毁灭"，不仅摧毁了先前的制度框架和力量（甚至挑战了传统的国家主权形式），而且摧毁了劳动分工、社会关系、福利供给、技术混合、生活方式和思考方式、再生产活动、土地归属和情感习性。①

作为当代世界的主导意识形态，新自由主义在理论上有诺贝尔经济学奖获得者哈耶克、弗里德曼等，政治上有美国总统里根、英国首相撒切尔夫人等，当然也免不了索罗斯、盖茨、默多克等资本巨头。正如赵月枝在本书第二编中也论及的，西方和国际传播系统一方面是这套意识形态的"吹鼓手"，一方面本身也被这套理论学说及其政治经济纲领所建构，包括大规模的媒体兼并、国营媒体的私有化、公共广播体系的瓦解等。这套政治经济纲领不仅影响西方世界，而且对发展中国家形成冲击，中国上世纪 90 年代以来的一些走向，如形形色色的产业化等难免受此影响。按照斯蒂格利茨的分析，"新自由主义

---

① ［美］大卫·哈维：《新自由主义简史》，王钦译，上海，上海译文出版社，2010，第 3 页。

的巅峰期大约是 1990—1997 年"。① 针对这一浪潮，国内外许多学者力挽狂澜，予以批驳与抵制，包括世界银行首席经济学家、诺贝尔经济学奖获得者斯蒂格里茨，经济学家、原北京大学校长吴树青，经济学家、原中国社会科学院副院长刘国光等。

新自由主义从风起青萍到大行其道，也正是赵月枝求学海外并学有所成的时期。她的成长经历与学科背景，使她对新自由主义及其影响下的传播问题格外关注。如果说，此前中国传播研究"去政治化"的态势经由热情拥抱实证主义而充分显现，那么由于新自由主义的冲击所造成的一系列蜕变以及国内外诸多学科理论的批判性言说，新世纪以来新闻传播学科又日渐呈现"再政治化"的趋势。在这个嬗变过程中，赵月枝通过锲而不舍的著述、教学、授徒而产生了深远影响。

人们或有同感，也毋庸讳言，当下中国新闻传播学科的思想性与批判性乏善可陈。虽然说起来风风火火，看上去也仿佛漂漂亮亮，但就思想的敏锐性和深刻性而言，就学术关怀与现实关怀而言，不仅不如共和国前 30 年的甘惜分、王中等，甚至也不如尽管粗疏而又不无元气的上世纪 80 年代。恰似甘阳解读政治思想家列奥·施特劳斯思想时所言，这种趋向虽然导致大批量知识生产，有关著述、文章、研究成果、重大科研项目等汗牛充栋，但大多只是徒然让人知道越来越多的鸡毛蒜皮，所谓 knowing more and more about less and less。甘阳认为，这种东西不但不能使人专注于思考，反而使人日益陷入了普遍的市侩主义和蔓延的媚俗主义。在 2011 年复旦大学召开的当代马克思主义新闻与传播研究中心成立暨国际学术研讨会上，中国传媒大学博士生龚伟亮针对这一状况也敏锐指出：

> 传播学研究对于当代其他社会学科的研究成果和研究议
> 题要么充耳不闻，要么只能比画一下堆砌概念和装点门面的
> 表面功夫，在引入其他学科的学术视野时常常难免"炒冷

---

① ［英］卡尔·波兰尼：《巨变：当代政治与经济的起源》，黄树民译，北京，社会科学文献出版社，2013，斯蒂格利茨"序言"，第 14 页。

饭"和"打时间差"的嫌疑。

在传播之于社会政治、经济、文化的重要性达到引人瞩目的举足轻重的高度之时，号称是一个交叉的、综合性学科的传播学却在大陆的公共学术阵地中难觅一个发言的席位，难以贡献出有学术价值和智识水准的见解，难以产生出能被其他学科体认的具有足够阐释力的理论范式和能够在学术共同体内流通的学术议题与学术话语，也难以分享社会科学界的感奋与忧思。

以时下无比凶猛的新媒体研究为例，尽管关于新媒体的论文层出不穷、汗牛充栋，但在洞见与智识的含量和水准上却实在乏善可陈：很多研究要么在实证的路子上做着让人眼花缭乱的"官样文章"或者"注脚学术"，要么还处在捂着脑门谈感想的前范式状态；而在学术视野上，则要么在市场效益的蛊惑下大唱资本的赞歌，要么在技术革新的浪潮中欢呼融合的美景；要么在媒介中心主义的三尺来深的学术矿井里浅尝辄止，要么刚想抬头望眼就碰到了"一用就灵"的哈贝马斯和公共领域这个理论想象力的天花板。

首先需要走出的两个泥潭就是媒介中心主义的狭隘视野与"方法论拜物教"的食洋不化。真正使得"方法为我所用"，而不是"我为方法所用"……

这些问题细究起来，均可归结为一种"不讲政治"的去政治化，而去政治化并非真的不讲政治，其实去政治化本身就是一种政治。政治哲学家列奥·施特劳斯说得好，现代性有两个突出问题——"政治的哲学化"（任何现代政治均含有一套"主义"）和"哲学的政治化"（任何"主义"均服务一套现代政治），两者无不关乎学术与政治。现代诸多哲人对此也都多有阐发，如福柯及其话语权力说、知识考古学。福柯的理论学说，大多围绕"知识与权力""学术与政治"等命题。在他看来，近代的各种学科建制，各种知识体系，各种思想学说，实际上无不体现特定的权力关系和权力意志，属于权力运作的结果。比如，物理学、天文学、化学等仿佛纯粹的自然科学，而深究起来就会发现原来都同现代文明征服自然、征服世界的权力意志相联系。

1980 年代以来，耳闻目接的社会巨变又为学术与政治、知识与权力的关系提供了更直接、更现实的佐证。正如哈维的有关研究所示，新自由主义思潮起源于学术研究，上世纪 70 年代前一直处于学术边缘。当时，其创始人和代表人物之一哈耶克坦言，思想斗争是关键，这场不但针对马克思主义，而且针对社会主义、国家计划和凯恩斯主义的思想斗争，至少需要一代人才能取胜。上世纪 70 年代的资本主义危机后，西方经济精英出于保障自己阶级利益的需要，开始通过财力雄厚的基金会和智库大力弘扬这套思想，使其逐渐成为主导性的学术和政治理论。这个过程中，由瑞典金融精英主控的诺贝尔经济奖，分别于 1974 年和 1976 年颁给了新自由主义代表人物哈耶克和弗里德曼，从而进一步巩固了这套学说在经济学领域的显赫地位和话语霸权。而一旦进入国家政策领域，这一学术思潮就形成一整套影响千万人身家性命的强劲政治力量，重构社会关系，主导社会转型，苏联解体、东欧剧变、拉美化以及中国的"三农""下岗""新三座大山"等均有其憧憧鬼影。由此可见，新自由主义缘起于超凡脱俗的学术，而结果则是实打实的政治，甚至是当代世界头号政治。如果以去政治化的视角孜孜于技术性的问题，那么不但所有关系重大的社会政治自然都被遮蔽，而且很可能在促进专业进展的虚假表象下，维护了新自由主义政治力图达到的社会转型和社会权力关系的重构。2014 年，赵月枝在同香港中文大学邱林川教授的学术对谈中再次尖锐指出：

> 最可怕的是传播研究中的"去政治化"的政治和新自由
> 主义意识形态下的"集体政治无意识"，即把西方反共意识
> 形态内化为自己的意识形态，把美国冷战时代的传播学当作
> "客观"的社会科学，把新自由主义意识形态有关市场和国
> 家的一系列假设及其政治目标——建立资产阶级宪政理想国
> 和与之匹配、但被隐去了其（资产）阶级性质的、事实上也

只是个"历史范畴"的"公共领域"——当作规范性研究前提。①

波兰尼及其《大转型》

面对新自由主义的肆行无忌以及严重后果，特别是对人、社会、自然、精神世界的毁灭性破坏，富有理性与良知的学者都展开深刻的反思与批判。人类社会的历史包括中国实践，也在倾覆这套意识形态或"意底牢结"。这里，尤其值得一提的是卡尔·波兰尼及其代表作《大转型：我们时代的政治与经济起源》，这部后冷战时代备受关注的经典名作正在于质疑市场原教旨主义，证明自行其是的自由市场体制一旦出现，必然导致社会和环境的巨大代价，所以，必须将其纳入社会的藩篱，也就是说必须将唯利是图的"市场"关进"社会"的笼子里，即人情、伦理、习俗、道德、宗教以及人类永续发展、子孙万代福祉等约束中。

就批判资本主义的思想力度以及境界的深邃和视野的阔大而言，卡尔·波兰尼颇似 20 世纪的卡尔·马克思。虽然他和马克思在根本思路上存在差异，但终其一生他都自认为是社会主义者。他的《大转型》问世于 1944 年，第二次世界大战的硝烟还在弥漫。这本力作对法西斯主义以及西方近代文明又一次给予根本性反思与批判，事实上法西斯并非孤零零的天外来客，犹如爹不亲、娘不爱的怪胎，而就是孕育并生成于西方现代历史的自然产物，用波兰尼的话说，"要了解德国的法西斯主义，我们必须回到李嘉图的英国"②。遗憾的是，《大转型》问世时并未引起重视，只是随着苏东解体和后冷战时代的巨变，特别是新自由主义或市场原教旨主义盛行并造成一系列灾难性后果，人们才开始认识波兰尼及其思想，体会其理论洞见与学术价值。

---

① 赵月枝、邱林川、王洪喆：《东西方之间的批判传播研究：道路、问题与使命》，载《传播与社会学刊》总第 28 期。

② ［英］卡尔·波兰尼：《巨变：当代政治与经济的起源》，黄树民译，北京，社会科学文献出版社，2013，第 92 页。

犹忆世纪之初，有一次我与赵月枝相约清华园甲所聚餐，见面后兴高采烈畅谈了差不多一个小时，我们才想起来还没有顾上点餐。也就是那一次，听她第一次谈起《大转型》一书，于是找来拜读，果然茅塞顿开，许多问题豁然开朗。2015 年，又读了一遍台湾的中译本《巨变：当代政治与经济的起源》，进一步理解其深沉幽邃的学术思想与文明忧思。

在赵月枝看来，《大转型》在中国内地的滞后传播，也是整个改革时代对西方学术引介的最大历史错位与悲剧。因为，一方面，我们在建立社会主义市场经济，而另一方面，哈耶克、弗里德曼等新自由主义人物却事实上成为主导和主流的座上客。当市场原教旨主义扮演市场经济的学术指南时，我们对西方的社会主义市场理论家波兰尼及其学说居然一无所知。如今，国内外的变局、自然与社会的严酷现实终于使人们日益关注波兰尼，赵月枝在《传播与社会》中的有关阐发以及王绍光关于"双向运动"等分析堪称范例，也只有从市场必须重新嵌入社会的"社会至上"立场，我们才能理解"传播与社会"这一书名及其深意。

作为一位社会主义者，波兰尼及其《大转型》提供了对自律性市场神话的最有力批判，恰似哈耶克的《通往奴役之路》提供了对这一神话的最有名辩解。2001 年诺贝尔经济学奖获得者斯蒂格利茨（Joseph E. Stiglitz），在为新版《大转型》写的序言中谈道："波兰尼揭发了自律性市场的神话，人类史上从未有过真正自由的自律市场。即便是今日高度工业化的国家，在其转变过程中，政府都曾扮演积极的介入角色，不但以关税保护其工业，也保护其新兴科技。美国第一条电报缆线就是联邦政府在 1842 年出资兴建的。"[1] 理解波兰尼理论的核心概念是"嵌入"。作为经济学家，波兰尼对有史以来种种社会经济形态进行细致分析后发现，19 世纪自由市场经济出现以前，人类

---

[1]　[英]卡尔·波兰尼：《巨变：当代政治与经济的起源》，黄树民译，北京，社会科学文献出版社，2013，斯蒂格利茨"序言"，第 12 页。

的一切经济活动无不嵌入社会之中，就像人的细胞融于肌体一样，经济制度"被浸没在普遍的社会关系之中，市场仅仅是某个制度设置的附属特性，而这个制度设置前所未有地受着社会权威的控制和规制"。换言之，人类的社会生活与社会关系主要受制于道德、习俗、宗教等社会化要素而非市场化机制，用他的话说：

> 在我们的时代之前，市场只不过是经济生活中的附属品。一般而言，经济体系是被吸纳在社会体系之中的，并且无论经济活动中主导性的行为原则是什么，我们发现市场模式都能与这种原则相容。我们不曾发现，市场模式所体现的交易或交换原则有压制其他原则而独自扩张的倾向。①

19 世纪后，社会关系与行为才被一步步嵌入市场，特别是土地、劳动力和货币作为商品在市场上进行交易，更是确定无疑地将社会关系嵌入经济体制，"劳动力与土地只不过是人类本身以及社会所处之自然环境……把它们包括到市场机制内意味着把社会本身屈从于市场规律之下"。② 这是一种根本性变化：如果说人类以往各种文明共同体无不将市场嵌入整个社会体系的话，那么 19 世纪以降的西方历史则将力图整个社会体系嵌入市场机制。按照王绍光的概括，前者是社会市场，即社会吸纳市场，后者是市场社会，即市场吞噬社会。这种"市场吞噬社会"或"社会嵌入市场"的体系，波兰尼认为既违背人性、违背自然，也必将摧毁整个社会："自我调节的市场的理念，是彻头彻尾的乌托邦。除非消灭社会中的人和自然物质，否则这样一种制度就不能存在于任何时期；它会摧毁人类并将其环境变成一片荒野。"③ 举例来说，无论原始社会的部落，还是后来的城邦、国家等，都没有将市场交易作为经济活动的基本原则，更没有将"图利"即唯

---

① ［英］卡尔·波兰尼：《大转型：我们时代的政治与经济起源》，冯钢、刘阳译，杭州，浙江人民出版社，2007，第 45、59 页。

② ［英］卡尔·波兰尼：《巨变：当代政治与经济的起源》，黄树民译，北京，社会科学文献出版社，2013，第 150 页。

③ ［英］卡尔·波兰尼：《大转型：我们时代的政治与经济起源》，冯钢、刘阳译，杭州，浙江人民出版社，2007，第 3 页。

利是图作为悠悠万事唯此为大的社会人生鹄的，而是更多的奉行诸如互惠、再分配、家计（householding）等原则，生产的目的更多的是为了使用，而不是为了图利，西语经济一词（economy），就出自希腊人的家计（ceconomia）。贪得无厌的"经济人"，亚当·斯密所谓以物易物、买卖交换的"人类秉性"等，不过是19世纪的西方历史特产。波兰尼说：

> 没有一个社会能不具有某种形态的经济制度而长期地生存下去，但是在我们这个时代之前没有一个经济是受市场的控制（即使是大体上的）而存在的。尽管19世纪学院的咒文是如此持续不断地此唱彼和（地认为自利是人的本性，是人类经济生活的基本动机——译者注），事实却是：在交易上图利从没有在人类经济上占过如此重要的地位。虽然市场的制度从石器时代后期就已普遍出现，但它在经济生活中的角色只不过是附属性的。

> 19世纪文明却是一个不同的、有独特意义的经济，这是因为它选择了一种特殊的动机作为本身的基础，而这种动机在人类社会之历史上从未被认为是正当的，而且从未被提高到成为日常行为之准则的程度，这就是图利。自律性市场制度就是从这个原则中导出来的。[①]

为此，在《大转型》中，波兰尼特别论及历史上的各种反向运动，也就是同市场逐渐吞噬社会或社会逐渐嵌入市场的历史趋势相反的历史运动，以求社会的瓷器店免受或少受市场公牛的践踏。与此相似，新自由主义大潮中的市场扩张更激起层出不穷的反向运动，社会这只看得见的手一直在力图钳制市场那只所谓看不见的手，包括近年来一系列抵制新自由主义肆虐的思想与行动，如1999年在西雅图、2000年在布拉格的示威者，如2011年"占领华尔街"的抗议者。上

---

① ［英］卡尔·波兰尼：《巨变：当代政治与经济的起源》，黄树民译，北京，社会科学文献出版社，2013，第109—110页、第91页。

世纪 80 年代后，在中国此起彼伏的"反自由化""姓社姓资"等改革方向的交锋，未尝不可视为类似的"反向运动"——旨在钳制非自然的"市场社会"及其扩张。事实上，中国的改革开放始终奉行"社会主义市场经济"，也同样是以社会的缰绳统驭市场的野马，新世纪的科学发展观以及和谐社会理念就是对新自由主义、市场原教旨主义的反弹，从而避免陷入斯蒂格利茨提示的，"一个号称自律性市场的经济，可能演化成为黑手党资本主义及黑手党政治体制"。[①] 这里，不仅是所谓的改革与保守、进步与落后、现代与传统、姓社与姓资等问题，从更广泛的社会历史层面看，其实更蕴涵着波兰尼所说的、对那种非自然的市场社会的本能抵制，蕴含着自古及今人类对马克思所言人的全面发展，即人与人、人与社会、人与天地万物、人与自我灵魂等，和谐而自然相处的永恒渴望。

去政治化

按照清华大学政治学者景跃进的分析，改革开放数十年有条一波三折的社会历史线索：从高度政治化到去政治化，再从去政治化到重新政治化。与这个过程相应，新闻传播以及新闻传播学也经历了类似"正反合"过程：80 年代之前属于极度政治化或高度政治化，"政治挂帅""新闻是阶级斗争的工具"等均为表征；改革开放以来，特别是 90 年代一度去政治化，诸如"信息""传播""受众"等貌似中性的概念就是一例；新世纪以来，在文化政治与文化自觉隐隐凸显的趋势中，再政治化又构成新的社会潮流与历史进程，如欧美批判学派与传播批判理论的日渐风行。

改革开放前以及改革开放初，新闻传播及其研究都表现为高度的政治化，最典型的莫过于那个统摄一切的核心理念：新闻是阶级斗争的工具。不言而喻，这一"工具论"同当时的社会政治息息相关，丝

---

① ［英］卡尔·波兰尼：《巨变：当代政治与经济的起源》，黄树民译，北京，社会科学文献出版社，2013，斯蒂格利茨"序言"，第 14 页。

丝相扣。当然，这个理念并非无稽之谈，相反其中深含着一系列历史
与逻辑相统一的理据。比如，人所熟知的国共两党斗争，在新闻战线
就表现得很突出、很激烈，此时新闻俨然成为阶级斗争的一条重要战
线。再如，欧洲近代资产阶级和封建阶级的抗争、工人阶级与资产阶
级的斗争等，在新闻领域同样表现得异常尖锐激烈，正如英国大革
命、美国大革命、法国大革命的报刊，无不属于阶级斗争的一大利器
或武器。因此，无论从理论上讲，还是从历史上看，这个理论都是自
洽的，成立的，问题仅仅在于"工具论"一旦推向极致，则不免将政
治、权力与媒体的复杂问题导向单一化，甚至庸俗化。赵月枝就回
忆说：

> 上世纪 80 年代初在国内上新闻理论课，当时的传统马
> 克思主义新闻理论教科书认为，西方新闻媒体被垄断资本所
> 控制，宣传的是资产阶级意识形态，是为垄断资本服务的，
> 而西方记者自我标榜的新闻客观性是虚伪的、有欺骗性。我
> 们对这样的说教有逆反心理，虽然不敢逃课和公开挑战老
> 师，但是没有心悦诚服的感觉。①

于是，伴随上世纪 80 年代社会政治的"自由化"思潮以及日常
生活的世俗化蜕变，新闻传播以及新闻传播研究也一度呈现去政治化
的态势，美国主流传播学的引进就是一个突出的标志。这一过程从
80 年代初启动，到 80 年代中后期渐成气候，90 年代后更达到高潮，
用赵月枝的话说："整个思想界，以西方自由主义思想为主流的'新
启蒙'大潮已潜流暗涌；在新闻学界，以'意识形态的终结'为思想
基础的信息理论和美国实证主义传播学开始登陆国内，我们以'信
息'对抗'宣传'，以抽象的'传者'和'受者'替代有民族、阶级
和其他社会性的传播主体。"② 当时盛行的"传者""受者""信息"
"渠道""反馈"等概念及其理论，使得已经反感"工具论"和"阶级

① ［加］赵月枝：《为什么今天我们对西方新闻客观性失望》，载《新闻大学》
2008 年第 2 期。
② 同上。

斗争"话语的新闻学界感到耳目一新。换句话说，这套美国主流传播理论在中国之所以有吸引力，部分原因也是因为权力概念在其表述中缺席，而这恰好迎合了时人去政治化的心态，如"受众"就是一个典型的去政治化概念。80年代美国主流传播学引进中国时，大家对"受众"概念顶礼膜拜，觉得比以前常用的诸如"人民""群众"等概念更中性、更客观、更科学，而正如加拿大传播批判学者莫斯可在经典的《传播政治经济学》一书中所言：

> 受众（audience）这个概念也不像阶级、社会性别、种族那样是学术分析的范畴，而是媒介产业自身的产物。媒介产业用这个概念来识别市场，进而界定商品。受众行为这样的提法，为这个词注入了分析的和经验的现实性。但这一点并未得到证实，所以使用时应多加小心。至少，断言人口学范畴意义上的"受众"确实可行，未免过于不成熟。因为，我们还没有确定这个词在概念上的价值，尤其是还没有确定受众和社会阶级、种族、民族以及社会性别之间的关系，而这些才是真正超出人口学意义的团体——它们是即存的经验。[①]

这里，尤其令人深思并值得反省的是，根据人民大学新闻学院刘海龙教授的专题研究，就在美国实证主义传播研究涌入国门的上世纪80年代，批判性的欧美传播研究及其理论也同期登陆中国，结果却是一热一冷。因为，正处于去政治化热潮中的学界，对貌似科学的实证主义一见之下，情有独钟，而对源于马克思批判传统的批判研究，对渗透阶级、权力、经济关系、垄断控制等熟悉的话语则有一种本能拒斥。而按照传播批判学者丹·席勒的分析，美国主流传播研究是一种典型的冷战社会科学。比如，"报刊的四种理论"实际上就隐含着自由主义与专制主义的二元对立，而西方奉行前者，东方盛行后者云

---

① ［加］文森特·莫斯可：《传播政治经济学》，胡春阳等译，上海，上海译文出版社，2013，第293页。

云。因此，看似科学的四种理论其实无所不在地渗透着冷战意识形态。

总之，离开政治关怀、权力关系、阶级与意识、社会实践与现实生活的新闻传播理论不仅凌空蹈虚，置身事外，而且也像马克思批判的庸俗经济学一样，看似"科学"，实则常常遮蔽了重大的历史背景、社会关系和政治意味。汪晖接受复旦大学新闻学院许燕博士的访谈时就说道：

> 绝不是什么声音都能在新闻报道和媒体中出现——什么声音能出现，什么事情不能出现，即使不能简单地归结为阶级问题（我这里指的是古典意义上的阶级概念，即与财产权和门第直接相关的阶级概念），也总是和社会等级和权力关系相关的。因此，一种更具弹性的阶级视野——也许更准确地说是政治视野——能够帮助我们理解媒体背后的支配权力。媒体是各种社会力量斗争的场域，从认识论的角度说，透明性、自由等概念无法概括和分析媒体实践，恰恰相反，只有建立一种政治的视野才能理解媒体实践——无论是媒体的公共性，还是媒体的遮蔽性。[1]

再政治化

世纪之交，由于一系列创巨痛深的社会转型，特别是市场经济对社会生活的全方位冲击，一度忽略的政治问题、权力关系、阶级意识等再次浮出水面，三农、下岗、住房、医疗、教育、环保等事项，以及公平正义等话题更推动着社会生活的再政治化。康晓光曾在《战略与管理》2002 年第 3 期上发表文章《未来 3—5 年中国大陆政治稳定性分析》，谈到政治、经济与文化的"三教合流"趋势，亦即政治精英、经济精英和文化精英彼此呼应，互为奥援，在利益攸关的基础上形成政治同盟。甘阳贴切概括的"新左派"与"新右派"（"新自由主

---

① 汪晖：《别求新声：汪晖访谈录》，北京，北京大学出版社，2009，第 346 页。

义")之争，第一次凸显了貌似淡忘或淡化的学术政治问题。

在这一新的变局下，新闻传播及其研究也不能不面临重新政治化的选择。如果说八九十年代去政治化潮流是美国主流传播研究盛行的背景，那么新世纪以来再政治化趋势则为传播批判学派在中国生根开花提供了土壤。传播批判理论更多继承了西方马克思主义的学术传统与思想衣钵，如马克思对资本主义的批判精神，在透视传播现象和问题时更关注政治、经济与社会的深层联系，包括权力关系、阶级关系以及社会历史背景等。简言之，批判理论是把新闻传播放在广泛的社会背景和权力关系之中进行考察，即赵月枝说的"在西方马克思主义理论框架下发展起来的批判传播研究不但一直注重权力问题，而且将它置于广阔的政治经济和社会文化发展历程中来审视"。一望而知，这与美国主流传播研究，实际上也是当下中国主流传播研究迥异其趣。

关于批判理论，赵月枝论及三个经常关注的问题：一是传播系统控制权的不平等分配问题。传播系统同样存在控制权问题，同样存在权力关系问题，这个权力和控制问题不仅来自有形的政府，而且来自无形的经济与社会势力。比如，媒体大亨默多克的传播权力与信息操控一点不亚于一国政府，当下中国的资本力量在传播中的支配性作用同样不可小觑。常说的话语权问题，无法脱离马克思关于经济基础与上层建筑的理论框架。二是现有的社会结构和社会不平等如何被呈现为自然而不可避免的，并进而被合法化的过程。西方社会存在诸多权力分配的不平等现象，由此形成各种冲突、矛盾或斗争，然而，在西方媒体上这些问题往往作为个案现象而非全局问题。比如，好莱坞大片很难看到普遍而尖锐的社会冲突和阶级矛盾，即使有些打打杀杀，也仅限于极端个人的行为，如恐怖分子。2007年发生的那起震惊世界的美国弗吉尼亚大学校园枪杀案，最后就被纳入精神病人反社会的叙事框架，从而掩盖了深层次的社会矛盾，不仅如此，媒体包括中国媒体还借机又宣扬一番所谓"宽容""博爱""人性"等。这些均属西方马克思主义包括传播批判理论审视的问题，也就是文化权力如何在社会现实中运作，又如何为各种社会现实提供合法性。三是彰显抗争。市场原教旨主义或自由原教旨主义一向反抗国家的行政权力，总是预设一个对立面——政党或政府，信奉所谓"管得越少的政府，就是越好的政府"等教条。赵月枝以及批判学派的研究表明，国家和市场其实都是既能限制，也能赋权，不是说只有国家才限制或赋予你的话语权，市场同样可以赋予或限制你的话语权：

> 这两个力量有对抗的可能，也有其相互叠加从而形成合力的可能。比如，国家为了维护官僚集团的自身利益或者迎合内外资本利益和促进出口，可能会限制下层劳工和农民的话语权力，以保持"社会稳定"。或者是降低工资、提高本国产品在国际市场上的竞争力。与此同时，在商业逻辑的驱动下，传媒可能因下层劳工与农民这两个社会阶层不是广告商的目标受众而忽略他们话语表达和社会传播需求。①

赵月枝书中第 13 章分析上世纪 90 年代末，中国媒体对"入世"大张旗鼓的宣传报道就是一个鲜明例证。她在另一篇文章中，也就"入世"报道所体现的政治问题与权力关系写道："媒介使新自由主义的全球化观念得以张扬，跨国企业享有话语权，新闻报道同时给予美国主导的跨国资本主义以足够的重视。中国媒介不仅依赖美国使馆和美国媒介为其提供 WTO 协议的内容和对协议的诠释，甚至成为跨国公司及其代言人的宣传工具。与此同时，在我分析的近 500 篇相关新闻报道和评论中，没有一篇文章有中国工人和农民的声音，就连礼节性的引语也没有。用汪晖的话来说，中国媒介对 WTO 协议进行了一次漫长而一厢情愿的宣传活动，与美国媒介对这一相同主题的报道相互呼应。"②

---

① ［加］赵月枝：《传播与社会：政治经济与文化分析》，北京，中国传媒大学出版社，2011，第 35 页。

② ［加］赵月枝：《中国与全球资本：文化视野中的考量》，载《新闻与传播评论》2005 年卷。

学术何为，前沿安在

2008 年，在一篇纪念"改革开放"30 周年的文章末尾，赵月枝针对中西新闻传播学的不同走势，提出了发人深省的问题：

> 在西方批判学者反思西方新闻体制和基本原则，希望按照民主和参与的精神"重造媒体"并领导和参与各种方兴未艾的以媒体民主化为目标的"媒体改革"运动的时候，国内的许多学者一边忙于建构以"美国主流"为基本参照的新闻传播学，一边把西方垄断资本媒体的新闻理念当普世理念在中国不加批判、不分社会制度的弘扬，而媒体商业化的压力和"做大做强"的产业取向又在客观上引导学者和学生们强化唯西方垄断资本媒体马首是瞻的倾向。
>
> 我们是照旧做着客观专业的新闻传播学术，并希望以此与"西方主流"接轨，还是重新审视我们的新闻传播学的基本理念并构建我们对中国新闻传播制度的新的学术想象？①

面对这个严肃严峻的问题，面对社会与传播的变局、学术与政治的关系，中国的新闻传播学如何激发学科的生命力，又如何激活研究的想象力？回应此类问题，当务之急恐怕是在更加深厚的思想层面和更加广阔的社会层面重申政治及其意味，激活中国新闻传播学的政治意味与思想活力，摆脱技术化、贫血化的庸俗路径。批评家雷达在重新审视"十七年"作品时谈到，那些经典之作虽然有其时代局限，如鲜明的政治色彩、革命情结、时代风云，但字里行间却自有一种磅礴大气，而政治是铸就大气的灵魂。与之相对，近 30 年来，艺术与艺术家貌似远离政治，沉溺于小我之中，只谈风月，不谈风云，也就失去元气淋漓的生命力与创造力。这个问题同样存在于新闻传播学科。失去政治意识、政治眼光、政治胸怀的研究及著述看上去精致无比，

---

① ［加］赵月枝：《为什么今天我们对西方新闻客观性失望？》，载《新闻大学》2008 年第 2 期。

充其量自娱自乐，既不能"解释世界"，更无法按马克思说的"改变世界"。就像社会学家黄平批评的实证研究：

> 现在所谓社会科学的伪科学化程度是比较高的，它既没有文史哲的厚重，也没有数学、物理学的那个形式。我自己身在其中，我列过五个社会科学的"不三不四"：第一，你讲故事不如记者来得快；第二，不如文学家来得生动；第三，不如统计局的数据来得准确；第四，对体制的问题不如身在其中的官员体会深刻；第五，不如当事人，也就是普通老百姓，对事情把握得准。于是就弄了一些社会学的概念往那儿一堆，列出一些图表来骗人。[1]

令人欣慰的是，新世纪以来，一批有思想、有头脑的学人日渐破除去政治化的迷雾，将学术研究同社会人生相联系，同亿万人民的历史实践相联系，特别是一批生机勃勃年轻学者及其博士论文，更体现了传播与社会、学术与政治的血肉关联，显示了非同一般的想象力与创造性，体现了一种鲜明的文化自觉与学术自觉。这些都是值得肯定的动向，也是赵月枝思考与著述的正果。

〔王绍光：《波兰尼〈大转型〉与中国的大转型》，三联书店，2012；王维佳：《作为劳动的传播：中国新闻记者劳动状况研究》，中国传媒大学出版社，2011〕

---

[1]　苏力、陈春声：《中国人文社会科学 30 年》，北京，三联书店，2009，第 654 页。

批判之旗，拉美之声

——从《拉丁美洲被切开的血管》到《丰饶的贫困》

  2009 年，在第五届美洲国家首脑会议上，委内瑞拉总统查韦斯意外地送给美国新任总统奥巴马一本书，名为《拉丁美洲被切开的血管》，作者是乌拉圭记者与作家爱德华多·加莱亚诺。无疑，这个外交动作不是随意的，至少其心思类似于当年美国记者杰克·贝尔登对支持蒋介石的所谓中国通的批评："这些中国问题专家左看看，右看看，还惶恐地抬眼朝天上看看，却从来不肯抱着同情心朝地上看看。"①

  这部蘸着血泪而非笔墨写就的名作，通过一桩桩灭绝人性的事实和惨绝人寰的故事，讲述了拉丁美洲近代的苦难历史及其根源——暴虐的殖民掠夺、贪婪的跨国资本、貌似文明的科技、市场、贸易，读来令人窒息，心绪难以平复。不同于《大国崛起》《公司的力量》等热播节目，如此"原生态"的真切叙事展现了一幅野蛮凶暴的近代史或"文明史"，即法兰克福学派理论家本雅明所说的："没有一座文明的丰碑不同时也是一份野蛮暴力的实录。"②

  上溯所谓"美洲大发现""地理大发现"时期，个别良知未泯的传教士与殖民者，就曾以亲历者的见闻记述了这一触目惊心、旷古未闻的野蛮史，如"汉译世界名著丛书"中的《征服新西班牙信史》

---

① ［美］杰克·贝尔登：《中国震撼世界》，邱应觉等译，北京，北京出版社，1980，第 3 页。

② ［美］汉娜·阿伦特编：《启迪：本雅明文选》（修订译本），张旭东、王斑译，北京，三联书店，2012，第 269 页。

《西印度毁灭述略》等：

　　——我们可以确切无误地说，在上述 40 年（1492－
1541）间，由于西班牙人极其残酷的血腥统治，有 1200 万
无辜的印第安人惨遭杀害，实际上，我个人认为足有 1500
万人丧生……

　　——古巴岛的印第安人与西班牙岛的百姓一样，沦为奴
隶，备受折磨，为了不白白送命，人们纷纷逃进山里。有的
夫妻没能逃走，绝望之极，在扼死自己的孩子后，双双悬梁
自尽……①

　　英国画家威廉·特纳有一幅绘画《奴隶船》。在罪恶的奴隶贸易
中，奴隶贩子常把垂死的黑奴抛入大海，以求保险公司赔偿他们的运
输损失。《奴隶船》就抓取了这样的历史镜头，展示一个黑奴被扔进
了大海，饥饿的鱼群蜂拥而至的画面。然而，这部血淋淋、泪涟涟的
信史，如今在西方主导的话语中，不是晦暗不明，就是黑白颠倒，是
非混淆，就像《最后的莫希干人》等小说描绘的扒人头皮的印第安
人、好莱坞影片反复演绎的除暴安良的牛仔。19 世纪英国小说家夏
洛蒂·勃朗特的《简·爱》是一部凄美动人的作品，出身贫寒的家庭
教师与雇主的爱情故事不知打动了多少人。读者都知道，小说中的罗
切斯特是有妇之夫，在他庄园的阁楼中关着患精神病的妻子。然而，
一般人很少留意这位"疯女人"来自西印度群岛，彬彬有礼的罗切斯
特就是用在那里赚的钱修建了自己的庄园。也就是说，"庄园从某种
意义上讲就是英国殖民历史的缩影"②。

　　诚如加莱亚诺所言，"世界史基本上是一部欧洲史"。"这些由教
科书传授、经人云亦云而流传的'文化'至今仍是令思想窒息的压顶
磐石"③。《拉丁美洲被切开的血管》就旨在掀掉如此泰山压顶的思想

　　①　［西］巴托洛梅·德·拉斯卡萨斯：《西印度毁灭述略》，孙家堃译，北京，商
务印书馆，1988，第 19、29 页。
　　②　张剑：《英国文学、殖民与话语体系》，载《光明日报》2015 年 2 月 7 日。
　　③　索飒：《重构世界史：〈镜子〉及加莱亚诺》，载《读书》2012 年第 8 期。

磐石，把颠倒的历史再颠倒过来，加莱亚诺曾说过本书就是为了向世人揭示一个事实——"被官方历史掩盖和篡改的历史即战胜者讲述的历史"。在其近作《镜子：照出你看不见的世界史》里，他继续高扬批判旗帜，为美洲大陆发出自己的声音，600 个故事就像 600 面镜子，照出了历史的真相或本相。比如，无论中国还是外国，无论历史书还是新闻书，约翰·洛克都一直被奉若神明，而加莱亚诺告诉我们：写作《人类理解论》时，洛克也在用积蓄投资一家公司的大宗股票，而这家隶属王室的公司，其主要业务是在非洲捕捉奴隶，然后贩往美洲，以保证公司的"长期、充足、价格适中的黑奴货源供应"。

1940 年，加莱亚诺生于乌拉圭一个中产阶级家庭，2015 年在蒙得维的亚病逝。早年经历坎坷，当过工人、邮差、打字员和银行出纳，上世纪 60 年代初从事新闻工作。1964 年的《中国》，是他对新中国的礼赞。1971 年的《拉丁美洲被切开的血管》，是其一生的代表作，融新闻、历史、政论、文学于一炉，"描写了以西班牙殖民者为首的外国列强入侵和开发拉丁美洲的过程，记述了新殖民主义通过自由贸易、贷款、铁路、阴谋和暴力等手段，将拉丁美洲的民族工业发展扼杀在襁褓之中"[1]。巴拉圭总统卢戈称他以历史妙笔书写百年孤独，"发出的曾经是、现在仍是拉丁美洲之声"。2006 年在《致未来先生的信》中，加莱亚诺直言："我怕这世界早晚变成太空中一粒僵死的顽石，没有田地，没有水分，没有空气，没有生灵……资本主义是野蛮的体制。它的罪行罄竹难书……"[2]

作为拉美的新闻名作以及人文社会科学经典，《拉丁美洲被切开的血管》分为两大部分，第一部分"地球的富有造成人类的贫困"，讲述了旧殖民主义如何围绕拉丁美洲的金银、农作物和其他矿产而展开疯狂掠夺；第二部分"发展是遇难者多于航行者的航行"，揭示了

---

① 孟夏韵：《"闪亮的镜子""拉丁美洲的鲁迅"——爱德华多·加莱亚诺》，载《光明日报》2015 年 4 月 18 日。

② 转引自陈众议：《加莱亚诺——发出拉丁美洲之声》，载《人民日报》2009 年 5 月 19 日。

新殖民主义如何通过贸易、贷款、科技等而将拉美的民族工业扼杀于襁褓，揭露了投资、技术、经济援助、合资企业、金融机构、国际组织等"现代文明"形态，如何不文明地参与了古老的掠夺战。看了加莱亚诺铁证如山的叙事，人们更能理解拉美那句民谚："可怜拉美，你距上帝太远，离魔鬼太近。"（墨西哥有句类似民谚："可怜墨西哥，你距上帝太远，离美国太近。"）

这部名山之作不仅以丰富、翔实、栩栩如生、历历在目的如山事实展现了近代以来拉美的苦难，而且也以新闻记者的生动笔触印证了国际学界经典的"依附理论"，如萨米尔·阿明等批判学者的核心思想：现代世界分为"中心"与"边缘"，中心即欧美的发达是以边缘即亚非拉的贫弱为基础的，亚非拉被切开的血管至今汩汩流淌。正如加莱亚诺写道的：

> 拉丁美洲是一个血管被切开的地区。自从发现美洲大陆至今，这个地区的一切先是被转化为欧洲资本，而后又转化为美国资本，并在遥远的权力中心积累……
>
> 血液就这样通过所有这些渠道流走了，今日的发达国家过去就是这样发展起来的，不发达国家也就因此变得更不发达。①

这一批判性思想同当下流行的世界观与历史观，如市场经济是全球人类的福祉与归宿，既有效配置资源又使人类平等共享一路说教格格不入。当然，这些思想在经典著述里早有深刻阐述，包括《共产党宣言》《资本论》《帝国主义是资本主义的最高阶段》等，只是依附理论针对当今世界的新问题、新动向作出了一系列新发展，给人以感同身受的切肤之见。上世纪末以来，此类新问题、新动向在以新自由主义为说辞、以跨国公司为主体、以拉美化为标志的大转型中进一步显现出来（记者何清涟的《现代化的陷阱》揭示了类似趋势），"亚非

---

① ［乌拉圭］爱德华多·加莱亚诺：《拉丁美洲被切开的血管》，王玫等译，北京，人民文学出版社，2001，第2页。

拉"一词的变异就是风起青萍之末的征兆：

> "亚非拉"这个词，在 20 世纪风起云涌的 60 年代曾盛
> 极一时，对于位处边缘的力量，"亚非拉"象征着抵抗——
> 抵抗帝国资本主义的猖獗，抵抗其世界秩序的腐朽；它指认
> 着一种新的能动主体——既是被殖民的民族国家摆脱被侵略
> 被掠夺的命运，也是全世界被压迫者突破民族国家的框架，
> 摆脱资本主义的逻辑，寻求全人类的解放。
>
> 可是，在殖民主义的霸权话语中，尤其在八九十年代新
> 自由主义横行的年代，"亚非拉"几乎就是"贫穷落后"的
> 代名词。①

北京大学影视专家戴锦华教授，在一次座谈中也谈到当代中国的
一种"世界想象"及其历史神话：

> 我们在七八十年代之交创造了一个 50—70 年代中国闭
> 关锁国、与世界相隔绝的神话，因此，才有新时期"打开国
> 门、走向世界"——几乎是彼时的时代最强音——的叙事。
> 今天已无须赘言，此世界非彼世界。正是在 20 世纪的七八
> 十年代之交，我们将"世界"想象锁定在欧美，即冷战时代
> 的西方阵营；同时，关闭了前社会主义阵营、亚非拉之为
> "世界"的图景。②

在拉丁美洲争取独立、自由、民主、解放的艰难进程中，除了
"解放者"西蒙·玻利瓦尔，以及切·格瓦拉、萨尔瓦多·阿连德
（在中情局导演的军人政变中遇害）、乌戈·查韦斯等政治领袖，还有
一批前赴后继的批判知识分子——拉美称作对人民"承诺"的知识分
子（comprometido），亦即葛兰西所谓"有机知识分子"，包括加莱
亚诺以及人所熟知的诺贝尔文学奖获得者聂鲁达、加西亚·马尔克斯

---

① 刘健芝、萨米尔·阿明、弗朗索瓦·浩达主编：《抵抗的全球化》（上），北京，
人民文学出版社，2009，第 2—3 页。

② 戴锦华等：《记忆的神话——80 年代译制片与怀旧（上）》，载《中华读书报》
2015 年 9 月 2 日。

等。加莱亚诺曾因《拉丁美洲被切开的血管》，被右翼军人独裁政府（此类政府多有美国撑腰）逼迫流亡 12 年，还列入死亡名单。而早在少年时代，他已在课堂上遭遇第一次"驱逐"：当女教师讲解西班牙殖民者巴尔博亚登上巴拿马一座山峰，于是成为同时看见大西洋和太平洋的第一人时，年幼的加莱亚诺忍不住举手发问："老师小姐，当时印第安人都是瞎子吗？"结果听到的是一声断喝："出去！"①

　　同加莱亚诺一样，文学名著《百年孤独》作者加西亚·马尔克斯，最初也是以左翼记者著称，也以"铁肩担道义，妙手著文章"驰名。他们的新闻生涯，不仅赋予他们关注政治、研究历史、把握现实的深切体验，而且成为他们独立之精神、自由之思想的源泉，这在第三世界知识分子中尤其难能可贵。因为，当下越来越多"东方"精英，越来越习惯"西方"话语，仿佛离开这套据说是普世的理论及其逻辑就无法弄明白自己从哪里来，往哪里去。比如，有人著书立说，为 19 世纪传教士及其办报活动评功摆好，什么科学、文明、启蒙、现代化等，而全然不顾种种载著史册劣迹斑斑的恶行，见识反不如蒋梦麟先生的印象："如来佛是骑着白象到中国的，耶稣基督却是骑在炮弹上飞过来的。"② 再如，中国的新闻学与新闻界对貌似不讲政治的"专业主义"情有独钟，而"讲政治"则日益成为一种"政治不正确"。某个据称"这个时代的思想英雄"，索性将新闻的核心归结为一个字——"知"，"记者只是观察、记录、认识这个世界，而不是去干预世界。出发点和目的都不是"云云。针对 20 年目睹之怪现状，我常征引两位大家的直言，一则来自我国新闻理论泰斗甘惜分，一则来自哥伦比亚小说家马尔克斯：

　　　经过几十年的反复思索，我认为我与王中同志的根本分
　　歧是怎样看待新闻与政治的关系。王中竭力想使新闻与政治
　　分离，或者说，在新闻工作中淡化政治。我则认为新闻与政

---

　　① ［乌拉圭］爱德华多·加莱亚诺：《镜子：照出你看不见的世界史》，张伟劼译，桂林，广西师范大学出版社，2012，第 1 页。
　　② 蒋梦麟：《西湖》，沈阳，辽宁教育出版社，1997，第 2 页。

治是分离不了的……问题是什么样的政治，是资产阶级政治，还是马克思主义政治；是先进的政治，还是保守落后的政治，报纸总是与某一政治立场相联系。不为这种政治服务就为另一种政治服务。报纸的董事会、董事长、总经理、总编辑，甚至每个编辑记者，都是搞政治的。如果他们说自己只是编辑，不懂政治，那他们不是装蒜，就是傻瓜。①

作为小说家，我最美好的东西是来自我对新闻工作的爱好、我作为新闻工作者的修养和我作为新闻工作者的经验。这为我培养了对现实的感受力。当然，我最美好的东西即政治觉悟，也是来自新闻工作。而政治觉悟，众所周知，是对现实的感受能力的最高表现。②

近代以来，中国同拉美以及其他亚非国家一样，都曾饱受殖民掠夺、列强侵凌、资本压榨的悲惨命运。然而，这些伏尸千万、流血万里的苦难，如今仿佛消弭于"现代化"的曼妙叙事与消费文化的光鲜符号，包括上海的咖啡民国的范儿以及拉美的足球、拳击、探戈、亚马孙涌潮、玛雅人预言……这一光怪陆离的景观，即使不是扭曲的，至少也是肤浅的。清华大学国际关系学者涂华忠，在《漠视亚非拉研究，中国将自食苦果》一文里，提到一组"趋炎附势"的数据，令人惊异，更令人深思：2012年国内研究美国的论文达到105731篇、研究日本的论文有51154篇、研究欧洲的为39254篇，而研究亚非拉的论文则不足10篇！③与之相应，香港学者刘健芝2009年在《抵抗的全球化》一书里，提到另一组同样沉重的数据：

今天，资本主义许诺的发达国家带领欠发达国家逐步前

---

① 甘惜分：《一个新闻学者的自白》，香港，香港未名出版社，2005，第20—21页。

② [哥] 加西亚·马尔克斯：《两百年的孤独——加西亚·马尔克斯谈创作》，朱景东等译，昆明，云南人民出版社，1997，第126页。

③ 涂华忠：《漠视亚非拉研究：中国将自食苦果》，载《环球时报》2014年4月3日。

进的神话，在亚非拉广大的贫困、战乱、死亡的土地上，成为极为残酷的反讽。在科技如此"昌明"的年代，在资金、商品、劳动力、生产资料全部"过剩"的年代，年复一年，日复一日，每天超过三万儿童因贫苦死去，全球五分之一人口……在贫苦的死亡线上。只要我们不把这个数字看成是一个数字，只要我们眼睁睁直面数字后面一个又一个家庭的苦难挣扎，只要我们把这些死亡贫苦与亚非拉几百年来延续至今未息的被掠夺残害的历史扣连起来，我们便无法欣赏资本主义的神话，无法接受欧美中心主义的各种诡辩，无法称庆亚非拉部分国家的少数人群得以跻身中产阶级享受小康生活以及极少数人得以大富大贵、奢华挥霍。[①]

尤其值得我们深思的是，亚非拉地区与人民曾经构成新中国联系世界与想象世界的主要面向，借用习近平的说法就是同属一个"命运共同体"。想当年，"四海翻腾云水怒，五洲震荡风雷激""我们的朋友遍天下""穷朋友把我们抬进联合国"等，更是激荡了一个时代的心声。而眼下颇有媒体与记者动辄将如此世道人心蔑称为"闭关锁国"，将融入"国际社会"即西方社会想象为"国际化""全球化"。殊不知，上世纪六七十年代的中国，基于共产主义天下大同理想以及白求恩似的国际主义精神——"英特耐雄纳尔"（international），即使穷乡僻壤，哪怕目不识丁，也曾与那个占世界大多数面积人口的亚非拉息息相通，再简陋的教室也总是并排张挂着中国地图和世界地图，体现着一种"胸怀祖国，放眼世界"的情怀。而当下成功人士及其媒体心仪的国际化、全球化，无非嫌贫爱富地聚焦于纽约、伦敦、巴黎——且不说这一贫富关系本属因果关系。新华社记者、熊向晖哲嗣熊蕾，在纪念改革开放30年之际，发表了一篇长文《报，还是不报？——近30年中国媒体新闻价值观的变迁》，一针见血地谈及此类

---

① 刘健芝、萨米尔·阿明、弗朗索瓦·浩达主编：《抵抗的全球化》，北京，人民文学出版社，2009，第5页。

问题：

　　回顾近 30 年中国媒体新闻价值观的变迁，历史观的改变是不能忽视的一个方面。这种改变是全方位的，渗透到很多新闻人的潜意识中。

　　比如，把人民共和国的历史人为割断，用 1978 年后近 30 年的历史否定以前的 30 年……共和国的历史，似乎也是从 1978 年以后开始的，那之前的中国只有封闭，好像是中国自己在"闭关锁国"；完全不顾美国主导的巴黎统筹委员会对新中国封锁禁运的历史事实，不顾毛泽东、周恩来那一代的中国领导人为了打破这封锁禁运所做过的努力，包括保留香港作为中国对外交往的窗口。

　　还有媒体倾向于拿现代的尺子卡前人，为否定殖民地半殖民地国家人民武装斗争暴力革命合法性的观点提供版面。同时，以"开拓贸易"淡化帝国主义和殖民主义在世界扩张侵略的血腥和暴力的电视"政论片"，从《河殇》到《大国崛起》，为晚清"洋务派"翻案的《走向共和》等电视剧，都受到新闻媒体的高调赞扬。①

英国考文垂大学一位国际新闻教授说得好：许多发展中国家的记者，特别是其中的精英，不仅以西方媒体作为自己文章的来源，而且还模仿西方媒体的语言和语气，全然不顾这些说辞是否不利于，甚至有害于他们自己的、正在发展的社会。其实，《拉丁美洲被切开的血管》十多年前，就列入"猫头鹰学术译丛"由人民文学出版社付梓。但在"千禧年"的喧闹中，在"入世"的欢腾中，却如桃花流水窅然去。因为，作品主旨及其血污文字，显然有悖"国际接轨"的时尚话题，就像丛书主编汪晖教授在"总序"里指出的：

　　在过去 20 年中，南亚、南美、非洲和其他边缘地区，

---

　　① 熊蕾：《报，还是不报？——近 30 年中国媒体新闻价值观的变迁》，2008 年 1 月 6 日，华声在线"熊蕾的博客"，http：//blog. voc. com. cn/blog. php？do＝showone&type＝blog&itemid＝424309。

几乎在主流的思想视野中消失了……至少从知识的角度说，中国的改革开放主要是面向西方的开放，从而我们有关"全球"的知识其实只是关于全球某些中心地区的知识罢了。

早在上个世纪的初叶，当中国知识分子急切地从欧洲的经验中寻找变革的资源的时候，鲁迅和他的同伴们就曾经倡导过翻译和介绍那些被压迫民族的文学，他们把这看做是更为完整的世界图景的一个部分，一个对于中国社会变革、中国知识分子的思考极为重要的部分。在从事这类翻译和介绍工作的过程中，这些先行者们形成了一种新的国际主义视野，反思地看待在世界范围和中国范围内发生的变化。这个被逐渐淡忘的传统仍然具有重要的意义。

野火烧不尽，春风吹又生。面对世纪末的"全球化""历史终结""新自由主义"高歌猛进，批判的意识不绝如缕，抵抗的呼声此起彼伏，正义的旗帜猎猎招展。黄纪苏编剧、张广天导演的话剧《切·格瓦拉》（2000），刘健芝、阿明等主编的《抵抗的全球化》（2009），中国社会科学院拉丁美洲研究所研究员索飒及其著述等，均属新世纪以来的风向标。1998年，索飒《丰饶的苦难——拉丁美洲笔记》问世，更成为我们体味拉美以及亚非拉苦难，反思中国与世界、历史与未来的一部上乘之作。这部一版再版的著述，犹如中国版的《拉丁美洲被切开的血管》，既有高屋建瓴、纵横捭阖的宏大视野，又有酣畅淋漓、有声有色的生动叙事，既有学术书的厚重严谨，又有散文体的鲜活清通：

——欧洲为了攫取财富，不仅制造了一场种族灭绝，扼杀了一个成长中的年轻文化，培植了一个奴隶制度，用罪恶埋葬了道义，而且破坏了美洲广大地区的自然经济结构，断送了那些未来独立国家正常发展的可能性，在这块得到大自然恩惠的土地上，犯下了不可饶恕的——原罪。

——一个叫雷依纳尔的欧洲教士居然这样谴责美洲的"无序"，他说美洲的山脉怪诞地呈南北走向，而不像欧洲的山脉整齐地由东向西排列。

——何塞·马蒂在一次宴会上，看见一个农民代表无知地喝了面前的洗手水而引起全场哗然，立即也端起面前的洗手水平静地喝了下去，他保护的是人的自尊。①

作为《读书》杂志的常见作者，索飒的文章不仅内涵深厚、思想犀利、文字练达，而且有种扑面而来的正义感与责任感。如果说清末民初的特定时代涌现了一批学贯中西的饱学之士，那么索飒也属一代"殆天数、非人力"的知识分子。他们具有同样的出身背景，同样的精神烙印，同样的时代气质，特别是同样被时代潮流卷入民间，与黎民百姓相依为命，同艰难时世水乳交融，触摸大地的脉搏，聆听人民的心声。这样的背景、经历与气质，便使他们将自己的志业自然同普天下人民的命运融为一体，决绝地反抗形形色色的压迫、剥削、奴役、欺凌，向往《共产党宣言》所昭示的："代替那存在着阶级和阶级对立的资产阶级旧社会的，将是这样一个联合体，在那里，每个人的自由发展是一切人的自由发展的条件。"② 同样，这样的背景、经历与气质，也使他们的治学为文不同于中规中矩的学院派，少了苍白与贫血，多了野性与元气，正如张承志在世纪之交满含深意的呼唤：

旧的时代该结束了，泥巴汗水的学问刚刚登场。我们只是呼唤真知实学，我们只是呼吁，一种不同的知识分子的出现。（《人文地理概念之下的方法论思考》）③

〔〔乌拉圭〕爱德华多·加莱亚诺：《拉丁美洲被切开的血管》，王玫译，人民文学出版社，2001；索飒：《丰饶的贫困——拉丁美洲笔记》，云南人民出版社，1998〕

① 索飒：《丰饶的苦难——拉丁美洲笔记》，昆明，云南人民出版社，1998，第16页、19页、399页。
② 中共中央编译局编译：《马克思恩格斯文集》第2卷，北京，人民出版社，2009，第53页。
③ 张承志：《常识的求知：张承志学术散文集》，北京，三联书店，2012年，第7—8页。

一九四九：残山剩水与大江大海

——兼谈现象真实与本质真实

　　一切现实无不源于历史；一切历史无不影响现实。为此，意大利哲学家克罗齐曾经直言："一切历史都是当代史。"中华民国（1912—1949）与中华人民共和国即为一例。仅看荧屏上层出不穷的影视作品，就在不断续写着"中国革命与中国共产党"的传奇，深入开掘着"伟大的中国革命"的历史，如近年颇受好评的《我的长征》《惊沙》《秋喜》《暗算》《亮剑》《悬崖》《人间正道是沧桑》。

　　由于身为"一野"后人，我对相似背景的同道自然多一层亲近。一次同行聚会，谈起解放战争的四大野战军，几位学界的野战军后人兴高采烈，而在座女士王顾左右，以性别不同、兴趣有别回应。后来心想，性别差异固然影响趣味，慷慨者逆声而击节，浮慧者观绮而跃心，但想了解更不用说研究当代中国及其新闻传播，那就不能对此无所用心了。比如，关于建国后政治运动频发问题，北京大学法学院朱苏力教授在一篇学习毛泽东《论十大关系》的论文里就谈道：

　　　　中国革命走的是农村包围城市的道路，其政权和军事力量都是在各个根据地独立发展起来的，各路大军统帅是党政军一手抓的地方"诸侯"，是一些说一不二的魅力型领导人。他们长期领导一个地区的全面工作，有自己的人马、班底，事实上形成了许多"山头"。总体说来，革命者的文化水平普遍比较低，没有接受很多现代化的规训，缺少民主的传统，不少人讲求的是对个人的忠诚。这些弱点，在打天下时可能还不构成一个严重的问题，有时甚至还可能是优点；此外，毕竟还有中国共产党的纪律和马列主义的意识形态来保证。但是，这些问题在建设国家的过程中就可能凸现出来；这些问题不仅影响政权的巩固，而且会影响政权的和平转移，弄不好，有可能重新回到军阀割据的局面。

在新中国成立初期，这个问题可能还不那么明显，因为在中国革命中，党内产生了像毛泽东这样具有崇高权威的领袖。毛泽东的存在几乎就足以保证全党和全国的统一。但是毛泽东不可能万岁，这个问题如果不解决，一旦毛泽东去世，由于必然存在各种分歧，就可能发生政治上的动乱，手握重兵、各有"山头"的军事政治领袖就有可能形成地方割据。这种情况在中国这样一个有长期封建传统的国度中发生的可能性相当大；在中国历史上，这也一直都是各个王朝初年必须妥善解决的问题。尽管中国共产党是无产阶级革命政党，但上述问题和顾虑，对于中国共产党的开国领袖以及这个领袖集团来说，也是不能完全排除的，甚至是不应该排除的。

从一开始，毛泽东就深刻地意识到这个问题；在我看来，这个问题实际伴随了他建国之后的 27 年历史的一系列决定，包括高饶事件、1959 年庐山会议、"文化大革命"都在一定程度上与这个问题有关。当时的其他一些中共高级领导人也都明显意识到这一点，并且也一直强调要反对今天已经很少提起的"野心家"。①

这里提到的"山头""诸侯"，就包括四大野战军及其军政首脑，如一野的彭德怀、习仲勋，二野的刘伯承、邓小平，三野的陈毅、粟裕，四野的林彪、罗荣桓，以及华北野战军及其军政首长聂荣臻、薄一波、胡耀邦等。显然，新中国党政军系统无不与此有着千丝万缕的

---

① 朱苏力：《当代中国的中央与地方分权——重读毛泽东〈论十大关系〉第五节》，载《中国社会科学》2004 年第 2 期。

联系，有关历史书写也交织着盘根错节的渊源。诸如上世纪 60 年代的小说《刘志丹》，彭德怀失势后红色经典《保卫延安》及其作者、也是新华社记者杜鹏程受此牵连等，都是这方面的有名事例。

新中国成立 60 年之际，台海两岸几乎同时出版了两部以"1949"为题的畅销书，一是台湾文人龙应台的《大江大海 1949》，一是军旅记者张正隆的《枪杆子：1949》。两书均为采访口述的非虚构作品。前者涉及四野对长春的围城之战，即影片《兵临城下》的故事所本。后者全景展现了四野从东北到海南，一路征尘，风掣红旗的画面。龙应台的"1949"上市时，我正在台湾访学，广告铺天盖地，书店随处可见。时隔不久，就有了李敖的"对台戏"《大江大海骗了你》：

> 龙应台侈言《大江大海 1949》，其实，对"1949"呈现的真正问题、核心问题，她根本不敢碰、也没有能力碰。她碰的，大都是她自己刻画出来的"现象"，还称不上是问题。更糟糕的是，她只谈"现象"，不谈"原因"，因此"现象"引发了盲目的同感与同情，真相从此弄混了、是非也被颠倒了。龙应台的根本毛病就在这里，她的祸害也在这里。
>
> 龙应台最拿手的是写"现象"，龙应台最蹩脚的是只会写"现象"——瞎子摸象式的"现象"。她不会解读"原因"，也不会阐扬正义……因为她不知道"原因"。更严重的是，把"残山剩水"看成"大江大海"，这就连"现象"都看走眼了。[①]

李敖列举了一系列铁证，批驳龙应台颠倒是非，错乱历史，一知半解，一塌糊涂。说她"'金玉其外，败絮其中'，完全不能谈思想等大道理"，还不无揶揄地写道：

> 谈"大江大海"，你不能"野火"了、"文明"了、"目送"了，或什么什么了，你必须交出证据来，而证据又不是

---

① 李敖：《大江大海骗了你》，桃园，成阳出版股份有限公司，2011，第 29 页、34 页。

《野火集》中听人说的、听计程车司机说的就已足，得靠真功夫、真的考据、真如傅斯年描绘的："上穷碧落下黄泉、动手动脚找东西。"换句话说，涉及《大江大海1949》，现买现卖即溶速成是不行的，但龙应台这回却自以为行，所以，碰到李敖，她栽了……如果只是《野火集》层次，我还懒得理，现在闹得太不像话了，我只好牛刀小试一次。①

或问，为什么用牛刀。李敖答曰，我只有牛刀，只好小试一下了。且看几例：

——1949年的局面明明只是"残山剩水"，何来"大江大海"。何况，明明是"残山剩水"，却摆出"大江大海"的架构，这种架构，正是蒋介石留下来的思维。②

——一个14岁的少年人，这么艰苦的离乡背井干什么？14岁就反共吗？龙应台总应该探索一下答案吧？可是她没有，只有一幅学生流亡图，这样子写书，太偷懒了吧……龙应台只有"现象"，没有"原因"，这是她写作的故伎，只要你动容，不要你问为什么。③

——抗日爱国将领杨虎城将军，及其17岁的小儿子和8岁的小女儿，在国民党败退大陆前惨遭杀害，文艺作品里的"小萝卜头"令人心碎！针对此事，李敖说道，"有良知的中华儿女，必将永远不忘蒋介石和国民党干的下流事……可是，有一个人似乎忘了，她叫'龙应台'"④。

——以1948年中央研究院选出的第一届81位院士为例，跟着蒋政府到台湾的，只9个人，占院士总数的11.9％，去美国的12位，占院士总数的15％；留在大陆迎接

---

① 李敖：《大江大海骗了你》，桃园，成阳出版股份有限公司，2011，第346页。
② 同上，第7页。
③ 同上，第126—127页。
④ 同上，第238页。

解放的达 60 人，占院士总数的 74%，光看这里，就知人心
所向。①

——二战胜利后，美国大兵不回国，反倒开到北平、天
津、青岛、上海、南京、秦皇岛。骄横跋扈，犯罪事件不断
发生，甚至大杀中国人，光在上海，从 1945 年 8 月至 1946
年 7 月，就死伤达一千五百余人。美国军舰在黄浦江上横冲
直撞，民船被撞翻，落水而死的群众达六百六十人。自
1945 年 10 月至 1947 年 9 月，驻天津美军共发生车祸、枪
杀、捣毁、强奸等案件，达三百六十五起，受害受伤的中国
人近两千名。其中美军汽车肇祸事件竟占全市交通事故的百
分之七十。1946 年 9 月 3 日，在北平火车西站，三个美国
大兵比试枪法，竟以正在调车的铁路工人王恩弟的人头做靶
子，当场将其枪杀。1946 年 12 月 24 日晚，北京大学先修
班女生沈崇，行至东单，被两名美国大兵拥至操场，予以强
奸。这下子事情闹大了，各地抗议美军暴行。蒋介石政府乃
捏造事实，说北大女学生是共产党，故意勾引美国大兵犯案
的。② （前些年，某位大陆文人也“言之凿凿”搬弄此说，
结果遭到美国研究权威华庆昭老先生等有力批驳）

在《大江大海骗了你》一书中，李敖还拆穿了“长春围城”的所
谓真相。在龙应台以及一些重新解读历史的话里话外，辽沈战役期间
的长春围城仿佛成为春秋无义战，而且解放军还不管人民死活，置长
春十数万民众身家性命于不顾什么的（犹如当年《大公报》总编辑王
芸生写的评论《可耻的长春之战》，说解放军压着民众在前面冲锋云
云）。李敖以史家功底，从事实到逻辑重申了早就一清二楚而如今又
被弄得颠三倒四的历史事实："像萧劲光（长春围城的解放军主将之
一，有《萧劲光回忆录》传世）这些资料，所在多有，龙应台一概不

———

① 李敖：《大江大海骗了你》，桃园，成阳出版股份有限公司，2011，第 144 页。
② 同上，第 84－85 页。

看或不知道看，不明真相与原因、不知道共产党怎样抢救难民，就谴责起来了，这种落笔方式，又何从真知'1949'呢。糊涂包龙图龙包图，把国民党、共产党各打五十大板，这叫公正吗？龙应台的程度太差了，在文献上，她看得太少了，根本跟不上有关文献，她谈长春，谈得太贫乏了。"①

其实，问题症结并不在于龙应台的程度差——毕竟也是留洋博士，也不在于文献看得少——据说悬梁刺股忙活一年，而在于历史观与价值观。1970年，美国汉学家拉铁摩尔批评美国政府对中国革命的无知，而文人龙女士也似乎难免：

> 可以说这场革命简直就是在美国决策人眼皮底下进行的。但是美国的决策人却采取了一种不近情理的、愚蠢而顽固的态度，根本不愿意正视中国革命的实际情况。他们一味认为，只要整天念叨"自由"和"民主"之类的词句（再加上投入大量金钱），就可以像变戏法那样，变出一个像俄亥俄州的或者像新英格兰那样的政权，以挽狂澜于既倒。②

一位北京学者在"龙部长"2014年辞职时的评论，同样点中这一命穴："她也时常因某种需要而随意变动价值判断的底线。例如，出于家庭原因，她对二战期间德国与苏联关系的判断模糊了反法西斯战争的正义性；出于台湾身份，她认为国民党、共产党的成败都没有意义，无视当年的民心所向、大势所趋；她还欣赏汉奸胡兰成，也许仅仅是因为胡兰成的文学才华，龙应台便把国家利益、民族大义这样更重要的价值判断轻轻放下。"③ 这种历史观与价值观的错乱在时下一些文人及其作品中也不罕见，就在修订此文时看到新一期《新华文摘》，一边刊发复旦大学新闻系毕业的当代作家、茅盾文学奖获得者王火的抗战回忆文章，谈及父亲当年捐躯赴国难、视死忽如归的慷慨

---

① 李敖：《大江大海骗了你》，桃园，成阳出版股份有限公司，2011，第42页。

② ［美］杰克·贝尔登：《中国震撼世界》，邱应觉等译，北京，北京出版社，1980，"序"，第3页。

③ 刘仰：《别了，"部长"龙应台》，载《环球时报》2014年12月3日。

从容，一边又转发文章长篇大论日伪附逆文人张爱玲，包括其汉奸丈夫胡兰成（民国政府也追究惩治过这对汉奸夫妇）。

如同任何天崩地坼的巨变一样，"1949"在中国历史与华夏大地上，同样镌刻着数不胜数、谁也无法掩盖更无法扭曲的如山史实，并无所不在地彰显着大江东去的历史潮流与大河奔涌的人心向背，正如1949年诗人毛泽东的七律《人民解放军占领南京》传神展现的：天若有情天亦老，人间正道是沧桑。对此，今人除在林林总总的一手文献中徜徉，凭吊，追怀，还有举不胜举的无数后世佳构，包括诗歌、散文、小说、戏剧、影视片、纪录片、新闻报道、历史著述等。上世纪80年代，伴随思想解放与改革开放春风，就涌现了一批春草绿色、春水碧波的清新之作，不仅延续和丰富了上世纪五六十年代的"红旗飘飘"书写序列，而且从史实到语态也更上层楼，令人耳目一新，如张正隆的《雪白血红》、黄济人的《将军决战岂止在战场》等。《雪白血红》今天看来已经不足为奇，无非在展现四野鏖战白山黑水之际，正面提及了活生生的林彪。上世纪90年代以来的"大决战"等影视剧里，这样的人物形象司空见惯，林彪喜欢嚼豆子的画面更是习以为常。不过，《雪白血红》问世时，却引起强烈反弹，一度甚至销声匿迹。2008年，张正隆历时15年，行走天南海北，采访一批四野老人，研究大量文献之后，又出版了《枪杆子：1949》，进一步书写了"正本清源"的四野历史。

解放军四大野战军中，以林彪的第四野战军兵力最强大，战功最显赫，三大战役至少一个半归功四野。四野入关时，除雄兵百万，战车千乘，火炮林立，骏马如云，还有一批"如狼似虎"的骁将。比如，参谋长刘亚楼——建国后首任空军司令员，平津战役中曾坐镇指挥天津之战，不到30小时就一举拿下号称一年半载也难以攻破的坚城；名列十大将的萧劲光——解放军首任海军司令员，辽沈战役中负责长春之战，当时一同指挥的萧华，成为开国后最年轻的上将，所写《长征组歌——红军不怕远征难》名列20世纪"华人音乐经典"。再如，"文革"期间由于林彪集团而出名的黄永胜（时任政治局委员、总参谋长）、吴法宪（时任政治局委员、副总参谋长兼空军司令员）、邱会作（时任政治局委员、副总参谋长兼总后勤部部长）和李作鹏（时任政治局委员、副总参谋长兼海军政委），他们均为四野名将，也是林彪"爱将"，解放战争中都是纵队司令员即军长。四野共有十二个纵队，由于"第五纵队"声名狼藉，四野最初没有五纵。四野十一纵是董存瑞的部队，在东北剿灭"座山雕"匪帮，《林海雪原》《智取威虎山》便取材于此。当然，最让四野感到荣耀的还属辽沈战役，美械装备的国军精锐，经此一战大多灰飞烟灭，包括曾在抗战中建立功勋的"远征军"，如孙立人部、廖耀湘部。下面一段《大江大海骗了你》引述的胡圣一文章《回顾沈阳解放》，从一个细部展现了国民党土崩瓦解之势：

卫立煌等一行先跑到浑河机场，这时浑河机场已挤满了想要逃跑的人群。一架飞机刚着陆，便被候机人群涌进舱内，连飞机门都关不上。卫立煌等人到此，望机兴叹，无可奈何。这时，驾驶员偷偷告诉卫等转向东塔机场，他设法转到那里迎接。卫等走后，驾驶员假装开动几次，对机内人员们说："机身发生故障，你们已经上来的人，东西不要动，排队下机，站在一边，帮我推动飞机，能开动了，你们再依次上来。"这些人不知受了骗，他们怕外人挤进，组织起来，排队下机，帮助推动。这时，驾驶员关上舱门，突然起飞而去。这些人不但没有上去飞机，连个人携带的贵重物品都被人骗去了；并且在飞机启动时，靠近机身的人受了很重的创伤。顿时机场上哭天骂地，开始没有抢上飞机的人，反而喜笑讽刺起来，呈现一片混乱景象。

王化一到了东塔机场，正是这架飞机着陆以后卫立煌等抢上飞机的时候。来这里的多半是机关中、上级以上的职员和军官的家属，场内充满了大小汽车和人群。驾驶员有了经验，先不开舱门，搭设扶梯，一般人也爬不上去。卫立煌等由卫兵保护，上了一辆卡车，卡车的后面正对着机舱门，门一打开，卫立煌首先跃进。此时军人的车辆同时也开近机舱门，有不少人跳上拉卫的卡车，蜂拥而入，这些大员们哪里挤得过他们。因此，顿时造成混乱。除了喊叫、怒骂而外，枪把子、手杖都挥舞开了。大员们由卫兵们拥护着，多数还是挤进去了，当时由卡车上挤掉下来的人也很多，其中有国民党合江省主席吴瀚涛夫妇、嫩江省主席彭济群、"剿总"政务委员会委员王家桢等。还有几个人扶着机翼爬到机顶上，其中一个军人打破了机窗由窗口进去，当飞机发动徐徐前进时，那个在机顶上的和钻窗口的都被甩了下来受了重伤。丑态百出，狼狈不堪。一时走不了的望着飞机大骂："打仗你们后退，逃命你们抢先。"其实骂的人自己又何尝不是这样呢。[1]

作为非虚构作品，《枪杆子：1949》的内容更加丰满，故事更加生动，细节更加引人，叙事更加流畅。电影《建国大业》有个场景，葛优饰演的解放军指挥员率部穿插，最后撞上大户人家的院墙，院墙实在太高太大，不知怎么办好，这时照明弹升起，一看竟是气势雄伟的北京城墙！这个场景，就出自《枪杆子：1949》：

> 39团1营在团参谋长魏化杰率领下，越过丰台，猛打猛冲，不要俘虏，直奔七间房。

> 离休前为某军军长的魏化杰老人说：

> 我手里是幅日制地图，图上看，七间房就在丰台东北五六里处，那时那儿都是菜地，如今都是高楼大厦了。问俘虏，问老乡，都说不知道，实际上也真没有这么个地方七间房，那也得找呀。我们的任务是占领它，并在那里构筑阵地，进行防御。

> 跑出10多里，前边又打上了。1连长马连喜说碰上个

---

① 李敖：《大江大海骗了你》，桃园，成阳出版股份有限公司，2011，第183—184页。

地主大院，没炮，攻不动。我说投手榴弹呀。他说院墙太高，投不进去。我说见鬼了，天底下还有投不进手榴弹的地主大院？那时，几发照明弹升空，我的老天爷，什么地主大院呀，是北京城的城墙，就在广安门附近。①

张正隆的这部新作既书写了四野的赫赫战绩，更展现了中国革命与人民解放的恢弘场景，字里行间仿佛奔涌着一江春水、浩浩汤汤、摧枯拉朽、势不可当的大潮。想来读者都会有这样的感受，不管什么书，只要拿起来，放不下，废寝忘食，一气读完，就算好书了。对我来说，《枪杆子：1949》即属此类。回想当时最深的印象，正是书中鲜活跳荡、生机勃勃的一股沛然之气，恰似盛唐诗歌及气象：将军三箭定天山，壮士长歌入汉关；白日放歌须纵酒，青春作伴好还乡……在作者腾挪激越的文字里，不时插入一句"生气勃勃的共产党人"。这种语句单独看不仅平淡无奇，而且生硬直白，但置于"人民解放"的历史洪流之中，如此表达却显得清新自然，动人心魄！因为，那的确是一个生气勃勃的青春时代，一个"周虽旧邦，其命维新"的新生年代，用经典的《法兰西内战》一书中的理论表述："革命的大扫帚，把所有这些过去时代的残余都扫除干净，这样就从社会基础上清除了那些妨碍建立现代国家大厦这个上层建筑的最后障碍。"②

渡江战役发起后，毛泽东为新华社起草了经典的新闻作品《我30万大军胜利南渡长江》，"长江风平浪静，我军万船齐放，直取对岸"向来脍炙人口，一派谈笑间樯橹灰飞烟灭的英武气象！当时，担负主攻的三野首长粟裕问陈毅，占领南京后，我们应该在广播电台播放什么歌曲呢。陈老总笑道，总不能放《马赛曲》吧。于是，请示周恩来，周又让毛定夺，伟人一锤定音：就放《中国人民解放军进行曲》！为了灌制这首歌曲的唱片，周恩来以三野俘获的一支三十多人的国民党军乐团为基础，又紧急调集东北电影制片厂的一些吹拉弹唱

---

① 张正隆：《枪杆子：1949》，北京，人民出版社，2008，第63页。

② 中共中央编译局编译：《马克思恩格斯文集》第3卷，北京，人民出版社，2009，第151页。

的艺术家，包括陈佩斯的父亲陈强、葛优的父亲葛存壮、吹小号的于洋等，在北平一间四合院录制了第一支军歌唱片。录音的 4 月 20 日，就也成为后来中国电影乐团的诞生日，而同日人民解放军一举突破长江天堑。今天，我们依然可从这支生机勃勃的军歌中，遥想当年的雄姿英发，气宇轩昂。这首常听常新的经典作品，由诗人公木作词，人民音乐家郑律成谱曲，将天翻地覆的 1949 年淋漓尽致地展现出来：向前！向前！向前！我们的队伍向太阳！

在 35 年的军旅生涯中，张正隆不停爬格子，直到爬出"枪杆子"。这位闯关东的山东人后代，"祖辈都在辽东大山里刨梦"，入伍后进入辽东某炮兵团政治处报道组。《枪杆子：1949》及其后记都透着鲜明的记者烙印：

我的作品是用脚写出来的。

这一切，几乎全靠采访、搜集资料……不惜力气采访，占领素材的制高点。

采访过程是高度紧张的过程……这跑那颠不说，边听边记边想，你得不断地思考，提出问题，脑子里的那个车轱辘一刻也不能停歇。

自 1987 年后，我的采访大都是在天南地北的干休所进行的，然后关在家里成一统，用支笔在枪打炮轰的历史中冲杀。连接家与干休所的是车站、机场，连通世界的是《大连晚报》和中央电视台的《新闻联播》。

尤其值得一提、也令人深思的，是他对"现象真实"与"本质真实"的理解：

多好的故事不能编造，每件事都要有出处，还得掂量明白那出处的可信度（如今不负责任的东西挺多）。历史中的新闻很多，你不深入进去就抓不到。同样的故事，最好有几个，选最抓心抓肝、最具震撼力的那个。更重要的是宏观上的把握，即本质的真实。特别是那种通常被几笔带过，或者好像压根儿就未发生过的，舍此历史进程就掉了链子、衔接不上的事情，尤其要小心谨慎，抠准抠细，下足力气。

以延安《解放日报》改版为标志确立的新闻观，既熔铸了马列新闻思想，又凝聚了中共办报理念，既扬弃了近代中国的新闻遗产，又开创了当代中国的新闻格局。其中，唯物史观乃是这一脉新闻传统的根基，如事实是第一位的，新闻或报道是第二位的。唯物史观在讲求实事求是，强调老老实实反映现实之际，注重系统地、全面地、辩证地看待世界、认识社会、把握历史，即本质真实。顺此逻辑，一不小心貌似也容易落入"本质真实"替代"现象真实"的误区，流风所及乃有新闻报道主题先行。"文革"后拨乱反正，新闻界针对本质真实与现象真实的问题展开讨论，虽未形成定论，但现象真实论日益占据主流。应该说，这一反思与反拨起初不无必要与意义，面对"极左"的一些新闻理念与实践，现象真实有助于返璞归真，恢复实事求是的传统，也有益于遵循新闻规律，推进新闻改革以及新闻业发展。不过，新闻学与新闻界一味突出现象真实，而忽略乃至抹杀本质真实，如今看来也颇成问题，而且问题更大。因为，从认识论上看，只讲现象真实而不谈本质真实，实际上也是一种典型的形而上学："它看到一个一个的事物，忘记它们互相间的联系；看到它们的存在，忘记它们的生成和消逝；看到它们的静止，忘记它们的运动；因为它只见树木，不见森林。"（恩格斯）[1] 结果，且不说网上细细碎碎、杂七杂八的信息，即使主流媒体为了专业主义的现象真实，有时絮絮叨叨也常让人不得要领，甚至误国误民。至于市场化媒体，为了收视率、收听率、发行量而越来越汲汲于鸡鸣狗盗，鸡飞狗跳，更是偏离社会历史的本质状态与总体趋势，陷入琐屑无聊的阿猫阿狗，一地鸡毛。由此说来，不顾本质真实而只顾现象真实的所谓新闻报道，与主题先行的"文革"新闻一样，都不可能真切地反映社会人生与历史实践，更不可能科学地解释世界与改变世界。

---

[1]　中共中央编译局编译：《马克思恩格斯文集》第3卷，北京，人民出版社，2009，第540页。

众所周知，唯物史观是一种辩证的认识论与反映论。既坚持现象真实，又注重本质真实，辩证统一地融合二者才是唯物史观及其新闻观的真谛。这个道理有点类似于阐释学的"阐释循环"：要想读懂《红楼梦》，必先了解大观园里一个个具体人物及其身世与性格，而想读懂宝黛爱情及其悲剧等具体人事，又不能不对《红楼梦》的总体环境与社会情景有所把握。如果说，了解具体人事是现象真实，那么把握总体的社会情境则属于本质真实，二者相辅相成，缺一不可。事实上，古今中外的一流新闻人，不管是否懂得或接受唯物史观，其新闻实践往往合乎这一认识论与反映论。或突出现象真实，或高扬本质真实，均属形而上学的思路，就像思想史上的"飞矢不动"等悖论。所谓飞矢不动，是说箭在飞行中，每个瞬间都是静止的，既然每个瞬间是静止的，那么由一个个瞬间连缀而成的飞行过程也该是静止的。这个悖论困扰哲人千百年，直到黑格尔辩证法问世，才算得到科学解答。在黑格尔看来，运动是动静结合、对立统一的辩证过程，只看这一面而不顾另一面，那么就无法理解运动的本质。与此相似，在看待现象真实与本质真实时，也应遵循辩证法，避免形而上学，否则就像列宁所指出的：

> 在社会现象领域，没有哪种方法比胡乱抽出一些个别事实和玩弄实例更普遍、更站不住脚的了。挑选任何例子是毫不费劲的，但这没有任何意义，或者有纯粹消极的意义，因为问题完全在于，每一个别情况都有其具体的历史环境。如果从事实的整体上、从它们的联系中去掌握事实，那么，事实不仅是"顽强的东西"，而且是绝对确凿的证据。如果不是从整体上、不是从联系中去掌握事实，如果事实是零碎的和随意挑出来的，那么它们就只能是一种儿戏，或者连儿戏也不如。[①]

① 列宁：《统计学与社会学》，见《列宁全集》第 28 卷，北京，人民出版社，1990，第 364 页。

　　张正隆的"1949"既掘取了传神的细节、生动的故事、鲜活的场景，又展现了历史的大趋势、大脉络，正如他说的"宏观上的把握，即本质的真实"。相较而言，龙应台的"1949"虽在某些方面触及一些现象，但在本质上却遮蔽事实全貌，扭曲历史真相，如李敖批评的将"残山剩水"弄成"大江大海"，"把鸡毛蒜皮之事，写得天花乱坠；把人间正义之事，转移焦点，李代桃僵"①，结果既唐突历史，又贻笑大方。如今，这种唐突历史之风颇为盛行，而手法恰恰是以儿戏般的"现象"解构历史事实，颠覆人间正义，一方面把哀鸿遍野、炮火连天的旧中国弄得曼妙诗意，一方面又把新中国说得不近人情，就像新中国成立之初的抗美援朝、土地改革和镇压反革命运动，在一片阴阳怪气的解构声中变得漫漶不清，甚至人妖颠倒。举例来说，周立波的经典之作《暴风骤雨》以东北解放区为背景，书写了广大贫苦农民翻身解放、实现耕者有其田梦想的土地改革运动。而 2005 年的一部同名纪录片，则完全颠覆小说《暴风骤雨》的叙事，用小说原型地的农民口述，说明现实中的地主如何勤俭，如何善良，而反衬周立波的小说的荒诞不经。一位年轻学者实在看不下去，站出来说道：

　　　　据我搜集到的两部元宝镇内部资料集（《土改文化第一村》，2003；《从光腚屯到亿元村》，2004）看，小说中所写地主之道德败坏多有真实原型，而资料中所载当地人深陷赤贫的真实痛苦、被地主和"公职人员"欺辱的怨怒、对土地和尊严的渴望，都被导演蒋樾有意识地"疏忽"了。这种做法，粗暴地"斩断"了农民的生活逻辑，仅截取、利用其口述"碎片"，以"证明"导演预设的结论，与底层真正的声音和诉求并无关系。②

　　其实，不用怎么劳心费神，只消翻翻美国记者杰克·贝尔登的新

---

　　①　李敖：《大江大海骗了你》，桃园，成阳出版股份有限公司，2011，第 351－352 页。

　　②　张均：《中国当代文学研究中的口述史料问题》，载《文艺争鸣》2013 年第 6 期。

闻名作《中国震撼世界》（1949），"1949"以及土地改革等真相就一清二楚了，包括现象真实与本质真实。书中第六章"革命的前奏"与第七章"土地与革命"，集中书写了农民与地主的社会矛盾与阶级斗争。如第六章第二节"土地问题"，讲述了诸多不足为奇的黄世仁劣行，以及不算新闻的白毛女故事，就像下面一段描绘：

> 地主仗着自己的权势，任意奸淫村里的妇女，特别是佃户的妻子，更是地主随心所欲玩弄的对象。佃户妻子因为害怕，往往敢怒不敢言。佃户要是反抗，也绝不会有好下场。我在鲁西一个村子里见过一个地主，他经常把佃户支出去干活，然后乘机调戏他的妻子。这位姓李的佃户表示了抗议，于是地主便指使土匪把他绑走了。地主为了掩盖自己的干系，假装请伪军解决这一绑架事件，还代替佃户摆了一次酒席。请看地主有多么狡诈吧。佃户被释放了，感激不尽，向仁慈的地主借钱偿还那顿酒席。当然，利息低不了，佃户还不起债，就把自己那一小块地抵出去了。最后，地主要他把老婆也送去顶债，这一桩事才算了结。①

说来说去，记者也好，文人也罢，有一点妇孺皆知，而且放之四海而皆准，借用林肯的名言：你能永远欺骗一部分人，也能暂时欺骗所有的人，但你不可能永远欺骗所有的人。

（[美]杰克·贝尔登：《中国震撼世界》，邱应觉等译，北京出版社，1980；张正隆：《枪杆子：1949》，人民出版社，2008）

---

① [美]杰克·贝尔登：《中国震撼世界》，邱应觉等译，北京，北京出版社，1980，第184页。

不管风吹浪打

—— 从毛主席横渡长江新闻想到的

有的新闻看似耸动天下而其实稀松平常，有的新闻仿佛平淡无奇而实则意味深长。2013 年夏季，全世界目光都被曝光美国窃听丑闻的斯诺登所吸引，年届八旬的家母也成天为这个美国小伙子的命运唉声叹气："咋办呢？"（其时斯诺登困在莫斯科机场前途未卜）。而同时，7 月 16 日央视《朝闻天下》报道的一则新闻，恐怕未必有多少人留意：《毛泽东 42 次横渡长江，17 次在武汉》。斯诺登确是头号新闻，一人搅得周天寒彻。但静心想想，莫说窃听一类鼠盗狗偷之举，就算践踏他国主权、侵犯他国领土、颠覆他国政府、杀害他国元首，对美国而言有什么稀奇的吗？没有，再正常不过，犹如狗咬人一样正常，相反，如果不这样，反而成为人咬狗的奇闻了。埃及一位将军说得好：有地儿就有中国人，哪儿乱必有美国鬼。斯诺登无非将意料中的公开秘密撕开一角，公之于众罢了。与之相对，7 月 16 日的央视新闻看上去波澜不惊，说开去则耐人寻味：

横渡长江活动的历史可以说长达上千年，最早可追溯到宋朝。但现在人们的记忆最深刻的应该是毛泽东主席畅游长江了。1956 年毛泽东第一次横渡长江，并且写下豪迈的诗句"万里长江横渡，极目楚天舒。不管风吹浪打，胜似闲庭信步。"

1966 年 7 月 16 号，毛泽东以他 73 岁的高龄再次畅游长江，这次他游了一小时零五分钟，畅游长江之后的毛泽东留下了这张著名的照片。这次畅游长江活动得到了广泛报道，7月16号也被确定为毛泽东畅游长江纪念日，以后的数年，这一天被定为全国游泳日，每到这一天，全国众多城市都会举行横渡江河或游泳活动。

这则新闻也勾起自己的回忆。我自小喜爱游泳，一上初中便考取"深水合格证"，迄今已有40多年。这在江南水乡，也许不算什么。但在天山脚下，一年中仅盛夏一两个月能够下水，即便这个季节，水中依然冰冷刺骨，与水相亲的时光可谓屈指可数。由于当年乌鲁木齐只有一两家露天游泳池，为了尽情游水，每到夏季，我们就常去南郊红卫兵水库（今称水上乐园）。红卫兵水库修建于文革初起的1966年，曾见天山网一位记者回忆，谈及自己参加水库建设的情景：每当游览如诗如画的水上乐园，漫步在宏伟壮观的水库大坝时，半个世纪前修建水库的情景便会浮现眼前……

不管风吹浪打，胜似闲庭信步，毛主席的诗句既是游泳运动的生动写照，又是时代精神的凝练体现。一次，乌云浓重，天色阴沉，至少四五级的风横冲直撞，水库浪头翻滚，起伏跌宕，水温骤降，穿一两件厚衣服，还觉凉飕飕的。而我们毅然跃入水中，心中口中念念有词，提气壮胆的就是这句诗。

当年边城少年，只知道毛主席古稀之年横渡长江，烈士暮年，壮心不已，后来才知道1966年7月16日老人家中流击水，原来包含着深刻的象征寓意。他以这一非凡举动，向世界表明他将奋力一搏，展开一场人类历史上前所未有的革命并将革命进行到底。那次畅游长江后不久，无产阶级"文化大革命"就全面爆发，直到十年后毛泽东辞世。这一年的元旦，他写于1965年的《水调歌头·重上井冈山》和《念奴娇·鸟儿问答》公开发表，当天"两报一刊"即《人民日报》《红旗》《解放军报》的元旦社论写道：

这两篇光辉的作品，以高度的革命现实主义和革命浪漫主义相结合的艺术形象，描绘了国内外"天地翻覆"，"旧貌换新颜"的大好形势，歌颂了革命人民"可上九天揽月，可下五洋捉鳖"的英勇气概，揭示了马列主义必胜，修正主义必败的历史规律。

就在填写这两首词的前一年，毛泽东还写下一首气势磅礴的《贺新郎·读史》：

> 人猿相揖别。几个石头磨过，小儿时节。铜铁炉中翻火焰，为问何时猜得，不过几千寒热。人世难逢开口笑，上疆场彼此弯弓月。流遍了，郊原血。

> 一篇读罢头飞雪，但记得斑斑点点，几行陈迹。五帝三皇神圣事，骗了无涯过客。有多少风流人物？盗跖庄蹻流誉后，更陈王奋起挥黄钺。歌未竟，东方白。

一篇读罢头飞雪，上疆场彼此弯弓月。原《解放军报》总编辑杨子才将军盛赞此作"气压万代"，是毛泽东词中的"压卷之作"，读史词中的"千古一篇"：

> 《贺新郎·读史》，在我看来，亦具有三个方面突出的优点。第一，气魄宏大。毛泽东有着开拓万古之心胸，上承苏轼、辛弃疾豪放一派的词风（他自称"偏于豪放，不废婉约"），以熔铸古今的笔墨，把几十万年的社会发展史，写入百余字的词作中，气魄之大，前无古人。读遍唐宋以来前人词作，没有像他这样评说历史的。第二，极具艺术魅力。写作时，毛泽东的形象思维活跃之极，词情极为浓郁炽热。他一生填词30余首，对比之下，其形象思维与情感之浓郁，当以此阕为最。第三，以鲜明的唯物史观，概括一部人类社会发展史。这一点，前人论述已多，不再赘言。然而，此词过分强调阶级斗争，预示了文革风暴将临。[①]

山雨欲来风满楼。文革既不是突如其来的，也不是没头没脑的，更不是领导人异想天开的，虽然毛泽东的毅力、雄心与威信不可忽略，但更不可忽略的是纵横交错的国内外社会背景与环环相扣的历史因缘。而当下流行叙事，大抵延续着文革后的"伤痕文学"，往往以

---

① 杨子才：《一篇读罢头飞雪》，载《北京日报》2008年12月22日。

单面的、漫画的、甚至扭曲的表象为蓝本，形成一种"神话"似的累层记忆，就像学者王炎在《读书》2013 年一篇访谈中批评的：

涉及"文化大革命"的影片，历史也同样被简约为符号和漫画式地再现。影片出现"文革"场面时，永远是忠字舞、红宝书、大串联、大批判、迫害知识分子等，80 年代的"伤痕文学"似乎固定了文革的记忆，将其脸谱化。[①]

好在严肃的探究不绝如缕，即便见仁见智，但都有助于破除此类神话。专治中国思想史的日本学者沟口雄三就认为："促使毛泽东发动'文革'的契机当中存在路线问题和权力问题的确是事实，但这并不是'文革'的本质，仅仅是'文革'的现象。毋宁说，造成这些现象的、中国固有的大同式的近代在历史结构上的种种矛盾才是我们必须透视的。而我认为这才是'文革'的本质所在。"[②] 换言之，探究文革及其本质需要立足唯物史观，突破野史秘闻的套路。

在林林总总探究文革的著述中，香港中文大学政治学教授、清华大学长江学者王绍光的博士论文尤为出色。这篇康奈尔大学的学位论文《超凡领袖的挫败——文化大革命在武汉》 (Failure of Charisma：The Cultural Revolution in Wuhan)，当属文革研究的第一部学术力作，1989 年的初稿有 1200 页，据称是康奈尔大学历史上最长的博士论文。全书以武汉地区为基点，揭示了文革的深刻动因与复杂面貌。为这篇学位论文，作者不仅遍阅当时有关公私文献，1986 年还在武汉图书馆和湖北省图书馆蹲了三个月，而且深度采访了 80 多位亲历者。自序里有段朴实的文字：

亲历者有关文革的中文和外文书已不下上百种，文章更是数以千计。除了少数例外，其作者不外乎两类人，即"旧精英"及其子女，以及"新精英"及其子女。这两类人加在

---

① 西勒博尔曼、王炎：《关于"第三帝国电影业"访谈录（下）》，载《读书》2013 年第 1 期。

② ［日］沟口雄三：《作为方法的中国》，孙军悦译，北京，三联书店，2011，第 30 页。

一起，在中国也只是凤毛麟角，但他们几乎垄断了讲"文革"故事的权利；绝大多数普通中国人的文革"故事"没有人讲，他们自己也没有能力或没有兴趣讲。西方人对文革的印象就是从这些新旧精英的"故事"中得来的。再过几十年，中国人自己关于文革的印象恐怕也只有来自这一小批人的"故事"。

不是说新旧精英及其子女蓄意歪曲历史，正如 Joseph Freeman 所说，"每个人都会歪曲历史，哪怕是他的个人经历。有时，歪曲是有意的；有时，歪曲是无意识的。不管有意还是无意，过往总是被改造用以服务当今。"新旧精英及其子女讲文革故事时往往不吝笔墨大谈自己的伤心往事……重要的是，亿万普通人在文革中既没有遭到迫害，也没有迫害他人，他们的"故事"几乎完全被忽略。①

王绍光教授的论述自属唯物史观的立场、观点和方法，而澳大利亚阿德莱德大学孔子学院院长、中国研究讲座教授高默波，则通过一个农村孩子上世纪七十年代的经验表达了同样的立场、观点和方法：

巴金在《随想录》中曾说，他一听到样板戏就心惊肉跳，成为一种典型的记忆创伤。可是我的记忆恰恰相反，它是我在农村最好的记忆之一。

巴金的经历和我们农村人的不一样。巴金的回忆不但写出来了，而且有很多人读，包括外国人；而农村人一般不写回忆录，不会写，写了也没有人看。于是巴金的回忆就不仅仅是个人的经历，还成了历史；而占中国绝大多数的农村人没有记忆，也没有历史。②

高默波在《高家村——共和国农村生活素描》一书中，更提供了

① 王绍光：《超凡领袖的挫败——文化大革命在武汉》，王红续主译，香港，香港中文大学出版社，2009。

② 高默波：《启程——一个农村孩子关于七十年代的记忆》，见北岛、李陀主编《七十年代》，北京，三联书店，2009，第97—98页。

具体翔实的案例和分析。全书要点曾以《书写历史：高家村》为题，发表在《读书》上，引起知识界广泛关注，《南方周末》还用一整版篇幅，邀请几位文人予以辩驳。按照高默波的经历与看法：

> 在精英们制造的历史中，"文化大革命"是十年浩劫，经济到了崩溃的边缘。可对高家村的农民来说，"文革"却是毛泽东时代的黄金时期。"文革"是教育的最好时期，因为正是在这时高家村第一次办起了一至三年级的小学。于是这个村历史上第一次全部学龄儿童入学。"文革"时也是卫生的最好时期之一，因为赤脚医生制度使农民看病方便且便宜。血吸虫病第一次有效地得到了控制，婴儿死亡率第一次大大地下降，人均寿命大幅度提高。对精英来说，"文革"使中国变成了文化沙漠。但对高家村一带的农村来说，"文革"是当地文化的史无前例的最好时期，因为农民把样板戏翻了个版，用本地的传统曲子和语言来改造样板戏，并自己登台表演。他们自编自导自演自己设计服装，以前所未有的热情来丰富当地的文化生活。村民也能第一次参加有组织的体育活动。村与村的年轻人组织篮球之类的体育比赛，这也是史无前例的。①

另外，王蒙的"在伊犁"（1984），韩少功的《马桥词典》（1996）、《日夜书》（2013），林白的《致一九七五》（(2007)，曹征路的《民主课》（2013）等文学作品，也真切展现了那个年代的冰山一角。上述严肃文字自然各有千秋，不无启发，但拜读《德国农民战争》，马克思对闵采尔的一段分析使人更有所悟："他所代表的阶级刚刚处于形成阶段，还远远没有得到充分的发展，也远远没有具备征服和改造整个社会的能力。他所幻想的那种社会变革，在当时的物质条件下还缺乏基础，这些物质条件甚至正在孕育产生一种同他所梦想的社会制度恰恰相反的社会制度。……闵采尔本人似乎也感觉到了他的

---

① 高默波：《书写历史：高家村》，载《读书》2001年第1期。

理论同他所直接面临的现实之间有一条鸿沟；他的天才观点在他的大批拥护者的愚钝的头脑中越遭到歪曲，这条鸿沟就越明显地呈现在他的面前。"①

迄今为止，关于文革及其前因后果，最具权威的当属建党六十周年前夕中共中央《关于建国以来党的若干历史问题的决议》（1981）。这份经过反复酝酿，充分讨论，汇集党内外各方意见与智慧的历史文献，对文革以及毛泽东作了实事求是的分析与评价。这份中共历史上两个里程碑的决议之一（另一个是延安时代中共七大前夕的《关于若干历史问题的决议》），自始至终都由邓小平一手负责，胡耀邦、胡乔木、邓力群等组成高规格写作班子。邓小平还多次召集大家谈话，不厌其烦地强调，决议第一位的任务是树立毛泽东和毛泽东思想的历史地位，"这个问题写不好，决议宁可不写"②。在决议的起草与修改过程中，他多次强调：

确立毛泽东同志的历史地位，坚持和发展毛泽东思想。这是最核心的一条。

我们能够取得现在这样的成就，都是同中国共产党的领导、同毛泽东同志的领导分不开的。恰恰在这个问题上，我们的许多青年缺乏了解。

不把毛泽东思想，即经过实践检验证明是正确的、应该作为我们今后工作指南的东西，写到决议里去，我们过去和今后进行的革命、建设的份量，它的历史意义，都要削弱。不写或不坚持毛泽东思想，我们要犯历史性的大错误。③

事实证明，这个决议无论当年还是现在都站得住脚，从而印证了邓小平在通过这一决议的十一届六中全会闭幕会上说的："相信这个

---

① 中共中央编译局编译：《马克思恩格斯文集》第 2 卷，北京，人民出版社，2009，第 304－305 页。

② 中共中央文献研究室编：《邓小平年谱（一九七五——一九九七）》（下），北京，中央文献出版社，2004，第 721 页。

③ 中共中央文献研究室：《关于建国以来党的若干历史问题的决议注释本》，北京，人民出版社，1983，第 73 页、83 页、第 85 页。

决议能够经得住历史考验。"① 其中三点权威概括——实事求是、群众路线、独立自主，在伟人诞辰 120 周年纪念讲话中，习近平再次予以重申与阐发，并引述邓小平的话说："毛泽东思想这个旗帜丢不得，丢掉了实际上就否定了我们党的光辉历史；任何时候都不能动摇高举毛泽东思想旗帜的原则，我们将永远高举毛泽东思想的旗帜前进。"相信只要认真研读这份文献，许多模糊的、想当然的、似是而非的认识就会少一些，至少可以明了文革为什么定性为"内乱"而非坊间人云亦云的"浩劫"。

此外，有三部新闻文本是我常推荐的：一是 1972 年意大利现实主义导演安东尼奥尼，应周恩来总理邀请拍摄的纪录片《中国》；二是 2008 年《北京日报》记者李洪砚的新闻报道《赤脚医生——20 世纪中国的温暖记忆》；三是 2006 年武汉学者马社香的著作《前奏：毛泽东 1965 年重上井冈山》。虽说三个文本难免"管窥蠡测"，但都有助于破除僵化或扭曲的思路，诸如"一个人发动几个人利用数亿人被愚弄"，从而有助于一种常态化而非漫画化甚至妖魔化的历史认识与价值判断。安东尼奥尼的纪录片《中国》早就风行世界，不需多说，每次播放给清华学子时，大家都不胜诧异：原来文革同他们的想象如此不同。李洪砚的《赤脚医生——20 世纪中国的温暖记忆》，属于新世纪以来可以传世的新闻佳作，并收入自己主编的《中国新闻社会史文选》（清华大学出版社 2009 年）。这篇报道的水平与价值丝毫不逊色于有关专题研究与学术著述，曾被《新华文摘》转载，不过删去了副标题"20 世纪中国的温暖记忆"，其中最后一段文字令人不由心生暖意："'赤脚医生'已成为一个历史名词。但是，田间地头那个深棕色的药箱，拉着家常在炕头看病的情景，已成为对于那个年代的一段温暖记忆。"马社香的《前奏：毛泽东 1965 年重上井冈山》之所以归入新闻文本，是因为这部学术著述完全采用新闻手法，从资料采集到内容书写，都颇似斯诺的《西行漫记》、索尔兹伯里的《长征——前

---

① 《邓小平文选》第 2 卷，北京，人民出版社，1994，第 383 页。

所未闻的故事》等新闻经典，看看书中标题即知大概：1965 年 3 月
毛泽东下榻武汉梅岭；1965 年 4 月梅岭异峰迭起；毛泽东长沙九所
等待 22 天；5 月 22 日昔日战地巡礼；下榻井冈山宾馆的珍闻；毛泽
东井冈山上不寻常的散步；毛泽东重上井冈山强调的真理和革命传
统；毛泽东重上井冈山余韵……

　　1965 年即文革前一年的 3 月 16 日，毛泽东从北京到武昌，44 天
后前往长沙，5 月 21 日再从长沙出发，沿着 1927 年秋收起义的路线
重上井冈山。当年，他曾写下一首《西江月·井冈山》：敌军围困万
千重，我自岿然不动。时隔三十八年，多少思绪，多少感念，无不融
入一首《水调歌头·重上井冈山》：

　　久有凌云志，重上井冈山。千里来寻故地，旧貌变新
颜。到处莺歌燕舞，更有潺潺流水，高路入云端。过了黄洋
界，险处不须看。

　　风雷动，旌旗奋，是人寰。三十八年过去，弹指一挥
间。可上九天揽月，可下五洋捉鳖，谈笑凯歌还。世上无难
事，只要肯登攀。

　　这首诗作发表于 1976 年，30 年后的 2006 年，马社香历经三个
酷暑，自费寻访毛泽东重上井冈山的足迹，采访了近百位接触过毛泽
东的亲历者与知情者，包括中央及省部级领导、警卫员、护士、司
机、厨师、服务员等，以大量的细节和细腻的笔触生动还原了毛泽东
重上井冈山的所思所言，同时辅以国内外的历史背景与时代风云，展
现了当时他的一系列思想端倪，探寻了他为何不惜一切代价，准备发
动一场上层建筑领域革命的深刻而复杂的初衷。后记里，作者饱蘸深
情而满怀忧思地写道：

　　"久有凌云志，重上井冈山"，毛泽东为什么将 1965 年
重上井冈山看得如此高远，如此重要？

　　1976 年他做了回答："我一生干了两件事，一是和蒋介
石斗了那么几十年，把他赶到那么几个小岛上去了……另一
件事你们都知道，就是发动'文化大革命'。"这两件事都与

毛泽东二上井冈山有关。1927 年，毛泽东领导秋收起义队伍一上井冈山，艰苦卓绝，建立了第一个革命根据地，开创了我党武装夺取政权的道路，蒋介石就是被这条越走越宽的道路赶到了"几个小岛"上。1965 年，毛泽东带着党内外一些重大问题重上井冈山，在山上所思、所言、所行，酝酿在上层建筑领域进行一次深入改革，希望以井冈山革命精神建设我们的党、军队、文艺和卫生队伍；以井冈山革命精神支撑中华民族的胸膛和脊梁，彻底改变中国，影响世界。这就是毛泽东重上井冈山的凌云壮志和初衷，也是这部书稿力图真实反映的一切。

　　毛泽东重上井冈山转眼 41 年过去了。翠冈依旧，红星闪闪，井冈山革命精神在一些青年人中似乎被淡漠许多，毛泽东当年担忧的党内少数人的特权、腐化问题似乎更加严重，国际环境日见复杂，中国前进道路怎么走？近年党中央大力提倡开展革命传统教育，永远的丰碑、红色记忆、红色旅游如雨后春笋。毛泽东深邃的目光和无数革命先烈殷切的眼神交织在一起，它穿越了历史转型，洞穿了民族奋进曲折之劣根……①

正是在这次井冈山之行中，毛泽东对随同上山的张平化，说了一番感人良深并广为流传的心里话。张时任湖南省委第一书记，文革后出任中宣部部长。

　　照完相后，湖南小车队各就各位，准备下山。谁也想不到毛泽东此时走下宾馆台阶，随着发动的小车，一步又一步随车走起来，老人家要步送湖南同志下山。张平化赶紧下车，请主席回房休息，老人家办公一夜还没有睡觉，我们谁能担当得起主席的步送。

---

① 马社香：《前奏：毛泽东 1965 年重上井冈山》，北京，当代中国出版社，2006，第 239－240 页。

只听主席说："你们这么多人那么远送我上井冈山，我走几步送送你们，有什么不行？快上车吧。"

张平化知道再说也没有用，他含着激动的泪花，说了声"请主席保重！"却又迟迟舍不得上车。毛主席大声地问：你是没有忘记专列上我的许诺吧。我为什么把包产到户看得那么严重，中国是个农业大国，农村所有制的基础如果一变，我国以集体经济为服务对象的工业基础就会动摇，工业产品卖给谁嘛！工业公有制有一天也会变。两极分化快得很，帝国主义从存在的第一天起，就对中国这个大市场弱肉强食，今天他们在各个领域更是有优势，内外一夹攻，到时候我们共产党怎么保护老百姓的利益，保护工人、农民的利益?！怎么保护和发展自己民族的工商业，加强国防?！中国是个大国、穷国，帝国主义会让中国真正富强吗，那别人靠什么耀武扬威?！仰人鼻息，我们这个国家就不安稳了。张平化激动地望着毛主席。大声地说："主席，我懂了。"①

这番肺腑之言让人不由想起中国共产党成立 90 周年之际，时任上海市委书记的政治局委员俞正声在上海交通大学上的一堂学生党课，其中也谈及毛泽东与文革：我认为他搞文化大革命，是真真切切地感觉到，我们国家不能简单地发展生产，要防止新生资产阶级的出现，防止工人农民重新沦为社会的底层，他的动机是无可厚非的。俞正声的中学同学，原中信集团董事长、党委书记孔丹，是文革的重要亲历者之一，他的父亲孔原延安时期曾与邓小平一同举办婚礼，母亲建国后与习仲勋共事（一是国务院秘书长，一是副秘书长），文革初期自杀身亡。关于文革，孔丹同俞正声所见略同：

毛泽东主席当年为什么对八级工资制、资产阶级法权那么敏感？我们不能否定他还是站在战略的高度在警惕我们的

---

① 马社香：《前奏：毛泽东 1965 年重上井冈山》，北京，当代中国出版社，2006，第 150—151 页。

党会不会发生变质。他不希望中国共产党成为当时已经发生变化了的苏联共产党。但是我们今天看到了什么？腐败已经到了登峰造极的程度。这在我们上一代人的眼里是不可想象的事！他们走的时候是两袖清风，没有任何个人的私念，他们希望的是我们能继续走为全体人民的社会主义道路，不是为了自己发财致富。如果我们的共产党背离了这个宗旨，口是心非了，那就危险了。现在历史选择了这一代领导人，以习近平同志为总书记的领导集体，领悟了上一代人的思想，明白了上一代人的政治交代是什么。这就是要把我们这个庞大的八千万党员的队伍搞好，要牢固地树立我们党的宗旨！①

确实，十八大以来，国家政治生活出现诸多有目共睹的新气象，包括习近平提出两个三十年不能"互相否定"、重申"两个务必"与"进京赶考"、推进"四个全面"与"三严三实"，以及开展党的群众路线教育实践活动等，政治面貌焕然一新，人民群众欢欣鼓舞，用毛泽东在《新民主主义论》中的描绘，"全国人民有一种欣欣向荣的气象，大家以为有了出路，愁眉锁眼的姿态为之一扫"。2016 年农历小年的第二天，习近平三上井冈山，与革命老区干部群众共度新年，而其中的政治意味一目了然。共产党如果始终保持"井冈山"的政治本色，始终同最广大人民群众站在一起，全心全意为人民服务，那么任何内外势力都不可能撼动人民共和国的江山社稷：早已森严壁垒，更加众志成城；不管风吹浪打，胜似闲庭信步。否则，苏联覆辙殷鉴不远，而毛泽东的殷忧以及文革的代价也就真的付之东流了：

我们今天在"一心一意发展经济"的同时，如果不重视社会关系的调整，如果不重视文化意识形态和政治建设，如果酿成严重的社会对立和促发严重的社会矛盾，那么，这也

① 刘江南整理：孔丹《难得本色任天然》读书会摘要，载《参阅文稿》2014 年 3 月 14 日。

同样是一种形而上学，而且那就恰恰意味着，我们没有真正从"文化大革命"中汲取深刻教训。①

这也是我由"毛主席横渡长江"的新闻想到的。

（〔美〕罗斯·特里尔：《毛泽东传》，胡为雄等译，中国人民大学出版社，2006；中共中央文献研究室编：《毛泽东年谱（一九四九——一九七六）》，中央文献出版社，2013）

---

① 韩毓海：《马克思的事业：从布鲁塞尔到北京》，北京，中国人民大学出版社，2012，第283页。

边疆，边疆！

　　上世纪六十年代初，美国战后年轻而短命的总统肯尼迪，上台伊始提出一个浪漫诱人的施政纲领——新边疆。而当美国雄心勃勃酝酿新边疆、开拓新边疆之际，新中国五六十年代也搅动风起云涌的边疆热潮，一批批心怀理想、怀揣梦想的年轻人，纷纷响应号召，"到边疆去，到祖国最需要的地方去"，一时间热流旋转，蔚然成风。夜阑卧听风吹雨，铁马冰河入梦来，曾激荡着一代中国人的强国梦、英雄梦，就像荣膺两弹一星元勋的科学家投身戈壁大漠，隐姓埋名，建功立业。数千万知识青年上山下乡运动，更使边疆热潮汹涌澎湃，波及广泛。2007年中国教育电视台历时10年制作的纪录片《迁徙的人》，怀着对当年建设者、创业者的敬意，以新疆建设兵团屯垦戍边、三线建设、大庆油田开发、知识青年上山下乡为线索，大开大合地展现了这一波涌浪翻的边疆图景，为历史留下一笔气象万千的书写，也让人真切领略了"与天下共命运、与人民同呼吸"的记者情怀。

　　提起边疆，"关内"之人难免产生昭君出塞满目荒凉的塞外印象，仿佛"关外"之人憧憬春草绿色春水碧波的江南风光。这种心态不足为怪，因为，"农耕文明区的统治者基于农耕文化的优越感，审视边疆，并由此塑造了具有诸多负面信息的边疆'地域形象'。主要表现如下：一是荒僻、旷远。二是地贫民穷。三是边疆少数民族习俗鄙陋，野蛮愚昧。四是自然环境极度恶劣，不宜人居。"① 自古及今塞外边疆在诗人的吟咏中，更是早已凝成"瀚海阑干百丈冰，愁云惨淡万里凝"的景象，演为"一去紫台连朔漠，独留青冢向黄昏"的传说。唐代诗人李颀的《古从军行》最为典型：

> 白日登山望烽火，黄昏饮马傍交河。
>
> 行人刁斗风沙暗，公主琵琶幽怨多。
>
> 野云万里无城郭，雨雪纷纷连大漠。
>
> 胡雁哀鸣夜夜飞，胡儿眼泪双双落。

当代"新边塞诗"代表、新疆诗人周涛，在《这是一块偏心的版图》中又用现代诗心演绎了怅望千秋一洒泪的边疆情结：

> 若干世纪以来所发生的事情
>
> 都在证明这家族的分配不均
>
> 多山的北方多高原的北方多雪的北方
>
> 用脚掌暖化冰雪却无奈它向东倾注的北方
>
> 眼见那河流在南方养育三角洲
>
> 却在北方用中原菌生群雄并起的纷争
>
> 北方坐在马鞍上透过风扬的黑鬃俯视河水
>
> 听远行的商旅带来的秦淮河传说
>
> 满地珠宝城廓，十万富贵人家
>
> 楼头有红衣女倚栏拨琴低唱
>
> 便对这偏心的版图产生妒恨和野心
>
> ……
>
> 三千年不息的内战证明这版图的偏心
>
> ——偌大的中国东南倾斜而失去平衡

一块偏心的版图——不仅是诗人的奇思妙想，更是中国人文地理与社会历史的生动意象。偌大的中国一旦东南倾斜而失去平衡，烽烟

---

① 刘祥学：《地域形象与中国古代边疆的经略》，载《中国史研究》2014年第3期。

滚滚的历史便重复上演——黄河粗野的浪头就从血脉中腾起，躁动的马蹄又叩响长城……也许，通晓古典谙熟历史的毛泽东，1936 年站在茫茫黄土高原，吟咏北国风光，放眼大河上下，长城内外，遥想秦皇汉武，唐宗宋祖，已在谋划未来"全国一盘棋"，酝酿 20 年后系统阐述的中央与地方、沿海与内地、汉族与少数民族等十大关系。他在延安窑洞与两位中外记者的开怀畅叙，在新闻史上留下一段佳话。而两位记者的成名作，无不专注西部，凝眸边疆：一为范长江的《中国的西北角》，一为斯诺的《西行漫记》①。范长江的塞上行，还随身携带着一部中国人文地理的皇皇巨著——顾祖禹《读史方舆纪要》。无论上述联想是否在理，反正后来解放大军一路挺进之际，兵锋直抵天山、昆仑山、喜马拉雅山，就像《中国人民解放军进行曲》唱的：同志们整齐步伐奔赴解放的战场，同志们整齐步伐奔赴祖国的边疆……家父所属第一野战军当年就唱着这首军歌，涉流沙，越戈壁，车辚辚，马萧萧，将五星红旗插向了千里冰封万里雪飘的天山南北。

新中国成立后，山河破碎的历史终结，国将不国的局面结束，边疆地区也迎来和平安宁的新时代，民族关系从此进入万方乐奏有于阗的新社会。在我儿时印象里，同学伙伴中不乏回族、蒙古族、维吾尔族、哈萨克族、俄罗斯族等，大家一起嬉戏游玩，亲如兄弟，除服饰、习俗等五花八门，从来没有意识到什么"族裔"。成人之间，同样诚心相待，没有任何隔阂，与其说有什么民族差异，不如说同属劳动者、建设者和人民共和国的主人翁。这一和谐安宁、民族团结的新局面当然不会自然而然出现，而是一方面契合着政治学者王绍光教授所论中国政治的天道、仁道与治道，一方面来自新中国边疆与民族的一整套路线方针和政策策略，如大小民族一律平等，民族区域自治制度，人民主体建构的普遍政治身份，生产建设兵团屯垦戍边，开发边疆、建设边疆、保卫边疆的汹涌热潮，甚至边疆工资待遇大大高出内

---

① 方汉奇先生惠顾拙文后，又提到两部颇具历史蕴含与象征意味的同类名作：记者萨空了的《从香港到新疆》（1939）与作家茅盾的《白杨礼赞》（1941）。

地等"隐情"。原中国驻纽约总领事馆侨务领事、藏学家仁真洛色，
2011年在《如何跟西方人讲清西藏问题》一文中写道：

> 1959年后，一大批优秀的汉族教师、医生、畜牧兽医
> 师及其他受过高等教育的专业人员被派入藏区工作，他们的
> 到来使从我父辈开始的绝大多数藏人都有机会接触到现代教
> 育、医疗，开始学习并参与到地方管理和建设的各项事务。
> 我个人的成长就受益于这些做出个人牺牲来到边远山区的汉
> 人老师，我今天所有的一切，都归功于当时政府的政策。因
> 此，批评那些政策，对我这样的藏人来说，是不公平的。相
> 反，正是毛泽东时代以后，那些献身藏区的教师和专业人员
> 大批离开，才造成了今天那些边远和贫穷藏区的诸多现实
> 问题。①

这里特别值得我们关注的是，新中国成立后，国家大力发掘、全
面扶植少数民族文化，涌现了一大批边疆与民族题材的优秀作品，如
小说、诗歌、散文、戏剧、绘画、舞蹈、电影、纪录片等，琳琅满
目，缤纷绚烂。原复旦大学新闻学院吕新雨教授指导王华博士（现山
东大学新闻系副教授）的学位论文，对前30年少数民族纪录片作了
专题探究（后30年相关研究正在进行），揭示了诸多鲜为人知的历史
与作品，令人亦惊亦叹。至于新华社新疆分社社长、诗人闻捷的《吐
鲁番情歌》，贺敬之的代表作《桂林山水歌》，声乐作品《我们新疆好
地方》《草原之夜》《敖包相会》《克拉玛依之歌》《康定情歌》《世世
代代铭记毛主席的恩情》《走上这高高的兴安岭》《草原上升起不落的
太阳》，以及翻身农奴才旦卓玛演唱的《北京的金山上》、满族歌唱家
胡松华为音乐舞蹈史诗《东方红》谱唱的《赞歌》，器乐作品《帕米
尔的春天》《嘎达梅林》《草原英雄小姐妹》《阳光照耀塔什库尔干》
《瑶族舞曲》《北京喜讯到边寨》，电影《五朵金花》《刘三姐》《阿诗
玛》《山间铃响马帮来》《冰山上的来客》等更是脍炙人口，广为流

---

① 仁真洛色：《如何跟西方人讲清西藏问题》，载《领导者》2011年总第39期。

传，成为新中国新文化举不胜举美不胜收的经典，影响所及，不绝如缕，如60后画家林文德的追忆："电影《冰山上的来客》，一下子抓住了我，让我难以忘怀，影响了我一辈子。帕米尔高原的美丽风光，塔吉克族的风情，让我无比向往。不管是唯美的画面，还是载歌载舞的民族舞蹈，都镌刻在我的脑海里，也培育了我最初的审美意识和审美情趣。"[1] 清华大学汪晖教授就拉萨"3·14"事件撰写的《东西之间的"西藏问题"》，更对此作了深入的历史考察和理论分析：

> 上世纪50－80年代，民族题材的文学、音乐、美术、戏剧、电影和其他文化创作中，少数民族文化始终居于极其重要的地位。值得注意的是，在这个时代，国家的少数民族文化政策不仅体现在对西藏、蒙古和其他少数民族史诗、民间音乐与文学及其他文化遗产的整理和保护，而且更体现在对于一种新的政治身份和文化身份的创造。[2]

如果说创造新的、普遍的政治身份是新中国边疆民族文化的共性，那么"每日都能干预运动，能够成为运动的喉舌，能够反映出当前的整个局势，能够使人民和人民的日刊发生不断的、生动活泼的联系"[3]的新闻工作，则更是日复一日塑造着、影响着这种新的政治认同，为新中国新边疆及其繁荣发展作出无可估量的贡献。与此相应，也涌现一大批致力于边疆报道的出色记者，如1992年就任新华社社长的原西藏分社记者郭超人，以采写西南少数民族知名的新华社记者黄昌禄等。1956年，作为院系调整后北京大学新闻专业的首届毕业生，郭超人志愿去西藏工作，于是赶上百万农奴翻身解放、西藏民主改革、中国登山队首次登顶珠穆朗玛峰等重大事件，采写了一篇篇载诸史册的新闻报道。与此同时，黄昌禄也主动放弃了北京的工作机会

---

[1]　林文德：《笔绘南疆风情》，载《光明日报》2015年2月1日。

[2]　汪晖：《东西之间的"西藏问题"（外二篇）》，北京，三联书店，2011，第118－119页。

[3]　马克思、恩格斯：《〈新莱茵报·政治经济评论〉出版启事》，见《马克思恩格斯全集》第10卷，北京，人民出版社，1998，第115页。

和条件，长期深入西南地区采访报道，不仅见证了少数民族走向新生的历史，而且同当地人民建立了深厚的民族感情。尤其"用5400多字就简要而生动地写出了苦聪人的历史性巨变"的新闻名篇《苦聪人有了太阳》，笔力遒劲，情深意长，既对一个鲜为人知的民族及其苦难作了细致生动报道，又以饱蘸深情富于思索的笔触揭示了重大社会政治命题：

> 为了找寻一个被旧时代遗弃了的人口很少很少的兄弟民族，我们的党和人民政府先后花了5年时间，付出了多么大的代价！我们其他民族的同志们一批接一批地来到深山密林，历尽了多少艰苦！这里我不禁想起了世界上其他一些少数民族的命运。你们一定知道在北美洲的原始森林里，200年前本来住着一种红皮肤的印第安人，英、法、荷的殖民主义者为了掠夺这块土地，残酷地屠杀他们。后来美国政府又派了一支人马去找寻他们，但这些人并不是去做好事，而是对印第安人进行穷追猛杀。最后，这个地区的印第安人几乎被消灭了。我们的苦聪兄弟，因为生活在社会主义的祖国，他们不仅避免了印第安人的悲剧，而且正在以社会发展史上找不到的速度，追赶着先进的兄弟民族。①

此类文字同《西藏木犁即将绝迹》（郭超人）、《通天河上的悲欢——一位藏族老艄公30年生活的变迁》（赵淮青）等经典报道交相辉映，不仅全面介入并推动了社会政治的历史性变革，而且也真实切入并触及了学界孜孜以求的思想性命题。北京大学强世功教授的学术论述，同这些新闻报道如出一辙：

> 正是"平等"这个概念所提供的正义原则，帮助中国乃至所有殖民地和半殖民地的人民争取到国家独立和人民解放。……正是基于大小民族一律"平等"的正义原则，并肯

---

① 黄昌禄：《苦聪人有了太阳》，新华社昆明1959年9月19日电；转引自南振中主编：《新华社70年新闻作品选集（1931—2001）》，北京，新华出版社，2001，131页。

定各民族在共同缔造中华文明历史中的主体地位，以及由此形成的中华民族的统一原则，新中国成立以后，中央放弃了"改土归流"的现代化方案，尤其是用汉族文化同化少数民族文化的大汉族主义，回到了中华民族多民族和平共处的历史传统上，从而针对多民族"大聚居、小杂居"的历史现实，采取了民族识别和民族区域自治的思路。由此，包括中国藏人在内的各少数民族幸运地避免了北美印第安人颠沛流离的悲惨命运。[①]

平等、自由、民主及对各族人民及其文化"发自内心的尊重"，既是社会主义的题中之意，也是新中国的立国原则，而这一切生动凝结于那句深入人心的新词汇——翻身解放。有个颇具代表性的例子是，上世纪80年代后由于相继出版三本书而成为新疆分裂主义思想代表的吐尔贡·阿勒玛斯：

> 在上世纪50年代，却成了具有代表性的新中国维吾尔作家，他的中篇小说《红旗》还获得过1955年新疆文学创作一等奖。他也曾在诗作中这样深情地向党致意：
>
> > 共产党啊！请你接受我的敬意，
> >
> > 这敬意来自人民的心里，
> >
> > 任何东西都不能冲淡我的信念，
> >
> > 我的情感的火焰早在我心里点燃，
> >
> > 人民从心里迸发出来的爱情，
> >
> > 像一片无边翻滚的浪涛……
>
> 这显然不是出于政治高压的违心之词，而是当时的国家意识形态阶段性成功的体现。新中国通过社会主义革命、民族团结、民族平等的阶级话语系统，将分离性的"三区革命"整合到了中国革命历史中，整合了具有独立性的维吾尔

---

① 强世功：《中国香港：政治与文化的视野》，北京，三联书店，2010年，第144—171页。

民族主义意识形态，不仅使一般维吾尔人，也使得阿勒玛斯
这个始终的"维吾尔革命斗士"，切实感觉到了胜利的喜悦，
解放的欢欣；他深情地邀请国际友人访问"我的国家"，告
诉他们将会在"到北京的沿途上"，"看到多少童话里才有的
绿洲、园林"。①

　　60多年来，不管中国社会发生怎样巨变，大政方针出现几多调
整，社会主义的精神血统始终如一，并贯穿于文化事业与新闻事业。
即便当代边疆与民族题材作品已经不可同日而语，但巍峨挺秀之作依
然起伏连绵。诗歌上的昌耀、周涛等，都达到现代诗的新高度。小说
中老作家王蒙及其短篇小说《在伊犁》系列和"文革"中的长篇小说
《这边风景》，新生代张承志的《心灵史》、阿来的《尘埃落定》、范稳
的《水乳大地》、刘亮程的《凿空》、红柯的《西去的骑手》等，同样
居于当代文坛的青藏高原。在我看来，王蒙创作旺盛，作品等身，但
最终流传于世，能为一代代读者喜闻乐见的经典，恐怕还属当年西出
阳关，落户伊犁，在精彩绝伦的边疆文化与生活滋润中酝酿的佳构
——《在伊犁》。《这边风景》获得茅盾文学奖，想来也有这层原因
吧。2011年，王蒙将其新疆作品汇编为《你好，新疆》（其中精华正
是《在伊犁》），自序《永忆新疆》读来令人动容，荡气回肠：

　　　　我与维吾尔等各族农民、与铁依甫江等各族知识分子，
结下了深厚的友谊。我们同室而眠，同桌而餐，有酒同歌，
有诗同吟。我们将心比心，相濡以沫，情如手足，感同一
体。我学会了维吾尔语，阅读了不少维吾尔文书籍。……新
疆留给我的有艰难、有曲折、有沉重，同时也有青春、有友
谊、有新鲜的知识与多彩的生活经验，尤其是从不同的民族
的文化与风习中获得的灵感与启示。世界是多么广大！祖国
是多么辉煌！文化是多么多彩！人心应该有多么包容！在新

---

① 姚新勇：《"大维吾尔文明"的穿越抑或建构？——吐尔贡·阿勒玛斯的"三本
书"及其批判》，载《二十一世纪》2014年10月号。

疆的记忆令我激动，令我回忆起人生最最珍贵的一切，超过了个人遭际的是真情、是善良、是质朴，也是共同的命运与共同的心田。我永远感念祖祖辈辈生活在伟大祖国西陲的各族友人，是的，谁也离不开谁。

众所周知，中国新闻学发轫于五四，北京大学新闻学研究会向称摇篮并成就了一批闻人，如以教师与记者为倾心职业的毛泽东、长期担任北京大学中文系系主任的杨晦等。杨晦的公子杨镰教授，与北京大学王辑思教授（王力哲嗣）、清华大学冯象教授（冯契哲嗣）等，堪称"学二代"。"文化大革命"期间，当习近平以及原浙江大学校长杨卫院士、原北京师范大学校长钟秉林教授等，作为知识青年来到陕北延川县上山下乡时，杨镰也前往新疆哈密的伊吾军马场，接受"再教育"，从此与边疆结缘，最终成长为新一代边疆史地专家。新中国成立60周年之际，他主编的一套"西域探险考察大系"在新疆人民出版社付梓，精选30余种中外名著，包罗广泛，蔚为大观。对关注与熟悉边疆的人来说，仅看这些书名就不胜心往神驰了：《新疆游记》（谢彬）、《亲历西北》（林竞）、《我的探险生涯》（斯文赫定）、《斯坦因西域考古记》……

在这套丛书里，有一部记者之作让人刮目相看，这就是储安平与浦熙修的《新疆新观察》。储安平（1909—1966?），江苏宜兴人，1932年毕业于上海光华大学，曾任《中央日报》编辑，1946年创办《观察》周刊，风行一时，后被查封。新中国成立后，《观察》复刊，更名《新观察》，储安平仍为主编。1957年，又任《光明日报》总编辑，在反右运动中，与章伯钧、罗隆基等成为迄未平反的五大右派。浦熙修（1910—1970），上海嘉定人。1933年毕业于北京师范大学中国文学系，《新民报》与《文汇报》的名记者，抗战期间，与彭子冈、杨刚、戈扬并称新闻界"四大名旦"。建国后，一度担任《文汇报》副总编辑兼北京办事处主任。1957年7月1日，《人民日报》发表毛泽东定稿的社论《〈文汇报〉的资产阶级方向应当批判》，浦熙修受到公开的点名批判，与《文汇报》的徐铸成、《中国青年报》的刘宾雁

等同为新闻界知名"右派"。为此，如今提到储安平与浦熙修似乎总
不离政治运动，单一乃至僵化的思路更是始终专注于新政权与士大夫
的"爱恨情仇"，一位青年学者发现："中国当代史（社会主义）主要
不是在政权与知识分子的关系上展开的，但学界却以知识阶层特定的
历史经验与现实认知作为依据，'构造'了中国当代史。但对此高度
复杂的历史，启蒙主义只愿以知识阶层在新社会的'贱民'经历作为
历史讲述的唯一标准，而对新政权在完整工业体系建设、农田水利建
设、全民普及教育、农村医疗等方面的切实功绩缺乏'敏感'。"① 其
实，同样也对边疆与民族问题缺乏"敏感"，除了"夹皮沟故事""往
事不觉如烟""一封朝奏九重天，夕贬潮阳路八千"。翻阅《新疆新观
察》，则有助于破解这些日益偏颇的思路和话语，从中既可以一窥新
边疆新面貌，更能感悟这些半生潦倒未展眉的新闻人鲜为人知的心路
历程。

　　50 年代初期，储安平以人大代表、《新观察》特派记者身份，到
全国各地视察采访，并深入天山南北，写出一篇篇活泼泼的新闻报
道，先后刊发于《人民日报》《新观察》《旅行家》等报刊，时间从
1954 年到 1956 年。后来，作家出版社将其精选集《新疆新面貌——
新疆旅行通讯集》印行，新书刚上架，储安平即成右派，这部别开生
面的新闻作品也就销声匿迹了。与此相似，浦熙修以《文汇报》记者
身份，深入塔里木采访报道，"成为 1949 年新疆和平解放之后，较早
进入新疆的、来自北京的新闻工作者"（杨镰）。1953 年，平明出版
社将这些报道结为一集，出版了《新疆纪行》，后来自然也桃花流水
窅然去了。杨镰整理的《新疆新观察》，即将储安平的《新疆新面貌》
与浦熙修的《新疆纪行》合为一书。习惯坊间悲情故事的读者，在
《新疆新观察》里将看到一个焕然不同的储安平和浦熙修，他们的心
胸与情怀都仿佛随着天辽地阔的边疆而为之一变。储安平的《新疆好

---

　　① 张均：《"十七年"文学报刊研究的方法论反思》，载《文学研究》2013 年第 7
期。

地方》，开篇就展现了一种沉雄恢宏的万千气象：

一提起新疆，人们便会有各种不同的想法。天山、昆仑山、阿尔泰山这些巍峨的名字，给人们以一种无限高大无限雄伟的感觉；古尔班通古特大沙漠、塔克拉玛干大沙漠以及苇湖碱滩这些字眼，又使人们掀引起一种荒野冷峻的情绪。这一年多，我在这一大片土地上漫游，看到那亘古不化的雪峰、葱郁深邃的林色、水天相接的湖景，以及远远看来永远像一片浩瀚的海洋似的平原，心胸开放，意气豪迈。就在这土地上、山岭间、湖滩边、森林里，出现这金黄色的麦浪，雪山似的棉堆以及那数也数不清的肥壮牛羊，使人深切感到，我们的祖国辽阔而又伟大，美丽而又富庶。[①]

豁然开朗的心境宛若孙髯翁登临昆明大观楼：五百里滇池奔来眼底，披襟岸帻，喜茫茫空阔无边！诸如此类抒写在储安平、浦熙修边疆报道里触目皆是，从中可以明显感到记者那颗跳跃的心，他们的好奇，欣悦，兴奋，感动，以及思接千古、视通万里的深沉思绪，再以储安平的新闻名篇《塔里木河下游》为例：

村子里有好些人都聚拢到我们那一间小屋子里来，安静地并津津有味地旁听着我们的谈话。后来我看到一个有着很长的白胡须的老年人（后来我才知道他的名字叫贾马利），由一个七八岁的孩子扶着，一步一步摸索到我们屋子里来，看样子好像要和我谈什么似的。大家帮着招呼他从人群里走过来。他的眼睛没有瞎，然而他眼珠子里发出来的光，就像一个瞎子那样不集中在任何地方。他仿佛是在凝视我，但是也没有什么特殊的表情。他有些颤动。他说话也仿佛很困难似的。他说："过去乡保长来，骑大马，拿着鞭，见人先抽几鞭再说，要把我们抓到别的地方去做苦工。现在，再没有

---

① 储安平、浦熙修：《新疆新观察》，杨镰、张颐青整理，乌鲁木齐，新疆人民出版社，2010，第1页。

打我们的人了。我听说毛主席派了人来问我们好。我看不到毛主席，我要来看看毛主席派来的人。我没有什么话要说，我只是要向毛主席道谢。"他这样说时，忽然一下子扑到地上叩起头来。他那严肃的、诚恳的、老态龙钟的表情，强烈地感动了我。他那突然的动作一下子使我紧强到极点。我立刻肃穆地跪下来回拜他，亲切地并带着一种晚辈的心情把他扶起来。屋子里所有的人这时也都立了起来。这一带人民在旧时代所遭遇的侮辱、灾难和苦楚，以及新中国成立以后对党对毛主席从心底里激发出来的淳朴的恳挚的感激，都在这个肃静的、感人的、没有言语可以表达的场合中透彻地表达出来了。①

由此不难理解，为什么少数民族人民至今对毛主席崇拜有加，爱戴不已，庙宇供奉毛主席画像，法事也抬出毛主席画像，犹如大唐各族百姓尊奉太宗"天可汗"。传唱不已的众多边疆民歌更是奔涌着汩汩滔滔的情意："北京的金山上光芒照四方，毛主席就是那金色的太阳，多么温暖，多么慈祥，把我们农奴心儿照亮""谁给咱砸断锁链，谁把咱救出火坑，通往幸福的阳关道，谁给咱指明，天上的太阳，心中的明灯，毛主席呀共产党，锡伯人民的救星""把天下的水都变成墨，把天下的树木都变成笔，也唱不尽您的恩情毛主席"……和平解放西藏的十八军军长张国华之女张小康，用八年时间完成一部《雪域长歌——西藏1949－1960》："献给为解放西藏和建设西藏而献出青春和生命的英雄"。为之作序的热地——原西藏自治区党委书记、全国人大常委会副委员长，小时候被人称为"男鬼热地"，冰天雪地，流浪要饭，还给头人、牧主当佣人，过着吃不饱、穿不暖的悲惨生活，他从亲身经历感受到，解放军是亲人，毛主席是恩人，他提起这段苦难往事时由衷说道："我真是感受到毛主席是我们各族人民的大

---

① 储安平、浦熙修：《新疆新观察》，杨镰、张颐青整理，乌鲁木齐，新疆人民出版社，2010，第106页。

救星，是我们的救命恩人。"①同时也就不难理解，为什么储安平笔下不时溢出直抒胸臆的文字，俨然有违今天流行的所谓新闻专业主义：

> 毛主席的平等团结友爱互助的民族政策，这几年来在新疆取得了巨大的成就。汉族和各兄弟民族，大家融融洽洽，互信互助，的确像生活在一个大家庭中一样。这一年中，我无论到什么地方去，甚至到最偏僻的小村，当地的兄弟民族都以无比的热情接待我，在工作上和生活上给我充分的帮助和照顾。谈谈笑笑，毫不生疏。他们把我看做一个来自祖国的首都、来自党中央和毛主席所在地的可敬的远客。②

如果觉得这些带有鲜明时代烙印的报道，不过是"官样文章"或是"违心之论"，那么也无异轻看了储安平、浦熙修，低估了一代爱国知识分子的丰富人生际遇。其实，有点边疆意识与情怀，置身天苍苍、野茫茫的寥廓天地，就不难体味储安平、浦熙修、王蒙或载欣载奔或长歌当哭的心路历程，洞悉诗人郭小川的胸胆开张："不走南疆，不知新疆如此天高地广；不到喀什，不知新疆如此源远流长。"这也是杨镰教授理解《新疆新观察》的深意，为之整理并写序的缘故吧：

> 认真读过《新疆新面貌》，就知道新疆今天的来之不易。
>
> 储安平通过《新疆新面貌》反映的思想观点，当然离不开它的时代，但作为一个新闻记者，他坚持自己搜集第一手素材，一切来自生活真实。正是因为这一点，他在《新疆新面貌》之中写到的内容，为那一阶段的历史留下了真切的印记。

储安平之子储望华毕业于中央音乐学院，1969年参与创作了"20世纪华人音乐经典"钢琴协奏曲《黄河》，而其代表作《新疆随想曲》俨然流淌着一脉父辈的边疆情思。本文定稿时，看到《人民日

① 张小康：《雪域长歌——西藏1949—1960》，成都，四川人民出版社，2014，"序"，第5页。

② 储安平、浦熙修：《新疆新观察》，杨镰、张颐青整理，乌鲁木齐，新疆人民出版社，2010，第10页。

报》一篇 2013 年中国文物与艺术品市场的整版报道，提到黄胄完成于 1981 年的中国画《欢腾的草原》，当年岁末以一亿两千八百多万人民币拍卖，创下全球中国画拍卖的年度最高纪录，紧随其后的靳尚谊《塔吉克新娘》（1983 年），以八千五百多万人民币成交。看到这些钵满盆满的市场利好消息，一方面自然感到文化产业大发展、大繁荣的喧腾火爆，一方面不由想起汪晖教授在《东西之间的"西藏问题"》中的冷峻反思：

> 在 20 世纪 50 至 80 年代，中国油画、国画和壁画创作中，新疆、内蒙古、西藏和西南、西北各民族的人物、场景和故事始终居于重要位置。我们可以毫不费力地在上述作品后面添加一个漫长的系列。但伴随整个社会的"去政治化"过程，这个序列在 80 年代终结了——我所指的终结不仅是少数民族题材作品的大规模介绍终结了，而且是少数民族文化日渐地与旅游市场的开发相互联系。……伴随着这一转变，当代中国以少数民族为题材的文化创作大规模地衰落了。在我看来，宗教和其他力量的上升是和这一衰落过程密切相关的。①

纵览上下数千载，放眼天下几万里，边疆尤其古代所谓西域而今天所谓西部对中国具有无可比拟的战略地位，正如历代政治家无不明了的："重新疆者，所以保蒙古；保蒙古者，所以卫京师。西北臂指相连，形势完整，自无隙可乘。若新疆不固，则蒙部不安，匪特陕、甘、山西各边时虞侵轶，防不胜防，即直北关山，亦将无晏眠之日。"② 中华民族是个大家庭，而这个大家庭一多半少数民族儿女世世代代生活在边疆，栖居于一多半广袤国土，边疆突出的地缘优势、富饶的物产资源包括孕育中华文明的黄河长江等水资源、多彩多姿灿若云霞的文化传统以及同根同源的心理认同等，均为大一统的中国不

---

① 汪晖：《东西之间的"西藏问题"（外二篇）》，北京，三联书店，2011，第 119 页。

② 左宗棠：《左宗棠文集·奏稿六》，长沙，岳麓书社，2009，第 649 页。

可或缺的有机构成，并由此成为中华文明存续繁衍的命脉所系。所以，古往今来志士高人无不对边疆极度重视，无不洞悉边疆对国家长治久安的意义，对西疆更是梦绕魂牵，朝乾夕惕，从武帝到康熙，一向经略羁縻，视为国之根本。少年英雄霍去病的"匈奴未灭，何以家为"，与其说是彪炳千古的豪语，不如说是感同身受的实情：边疆不宁，有家何为。晚清风雨飘摇之际，即便国力衰竭，积贫积弱，哪怕列强环伺，如狼似虎，湘人左宗棠还是力排"海防"重于"塞防"之议，垂暮之年抬棺西征，毅然决然收复新疆，又谱写了一曲荡气回肠的大风歌。同为湘人的毛泽东，有句"语录"家喻户晓："国家的统一，人民的团结，国内各民族的团结，这是我们的事业必定要胜利的基本保证。"有心人还提炼了邓小平忧心改革开放偏离方向的十个"警告"，其中一个是 1990 年对江泽民、杨尚昆、李鹏谈话时说到的："社会主义最大的优越性就是共同富裕，这是体现社会主义本质的一个东西。如果搞两极分化，情况就不同了，民族矛盾、区域间矛盾、阶级矛盾都会发展，相应地中央和地方的矛盾也会发展，就可能出乱子。"[1] 可以说，无论建国初的民族区域自治制度，还是新世纪大力推进的西部大开发，以及 2013 年习近平出访中亚四国提出的更具国际情怀与全球视野的"新丝绸之路经济带"构想，都始终延续着这一总览全局的方略。假如 960 万平方公里的国土呈现周涛笔下"偏心的版图"，就像当下新闻传播偏重东部、城市、白领小资、成功人士等，那么日积月累的后果势必导致严重的失衡和隐患。云南大学副校长肖宪教授在《"向西开放"需外交全局统筹》一文中，直言不讳地挑明这一点：

> 近代以来，国家的政治和经济重心不断东移。对外贸易主要是依靠太平洋的海上运输通道。这样的结果就是，中国的经济发展、国家安全严重倚赖东部沿海地区，造成东西部

---

① 中共中央文献研究室编：《邓小平年谱（一九七五——一九九七）》（下），北京，中央文献出版社，2004，第 1324 页。

发展的极不平衡。现在，"东突"、"藏独"不断闹事，在很大程度上还是西部地区发展严重滞后。[①]

国家民族事务委员会主管的中央级综合报纸《中国民族报》，2014年的一篇文章也从新闻传播角度明确指出：

> 改革开放后，国家要快速实现现代化、要走向世界，总是喜欢向前看，看欧美发达国家，看东南沿海经济发达地区，看"改革开放的最前沿"，因此，媒体对于这些地方的报道也可以说是事无巨细。而对于其他地区，除了一些具有旅行探险价值的地方外，媒体的目光似乎很少涉及。[②]

随着30年来不断凸显的分裂势力和日益严峻的边疆形势（北京大学教授韩毓海认为民生问题与边疆问题是今天面临的"两大根本性挑战"；北京大学教授马戎2011年撰文《21世纪的中国是否存在国家分裂的风险》更让人不由悚然而惊），当下媒体的目光也开始关注边疆。遗憾的是，其中的主导话语或新闻框架似从"民族团结"变异为"恐怖主义"。应该承认，照搬这套流行的美国话语确有现实便利，在所谓"国际社会"尤其容易获得师出有名的正当性与合法性，但从战略高度特别是中华民族多元一体与长治久安的角度看，恐怖主义话语就需审慎对待了。明眼人都清楚，这套话语本属美国推行其国家战略、维护后冷战时代霸权地位的"议程设置"（本·拉登等"恐怖分子"原本是当年美国培植的"自由战士"），而其中隐含的绝对敌人、天使魔鬼等政治理念，预设的基督教对伊斯兰教的"十字军东征""文明的冲突"等敌我阵营，不仅给全世界带来一系列灾难，如伊拉克战争、阿富汗战争、利比亚战争、叙利亚战争以及没完没了的流血动荡，包括"九一一"一类给美国人民也造成创巨痛深的恶果，而且也有悖中华文明和而不同的天下理念与新中国和平共处的政治价值，更与中华民族大家庭的历史文化传统圆凿方枘。这套话语与思路或许

---

① 肖宪：《"向西开放"需外交全局统筹》，载《环球时报》2013年7月31日。

② 雨山：《客观认识与对待伊斯兰，从媒体开始》，载《中国民族报》2014年3月25日。

有助于应对一时一地的紧迫问题，但长远看来则如饮鸩止渴，只能使边疆与民族问题愈发陷入剪不断理还乱的死结。不用多说，对极少数打砸抢烧、滥杀无辜的"犯罪分子"必须依法严厉惩处，无论什么人所为，也不管发生在什么地方，因为任何犯罪分子都是社会的公害，也是各族人民及其和平幸福生活的死敌。然而，这种依法治国的方略同邓小平稳定压倒一切思路同出一辙，而与美国的"恐怖主义"话语风马牛不相及，更与隐含民族宗教矛盾、乃至预设种族冲突的"恐怖分子"了不相干。如果边疆的新闻叙事与新闻框架受制于"恐怖主义"，那么，无论怎么强调国家统一、民族团结，事实上都已在边疆各族人民心中打入一个锥心刺血的楔子。韩毓海教授明确指出："敌对势力设的'反恐'圈套我们绝对不能跳。'疆独'、'藏独'就是想给一些兄弟民族戴上恐怖主义、原教旨主义的帽子。"①

就此而言，新闻与文化无不肩负着重大的历史使命与社会责任，亦即耳熟能详而又麻木不仁的"政治意识、大局意识、责任意识"，同时再也不能有意无意地漠视天高地阔的边疆、源远流长的边疆、多彩多姿的边疆，而只是一根筋儿地痴迷于发展迷思，更不必说乐此不疲执着于鸡零狗碎的一地鸡毛。具体说来，首先解放思想，破除迷信，特别是二三十年来西方主导世界的新自由主义思潮，包括基于其政治价值与思想脉络的恐怖主义话语。其次认真研究和汲取中华民族的悠久传统与智慧，包括清代一国多制的制度安排与政治文明。最后也最重要的一点是，新中国开辟的边疆稳定、民族团结的格局及其经验，尤其值得我们重视与珍视。2014年4月，习近平在新疆调研期间，走访新疆军区某部民族6连，同6个民族的官兵一起唱起《毛主席的战士最听党的话》："祖国要我守边卡，扛起钢枪我就走，打起背包就出发……"这首1963年诞生于伊犁的经典歌曲，不仅将大家带入激情燃烧、各族人民其乐融融的岁月，而且也无异于提示了"中国特色"治边方略，包括韩毓海教授谈及的"现代文明民族化，民族文

———————————

① 韩毓海：《努力开拓陆上丝绸之路》，载《经济导刊》2014年第4期。

化现代化"。

近年来一些出类拔萃的边疆作品，反映亦喜亦忧的现状之际同样彰显了这一意义。如人民日报记者王慧敏的《热血铸雄关——新疆克孜勒苏柯尔克孜自治州军民戍边纪实》、新华社记者张严平等的《索玛花为什么这样红》（2006 年获得中国新闻奖一等奖）、《科学时报》首席记者王中宇的《社会系统与生态系统——观察生态问题的另类视角》、中央电视台记者何盈的"走转改"作品《新疆塔县皮里村蹲点日记》（2012 年获得中国新闻奖一等奖）、曾经受业清华大学新闻与传播学院的研究生、记者刘鉴强的《天珠——藏人传奇》……我在《新闻记者》撰文《读"天珠"，谈新闻》，还特别写到了一笔：

> 作为新闻中人，我甚至觉得，所谓"内知中国，外知世界"，是不能不将边疆及其历史与现状，作为极其重要的参照系或坐标系的。因为，边疆不仅孕育了、催生了灿烂的文明，而且蕴含着异常丰富的文明基因。这里，需要破除一大思想误区：开放不仅意味着"走向海洋"，走向巴黎、纽约、伦敦，更需要走向边疆——自然的边疆与心理的边疆，开放的视野永远面朝边疆，开阔的心胸永远面向边疆，犹如当年美国总统肯尼迪所向往的"新边疆"。
>
> 边疆，边疆！

（斯文赫定：《亚洲腹地旅行记》，李述礼译，上海书店，1984；王蒙：《你好，新疆》，人民文学出版社，2011；刘鉴强：《天珠》，西藏人民出版社，2009；阿来：《瞻对》，四川文艺出版社，2014）

基辛格，论中国

就近半个世纪而言，恐怕没有比基辛格在中国更家喻户晓的美国人了。虽说擅长造星的美国社会不乏一闪一闪亮晶晶，满天都是小星星的明星，包括出身好莱坞演员的里根、风流倜傥的克林顿，但各路明星加起来在中国都不及基辛格的恒久知名度。且不说他风尘仆仆、纵横穿梭的外交活动，仅仅是那个当年有点神秘的头衔——"博士"，就足令他成为国人心目中的奇人了。在中美关系大开大合的戏剧性转折中，"基辛格博士"的风头不亚于第一位造访中国的美国总统、他的上司尼克松。这段中美关系的破冰之旅，成为中国与世界的惊天新闻和传奇历史，一手推动这一历史进程的毛泽东、周恩来、尼克松都是当之无愧的大政治家，而参与其中的基辛格自然也闻名天下。对此，正史已有丰富叙述，这里不妨看段野史记载。被美国记者丹·拉瑟誉为"有史以来最聪明最机智的华盛顿记者"、白宫记者团团长海伦·托马斯，在其自传《白宫前沿》中记述了一段基辛格外交活动的逸闻：

> 有一次，基辛格对特工人员说，他担心整天这样秘密地奔波会遭遇绑架。其中一个回答说："别担心，基辛格博士，我们不会给他们留活口的。"基辛格瞪大了眼睛，然后大笑起来。[1]

---

[1] ［美］海伦·托马斯：《白宫前沿——白宫记者团团长海伦·托马斯自传》，李彬等译，北京，新华出版社，2000，第196页。

　　从 1971 年作为尼克松总统的特使秘密访华，到 2015 年受到习近平主席公开接见，四十多年来基辛格始终与中国最高领导人保持交往。他既是张仪苏秦似的外交家，又与亨廷顿一样同属哈佛名教授和战略思想家，他的《大外交》与亨廷顿的《文明的冲突》齐名，均为国际政治与外交领域的名著。2011 年，他的《论中国》出版，又受到关注，第二年中译本上市，同样影响广泛。时隔两年，我翻看了这部名家新作，既有启发与叹赏，又有质疑与保留。

　　基辛格这部新书名为"论中国"（*On China*），其实主要论新中国，而与其说论新中国，又不如说是论毛泽东时代与邓小平时代的中国外交与国际政治。显然，这既是他术业专攻的学术领域，也是他人难及的政治话题。正如他在《论中国》的序言中写到的："本书主要讲述了自从 1949 年中华人民共和国成立后中美两国领导人之间的相互交往。无论是在政府任职期间还是离开政府之后，我一直保存着与四代中国领导人的谈话记录，这是我写作本书的第一手资料。"[①] 也就是说，他具有阐述中美交往以及相关问题的得天独厚资本。比如，小球转动大球的故事颇为流行，貌似乒乓球运动员的一次偶遇，改变了中美关系与整个世界的格局。事实上，此前两国已经展开一系列私下与公开的接触，彼此都在小心翼翼试探、摸底、运筹，至于乒乓外交不过是毛泽东、周恩来大棋局中一个顺手拈来的棋子，用基辛格的说法：

　　　　毛泽东和周恩来的这一招儿一箭多雕。一方面，乒乓外交答复了 1 月份美国的信函，把此前最保密的外交活动用公开形式作了承诺。从这个意义上讲，这确是一个保证，但同时也是一个警告：若秘密渠道遭挫，中国可能采取行动，发起一场群众运动——今天可称之为"民间外交"……呼吁美国社会上日益壮大的示威运动反对政府又一次"失去了和平

---

　　① ［美］基辛格：《论中国》"序"，胡利平等译，北京，中信出版社，2012，第 2 页。

机会"。①

　　且不论上述分析是不是有些"美国中心论",但就小球大球的传奇而言,基辛格的权威叙事同庄则栋的谦恭表白倒是所见略同:"我庄则栋这辈子只会打乒乓球,只能从台的这边打到那边,还不停地下网出界。但能从地球这边打到那边的,只有毛泽东和尼克松!"② 毛泽东这步四两拨千斤的棋,不仅令周恩来都始料未及,而且也再次印证他的战略思想与思维。1965 年,他在武汉数次谈及的两条四句话,堪称这一战略思想与思维的形象表达:"你打你的,我打我的。我打我的又是两句话:打得赢就打,打不赢就走……什么战略战术,说来说去,无非就是这四句话"。③ 比如,你打你的正规战,我打我的游击战;你打你的速决战,我打我的持久战;你打你的阵地战,我打我的运动战,等等。张西成在《解放军报》发表文章说得好:"你打你的,我打我的",就是把强劲对手拖入自己最擅长的节奏,陷敌于灭顶之灾;势之优劣并不可怕,真正可怕的是思维和策略上的劣势;决不能被某些战略战术的"流行曲"所左右,否则就容易落入"你练你的,我也练你的"之窘境,出现"你打你的,我也打你的"之危局。④

　　基辛格的《论中国》一开始,就引入《孙子兵法》,以此作为中国外交以及国际战略的思想根源,并以中国围棋与国际象棋作比,阐发中国与西方在大国政治与战略方面的差异及其特征,"中国的实力政策与《孙子兵法》"一节就写道:

　　　　中国人是实力政策的出色实践者,其战略思想与西方流

　　① 〔美〕基辛格:《论中国》,胡利平等译,北京,中信出版社,2012,第 226 页。

　　② 李冉、张晖:《中美外交史上的"破冰"人物——庄则栋》,见王泰平主编:《乒乓外交的回忆:纪念第三十一届世界乒乓球锦标赛 40 周年》,北京,中央文献出版社,2011 年,第 175 页。

　　③ 中共中央文献研究室编:《毛泽东年谱(一九四九——一九七六)》第 5 卷,北京中央文献出版社,2013,第 488－492 页。

　　④ 张西成:《从"你打你的,我打我的"想到的》,载《解放军报》2013 年 3 月 28 日。

行的战略与外交政策截然不同。……西方传统推崇决战决
胜，强调英雄壮举，而中国的理念强调巧用计谋及迂回策
略，耐心积累相对优势。……如果说国际象棋是决战决胜，
围棋则是持久战。国际象棋棋手的目标是大获全胜，围棋棋
手的目标是积小胜。……下国际象棋练就目标专一，下围棋
则培养战略灵活性。①

这番论述堪称基辛格论中国的点睛之笔，全书也围绕这一思路展
开。这一思路与判断，既与前述"你打你的、我打我的"思想如出一
辙，又点中了中国战略思维的命门，同时也可看出，基辛格关注的是
现代而非历史，包括积贫积弱而不得不忍让迁就的近代中国。因为，
虽说《孙子兵法》以及春秋战国纵横家无不重视合纵连横之"势"，
而非杀伐攻取之"力"，如孙子所言："百战百胜，非善之善者也；不
战而屈人之兵，善之善者也。故上兵伐谋，其次伐交，其次伐兵，其
下攻城。"但古代中国也不乏决战决胜的战略与直捣黄龙的雄心，从
秦皇汉武到康熙乾隆代为不绝，"诚既勇兮又以武，终刚强兮不可凌"
"犯强汉者，虽远必诛""黄沙百战穿金甲，不破楼兰终不还""驾长
车，踏破贺兰山缺"，无不折射着一种力拔山兮气盖世的英雄壮举。
只是近代由于列强的"先进"而中国的"落伍"，才有弱国无外交的
委曲求全与折节下人：从李鸿章到蒋介石想来都快憋屈死了！于是，
读者就看到《论中国》第二章，正是"叩头问题和鸦片战争"。了解
一点儿中国近代史，看到这个标题就能猜到问题所指。简单说，乾隆
年间，英国派出以马嘎尔尼勋爵为首的使团，远涉重洋，出使中国，
最后无功而返。此事经过法国外交官阿兰佩雷菲特在《停滞的帝国
——两个世界的撞击》中的生动演绎，加之文人与媒体的人云亦云，
推波助澜，弄得越来越像儿戏般的故事——叩头，乃至哈佛教授基辛
格也绕进去了。按照叩头故事的叙述，马嘎尔尼使团本是来同中国建

① ［美］基辛格：《论中国》，胡利平等译，北京，中信出版社，2012，第18－20
页。

立正常的外交关系，开展正常的贸易活动的，但由于清廷执意要求马嘎尔尼觐见乾隆时行三拜九叩之礼，而他只同意单膝下跪，结果再三交涉，最终不欢而散。由此一来，清廷错过了打开国门的天赐良机，中国失去了国际接轨的历史机遇，从而一步步踏上了鸦片战争的不归绝路。这套流行的"鬼话"和"神话"，乃属似是而非的想当然或故事大王的桥段。历史的复杂面相与真相，在范文澜十卷本《中国通史》与张海鹏十卷本《中国近代通史》中，均有相关的详细论述，英国的扩张图谋与使团的阴谋诡计哪儿是什么简单的叩头问题，或基辛格所谓"一切均是围绕着繁缛的中国礼仪发生的"。中国社会科学院研究员程巍也曾撰文写道：

> 非法鸦片走私，加上煽动西藏叛乱，使乾隆有理由对英国使团此行的动机充满不信任，并拒绝英方"门户开放、友好通商"的要求，因为那意味着鸦片和英国人向中国各地渗透。与其说乾隆出于"愚昧"和"自大"而拒绝英国的要求，不如说出于国际战略的理性考量。刘禾在《帝国的政治话语》（2009）中说："当印度和周边的东南亚国家一个接一个沦为英国殖民地的时候，清政府的这项政策其实比较成功地抗拒了英国的殖民野心。"中国政府的不信任并非疑神疑鬼：英国使团负有一项秘密使命，即敦达斯交给马嘎尔尼的七条指令的最后一条（"情报工作"）："在不引起中国人怀疑的条件下，使团应该什么都看看，并对中国的实力作出准确的估计。"这显然已是在为战争做前期情报准备工作了。[①]

与此相似，中国人民大学清史所教授杨念群，更从全球化的角度指出：

> 1800 年前长达 300 年的时间中，西方势力在美洲地区之外的世界各地并不占上风，恰恰相反，他们是通过接受和

① 程巍：《鸦片走私与英国的"黄金时代"》，载《中华读书报》2011 年 11 月 2 日。

遵循非西方社会的地方性游戏规则，才加入到区域性贸易体
系之中的。在此期间的全球化进程是西方主导和非西方主导
的区域体系多元并存与相互整合的时代，与后期全球化席卷
世界一家独享的格局完全不同。因此，乾隆朝所表述出的
"大一统"话语恰恰是"早期全球化"的表现之一。①

　　如果说基辛格谈论中华文明不免捉襟见肘的话，那么他对毛泽东
时代与邓小平时代国家战略与国际政治的分析则不乏洞见。毕竟他也
置身其间，见证了、推动了有关历史进程。作为亲历巨变的人物，基
辛格最擅长也是他人难以比肩的地方，正在于对毛泽东、周恩来、邓
小平、尼克松等历史人物及其作为的独到分析与深刻阐发。比如，以
对毛泽东的零距离接触和多方面研究，他认识到："毛泽东新思想的
主要贡献不仅在于他的战略思想，更在于藐视世界强权，敢于走自己
的路的坚强意志。"② 蔑视强权，意志坚强，矢志走自己的路，不看
任何人的眼色，正是毛泽东的过人之处，也是"钢铁公司"邓小平的
英雄本色，若非毛泽东、邓小平的个人性格与坚强意志，中国道路的
形成是不可想象的。上世纪六十年代初，当美国在朝鲜、台海和越南
将毛泽东所称"三把刀"分别对准中国的头部、腰部和腿部，同时苏
联对不听招呼的中共也开始釜底抽薪、步步紧逼时，毛泽东闲庭信步
地让人编了一部风行天下的《不怕鬼的故事》，鼓舞亿万人民"做一
个天不怕地不怕的硬汉"（何其芳）。而他一系列雄奇豪迈的语言更是
振奋人心：中国人民从此站起来了；帝国主义和一切反动派都是纸老
虎；军民团结如一人，试看天下谁能敌；人不犯我，我不犯人，人若
犯我，我必犯人……抗美援朝期间，他在政协会上的发言何等自信：
"美帝国主义愿意打多少年，我们也就准备跟它打多少年，一直打到

---

　　① 杨念群：《清朝统治的合法性、"大一统"与全球化以及政治能力》，载《中华
读书报》2011 年 9 月 21 日。
　　② ［美］基辛格：《论中国》，胡利平等译，北京，中信出版社，2012，第 139 页。

美帝国主义愿意罢手的时候为止，一直打到中朝人民完全胜利的时候为止。"[1] 一天，他请老同学吃饭，席间用同样口气谈到："一位美国记者说，美国的军队再花三十年也打不到鸭绿江，我看再打二百年，他们也没有希望打到鸭绿江。"[2] 面对如此领袖与人民，基辛格对美国历史上第一次签署停战书心悦诚服："从这个广泛的意义上说，朝鲜战争对中国而言不只是平局。它确立了新生的中华人民共和国作为军事强国和亚洲革命中心的地位。它还建立了中国作为一个令人敬畏的对手的军事威信，在以后的几十年中，这一威信始终不坠。"[3] 他从一位中国道路的局外人和世界政治的当事人角度，对有关进程的分析也提供了旁观者清的论证。经国大业的话题就不说了，下面且看一段不无寓意的趣事：

> 毛泽东并没有在正式的会议室里会见赫鲁晓夫，而是在游泳池边。这种方式为此次会见定下了基调。赫鲁晓夫不会游泳，只好套个救生圈。两位政治家边游边谈，翻译沿着游泳池的边儿跟着他们走来走去。后来赫鲁晓夫抱怨说："毛泽东用这个办法来压我。哼，我受够了……我爬出来，坐在池沿儿上，两条腿悬在池边泡在水里。这下我在上面了，他在下面游。"[4]

基辛格的《论中国》一共十八章，从第四章"毛泽东的革命"到第十八章"新千年"，篇幅上看新中国前后 30 年基本上平分秋色，其中邓小平时代始于第十二章，题为"'不倒翁'邓小平"。作为国际政治的现实主义代表人物，基辛格对新中国建国方略的分析，显然比一些割裂历史的流俗之论站得高，看得远。比如，从毛泽东过渡到邓小

① 中共中央文献研究室、中国人民解放军军事科学院编：《建国以来毛泽东军事文稿》中卷，北京，军事科学出版社、中央文献出版社，2010，第121页。

② 中共中央文献研究室编：《毛泽东年谱（一九四九——一九七六）》第1卷，北京中央文献出版社，2013，第401页。

③ ［美］基辛格：《论中国》，胡利平等译，北京，中信出版社，2012，第139页。

④ 同上，第163-164页。

平的第十一章末尾，基辛格这样写道：

> 1976 年 9 月 9 日毛泽东病逝，给接班人留下了他的功业和告诫，留下了他的豪情和他的远见卓识。他使中国出现了数百年来未曾有过的大一统，前朝旧物多已淘汰殆尽，给主席从未打算进行的改革清除了路障。

> 毛泽东接手的是一个被战争蹂躏摧残的国家，是他结束了国内的派系斗争，带领中国在两个超级大国冷战对抗的世界中稳步前进。他煞费苦心地让中国参与到了一个个交汇错综的地缘政治圈中，却又不受其束缚。历经战争、紧张局势和他人怀疑眼光的洗礼，中国蒸蒸日上，在苏联解体后依然逐步发展为一个社会主义制度下的新兴强国。毛泽东为中国的发展奠基付出了代价，中国的成功依靠的是中国人民的坚忍和毅力，以及他们的耐力和凝聚力。

> 他的接班人跟他一样相信中国的实力，但是他们不认为中国单凭意志力和意识形态信念就能发挥其独特的潜力。他们强调自力更生，但也知道只有精神鼓舞还不够，所以致力于内部改革。这股新的改革浪潮让中国重回周恩来的外交方针……这一方针将由一位十年内两落两起、第三次复出的领导人来实现，他就是——邓小平。[①]

这番取精用弘的傥论，也隐含了新中国两个三十年一脉相承的远见卓识。仅从国际政治与外交层面看，毛泽东时代即新中国前三十年，面临着险象环生的地缘环境与生存威胁，不得不在两大阵营与两个超级大国之间折冲樽俎，"以夷制夷"，同时远交近攻，广交朋友，面向广大亚非拉世界开放，力求建立广泛的国际统一战线，从而赢得"我们的朋友遍天下"的局面，最终被穷兄弟、黑朋友抬入联合国，走上国际政治的舞台和中心，迫使美国与西方世界不得不解除对新中

---

① ［美］基辛格：《论中国》，胡利平等译，北京，中信出版社，2012，第 315—316 页。

国的战略包围与封锁，并与中国恢复邦交正常化。借用北京大学李零教授言近旨远的话说："改革开放，前提是中苏交恶、中美接近。中美接近的前提是中苏交恶。没有中苏交恶，就没有中美接近，没有中美接近，就没有改革开放，一环扣一环。"① 邓小平时代正是在这环环相扣的基础上，又将中国全方位推向了国际社会，包括面向西方世界全面开放，由此不仅开辟了和平与发展的大格局，而且也为中国特色社会主义的理论与实践提供了新内涵。哈佛教授傅高义在其《邓小平时代》一书中也写道："外交一向是中共最高领导人的核心工作。毛泽东和周恩来在外交方面都是世界顶级的战略家，他们充满自信，能够与外国领导人平等地打交道……像毛泽东和周恩来一样，邓小平对国家有着出于本能的忠诚，具有战略眼光和维护国家利益的坚定立场。"② 他在书中写到的邓小平访美一幕，令人莞尔之际不由击节叹赏：

> 在邓小平与美国国会的会谈中出现的一个关键问题是，中国是否允许人民自由移民。美国国会在 4 年前通过了《杰克逊和范尼克修正案》（*Jackson－Vanik Amendment*），要求共产党国家允许希望移民的人自由离开，然后国会才能批准这些国家享有正常贸易关系。当国会议员逼问邓小平中国是否允许自由移民时，邓小平回答说，"噢，这事好办！你们想要多少？一千万？一千五百万？"他说的时候不苟言笑，国会议员们再也不敢追问下去。结果中国得到了豁免，得到了最惠国待遇。③

这里有个细节也不难看到毛泽东时代与邓小平时代的一脉相通。1973 年，即尼克松与周恩来"跨越太平洋的握手"第二年，美国老牌的费城乐团访华。之所以选择这个乐团，是因为乐团著名指挥奥曼

① 李零：《鸟儿歌唱——20 世纪猛回头》，北京，北京大学出版社，2014，第 184 页。
② ［美］傅高义：《邓小平时代》，冯克利译，北京，三联书店，第 265 页。
③ 同上，第 338 页。

迪与尼克松私交甚笃，为尼克松就职典礼演奏的就是奥曼迪与费城乐团。在京演出期间，奥曼迪与中央乐团李德伦同台指挥贝多芬《命运交响曲》，中央乐团合唱队清唱的《美丽的阿美利加》（*America the Beautiful*），先用中文，再用英文，令美国同行感动不已，助理指挥史密夫回忆说"他们处理得既简单又漂亮"[①]。1979 年 1 月 1 日中美建交，3 月 1 日两国互派大使并建立大使馆，当年 1 月 29 日邓小平访美，在华盛顿宣布小泽征尔与波士顿交响乐团 3 月来华的消息。此次访问演出，"历史意义较 1973 年访华的费城乐团有过之而无不及"[②]。邓小平与宋庆龄出席了首场演出，而高潮在首都体育馆的第三场音乐会，特别是下半场波士顿交响乐团与中央乐团在小泽征尔指挥下，同台演奏贝多芬《命运交响曲》后，又加演《星条旗永不落》，将全场一万八千多名观众的热情推向沸点。顺便说一句，美国有两首"星条旗"的乐曲，一是美国国歌《星条旗》（*The Star－Spangled Banner*），一是美国进行曲之父苏萨的《星条旗永不落》（*The Stars and Stripes Forever*），有似中国国歌《义勇军进行曲》和"第二国歌"《歌唱祖国》（五星红旗迎风飘扬）。

新中国两个三十年不可割裂更不可对立的历史，在一切领域都如交错纵横的血脉，外交方面同样如此。其间最具代表性最足以说明问题的，当属和平共处五项原则。2014 年恰逢和平共处五项原则提出六十年，重温六十年来世界风云与国家发展，追怀一切奉献汗水、眼泪与热血的先驱，怎不"把酒酹滔滔，心潮逐浪高"。如果用精练的语言概括新中国外交，可能没有比"和""平"二字更恰当了：和是和平，平是平等。新中国外交的这一精髓与要义，就集中体现于和平共处五项原则之中：互相尊重主权和领土完整、互不侵犯、互不干涉内政、平等互利、和平共处。1954 年，中印两国政府批准了《中华人民共和国和印度共和国关于在中国西藏地方和印度之间的通商和交

---

① 周光蓁：《凤凰咏——中央乐团 1956－1996》（上），北京，三联书店，2013，第 278 页。

② 同上，第 365 页。

通协定》，第一次以国际条约的形式将和平共处五项原则固定下来。从此，这些原则的影响与认同日益扩大，逐渐成为国际社会处理外交与国际关系的具有普世意义的价值，在"应然"层面取代数百年殖民主义、帝国主义、霸权主义等国际法体系及其强权逻辑。文革后期的1974年，复出的邓小平由毛泽东点将，在联大第六届特别会议上再次重申："国家之间的政治和经济关系都应当建立在互相尊重主权和领土完整、互不侵犯、互不干涉内政、平等互利、和平共处五项原则的基础上。"1988年，他与来访的印度总理拉吉夫·甘地会谈时又指出："中印两国共同倡导的和平共处五项原则是最经得住考验的。"更值得一提的是，他将当今世界的时代主题概括为"和平与发展"：和平是东西问题，发展是南北问题。而这一时代主题，也正是新中国外交一以贯之的追求。事实已经证明，和平共处五项原则不仅突破了意识形态的壁垒，超越了两大阵营的藩篱，从而改善了新中国的地缘政治环境，提升了新中国在亚非拉人民以及西方正义人士心中的光明形象与道义力量，而且也为世界和平和人类发展作出显著贡献。中国人民大学国际关系学院李宝俊教授就此说道：

> 和平共处五项原则包含三个核心内容：第一，尊重不同国家的属性；第二，弘扬平等的理念；第三，倡导国家之间通过和平手段解决争端。和平共处五项原则一经问世，新中国外交局面为之一新，使中国赢得了周边国家的信任，改善了中国的周边环境，打破了美国对中国的政治孤立与经济封锁，为新生的中国拓展了外交空间，和平共处五项原则也已载入《中华人民共和国宪法》，成为中国和平外交政策的基石。[1]

新中国外交专家、中共中央党史研究室原副主任章百家更进一步认为，和平共处五项原则不仅具有政治意义，而且体现了东方智慧，反映了儒家文明、佛教文明的价值，就像"己所不欲，勿施于人"。

---

[1] 和平共处五项原则历久弥新（权威论坛），载《人民日报》2014年5月29日。

正是章百家的父亲、外交部原副部长章文晋，1971年前往巴基斯坦，作为先遣组组长迎接了秘密来华的基辛格一行。这里，还是围绕基辛格《论中国》，看一个毛泽东时代与邓小平时代的连接点——"自卫反击战"。基辛格论中国，正是从中印边境自卫反击战开篇的。这篇不长的前言，既气韵生动，又气势沉雄，犹如贝多芬《第五交响曲》"命运敲门"的引子，不愧是老将出马的大手笔：

1962年10月，中国革命领袖毛泽东召集一批高级军政领导人到北京开会。距首都2000英里外的中国西部，在气候恶劣、人迹罕至的喜马拉雅山脉地带，中印两国军队在双方有争议的边界线两边互相对峙。争议起源于对历史的不同解释：印度坚称英国统治下划定的边界有效，而中国坚持以当年中华帝国的疆界为准。在此之前，印度沿自己认定的边界一侧建立哨所，中国则包围了印度的阵地。解决领土争端的谈判以搁浅告终。

毛泽东决定打破僵局。他追溯历史，借鉴了他正打算破除的中国古典传统。毛泽东告诉手下的军政领导人，历史上中国和印度打过"一次半"仗，北京可以从中汲取经验。第一次中印战争发生在1300多年前的唐朝（公元618～907年），中国出兵支援印度王国打击非法作乱的敌手。中国出手干预后，中印两国之间开始了长达数百年繁荣的宗教交流和经济交流。用毛泽东的话说，这场战争给人的启迪是，中国和印度并非注定是宿敌。两国仍可以长期和平相处，但为了做到这一点，中国不得不使用武力"敲打"印度，迫其回到"谈判桌上来"……根据毛泽东阐述的方针，中国开始制订进攻计划。几周之后，中国基本上按照毛泽东的设想发起突然袭击，给予印度的阵地致命打击，然后旋即撤回到战前的实际控制线，甚至还退还了缴获的印军重武器装备。①

提到自卫反击战，今人印象深刻的是 1979 年对越自卫反击战，而 1962 年的中印边境自卫反击战可能记忆模糊。从国际政治与中国外交的角度看，这两场自卫反击战不仅具有相似的地缘政治背景以及相应的战略思路，而且连战役进程都颇为一致，如出其不意，速战速决，甚至作战时间都控制在一个月。特别是两场战争均以和平为目标，"自卫反击"绝非修辞策略，而是表明忍无可忍与正心诚意。换言之，两场自卫反击战都是有限的战争，而且均属军事政治战。政治目标一旦实现，立刻主动宣布撤军。中印边境自卫反击战结束之后，中国还将俘获的印军官兵好吃好喝礼送回国，就像诸葛亮七擒孟获一样。那么，什么是政治目标呢？无非"和""平"二字。具体说，就是有原则、重情谊、讲道义，就是"不称霸"（毛泽东），也反对任何国家"在任何地区建立霸权和势力范围"（邓小平），亦即十八大以来构建的"不冲突、不对抗、相互尊重、合作共赢的新型大国关系"，以及坚持做发展中国家同甘共苦的好兄弟、平等合作的好朋友、共同发展的好伙伴。这里，基辛格关于对越自卫反击战的分析令人深思：

> 历史学家一般认为这场战争中国代价巨大……然而，这种观点是基于对中国战略的误解。尽管在执行中有这样那样的缺点，中国这场战争还是反映了其严肃的长期战略分析。在对美方的解释中，中国领导人把越南在苏联支持下巩固其在印度支那的力量描述为苏联在世界范围内"战略部署"中关键的一步。苏联已经在东欧和中国边境集结了重兵。现在，中国领导人警告说，苏联在印度支那、非洲和中东"也开始建立基地"。一旦它在这些地区的地位得以巩固，它就能控制至关重要的能源，并可封锁关键的海上通道——特别是连接太平洋和印度洋的马六甲海峡，这将使苏联在未来的

---

① ［美］基辛格：《论中国》，胡利平等译，北京，中信出版社，2012，"前言"，第 11—13 页。

冲突中掌握战略主动权。从广义上说，中国之所以要打这场仗是出于对孙子所谓"势"的分析——"势"指的是战略形势的走向和"潜能"。邓小平的目的是阻止，如有可能还要扭转苏联战略的势头；在他眼中，这个势头是不能接受的。

中国实现了这个目标，部分是靠军事上的大胆，部分是靠把美国拉入与它空前紧密的合作。①

还值得留意的是，两场自卫反击战的时机选择。中印边境自卫反击战的时间是1962年10月20日到11月22日，而这恰好是古巴导弹危机期间——10月22日至11月20日，就是说全球注意力正被吸引到那个世界大战貌似一触即发的加勒比海岛国，大国根本无暇他顾之际。对越自卫反击战的时间定在邓小平访问美国刚刚结束之际，邓小平访美是在1979年1月29日到2月5日，对越自卫反击战是在2月17日打响，3月16日结束，而停战当天小泽征尔与波士顿交响乐团抵达北京。毛泽东与邓小平的雄才伟略与审时度势，由此也可略见一斑。

对越自卫反击战产生了一篇新闻名作《战后谅山》，作者是新华社著名战地记者阎吾，那个日历细节令人过目难忘："记者在谅山敌军的一些阵地上，看到所有的日历都没有翻到2月28日，有的翻到2月27日。可以想到，他们刚把日历翻过26日那一页，就被我军打得丧魂落魄，再没有能往下翻了。"② 中印边境自卫反击战没有可以相提并论的作品，但西藏平叛的1959年毛泽东为新华社草拟而未发出一篇新闻稿《西藏人民群众拥护人民解放军平叛，亲如家人》，倒是涉及有关背景，而且如同毛泽东的其他新闻名作一样，蕴含丰富，妙趣横生，纵横挥洒，引人入胜：

（新华社廿八日北京电）雅鲁藏布江以南、喜马拉雅山国境线以北广大地区平叛战斗，已经基本结束，得到很大胜

———————

① ［美］基辛格：《论中国》，胡利平等译，北京，中信出版社，2012，第366—367页。

② 阎吾：《阎吾战地情景新闻选》，北京，新华出版社，1987，第90页。

利。这是当地人民群众对平叛战争热烈拥护与人民解放军英勇战斗两方面相结合而完成的。美国反动记者艾尔索普说，平叛是不行的，要 20 万军队，每天要一万吨物资供应，道路修阻，工具缺乏，所以平叛无望。台湾反动文人头子胡适说，中国抗日战争时期，胡适的家乡安徽省徽州府地方，山不甚高，水不甚深，日本人不敢去。西藏的地形特别的高且复杂，像喜马拉雅山、雅鲁藏布江（只有若干小段通皮船），共产党如何能打叛军呢？胡适在这里实行了他的所谓"大胆的假设"，可是看不见他的所谓"小心的求证"。胆则大矣，心亦甚粗。全世界反动派，以胡适为代表，忘记了一件事，日本打中国，反革命打革命，中国平叛匪，以革命打反革命，二者完全相反，胜败判然不同。西藏的地形很高，空气较薄，也吓坏了很多对于西藏人民的同情者，乐坏了世界上大部分资产阶级。前者说，恐怕有些困难吧，汉人帮助藏人进行平叛战争，进行社会改革，实行必要，困难必多。后者说，一定不行，至少是长期的。朋友们，敌人们，你们都错的。寇能往，我为什么不能往呢？这个世界屋顶共有十二万平方公里，人口一百二十万。住人的地方在丘陵、溪谷，并不很高，拔海三千多公尺而已，为什么不能住人呢？叛乱前，我们只有二万人在那里，分布在一百二十万平方公里中的若干要点，包括军队和工作人员在内。叛乱后增加了两个半师及一批干部，只有二万多人。连前合共五万人，合于艾尔索普认为必须要有二十万人的四分之一。干部中有近万的藏族青年干部，他们干劲十足。平叛以后，要组建藏族劳动人民的自卫武装，少数是正规的，多数是不脱离生产的民兵。到那时，人民解放军留下一个师就够了，主力可以撤出。我们的印度朋友没有惧怕的理由。我们家事还忙得不亦乐乎，还有闲工夫管别人的事吗？何况我们是共产党人，原则上不许可干涉别人内政。但是也请你们不要管喜马拉雅山以北的闲事，并且最好少嚷嚷。嚷是无益的。你嚷我必嚷，难道只许州官放火，不许百姓点灯吗？这里有一个文件，是人民解放军 134 师政治部向北京的报告，讲的是人民群众帮助平叛的故事。照录全文，一字不改。我军政治工作中的某些缺点，应当改正。①

基辛格在《大外交》中，曾经开宗明义指出：世界每隔百年就会出现一个全球大国。如果说这种全球大国在 19 世纪是大英帝国，20 世纪是美利坚帝国，那么 21 世纪呢？现今无法断言。基辛格《论中国》只是不无深意地对比了中美两国及其差异："中国和美国都认为自己代表独特的价值观。美国的例外主义是传经布道式的，认为美国有义务向全世界的每个角落传播其价值观。中国的例外主义是文化性的，中国不试图改变他国的信仰，不对海外推行本国的现行体制。但它是中央帝国的传承者，根据其他国家与中国文化和政治形态的亲疏程度将它们正式划分为不同层次的'进贡国'。换言之，这是一种文化上的普世观。"② 草拟本文时，恰好看到《环球时报》的社评：

近年来不断有西方著者出版论述中国崛起及西方应对策略的专著，其中最为中国人熟知的一本是基辛格的《论中国》。

在世界范围内，对有关中国的战略性讲述大体被西方人垄断。即使在中国，西方著者也是战略概念和观点的强有力供给者。中国这些年没有一本谈论中国战略的书能够超过《论中国》的影响力，中国人撰写的地缘政治专著基本没出什么畅销书。

中国崛起在进入充满地缘政治记忆和想象力的深邃峡谷，世界的很多人相信，中国将不可避免在这里同美国"狭

---

① 中共中央文献研究室编：《建国以来毛泽东文稿》第 8 册，北京，中央文献出版社，1993，第 229—230 页。

② ［美］基辛格：《论中国》，胡利平等译，北京，中信出版社，2012，"序"，第 2 页。

路相逢"，这是中国未来几十年的头号挑战。这个峡谷里有很多预言和魔咒在回荡，它们几乎都是"西方的"。

中国出一个用自己著作影响世界的"亨廷顿"，其现实意义一点不比出一个诺贝尔物理学奖得主小。[①]

这篇社评题为《中国的"亨廷顿"，你们在哪》。也许，这个问题的答案已经有了，只不过看上去有点尴尬，那就是中国的亨廷顿或基辛格——如果有的话——以及受其左右的媒体与记者，眼下正忙着"接轨"，急着"普世"呢。换句话说，正落入"你练你的，我也练你的"之窘境或已出现"你打你的，我也打你的"之危局。假如"基辛格，论中国——"将来能够成为一句歇后语，那么但愿随着中国前行的步伐以及文化自觉的萌发，后面的包袱句会不断发生变化：鞭辟入里、一家之言、老生常谈、不过如此等。显然，如何变化不取决于基辛格，而仅仅取决于中国人。本文以基辛格《论中国》的序言开始，最后还以此作结吧：

几乎在40年前的今天，我有幸受理查德·尼克松总统委托访问北京，与这个国家重新建立联系……此后我先后访问中国达50多次。如同几百年来前往中国的众多访客一样，我日益钦佩中国人民，钦佩他们的坚忍不拔、含蓄缜密、家庭意识和他们展现出的中华文化。[②]

（［美］尼克松：《领袖们》，海南出版社，2012；钱其琛：《外交十记》，世界知识出版社，2003）

---

① 社评：《中国的"亨廷顿"，你们在哪》，载《环球时报》2014年5月21日。
② ［美］基辛格：《论中国》，胡利平等译，北京，中信出版社，2012，"序"，第1页。

邓小平时代

2013 年是毛泽东诞辰 120 周年，2014 年又是邓小平诞辰 110 周年。1951 年 9 月 3 日，毛泽东与梁漱溟共进晚餐，了解他参加西南土地改革工作团，对西南土改和四川的印象。梁漱溟说，四川解放不到两年，能出现这样安定的情势，不容易，变化这么快，出乎我意料。解放前我在四川若干年，那是一个很乱很复杂的地方。四川这一局面的取得，首先得推刘伯承、邓小平治下有方，特别是邓小平年轻、能干，所见所闻，印象深刻。毛泽东说：梁先生看得蛮准，无论政治还是军事，论文论武，邓小平都是一把好手。[①] 当时 47 岁的邓小平任中共中央西南局第一书记、西南军政委员会副主席（主席刘伯承）、西南军区政治委员（司令员贺龙），而如今逝世近 20 年的邓小平早以改革开放的总设计师著称于世。天若有情天亦老，人间正道是沧桑。新中国的正道沧桑已经表明，历史既选择了开国领袖毛泽东，也选择了当代伟人邓小平。

1997 年香港回归前，邓小平溘然长逝。翌年，新华社记者杨继绳的《邓小平时代：中国改革开放 20 年纪实》出版。2013 年，另一部《邓小平时代》在香港版之后又在内地付梓，作者哈佛大学教授傅高义（Ezra F. Vogel）。傅高义退休后，以古稀之年用十年工夫撰写此书。虽然此前他已有两部中国专著，即《共产主义下的广州：一

---

① 中共中央文献研究室：《毛泽东年谱（一九四九——一九七六）》第 1 卷，北京，中央文献出版社，2013，第 392 页。

个省会的规划与政治（1949—1968）》和《先行一步：改革中的广东》，但直到《邓小平时代》问世，才使他成为费正清身后广为人知的中国通。这部新书一上市，顿时引起海内外广泛兴趣，称道者有之，批评者有之。

毫无疑问，邓小平是当代中国最受关注的政治家，也是中外谈论最多的中共第二代领袖。一方面，他倡导的中国特色社会主义极大提升了综合国力，显著改善了人民生活，使中国发生了有目共睹的巨变，留下一整套既应发扬也需完善的社会政治遗产，乃至包括日渐突出的生态问题、社会矛盾、精神危机。另一方面，也在于邓小平及其理论具有当今最高的权威地位、象征价值与现实意义，各路人马都不得不从中寻求理论与实践的依据，祖述前贤意在影响当下，如同当年祖述孔子、祖述马列。这些年来，福柯思想在学界颇受青睐，而曹锦清批评的学院派"译语"，又往往云里雾里，让人不得要领。其实，对邓小平时代的纷纭解读，正是福柯所谓权力、话语、知识等思想的鲜活案例。而无论怎样解读，有一点确定无疑，并四海皆然："历史，从短时段来看，确实是一个任人打扮的小姑娘，但是从长时段来看，历史就成了阿尔卑斯山，不用说打扮它，就是动它一下都不可能，而且你还得冒天下之大不韪。"①

按照主流概括，邓小平时代集中体现为依据社会主义初级阶段基本国情而确立的基本路线，即所谓"一个中心、两个基本点"。一个中心是经济建设，两个基本点是坚持四项基本原则与坚持改革开放。两个基本点在表述上相提并论，但前后次序还是表明了一定语义差异。如果不坚持前一个基本点，那么后一个基本点就势必导向戈尔巴乔夫式的"新思维"，结果难免像西方不战而屈人之兵地瓦解苏联。四项基本原则包括坚持社会主义道路，坚持无产阶级专政即人民民主专政，坚持共产党的领导，坚持马列主义毛泽东思想。这是邓小平

---

① 启之（吴迪）：《中西风马牛》（修订版），北京，世界图书出版公司，2014，第118页。

1979 年 3 月 30 日受中央委托，在党的理论工作务虚会上提出的，他称之为实现四个现代化的"根本前提"（1992 年十四大明确为"立国之本"）。邓小平这篇《坚持四项基本原则》的讲话表明，中国的改革开放从一开始就具有不容含糊的政治方向，即一些人不以为意而一些人不以为然的"中国特色社会主义"一语所凝练概括的，也是中共十八大再次明确的：不走封闭僵化的老路，不走改旗易帜的邪路，而坚定不移地走中国特色社会主义道路。2013 年，习近平在中共十八届三中全会上明确宣示："改革开放的旗帜必须继续高高举起，中国特色社会主义道路的正确方向必须牢牢坚持。"历史学家金冲及在纪念邓小平诞辰 110 周年文章中就此写道：

> "中国特色社会主义"有两层含义：第一，它是社会主义，而不是别的什么主义；实行的是社会主义制度，而不是别的什么社会制度。它同实行资本主义制度或其他制度的国家在社会性质上根本不同。第二，它要有鲜明的中国特色，必须符合中国的实际情况，既不落后于实际，也不超越实际。唯有如此，才能使科学社会主义在经济、政治、文化、社会各个领域的基本原则深深扎根于中国的土地中，从而具有强大生命力并充分发挥优越性。
>
> 这就从根本上回答了什么是社会主义、怎样建设社会主义这两大根本问题。①

以经济建设为中心，是改革开放年代的突出特征。尽管不同阶段经济建设的着力点和侧重点有所不同，思路和方略难免存在分歧，但经济建设这个中心毕竟得到广泛认同。"发展是硬道理""实现四个现代化""把国民经济搞上去""让一部分人先富起来"等，成为邓小平时代深入人心的鲜明烙印。而对两个基本点的理解与把握则显得错综复杂，言人人殊。甚至，三十多年来一直存在着或明或暗的模糊、混

---

① 金冲及：《作为总设计师的邓小平（纪念邓小平同志诞辰 110 周年）》，载《人民日报》2014 年 8 月 18 日。

乱，乃至对立，如"左右之辩""打左灯，向右拐"之类情形所折射
的。举例来说，前些年不时听到有人引用邓小平南方讲话中的"不改
革就是死路一条"，而实际上邓小平 1992 年的原话是：

> 要坚持党的十一届三中全会以来的路线、方针、政策，
> 关键是坚持"一个中心、两个基本点"。不坚持社会主义，
> 不改革开放，不发展经济，不改善人民生活，只能是死路一
> 条。基本路线要管一百年，动摇不得。①

不难看到，这段南方讲话清楚表明，邓小平念念不忘的还是基本
路线：不坚持"一个中心、两个基本点"，也就是不坚持经济建设为中
心、不坚持四项基本原则与改革开放才是死路一条。而且，特别值得
深思的是，在这篇普遍视为重启改革的经典文献，也是邓小平一生最
后一次重要讲话中，他首先提及并强调的还是社会主义的方向与道路，
然后才是改革开放、发展经济、改善民生等方式。再如，有人只捡邓
小平在具体改革探索中"不问姓社姓资"的语录，而有意无意忽略淡
化邓小平明确揭橥的两种不同性质的改革：一种"改革是社会主义制
度的自我完善"；一种是"某些人所谓的改革，应该换个名字，叫作自
由化，即资本主义化。他们'改革'的中心是资本主义化。我们讲的
改革与他们不同，这个问题还要继续争论的"。② 事实也证明了邓小平
的政治远见与预见，从上世纪 80 年代一系列文化政治事件如《河殇》，
到新世纪以来一波未平一波又起的社会政治思潮，如"零八宪章""普
世价值"等，说到底无一不是邓小平所谓两种改革的政治对冲。拿貌
似敏感的政治体制改革来说，如果尊奉社会主义制度的自我完善的改
革，那么改革自然循着加强党的领导、完善依法治国、落实人民当家
做主的脉络展开，而且改革开放以来也一直在这个脉络上循序渐进地
推进。至于另外一路所谓政治体制改革，则念兹在兹多党制、三权分

---

① 中共中央文献研究室：《邓小平年谱：一九七五——一九九七》（下），北京，中
央文献出版社，2004，第 1341 页。
② 中共中央文献编辑委员会编：《邓小平文选》第 3 卷，北京，人民出版社，1993，
第 142、297 页。

立、西式选举，以及"私营报业""新闻自由"等目标，如同戈尔巴乔夫"新思维"。再以文化为例，时下一些理论思潮与文化现象，同邓小平1983年就旗帜鲜明批评的问题何其相似乃尔：

> 有一些同志热衷于谈论人的价值、人道主义和所谓异化，他们的兴趣不在批评资本主义而在批评社会主义。

> 人道主义和异化论，是目前思想界比较突出的问题。其他类似的问题还不少。比如宣传抽象民主，直至主张反革命言论也应当有发表的自由；把民主同党的领导对立起来，在党性和人民性的问题上提出违反马克思主义的说法，等等。

> 一些人对党中央提出的文艺为人民服务，为社会主义服务的口号表示淡漠，对文艺的社会主义方向表示淡漠，对党和人民的革命历史和他们为社会主义现代化而奋斗的英雄业绩，缺少加以表现和歌颂的热忱，对社会主义事业中需要解决的问题，很少站在党的积极的革命的立场上提高群众的认识，激发他们的热情，坚定他们的信心。相反，他们却热心于写阴暗的、灰色的以至胡编乱造、歪曲革命的历史和现实的东西。有些人大肆鼓吹西方的所谓"现代派"思潮，公开宣扬文学艺术的最高目的就是"表现自我"，或者宣传抽象的人性论、人道主义，认为所谓社会主义条件下人的异化应当成为创作的主题，个别的作品还宣传色情。

> 有些同志对于西方各种哲学的、经济学的、社会政治的和文学艺术的思潮，不分析、不鉴别、不批判，而是一窝蜂地盲目推崇。对于西方学术文化的介绍如此混乱，以至连一些在西方国家也认为低级庸俗或有害的书籍、电影、音乐、舞蹈以及录像、录音，这几年也输入不少。①

改革开放初，针对盛行的教条主义、本本主义，邓小平屡次谈到

---

① 中共中央文献研究室：《邓小平年谱：一九七五——一九九七》（下），北京，中央文献出版社，2004，第43—44页。

我们要世世代代高举毛泽东思想的旗帜，就必须完整、准确、系统把握毛泽东思想的精神实质，而不能寻章摘句，更不能断章取义。如今，这一论断看来也适用于邓小平自身了。完整、准确、系统把握邓小平理论，除了深入历史、深入实践，特别是亿万人民跟共产党走中国特色社会主义道路的历史实践，还得从一手文献入手，包括《邓小平文选》以及《邓小平年谱》。至于个人著述不管态度多么真诚，资料怎样翔实，写作如何严谨，都难免各取所需，各谈所是，傅高义与杨继绳的《邓小平时代》也不例外。比如，杨继绳将 80 年代的一系列党内外交锋，称之为"两个基本点的碰撞"，并将 1983 年的反精神污染、1986 年的反自由化和 1989 年的六四风波，视为四项基本原则与改革开放的三次碰撞。而只需对照一下邓小平在这三次政治风潮中的三次讲话，就不难看到问题的关键之所在：

　　——精神污染的实质是散布形形色色的资产阶级和其他剥削阶级腐朽没落的思想，散布对于社会主义、共产主义事业和对于共产党领导的不信任情绪。

　　精神污染的危害很大，足以祸国误民。它在人民中混淆是非界限，造成消极涣散、离心离德的情绪，腐蚀人们的灵魂和意志，助长形形色色的个人主义思想泛滥，助长一部分人当中怀疑以至否定社会主义和党的领导的思潮。（一九八三年十月十二日《党在组织战线和思想战线上的迫切任务》）①

　　——我们执行对外开放政策，学习外国的技术，利用外资，是为了搞好社会主义建设，而不能离开社会主义道路。我们要发展社会生产力，发展社会主义公有制，增加全民所得。我们允许一些地区、一些人先富起来，是为了最终达到共同富裕，所以要防止两极分化。这就叫社会主义。中国没

---

　　① 中共中央文献研究室：《邓小平年谱：一九七五——一九九七》（下），北京，中央文献出版社，2004，第40页。

有共产党的领导、不搞社会主义是没有前途的。这个道理已经得到证明，将来还会得到证明。如果我们达到人均国民生产总值四千美元，而且是共同富裕的，到那时就能够更好地显示社会主义制度优于资本主义制度，就为世界四分之三的人口指出了奋斗方向，更加证明了马克思主义的正确性。所以，我们要理直气壮地坚持社会主义道路，坚持四项基本原则。（一九八六年十二月三十日《旗帜鲜明地反对资产阶级自由化》）[1]

——党的十三大概括的"一个中心、两个基本点"对不对？两个基本点，即四个坚持和改革开放，是不是错了？我最近总在想这个问题。我们没有错。四个坚持本身没有错，如果说有错误的话，就是坚持四项基本原则还不够一贯，没有把它作为基本思想来教育人民，教育学生，教育全体干部和共产党员。这次事件的性质，就是资产阶级自由化和四个坚持的对立。（一九八九年六月九日《在接见首都戒严部队军以上干部时的讲话》）[2]

显然，问题的关键还在于两种改革的政治方向，而根本不在于四项基本原则与改革开放的人为对立。六四风波后的 6 月 16 日，邓小平与中央领导谈及领导集体的话题时又说道：这次发生的事件表明，是否坚持社会主义道路和党的领导是个要害。整个帝国主义西方世界企图使社会主义各国都放弃社会主义道路，最终纳入国际垄断资本的统治，纳入资本主义的轨道。现在我们要顶住这股逆流，旗帜要鲜明。因为如果我们不坚持社会主义，最终发展起来也不过成为一个附庸国，而且就连想要发展起来也不容易。只有社会主义才能救中国，

---

[1]　中共中央文献研究室：《邓小平年谱：一九七五——一九九七》（下），北京，中央文献出版社，2004，第 195—196 页。

[2]　同上，第 305 页。

只有社会主义才能发展中国。① 这段话同 1986 年学潮后，他在会见美国国务卿舒尔茨时所谈的意思俨然一脉相承：所谓资产阶级自由化，就是要中国全盘西化，走资本主义道路。中国根据自己的经验，不可能走资本主义道路。道理很简单，中国十亿人口，现在还处于落后状态，如果走资本主义道路，可能在某些局部地区少数人更快地富起来，形成一个新的资产阶级，产生一批百万富翁，但顶多也不会达到人口的百分之一，而大量的人仍然摆脱不了贫穷，甚至连温饱问题都不可能解决。只有社会主义制度才能从根本上解决摆脱贫穷的问题。所以我们不会容忍有的人反对社会主义。在他看来，一个公有制占主体，一个共同富裕，就是我们必须执行和实现的社会主义原则。当时，他还谈到"改革派"与"保守派"：中国不存在完全反对改革的一派。国外有些人过去把我看作是改革派，把别人看作是保守派。我是改革派，不错；如果要说坚持四项基本原则是保守派，我又是保守派。② 对此，北京大学政治学教授强世功的学理分析更深切洞明：

> 主张"猫论"的邓小平也常常被人们看作是实用主义者。这其实是对邓小平的巨大误解，更是对中国共产党人的误解。中国共产党人从一开始就将政治建立在正义基础上，因此对政治正当性的理论阐述和不断创建被看作是党的生命所在。曾经参与中苏论战的邓小平深知政治原则的重要性，因为它是政治正当性的源泉。市场和计划作为手段，完全可以采用实用主义的立场，但四项基本原则和中国特色的社会主义对于邓小平来说，则是不可动摇的政治原则。③

总之，改革开放以来一系列明里暗里的交锋及其本质，归根结底无不体现着两种改革的对立，而非"两个基本点"的碰撞。至于邓小

---

① 中共中央文献研究室：《邓小平年谱：一九七五——一九九七》（下），北京，中央文献出版社，2004，第 1281 页。
② 同上，第 1171 页。
③ 强世功：《中国香港：政治与文化的视野》，北京，三联书店，2010，第 136 页。

平说的两种改革，核心无非是社会主义与资本主义的两种政治方向。只讲"改革"，不问方向，只管赶路，不顾前程，所谓"不改革就是死路一条"云云，都是对"伟大的马克思主义者，伟大的无产阶级革命家、政治家、军事家、外交家，久经考验的共产主义战士，我国社会主义改革开放和现代化建设的总设计师，建设有中国特色社会主义理论的创立者"的贬抑，都是无视邓小平不断强调的、毕生追求的政治理想："我们这些人的脑子里是有共产主义理想和信念的……我们采取的各方面的政策，都是为了发展社会主义，为了将来实现共产主义。"① 《中共中央关于全面深化改革若干重大问题的决定》（2013），再次重申这一政治理想与方向："全面深化改革的总目标是完善和发展中国特色社会主义制度，推进国家治理体系和治理能力现代化。"

相较而言，《邓小平时代：中国改革开放 20 年纪实》的作者由于身处邓小平时代，又曾是新华社记者，对 1978 年至 1998 年的社会进程及其来龙去脉更有切身体会与亲身感悟，一些描述自然更加贴切、真切。而傅高义作为学识渊博的汉学家和中国通，以十年磨一剑的功夫完成的《邓小平时代》则更为厚重，同时也多了旁观者清的超脱和尘埃渐落的反思。比如，上世纪 80 年代，新自由主义思潮及其政治经济纲领"华盛顿共识"不仅横行世界，而且也对中国社会以及改革开放产生不同冲击，尽管主流对此一直保持高度警觉与抵制。某位清华出身的财政高官公开宣称，我们就是要按新自由主义行事。傅高义的《邓小平时代》讲到的一个背景，也有助于人们透视这些看似矛盾的现象及其来龙去脉："世行还在联合国开发计划署、继而在福特基金会资助下，在牛津大学设立了为期一年、专门培训中国经济学家的项目。从 1985 年到 1995 年，这项计划培训了将近 70 名经济学家，其中大多数后来都身居要职，领导着中国的经济发展。福特基金会还

---

① 邓小平：《一靠理想二靠纪律才能团结起来》，1985 年 3 月 7 日；见中共中央文献研究室编：《十二大以来重要文献选编》（中），北京，中央文献出版社，2011，第134－135 页。

资助中国经济学家在美国学习。"① 再如公认十一届三中全会为改革开放起点，而傅高义则提出三个起点：一是谷牧代表团的出访，二是国务院务虚会的举行，三是十一届三中全会的召开。与此相应，对于华国锋，傅高义的评价也与众不同：

> 很多人低估了华国锋和他的改革信念。后来的官方历史对华国锋脱离毛的路线的意愿和支持中国对西方实行开放，没有给予充分的评价。其实，在华国锋当政的过渡期……他不但逮捕了"四人帮"，而且减少了意识形态和政治运动的作用，更加强调现代化而不是阶级斗争，将毛泽东时代不够常规化的党内会议转入正常轨道。华国锋确实想拖延邓小平在 1977 年的复出，但他并没有推翻邓小平在 1975 年取得的进步，他赞成邓小平 1977 年复出后采取的改革措施。他不但推动了国家的迅速开放，甚至因为在他的"洋跃进"中走得太远而受到尖锐批评。……时常有人说，中国的对外开放政策——包括愿意学习国外经验和急迫地想要引进外国技术——源于 1978 年 12 月邓小平领导下的三中全会。其实不少做法始于 1977 年华国锋领导时期，而华国锋提出的政策也并非由他首创。②

进而言之，如果彻底遵循唯物史观以及实事求是原则，那么改革开放的格局实际上 70 年代初即已显现，包括中国恢复联合国以及有关国际组织的合法席位、与众多亚非拉国家以及西方国家建立外交关系、中美和解与尼克松访华、毛泽东周恩来推动的"四三方案"、文化上的一些解冻苗头等。③ 国史专家程中原在评述傅高义《邓小平时代》一书时也特别提到一点：

> 我们还可以把对外开放政策追溯到 20 世纪 70 年代初毛

---

① ［美］傅高义：《邓小平时代》，冯克利译，北京，三联书店，2013，第 446 页。
② 同上，第 189、194 页。
③ 详见《开放时代》2013 年第 1 期《70 年代中国》。

泽东周恩来批准、陈云邓小平李先念支持的"四三方案"。①

所谓"四三方案",是 1973 年国家计委向国务院建议,在三至五年内从欧美日引进 43 亿美元成套设备的计划,史称"四三方案"。这是新中国继 50 年代初引进苏联援助的"156 项工程"后,第二次大规模的技术引进。利用"四三方案"引进的设备,结合国产设备配套,中国兴建了一批大型工业项目,1982 年全部建成投产后,与已有基础设施一同构成经济腾飞的重要基础。由于四三方案集中于石油化工领域,包括化肥、化纤产品,而化肥的充足供应提高了农业产量,化纤则提供了棉布的替代品,如的确良、涤卡,故主持"四三方案"的陈锦华后来在其《国事忆述》中写道:这个项目基本上解决了吃饭和穿衣问题。

不同于 80 年代海外舆论动不动就将党内不同意见冠之以"改革派"与"保守派",傅高义理性平实地称之为"建设派"(the builders)和"平衡派"(the balancers)。建设派自然以邓小平为代表,平衡派则以行事谨慎的陈云为代表:

> 一些有头脑的中国官员相信,陈云对急躁的邓小平提供了必要的平衡……他们认为,陈云的调整政策十分必要,如果邓小平当初能够更多地听取陈云的意见,80 年代后期的一些问题也许可以避免。

> 为加强平衡派的势力,邓力群于 1980 年秋天在中央党校开课,分 4 讲介绍了陈云的经济思想。他大力推崇陈云,以至于有人指责他要搞个人崇拜。邓力群说,1949 年以来陈云的政策建议都是正确的。"大跃进"错在哪儿?错在不听陈云的劝告。现在错在哪儿?也错在没有充分采纳陈云的明智之见。②

---

① 程中原:《一部杰作和它的瑕疵》,载《中华读书报》2013 年 5 月 15 日。
② 〔美〕傅高义:《邓小平时代》,冯克利译,北京,三联书店,2013,第 423、420 页。

类似纷杂现象及其解读不免使人想到，邓小平与陈云的历史贡献应该怎么评价？与此相似，孙中山、毛泽东、邓小平三位世纪伟人又该如何看待？诸如此类的问题，进一步追问就涉及千百年来的那个古老话题：究竟是英雄造时势还是时势造英雄？而两种背道而驰的观点，自来均有雄辩的代表与经典的文本。如英雄造时势的现代思想源头之一，当属卡莱尔的《英雄与英雄崇拜》。这是他的六篇演讲，以西欧历史为主，讨论了他心目中的六种英雄——神明、先知、诗人、教士、文人、帝王，激情澎湃，文思飞扬，与其说是学术理论，不如说是诗化哲学：

> 无数的人曾以无声的模糊的惊奇之情，在这个世界上匆匆走过，就像动物感觉到的那样；也有人以一种痛苦的、探索而无功的惊奇匆匆而过，这是只有人才感觉到的；直到伟大的思想家，有创见的人，先知产生出来，形成了说出来的思想，把所有人沉睡着的潜能唤醒成思想。这就是思想家、精神英雄的做法。他说的话，是所有人远不曾说出而又渴望说出的东西。围绕着他的思想，一切思想都从痛苦的麻痹的酣睡中觉醒，作为对他的思想的回音。是的，就是如此！人们的喜悦之情犹如一觉醒来是黎明一般。这难道不是他们由不存在到存在，由死到生的复苏吗？

熟谙唯物史观的人肯定觉得，如此高论未免过于"唯心"。如果历史属于凤毛麟角的先知和英雄的舞台，那么生产力、经济基础、上层建筑意识形态算什么呢？千千万万普通人又算什么呢？不过，话说回来，秦皇汉武，唐宗宋祖，确实又对历史产生无人可及的作用，正如孙中山、毛泽东、邓小平，对此又当如何理解呢？尼克松在轰轰烈烈的《领袖们》一书中，曾用三个伟大概括之："伟大的人物、伟大的国家、伟大的事件。"[①] 下面不妨看看哲人普列汉诺夫的有关论述。

普列汉诺夫（1856－1918），俄罗斯人，一代杰出的马克思主义

---

① ［美］尼克松：《领袖们》，施燕华等译，海口，海南出版社，2012，第3页。

哲学家、思想家、理论家、"会走路的百科全书"。恩格斯曾经评价说，"我认为只有两个人理解或掌握了马克思主义，这两个人是梅林和普列汉诺夫"。1898 年，普列汉诺夫在彼得堡一份杂志上，发表了《论个人在历史上的作用问题》一文。用此著的中文版译者、普列汉诺夫专家王荫庭 2009 年的话说："思想之精辟，史料之丰富，论述之透彻，语言之洗练，以及风格之卓异，在同一主题的论著中，这篇篇幅不大的名作迄今为止仍然是无与伦比的。"①

按照普列汉诺夫的分析，社会历史分为两个层次："一般趋势"和"个别外貌"，或称"一般规律"和"局部后果"。依据这一划分，他提出关于个人在历史上作用的一条基本原理：一切司马迁所谓倜傥非常之人，只能决定社会发展的个别外貌或局部后果，而不能决定一般趋势或一般规律，后者只能由社会发展的一般原因所决定，如生产力、生产关系等。他说：

> 有影响的人物由于自己的智慧和性格的种种特点，可以改变事变的个别外貌和事变的某些局部后果，但它们不能改变事变的总的方向，这个方向是由别的力量决定的。

> 现实中出现的任何人才，即成为社会力量的任何人才，都是社会关系的产物。然而如果这是对的，那就不难理解，为什么有才能的人们，正如我们说过的，所能改变的只是事变的个别外貌，而不是事变的总趋势；他们本身只是凭借这种趋势才存在，没有这种趋势，他们永远也跨不过从可能进到现实的门槛。②

依据普列汉诺夫的这一划分和分析，时势造英雄还是英雄造时势的认识悖论也就迎刃而解了。一方面，英雄人物都是特定时势的产物，他们所由产生的那个时势或历史条件不是他们自己所能决定的，而只能"是由生产力的发展以及这种发展所决定的人们在社会经济的

① ［俄］普列汉诺夫：《论个人在历史上的作用问题》，王荫庭译，北京，商务印书馆，2011，"译者序"，第 1 页。
② 同上，第 44、49 页。

生产过程中的相互关系来决定的"①。比如，拉斐尔、达·芬奇和米开朗琪罗并没有创造文艺复兴时代的总趋势，"他们只是这一趋势的最好的表达者"②。另一方面，英雄人物一旦出现，又会对历史的个别外貌和局部后果形成程度不同的直接作用，拿破仑如此，邓小平亦然。正如普列汉诺夫写道的：

> 伟大人物之所以伟大，不是因为他的个人特点使伟大的历史事变具有个别的外貌，而是因为他所具备的特点使得他最能为当时在一般原因和特殊原因影响下产生的伟大社会需要服务。卡莱尔在其论英雄的名著中称伟大人物为创始者（Beginner）。这是非常恰当的称呼。伟人正是创始者，因为他比别人看得远些，他的欲望比别人强烈些。他会解决先前的社会智慧发展进程提上日程的科学课题；他会指出先前的社会关系发展所造成的新的社会需要；他会发挥首倡精神来满足这些需要。他是个英雄。其所以是英雄，不是说他似乎能够阻止或者改变事物的自然进程，而是他的活动是这个必然和无意识的进程的自觉和自由的表现。这就是他的全部意义之所在，这就是他的全部力量之所在。而这是一种极巨大的意义、一种了不起的力量。③

2013年，习近平《在纪念毛泽东同志诞辰120周年座谈会上的讲话》中有句类似的哲言，既适用于开国领袖毛泽东，也适用于当代伟人邓小平："不能把历史顺境中的成功简单归功于个人，也不能把历史逆境中的挫折简单归咎于个人。"清华园的闻一多塑像后面有块大理石的石壁，上面镌刻着爱国诗人的一句话："诗人主要的天赋是爱，爱他的祖国，爱他的人民。"纵观邓小平跌宕起伏波涛汹涌的一生，无论顺境，还是逆境，也始终如这位不苟言笑的伟人一度动情表

---

① ［俄］普列汉诺夫：《论个人在历史上的作用问题》，王荫庭译，北京，商务印书馆，2011，第51页。

② 同上，第49页。

③ 同上，第55页。

露的：我是中国人民的儿子，我深情地爱着我的祖国和人民。

（中共中央文献研究室：《邓小平年谱》（一九七五—一九九七），
中央文献出版社，2004；［美］傅高义：《邓小平时代》，三联书店，
2013；《关于建国以来党的若干历史问题的决议（注释本）》，人民出
版社，1983）

第三乐章
历　史

新闻与历史：且谈明朝那些事儿

新闻与历史，可谓渊源有自，由来已久。蔡元培认为：新闻无非是历史的后裔（"新闻者，史之流裔耳"）；李大钊则说：新闻是现在的历史，历史是过去的新闻（"报是现在的史，史是过去的报"）；《文汇报》创始人徐铸成的看法相似：新闻是明天的历史，历史是昨天的新闻；香港报人、文化人董桥说得更形象：新闻是历史的初稿，历史是新闻的定稿……曾任美国哲学学会主席的历史哲学家曼德尔鲍姆，在其成名作《历史知识问题》一书的导论中也将史家与记者相提并论："不论历史学家掌握的文献证据多么丰富或者多么单薄，也不论他所研究的范围多么广阔或者多么狭窄，关键问题仍然是他要把那些有关的事件组合到一起，以便人们能够看出它们组成他想要理解的那段历史。甚至一个没有工作经验的记者在他叙述一件最近发生的、极其令人毛骨悚然的罪行时，也试图满足历史研究的这些条件，因为他企图把那样一些事件确定下来加以描述，这些事件组合到一起时就能无比准确地确定当时发生了什么事情。"[1]

1985 年，刘建明、童兵、郑保卫等新闻理论学者的研究生导师甘惜分，在兰州大学新闻系讲学时以"新闻学与历史学"为题，系统阐述了新闻与历史、记者与史家、新闻学与历史学的关系，并谈到两者的四点相通：均以客观世界发生的真实事实为对象；均注重客观

---

[1] ［美］莫里斯·曼德尔鲍姆：《历史知识问题》，涂纪亮译，北京，北京大学出版社，2012，第 6 页。

性、准确性和真实性；均需选择，故有倾向（犹如史家陈守实所言"史论即政论"）；均强调才、学、识、德等修养。他举例说：

> 美国著名记者埃德加·斯诺，我认为就是一位了不起的史学家，他不但对中国历史有深厚的了解，而且非常善于在动乱中的中国抓住最有决定意义的事件。他在抗日战争之前就选择了陕北之行，他认准了中国共产党领导的经过艰难的长征、喘息方定而兵员很少的一支红军是决定中国的未来的力量。可以说，斯诺是一个伟大的记者，也是一位伟大的历史学家。①

为此，他还主张将新闻专业置于史学门类而非文学门类，新闻学子可授史学学士、硕士、博士学位而非文学学位。当然，在中国传统中，文史不分家，司马迁既是首屈一指的史学家，又是出类拔萃的文学家。无论史学还是文学，都是新闻工作新闻人取之不尽、用之不竭的文化宝藏。中国近代以来的杰出报人，几乎都是底蕴深厚的文史大家，而且大多深受现代先进文化的浸淫，如梁启超、章太炎、黄远生、于右任、吴玉章、邵飘萍、瞿秋白、张季鸾、王芸生、曹聚仁、邹韬奋、范长江、邓拓、梁厚甫、查良镛、胡乔木、乔冠华、范敬宜……历史文学的巨擘姚雪垠，在《八十愧言》里表达的认识，同样适用于新闻传播领域：

> 倘若我不能运用辩证唯物主义和历史唯物主义的基本原理，不具备中国汉民族的史学修养、传统文化修养，中国古典文学的较厚实的修养，我不仅写不出《李自成》，而且在长篇小说和历史小说上的一切艺术的追求和理论建树的企图都将落空。②

就历史而言，明清两朝与当代中国既靠近，又切近。如果说秦皇汉武、唐宗宋祖、一代天骄多属思古幽情，那么明清的背影还未远

---

① 甘惜分：《甘惜分自选集》，北京，中国人民大学出版社，2007，第453-463页。
② 姚雪垠：《姚雪垠回忆录》，北京，中国工人出版社，2010，第202页。

逝，在现实世界中若隐若现。美国高校的通用教科书《中国近代史》（徐中约），就将近代史上限推到明清鼎革之际的 1600 年，下限则延至世纪之交的 2000 年。新闻传播学的史论研究也主要关注明清以降，哈佛大学汉学家孔飞力教授的《叫魂：1768 年中国妖术大恐慌》甚至成为畅销书，如同黄仁宇的《万历十五年》。《万历十五年》的生动叙事，让人见识了一种久违的著述，不过正如明史专家陈梧桐教授质疑批评的：

> 由于作者错误的明史观，加之违反史学研究的规范，对史料采用各取所需甚至歪曲、篡改的手段，对具体历史事实的叙述并非全部真实、可靠，得出的结论也失之于偏颇、片面，作为学术著作尚不够格，作为大众读物传播的是错误的明史知识，实在不值得肯定和热捧。[①]

无论专家学者如何见仁见智，人们对明清历史始终"关怀备至"。清朝尤其晚清自不待言，明朝其实也一直热度不减。吴晗的《朱元璋传》、谢国桢的《明清之际党社运动考》等，均属脍炙人口的现代学术经典，而且清新可读，不让《万历十五年》。1944 年，适逢清兵入关、崇祯自裁的甲申（1644）三百年，郭沫若在重庆《新华日报》上，连载有名的《甲申三百年祭》，第一次用唯物史观对李自成起义的历史经验展开论述，犀利深刻，磅礴大气，引起广泛关注，包括毛泽东与中共中央，甚至被纳入延安整风文件。1949 年，毛泽东及其战友以胜利者姿态"进京赶考"，还谆谆告诫全党同志不能步李自成的后尘。2010 年，中央电视台"百家讲坛"栏目，又邀请谢国桢弟子、中国社会科学院研究员商传开讲《永乐大帝》。至于荧屏上的明清"电视剧""历史剧"更是你方唱罢我登场。

对普通人来说，了解明代及其社会，除了《儒林外史》《金瓶梅》等古典小说，当属姚雪垠的《李自成》了。1963 年，长篇历史小说

---

① 陈梧桐：《〈万历十五年〉质疑》，见《历史学家茶座》2006 年总第 4 辑；《新华文摘》2007 年第 9 期；《马克思主义新闻观拓展读本》，清华大学出版社，2008。

《李自成》第一卷问世，一时洛阳纸贵，满城争诵，同红极一时的"三红一创"——《红旗谱》《红日》《红岩》《创业史》，以及大批红色经典一道构成一个时代的文化记忆。1976 年出版的《李自成》第二卷，不仅荣获第一届茅盾文学奖，而且通过广播小说形式，传入千家万户，波及穷乡僻壤，让千千万万无缘读书的普通人如醉如痴。小说名为"李自成"，实际上远不限于一支义军及其领袖，而是展现了明清之际广阔的历史画卷，作者内心追求的乃是一部"历史百科全书"。

姚雪垠（1900－1999），河南邓州人，1929 年考入河南大学法学院，七七事变后，与范文澜等创办《风雨》周刊，曾以特约记者名义赴徐州前线采访。1938 年，成名作《差半车麦秸》在茅盾主编的《文艺阵地》发表，轰动抗战文坛。解放后，从事专业创作，1957 年划为"极右派"，下放武汉的东西湖农场，最后落脚咸宁五七干校。文革结束，出任湖北省文联主席、中国作协名誉副主席等。正是戴上"极右派"帽子时，他开始了《李自成》的酝酿与写作，历时约 40 年，最终完成五卷、三百多万字的文学巨著。在《姚雪垠回忆录》里，他提到当初偷偷摸摸写作的情景：

> 我住的房间靠近大门，房门是活动门，没有插销，没法关严。每听见有脚步声走进大门，我赶快轻轻合上活页皮夹，坐着不动。有时某位同志推门进来看看，看见我的面前摆着活页夹，问我在写什么，我就回答说我是写思想检查。那时候不像"文化大革命"，对我没有进行过搜查，从来没有人翻看我的活页夹。等进来的同志走了，脚步声上楼了，我小心地重新打开活页夹，继续往下写。[①]

姚雪垠为了完成这部鸿篇巨著，在忍受诸般屈辱与困顿的情况下，对明代历史与社会进行了细致钻研，虽然他谦称不是明史学者，但其深厚学养并不亚专家权威。记得上大学时，老系主任邀请他来开

---

① 姚雪垠：《姚雪垠回忆录》，北京，中国工人出版社，2010，第 164 页。

讲座，阶梯教室座无虚席。30 多年过去了，讲座内容大多风飘云散，只记得老作家满头银发和一张张摘录的万余卡片！特别是，他除了研读六百余种史书典籍并做了大量批注，还一一踏勘了山海关、九宫山等历史现场。今天看来，对《李自成》的人物形象或有商榷，对其创作手法或有批评，但书中丰满的、立体的、活生生的社会场景，从跌宕起伏的时代风云到惟妙惟肖的生活细节，则不能不令读者叹服。就拿全书开篇来说，有声有色、活灵活现的文字，一下子就使人们沉浸于浓郁的历史氛围之中：

> 崇祯十一年十月初三日晚上，约摸一更天气，北京城里已经静街，显得特别的阴森和凄凉。重要的街道口都站着兵丁，盘查偶尔过往的行人。家家户户的大门外都挂着红色的或白色的纸灯笼，灯光昏暗，在房檐下摇摇摆摆。在微弱的灯光下，可以看见各街口的墙壁上贴着大张的、用木版印刷的戒严布告。在又窄又长的街道和胡同里，时常有更夫提着小灯笼，敲着破铜锣或梆子，瑟缩的影子出现一下，又向黑暗中消逝；那缓慢的、无精打采的锣声或梆子声也在风声里逐渐远去。

> 城头上非常寂静，每隔不远有一盏灯笼，由于清兵已过了通州的运河西岸，所以东直门和朝阳门那方面特别吃紧，城头上的灯笼也比较稠密。城外有多处火光，天空映成了一片紫色。从远远的东方，不时地传过来隆隆炮声，好像夏天的闷雷一样在天际滚动。但是城里的居民们得不到战事的真实情况，不知道这是官兵还是清兵放的大炮。[①]

2009 年，在"共和国六十年文学与文学批评学术研讨会"上，批评家雷达提交了一篇论文《关于现实主义生命力的思考》，对"十七年"的经典进行重新评价，《青春之歌》《红旗谱》《创业史》《茶馆》《苦菜花》《林海雪原》《红岩》《铁道游击队》《野火春风斗古城》

---

① 姚雪垠：《李自成》第 1 卷，北京，人民文学出版社，2005，第 1 页。

《艳阳天》《李自成》等，更被称为一串"豪华名单"。^① 在雷达看来，这些作品虽然不无内在矛盾与时代局限，但都在时间的长河中经受了检验。雷达还就此提出两个长期思索的问题。一是政治视角：现在不提文学为政治服务后，有的作家就认为离政治越远越好，这也是一种偏颇，其实政治往往是成就大气的前提。二是深入生活：当年强调艺术家深入工农兵，了解人民生活，有时尽管机械教条，但往往确保其灵感来源。由此，产生了一大批富有生活气息、民族精神、文化蕴含的经典作品。姚雪垠能够完成这样一幅清明上河图式的社会画卷与百科全书式的历史图景，也同样得益于此，他在晚年的回忆《八十愧言》里写道："我从青年时代起，逐步地明白，要成为一个中国有出息的作家，我必须将根子扎在中国的土壤上，研究和理解中国的历史和传统文化，特别是要多吸收中国三千多年文学史的光辉遗产，同时要随时了解中国社会。如今我到了八十整寿时候，想一想过去六十一年我从事文学创作活动的经验，以上几个方面的持久不懈的学习，对我的成就有密切关系。遗憾的是，我的学习还很不够，对祖国文化的基础还不够深厚，限制了我的更高成就。"^②

作为五四新文化的传人，姚雪垠创作《李自成》也源于一种时代召唤。国破家亡、生灵涂炭、社会黑暗、水旱蝗汤的旧中国，唤起一批批前赴后继的热血青年，华北危急、平津危急、中华民族危急的严酷现实，更是铸就一代文化人的伟岸群像，仅看延安鲁迅艺术文学院，就堪称星汉灿烂，光彩夺目：吴玉章、茅盾、周扬、丁玲、萧军、冼星海、周立波、艾青、光未然、贺敬之、刘白羽、李焕之、郑律成、何其芳、陈荒煤、王朝闻、张庚、吕骥、刘炽、孙犁、马烽、西戎、冯牧、秦兆阳、严文井、华君武、吴印咸、蔡若虹、张仃、古元、江枫、穆青、崔巍、陈强、王昆、于蓝……从他们的精神血脉里流淌出的时代心声，都已成为现代文化的瑰宝，甚至迄今难以逾越的

---

① 雷达：《关于现实主义生命力的思考》，载《人民日报》2009 年 11 月 10 日。

② 姚雪垠：《姚雪垠回忆录》，北京，中国工人出版社，2010，第 203 页。

高峰。正如文化学者、纽约大学东亚系主任张旭东教授所言，"20世纪中国革命的高潮，也是近代中国人政治自觉和文化自觉最为明晰的时刻"①。

同这一代文化人一样，姚雪垠身上也具有鲜明的时代烙印，包括强烈的社会责任感和历史使命感。他从青年时就形成积极的人生观，晚年依然矢志不移："我活着，不是祖国历史进程的旁观者，而是历史进程的参与者和推动者。当我立志从事文学创作活动以后，这一从爱国主义出发的历史责任感要求我向较高的目标奋力追求，不管是处在什么艰难困苦的逆境中或是处在誉满海内外的极大顺境中，我都没松懈自己的努力，没有动摇自己的责任感。"② 需要特别强调的是，这一代文化人大都锲而不舍地追寻马克思主义，秉承坚定的信念与信仰，不仅将马克思主义作为科学的世界观和方法论，而且视为救国救民的真理和安身立命的根基，就像姚雪垠回忆的："我从十九岁到了开封以后，在中国共产党领导的革命运动和左翼文化运动中受到了启蒙，而且注意学习马克思主义理论的粗浅常识，逐步掌握了历史唯物主义的基本原理。这一主观条件，可以帮助我理解明清之际许多复杂的历史现象，探索一些历史规律，而不停留在历史故事的表面，对历史的看法也不人云亦云，流于一般。"③

这样的时代特征与精神烙印，使得这一代文化人具有一种天行健的雄浑元气，一种地势坤的朴拙大气。以《李自成》而论，在文学理念与创作技巧上或许不如时新作品精致、考究，但正如不少前辈大家所论：《李自成》第一卷的水平不在《水浒》之下，甚至超过《三国演义》（明史专家吴晗）；《李自成》以明末农民起义为中心，完成的一部中国封建社会的"百科全书"（原中国社会科学院院长、史学家胡绳）；《红楼梦》以来，还少见这样好的长篇历史小说（北京大学教授、美学家朱光潜）……这一成就首先应该归功于唯物史观，即恩格

---

① 张旭东：《离不开政治的文化自觉》，载《文化纵横》2012年第2期。
② 姚雪垠：《姚雪垠回忆录》，北京，中国工人出版社，2010，第164页。
③ 同上，第176页。

斯晚年概括的：历史唯物主义认为，"一切重要历史事件的终极原因和伟大动力是社会的经济发展，是生产方式和交换方式的改变，是由此产生的社会之划分为不同的阶级，是这些阶级彼此之间的斗争"①。大约半个世纪后，毛泽东为新华社撰写的有名评论《丢掉幻想，准备斗争》说得更明了："阶级斗争，一些阶级胜利了，一些阶级消灭了。这就是历史，这就是几千年的文明史。拿这个观点解释历史的就叫作历史的唯物主义，站在这个观点的反面的是历史的唯心主义。"②

2008 年暑期，北京奥运会如火如荼，我先上庐山，再走三峡，饱览千古江山，重温万古诗篇：登高壮观天地间，疑是银河落九天，巴东三峡巫峡长，轻舟已过万重山……玉露凋伤枫树林，巫山巫峡气萧森；蜀江水碧蜀山青，圣主朝朝暮暮情……借此空闲，重读了姚雪垠的《李自成》，由于许多故实多在长江中上游地区，包括闯王殒命的湖北九宫山，不由浮想联翩，感慨不已，既为一代英雄的悲剧，也为这等讴歌奴隶的巨著。一篇读罢头飞雪，陈王奋起挥黄钺。读完最后一页，恰好船行巫峡，同伴招呼着上到观景甲板，眼望滚滚长江东逝水，我不由随口对一位名校教授提了一句《李自成》，没想到对方脱口而出的抢白，噎得我无言以对：看那玩意儿干什么！后来琢磨，或许这样的文字在时贤看来显得老套过时？或许李自成、农民起义、阶级斗争等已沦为明日黄花？如果真是这样的话，那么司马迁《史记》中浓墨重彩的《陈涉世家》该当何论。原北京大学中文系主任温儒敏教授，在一篇文章中指出的问题令人击节，更令人深思：

> 夏志清对张爱玲写土改的《秧歌》《赤地之恋》等小说也那么推崇，认为是记录"人的身体和灵魂在暴政下面受到摧残"的杰作，恐怕就不敢恭维了。《秧歌》把共产党写得那么暴虐，那么没有人性，显然是出于一种反共的政治立场。张爱玲那时到了海外，对国内的土改并不了解，她为稻

---

① 中共中央编译局编译：《马克思恩格斯文集》第 3 卷，北京，人民出版社，2009，第 509 页。

② 毛泽东：《毛泽东选集》第 4 卷，北京，人民出版社，1991，第 1424 页。

梁谋而接受了美国官方的资助，《秧歌》《赤地之恋》都是带有很强政治性的"命题作文"。

　　他们可以"同情"土改运动中被镇压的地主阶级，而对千百万农民的翻身解放却无动于衷。在他们的笔下，解放之后的新中国完全是精神沙漠，而少数敏感文人的体验就足以代替千百万普通中国人的命运。这起码是一种历史的隔膜。[1]

温儒敏批评的隔膜何止于此，诸如此类的选择性、倾向性及政治性让人不由不质疑：他们可以同情土改中被镇压的地主阶级，而对千百万农民的翻身解放和劳苦大众的扬眉吐气无动于衷；他们可以欣赏民国的十里洋场"小资"范儿，而对天下百姓的苦难深重无动于衷；他们可以讴歌列强的"现代文明现代化"，而对亚非拉人民由此遭遇的旷古浩劫无动于衷；他们可以赞美"文人论政""私营报业"，而对"工农兵通讯员""人民千呼万应的喉舌"无动于衷；他们可以热捧"古拉格""现代派""1984"，而对"人民文学""人民美术""人民音乐"无动于衷；他们可以言必称"哈耶克""阿伦特"，而对"千年第一思想家"马克思无动于衷；他们可以对政治运动中受到伤害的一些文人耿耿于怀，而对亿万各族人民包括绝大部分知识分子的创业史无动于衷；他们可以津津乐道"经济学家不讲道德""利益最大化""中等收入陷阱"，而对"下岗""三农""新三座大山"（教育产业化、医疗产业化、住房产业化）下的亿万家庭无动于衷……

　　不管怎样，重读经典，收获良多。读完后，意犹未尽，于是再读顾诚的《南明史》。看似巧合的是，两部大作均以大顺军余部在三峡的坚守与败亡告终，睹物思人，临风怅然。享有国际声誉的顾诚教授，是北京师范大学的明史专家，被学界誉为"三好"学者：学问好、文笔好、外语好。他用毕生心血铸就的名山之作《南明史》，同姚雪垠的《李自成》一样，不仅均以明清鼎革为主题，关注同样的社

---

[1]　温儒敏：《文学研究中的"汉学心态"》，载《文艺争鸣》2007 年第 7 期。

会历史，而且体现了同样的唯物史观，并具有同样的朴拙大气，如开篇一段气势不凡：

> 公元 1644 年，在中国干支纪年中为甲申年。这一年的历史上充满了风云突变、波涛叠起的重大事件，阶级搏斗和民族征战都达到高潮，又搅和在一起，在中华大地上演出了一幕幕可歌可泣、惊心动魄的场面。①

书中所论明末士风，尤其让人茅塞顿开，迥异于"人云亦云，流于一般"的流行说辞。一般印象里，人所熟知的东林党人俨然属于骨鲠之士，正人君子，他们高唱的"风声雨声读书声，声声入耳；家事国事天下事，事事关心"，一直像清风朗月，一江春水，滋润着人们的心田。而实情却蛮不是那么回事儿。这些名震天下的"文人雅士"，原来并不清高，其实并不纯粹，对国计民生，则往往成事不足，败事有余。至于黄宗羲等所谓"清流"，党同伐异，唯我独尊，褊狭偏执，更让人联想到一些赫赫炎炎的"公共知识分子"及其左右的媒体与记者，空谈误国，如出一辙，沽名钓誉，何其相似：

> 他们当中的许多人出仕以来从来没有什么实际业绩，而是以讲学结社，放言高论，犯颜敢谏，"直声名震天下"，然后就自封为治世之良臣，似乎只要他们在位，即可立见太平。实际上根本不是那么回事。

> 人们常常受旧史籍的影响，以为东林—复社人士大体上都是骨鲠正直之人，其实它是一个很复杂的团体，其中光明磊落者故不乏人，但由于明末东林—复社名满天下，往往具有左右朝政的势力，许多热衷名利的人也混迹其间，变成一个大杂烩。东林—复社人士的"别正邪、分贤佞"实际上是自封"正人"、"君子"，为独揽朝政造舆论。

> 直至社稷倾覆，江山变色，东林—复社党人仍把责任全归之于弘光昏庸、马阮乱政，自我标榜为正人君子，实际上

---

① 顾诚：《南明史》，北京，中国青年出版社，2003，第 1 页。

他们自己也是一批追名逐利、制造倾轧的能手，对弘光朝的覆亡负有直接责任。[①]

读过谢国桢的《明清之际党社运动考》，对这一分析与评价当不陌生，也不意外。

约十年前，看到中国社会科学院明史学者、作家王春瑜的文章《一位学术苦行僧——悼亡友顾诚教授》，其中描绘的一段顾诚晚年情景简直历历在目，令人一想起来总是难以释怀："他是越来越衰老了，体重不到80斤。他与我同居一室，我夜半醒来，他还没睡着，静静地躺在床上，看上去，真是形容枯槁。"[②] 这位如此虚弱，后来连上楼都有气无力的书生，却以强悍的生命意志，完成了这样一部气魄宏大的学术力作！2012年，光明日报出版社策划出版了"顾诚著作系列"丛书，但愿更多的人能够面对此类诚朴探求、独立思考而非"人云亦云，流于一般"的严肃著述。

（谢国桢：《明清之际党社运动考》，上海书店，2006；陈梧桐：《明史十讲》，上海古籍出版社，2007；格非：《雪隐鹭鸶：〈金瓶梅〉的声色与虚无》，译林出版社，2014）

① 顾诚：《南明史》，北京，中国青年出版社，2003，第72、160、168页。
② 王春瑜：《悠悠山河故人情》，北京，商务印书馆，2010，第142页。

三国故事

天地玄黄，宇宙洪荒。若问上下五千年哪朝哪代最引人关注，估计不少人首先会想到三国。虽说三皇五帝、春秋战国、秦皇汉武、唐宗宋祖的一脉文明序列中，三国时代似乎排不上号，但一代代老百姓心目中，最熟悉以及最喜欢的恐怕非此莫属。且不说刘关张三结义的传奇故事，舞台上久演不衰的《单刀会》《失空斩》，也不说《三国演义》的出神入化，更不提诸葛丞相"鞠躬尽瘁，死而后已"的千古绝唱，仅看千百年的流行习语中就有多少三国典故：

曲有误，周郎顾；既生瑜，何生亮；说曹操，曹操到；过五关，斩六将；单刀会；走麦城；空城计；千里走单骑；大意失荆州；挥泪斩马谡；身在曹营心在汉；子龙一身都是胆；青梅煮酒论英雄；赔了夫人又折兵；人中吕布，马中赤兔；火烧连营；水淹七军；乐不思蜀；望梅止渴；三顾茅庐；锦囊妙计；万事俱备，只欠东风；六出祁山；七擒孟获；三个臭裨将，赛过诸葛亮；蜀中无大将，廖化充先锋；本是同根生，相煎何太急；刘备摔阿斗——收买人心；徐庶进曹营——一言不发；周瑜打黄盖——一个愿打，一个愿挨；司马昭之心，路人皆知……

记得小学时，第一次读《三国演义》，繁体字，竖排本，似懂非懂而兴味盎然，末尾眼见一个个英雄纷纷谢幕，禁不住悲从中来，望风追怀！后来看到一则逸事，不由心有戚戚。一生培养了十六位院士的化学家、清华校友时钧先生，年少时也常在书包里藏着三国、水浒，一次与小伙伴打赌，看谁能背出更多的小说回目，结果三国背完，又接着背水浒一百零八将及其别号。

在民间，三国故事家喻户晓，三国人物妇孺皆知，甚至东邻的日本、朝鲜、韩国等民众，也对三国情有独钟，据悉韩国总统朴槿惠心仪常山赵子龙。就连中央电视台百家讲坛开播至今，尽管各路专家使尽解数，不同讲座各领风骚，但迄今最走红的看来还属三国。诸如出奇制胜的三大战役，即官渡之战、赤壁之战、夷陵之战，以及义薄云天的关羽、粗中有细的张飞、反复无常的吕布、老谋深算的司马懿等，均属人们常说常新、百听不厌的三国话题。即使在历代文人眼里，三国魏晋也同样别开生面，摇曳生姿，咏叹三国的诗章一直层出不穷，满目琳琅，寄慨良多，意味深长：

折戟沉沙铁未销，自将磨洗认前朝。
东风不与周郎便，铜雀春深锁二乔。

王濬楼船下益州，金陵王气黯然收。
千寻铁锁沉江底，一片降幡出石头。
人世几回伤往事，山形依旧枕寒流。
今逢四海为家日，故垒萧萧芦荻秋。

遥想公瑾当年，小乔初嫁了，雄姿英发。

天下英雄谁敌手？曹刘。生子当如孙仲谋。

天下英雄，使君与操，余子谁堪共酒杯。
……

至于魏晋风流、魏晋风度，千古之下依然令人神往。1927年鲁迅先生在广州，作过一篇有名的演讲《魏晋风度及文章与药及酒之关系》。新文化运动的先驱、北京大学教授刘半农，曾经送给鲁迅一副联语：托尼精神，魏晋文章（托是托尔斯泰，尼是尼采）。五四诗人、美学家宗白华先生，在诗一般的论文《论〈世说新语〉与晋人的美》里，不仅将魏晋视为先秦之后中国美学的又一高峰，而且开篇就用一组极尽铺排的文字称赞道：

> 汉末魏晋六朝是中国政治上最混乱、社会上最痛苦的时代，然而却是精神史上极自由、极解放、最富于智慧、最浓于热情的一个时代。因此也就是最富有艺术精神的一个时代。王羲之父子的字，顾恺之和陆探微的画，戴逵和戴颙的雕塑，嵇康的广陵散（琴曲），曹植、阮籍、陶潜、谢灵运、鲍照、谢朓的诗，郦道元、杨衒之的写景文，云岗、龙门壮伟的造像，洛阳和南朝的闳丽的寺院，无不是光芒万丈，前无古人，奠定了后代文学艺术的根基与趋向。

在新闻界，毛泽东以曹操、孙权、袁绍等为例，同田家英、吴冷西讲"政治家办报"以及"多谋善断"的故事，一向为人津津乐道。一代报人、新闻教育家范敬宜，也常用成都武侯祠的那副有名对联，讲解新闻人的政治意识与社会责任：

> 能攻心则反侧自消，从古知兵非好战；
>
> 不审势即宽严皆误，后来治蜀要深思。

说来怎不惊叹。历时不过一个甲子、人口只抵今天北京一半的三国时代，竟是如此英姿勃勃，诗意盎然，英雄辈出，神采飞扬，真是江山如画，一时多少豪杰。就拿魏武帝曹操来说，文治武功，文韬武略，无不非同凡响。盛唐诗人、官至宰相的"燕许大手笔"张说，在名作《邺都引》里赞叹："君不见魏武草创争天禄，群雄睚眦相驰逐。昼携壮士破坚阵，夜接词人赋华屋……"白日里统领千军万马冲锋陷阵，华灯下又与骚人墨客谈玄论道——这等境界怎不令人倾慕。今人似对"八卦"乐此不疲，而记述魏晋人物倜傥风流的《世说新语》尽是耐人寻味的"八卦"，如"容止"开篇的一则曹操逸事：

> 魏武将见匈奴使，自以形陋，不足雄远国，使（美男子）崔季珪代，帝自捉刀立床头。既毕，令间谍问曰："魏王何如？"匈奴使答曰："魏王雅望非常，然床头捉刀人，此

乃英雄也。"

对曹操，陈寅恪先生的《魏晋南北朝史讲演录》有不失全面公允的评价，毛泽东、郭沫若的好感更溢于言表。在戏剧《蔡文姬》里，郭沫若曾借屯田都尉董祀之口，盛赞曹操的雄才伟略："他锄豪强，抑兼并，济贫弱，兴屯田，使流离失所的农民又重新安定下来，使纷纷扰攘的天下又重新呈现出太平的景象。"毛泽东在《浪淘沙·北戴河》中发思古之幽情："往事越千年，魏武挥鞭，东临碣石有遗篇。"1958 年读《三国志集解》时，他指斥某些注文："贴了魏武不少大字报，欲加之罪，何患无辞。"想想看，东临碣石，以观沧海；秋风萧瑟，洪波涌起；对酒当歌，人生几何；周公吐哺，天下归心——此等奇伟华章若非天地浩渺、人世苍茫的胸襟如何能够容得下。

20 年前，一位大陆学者撰写的一套三国人物小丛书，风行宝岛台湾。2013 年春，北京大学出版社邀请作者修订后，又出版了大陆版，这就是四川大学方北辰教授的三国人物传记六种：《刘备："常败"的英雄》《袁绍：庶出的盟主》《吕布："无敌"的失败者》《孙权：半生明主》《司马懿：谁结束了三国？》《曹丕：文豪天子》。他在"北京增订版自序"里，谈到为什么选取这六人作传：

> 一是无人写……二是值得写，都是重量级人物不说，而且其活动涵盖三国各个时段，出身、个性、身份、行事等更是各具特色。袁绍、吕布，为酝酿阶段拉开三国序幕的割据群雄代表；刘备、孙权、曹丕，为正式阶段的开朝皇帝；而司马懿，则是衰落阶段终结三国竞争的先行者。有老有少，有南有北，有文有武，有优有劣，有高门贵胄，有草根平民，代表性非常广泛。通过他们，可以纵观三国风云的整体进程和千姿百态，行文走笔也充满愉悦之感。

承蒙受业北京大学新闻学院的编辑周丽锦女士美意，我在第一时间获赠一套新书并先睹为快。其时，适逢一年一度的答辩忙乱季节，这组比史书生动、比演义真切、比戏说靠谱的三国人物故事，带给我莫大的享受和愉悦。一次，应邀参加中国传媒大学的博士生答辩，于是随手带着"吕布",坐在车上看了一路。到了地方,一看表还有十来分钟,于是又猫在墙角,把剩余部分看完,然后心满意足地走进答辩现场。如此难得的阅读感受,一方面固然在于三国的多彩多姿,一方面也源于作者的生花妙笔。

方北辰教授,1967年毕业于西安交通大学电机工程系。1978年考上四川大学研究生,专攻魏晋南北朝史,获得硕士、博士学位。1980年留校任教,曾任三国文化研究中心主任。作为史学大家缪钺先生的高足,方北辰教授不仅学问淹博,功力深厚,而且文笔灵动,挥洒自如,出色展现了史家的才、学、识,如其自序坦言:

> 三国之史变化多端,以其为镜更可以知兴替;三国之人竞争激烈,以其为镜更可以明得失。以三国之人贯穿三国之史,融合人镜、史镜于一体,从而鉴古知今,鉴彼知我,是本书写作的动机。精心选取史学的真实素材,放手运用文学的生动笔法,二者有机结合,有趣结合,则是本书写作的原则。真实严谨,但又不像学术著作那样艰深枯涩;生动灵转,但又不像戏说文字那样虚假无根。摆脱烦琐考证,拒绝随意穿越,追求简洁、流畅、温润、机趣,雅与俗共赏,老中青咸宜。品质究竟如何,展卷即可感知。

的确,我从他的字里行间,领略了三国时代的历史风云,感受了有滋有味的历史知识与一觞一咏的思想启发,也体味了怡情养性的美感享受。这一切既不同于正史的高头讲章,又不同于亦实亦虚、亦真亦幻的传奇演义,更有别于游说无根、随意穿越的流行读物。他的叙事言必有据、步步为营,同时鲜活生动、娓娓道来,他以自己的功力与笔力表明:历史不可戏说,历史也不必戏说。因为,真实的历史原是如此有声有色,五彩缤纷,远远超出任何虚构或戏说,正如拿破仑说的:可有哪部作品,比得上我的精彩人生。以《吕布:"无敌"的失败者》为例,开篇"并州猛士"一上来,既举重若轻地交代了三国故事的时代舞台,又引人入胜地勾勒了吕布的生长环境:

> 原来这九原县乃塞上要冲,秦汉以来屡受匈奴、鲜卑等

大漠游牧民族铁骑的侵扰。当地居民必须在挥锄扶犁的同时，持刀引弓以自卫，方能生存下来。故而民风强悍，崇尚武力。吕布从小在这样的环境中长大，成人之后武艺高强，膂力过人，驰马如飞，箭不虚发。他惯使一杆寒光闪闪的百炼长矛，对阵之时上下翻飞，神出鬼没，所向无敌。时人因为他酷似西汉的"飞将军"李广，所以称他为"飞将"。①

《三国演义》第十八回"夏侯惇拔矢啖睛"一段，看后触目惊心，令人印象深刻。当时，曹操一方的夏侯惇与吕布一方的高顺马上交手，捉对厮杀，不料吕布一员军将，"暗地拈弓搭箭，觑得亲切，一箭射去，正中夏侯惇左目。惇大叫一声，急用手拔箭，不想连眼珠拔出，乃大呼曰：'父精母血，不可弃也！'遂纳入口中啖之"。正是这个夏侯惇，一次被吕布与陈宫设计，成了人质，而劫持者表面说是谋财，其实是想赚取夏侯惇镇守的兖州城池。下面就是方北辰教授对此次人质危机的叙述：

荀彧得到紧急报告，觉得伪降者敢于下这么大的赌注，能够作如此周密的计划，其目的恐怕不只是为一点金银珠宝。换言之，夏侯惇的性命，不答应暴徒的条件有危险，答应了未必就安全。他把自己的看法告诉了前来报告的将军韩浩，韩浩也有同感。于是荀彧委派韩浩回营，全权处理此事。

韩浩，字元嗣，乃河内郡人氏。其人有勇有谋，办事果断，现今在夏侯惇手下当副将。他在飞马疾驰回营的途中，已经想好对策。

本来东汉一朝，劫持人质以求勒索财物的事件一度频繁发生。后来为了刹住此风，官方对于劫持人质事件的处置办法作出明文规定，那就是一旦发现，官方必须组织兵力立即攻击劫持者将其杀死，不能顾及人质而手软，也不准同劫持

① 方北辰：《吕布："无敌"的失败者》，北京，北京大学出版社，2013，第2页。

者谈判条件。开始可能会有人质死亡，但是此后必定再无人敢劫持人质，这确实是我们老祖宗想出来的极端而有效的办法。……此番韩浩决心运用朝廷早年的成规来处置，因为他断定：劫持者既然爱财，那就决不想死。

他回转军营，立即召集各队指挥官，要他们各自整顿队伍，待在营中不准乱动。然后带领自己的两百健儿，全副武装赶到夏侯惇的大帐，将其团团围住，他走上前去对着劫持者大声骂道："尔等胆大，竟敢劫持主将，还想活命么！我受命镇压暴徒，决不会放过尔等！"接着他又流着眼泪对夏侯惇说道："将军，为了国法，只好对不住您了！"说完，他刷的一声拔出佩刀，向身旁的健儿们一挥，厉声喝令道："上！"

伪降的劫持者，根本没有想到会有如此结果，奖赏可以不要，妻室儿女也可以不要，自己的性命绝对不能丢！他们不约而同地丢下武器，双腿下跪如捣蒜一般连连叩头告饶。韩浩命令把他们全部押出去斩首，救出夏侯惇，一场风险至此完全消除。[①]

真是惊心动魄，一波三折，扣人心弦，出人意表。如此绘声绘色的叙事已让读者爱不释手，而更别开生面的还在于书中对一系列历史背景与历史知识的生动解说，特别是对历史经验与人世沧桑所作的入情入理的分析，读来每每感到豁然开朗，恰似偶入奇山，不觉满载而归。这里不妨谈点三国故事的"宏大叙事"。

算起来，笔者从初次接触三国，到现在已快半个世纪了，《三国演义》也读了差不多二三十遍吧。如今愈发体味三国故事的元气淋漓，悲凉慷慨，觉得只要心胸开阔，也不难感悟其间的为人处世之道与治国理政之机。以《三国演义》开场白为例，"话说天下大势，分

---

① 方北辰：《吕布："无敌"的失败者》，北京，北京大学出版社，2013，第83—84页。

久必合，合久必分"，之所以脍炙人口，深入人心，深究起来恐怕也在于其中大道存焉。如果说分久必合是治世，那么合久必分则为乱世，而治乱兴亡不仅构成中国历史的绵远主题，而且也属于人类世界的第一命题。撇开意识形态的条条框框，天下之事或者中国人说的"世道"，归根结底无非哲学家赵汀阳概括的"治乱"二字：

> 无论一种制度是激进的还是保守的，是进步的还是落后的，是民主的还是专制的，是古典的还是现代的，是美德主导的还是权利主导的，只要能够形成治世就是好制度。[①]

方北辰教授也写道：

> 纵观中国历史，合，毕竟是顺乎民心的主潮流。因为合就是统一，分就是分裂。对于广大民众而言，分裂就意味着战争、饥饿、灾荒、流亡等等悲惨遭际。只有在统一的政局之下，民众才有可能过上稍微安定舒心一点的日子。[②]

治乱兴亡的哲理说起来貌似幽深玄奥，其实再简单不过，再普通不过，用鲁迅先生的话说，一要生存，二要温饱，三要发展。古今中外，没有哪个平头百姓愿意身处弹雨横飞、硝烟弥漫的乱世，也没有哪个普通人家不祈盼"大儿锄豆溪东，中儿正织鸡笼，最喜小儿无赖，溪头卧剥莲蓬"的太平世道，就像中国古代发蒙读物《千家诗》第一首展现的意境：云淡风轻近午天，傍花随柳过前川……方北辰教授说得好："自古以来，在社会大动乱大崩溃面前人人就平等了。不管你是天潢贵胄，公子王孙，还是平民百姓，贩夫走卒，都要经受苦难的煎熬。"[③] 仅以梁朝侯景之乱为例，《资治通鉴》的记述触目惊心：

> 时江南连年旱蝗，江、扬尤甚，百姓流亡，相与入山

---

① 赵汀阳：《坏世界研究：作为第一哲学的政治哲学》，北京，中国人民大学出版社，2009，第 104 页。

② 方北辰：《司马懿——谁结束了三国？》，北京，北京大学出版社，2013，第 189
—190 页。

③ 同上，第 3 页。

谷、江湖，采草根、木叶、菱芡而食之，所在皆虚，死者蔽野。富室无食，皆鸟面鹄形，衣罗绮，怀珠玉，俯伏床帏，待命听终。千里绝烟，人迹罕见，白骨成聚，如丘陇焉。

因此，中国人向往的"三十亩地一头牛，老婆孩子热炕头"，也仿佛成为千万里寻常人家共同憧憬的寻常梦想，从先秦的诗三百篇到古希腊的伊索寓言，从阿拉伯的一千零一夜到东方的阿凡提，从陕北的信天游到北美的红河谷，人民心中无不萦绕着相似的梦想。若觉这个梦想太俗，那么不妨想想当下伊拉克、阿富汗、利比亚、叙利亚的老百姓或"9·11""3·14""7·5"中的罹难者，"宁为太平犬，无为乱离人"对他们恐怕都属于奢望了。也许，正因如此，刚刚经历了"白骨露于野，千里无鸡鸣""出门无所见，白骨蔽平原"的三国乱世、八王之乱、南渡丧乱的东晋诗人陶渊明，才幻想了一个不知有汉无论魏晋的桃花源：

> 土地平旷，屋舍俨然，有良田美池桑竹之属。阡陌交通，鸡犬相闻。其中往来种作，男女衣着，悉如外人。黄发垂髫，并怡然自乐。

张承志在为《金卷银卷阿凡提》一书所作的序里，独具慧眼地指出阿凡提故事的深意——和平，并寄托了同样看似寻常而奇崛的情怀：

> 阿凡提的内容无所不包，人称它是笑话版的百科全书。但在它的叙述里，几乎没有涉及战争。

> 也许这才是一个被人忽略的现象。确实，绿洲里那些连自己都没觉察的、平静慵懒的日子，须知就是亲爱的和平。阿凡提正微笑着在那里骑驴漫步，其实是在向我们暗示。

> 学会欣赏阿凡提也是一件美事，读多了他的笑话，会弄懂人民的话语和生活方式，能明白一个个从毛驴上瞥来的

眼神。①

2013 年，我指导的博士生沙垚结婚，请我作证婚人并讲话。我在讲话的最后，先祝新婚夫妇百年好合、白头偕老，再祝天下太平、国泰民安。我说，只有天下太平、国泰民安，你们小两口才有望百年好合、白头偕老，否则兵慌慌，马乱乱，四分五裂，狼奔豕突，你们的小日子也好不到哪里去。2015 年，沙垚作为优秀博士毕业生和学生代表，在学校的毕业典礼上发言，也用"天下太平、国泰民安"作结。

三国并非只是杀伐攻取，亦非只有阴谋诡计，那些曲折生动的故事、活灵活现的人物、千古流传的格言，特别是分久必合、三国归一的结局，无往而不地昭示着一个天下大道：治则安，乱则亡。至于治乱兴亡之道，不在以暴易暴，而在世道人心，包括玄德、孔明为化身的仁义礼智信，所谓得人心者得天下。中国历史向以盛唐为高峰，而终结盛唐的安史之乱爆发后，诗圣杜甫家破人亡，颠沛流离，辗转沦落巴山蜀水。当他徘徊武侯祠前，面对千古贤相，怅望天下兴亡，禁不住写下了代代传诵的《蜀相》：

> 丞相祠堂何处寻，锦官城外柏森森。
>
> 映阶碧草自春色，隔叶黄鹂空好音。
>
> 三顾频烦天下计，两朝开济老臣心。
>
> 出师未捷身先死，长使英雄泪满襟！

当今世界，不管采取何种国体政体如共和国、君主国、酋长国、总统制、议会制、人民代表大会制等，任何国家说到底都离不开"主义"，也都奠基于某种主义，美国政治哲学家施特劳斯称之为"政治的哲学化"。可以说，现世的主义之争、左右之辨绝不是言不及义的空谈，而是关乎何去何从的国本。不过，如果用"究天人之际，通古今之变"的视角审视，特别是对"惯看秋月春风"的中华文明而言，

---

① 张承志：《常识的求知：张承志学术散文集》，北京，三联书店，2012，第 322—323 页。

面对现代国家及其主义之辨，也许就像重温春秋战国的诸子百家，合纵连横，三国故事的分久必合，合久必分，或如《德里纳河上的桥》说的："不是出于小孩的那种好奇心，想看看大人在干什么，相反的，而是像大人有时候也站在一旁，看看小孩在玩些什么游戏。"上世纪60年代中苏论战之际，毛泽东曾以大政治家的气魄说道："这种公开争论也无关大局，第一条，不死人；第二条，天塌不下来；第三条，山上的草木照样长；第四条，河里的鱼照样游；第五条，女同志照样生孩子。"①

1994年中央电视台播出84集电视连续剧《三国演义》，主题歌《滚滚长江东逝水》传唱至今。这首名曲的歌词出自明人杨慎的一首《临江仙》，用于《三国演义》开篇处，其中同样寄寓着治乱兴亡的无限感喟与满怀怅惘：

> 滚滚长江东逝水，浪花淘尽英雄。
> 是非成败转头空：青山依旧在，几度夕阳红。
>
> 白发渔樵江渚上，惯看秋月春风。
> 一壶浊酒喜相逢：古今多少事，都付笑谈中。

（方北辰：《刘备："常败"的英雄》《孙权：半生明主》《曹丕：文豪天子》《袁绍：庶出的盟主》《吕布："无敌"的失败者》《司马懿：谁结束了三国?》，北京大学出版社，2013）

---

① 中共中央文献研究室编：《毛泽东年谱（一九四九——一九七六）》第5卷，北京，中央文献出版社，2013，第321－322页。

待从头收拾旧山河

——现代中国的立国之路与立国之战

学生毕业，"携笔从戎"，临行前征询读书要点，遂告以历史、政治、国际、战略，等等。再问及书目，又随口提到若干古典以及近作：《左传》《战国策》《孙子兵法》《史记》《资治通鉴》；徐中约的《中国近代史》、金一南的《苦难辉煌》、王树增的"三部曲"——《长征》《解放战争》《朝鲜战争》；斯塔夫里阿诺斯的《全球通史》、芭芭拉·塔奇曼的《八月炮火》、威廉·夏伊勒的《第三帝国的兴亡》、戴维·贝尔加米尼的《日本天皇的阴谋》……

新闻专业的学生或者读过，或者知道美国名记者威廉·夏伊勒的《第三帝国的兴亡》，一部展现纳粹兴亡以及二战期间欧洲风云的名作，而似乎不太了解与之相似的、戴维·贝尔加米尼的《日本天皇的阴谋》，一部揭示日本军国历史以及二战期间亚太战事的力作。两书相较，同样的包罗广泛，视野开阔，同样的启人心智，引人入胜。对中国而言，后者更值得关注，其中大量涉及中日、中美、美苏等大国关系及其博弈，而时至今日，这些大国关系依然深刻左右着亚太以及全球格局，钓鱼岛事件、朝核危机等无不根源于此，我国台湾地区教科书关于日本侵占台湾是"日据"还是"日治"的争议也同样脱不开这些关系。

近代中国，苦难深重，列强侵凌，军阀凶暴。诚如毛泽东1950年国庆节与南社诗人柳亚子唱和之际概括的：长夜难明赤县天，百年魔怪舞翩跹，人民五亿不团圆。其间，帝国主义与中华民族、封建势力与人民大众的两大基本矛盾，构成中国近代一切问题的根源，从而既使"天朝"一步步陷入半殖民地、半封建的绝境，也成为推动中国社会发生变革的动因，其他种种潮起潮落包括"科学""民主""启蒙""现代化"等，无不从属于两大基本矛盾的辩证运动。而两大基本矛盾又相互勾连，密不可分，就像每个割据势力都有不同的列强靠山一样。文学经典《祝福》（鲁迅）、《子夜》（茅盾）、《六十年的变迁》（李六如）、《三家巷》（欧阳山）等，新闻名篇《中国的西北角》（范长江）、《西行漫记》（斯诺）、《萍踪寄语》（邹韬奋）、《包身工》（夏衍）等，均从不同侧面揭示了旧中国积贫积弱的悲惨现实及其本质问题。当代作家李存葆获得鲁迅文学奖的散文《沂蒙匪事》（1999），也从一个具体而微的角度，以令人窒息的笔墨，描绘了一幅民国年间骇人听闻的人间地狱图：

> 八百里沂蒙那嵯峨绵亘的山峦，曾是无山不匪，无峦不盗。七十二崮那峥嵘巉峻的崮顶，处处曾是土匪施暴逞凶的营盘。惯匪如刘黑七之辈，恶名昭彰，曾祸及半个中国；巨匪如孙美瑶之流，奸同鬼蜮，曾因劫掠欧美洋人而酿造过国际纠纷；女匪似赵嬷嬷之伙，心如蛇蝎，曾使沂蒙百姓一提起这恶叉雌虎便毛发倒竖；悍匪似李殿全之帮，天良丧尽，曾把人性之恶展示得无以复加……至于昼伏夜出，栖于林莽的散匪和那些剪径的草寇，打劫的山贼，更是多如牛毛。惯匪、巨匪、女匪、悍匪、散匪，你来他去，此消彼长，曾在20余年中搅得整个沂山蒙水蜩螗沸羹，鸡犬不宁……
>
> 那是一个鬼蜮横行的世界。[1]

这个鬼蜮横行的世界，并非限于沂蒙一隅，而是遍及整个中国。《姚雪垠回忆录》就记述了1924年，他在南阳遭土匪绑票的经历："我在土匪中生活了大约一百天，亲眼看着一支土匪如何由小到大，又如何被消灭，这是一部社会生活的奇书、大书，包含的问题复杂，

---

① 李存葆：《李存葆散文》，北京，中国社会出版社，2006，第125页。

学问很深。"① 而张大千早年被土匪绑架，充当"百日师爷"，更演绎成为流行的传奇。不仅如此，更要命的还在于"兵匪勾结"，"兵匪一家"，张作霖、陆荣廷、刘镇华、孙殿英等民国要人均为有名的匪帮首领，曾任山东督军的张宗昌更是地地道道的大土匪，自诩"绿林大学"毕业，乃至蒋介石与上海黑道的黄金荣、杜月笙眉来眼去也属于公开的秘密。于是，对老百姓来说，"贼来如梳，兵来如篦，官来如剃"。英国汉学家贝思飞（Phil Billingsley）写过一部学术名著《民国时期的土匪》（斯坦福大学出版社 1988 年），出身复旦大学新闻系的原复旦大学历史系主任余子道先生在为其所作的"代序"中写道：

> 民国军队中，有相当一部分军事长官是从匪帮首领起家的，或者曾经充当过土匪头子。军阀军队的兵员来源，相当大的部分来自土匪队伍。形形色色的反动军队中，有不少时而为兵，时而为匪，甚至兵匪相通、兵匪一家。军阀战争、反动政府对革命军队的"围剿"战争、帝国主义侵华战争，都利用过匪帮，有的规模还很大。②

仅此一端，即知两大基本矛盾使中国社会陷入何等衰败不堪的境地，特别是如今越来越淡出视野的"帝国主义"，也就是近代史上无所不在的"列强"——英、日、俄、法、美、德等更是祸根所在。这也是一流学者的共识，从老清华历史系主任蒋廷黻到新中国范文澜，从大陆的胡绳、胡华、陈旭麓到港台地区及海外的郭廷以、徐中约，对此认识高度一致，即帝国主义侵略是中国社会苦难深重的根源。中央文献研究室研究员、周恩来年谱生平小组组长李海文在一封信中写道："鸦片战争以来一次一次的赔款，将中国几百年、几千年积累的财富搜刮得差不多了。民国后军阀连年混战，帝国主义特别是日本帝国主义的侵略，使得中国人几十年来从没有得到过和平和安宁，真是

---

① 姚雪垠：《姚雪垠回忆录》，北京，中国工人出版社，2010，第 43 页。
② 余子道：《民国史研究中一个有意义的新课题（代序）》：见［英］贝思飞：《民国时期的土匪》（修订版），徐有威等译，上海，上海人民出版社，2010，第 3 页。

民不聊生，更谈不上安居乐业，休养生息和发展。那时，战乱不已，瘟疫遍地，国穷民饥，老百姓的生活真是在水深火热之中，就和现在阿富汗人民一样的悲惨。我的父亲就给我讲过，民国十八年（1929），陕西大旱，过了三四年后他到临潼看到一孔一孔的窑洞里都是一具一具的白骨，白骨相叠，一家一家都死绝了，连收尸的人都没有。"①

列强中，19 世纪以英法俄为甚，火烧圆明园就是雨果所谓"两个强盗"犯下的反人类、反文明的罪行，沙皇俄国则侵吞了相当于三个法国的中国领土；20 世纪以来先以日本危害最烈，仅抗日战争就造成数千万中国军民的死亡，后以美国影响最大，冷战时期第一场热战——朝鲜战争，就是美国对新中国的武力威胁与遏制，包括开战初蛮横无理派出第七舰队，封锁台湾海峡，干涉中国内政。不妨说，从甲午战争的大东沟到朝鲜战争的板门店，构成中国近代最大的一脉国家危机，中国的社会政治与国计民生由此陷入全面危局。从晚清到民国，从旧中国到新中国，一批批仁人志士锥心刺血、慷慨赴难，说到底都在应对这一生死存亡的险境，同时寻求现代国家亦即新中国的建国之路。1902 年，流亡日本的梁启超创作了一部"政治幻想"小说《新中国未来记》，甚至设想了近百年后的世博会。但在一个魑魅魍魉牛鬼蛇神的鬼蜮世界，在两大基本矛盾愈演愈烈之际，一切"科学救国""教育救国""实业救国""新闻救国"等梦想只能无可奈何花落去。貌似"黄金十年"（1927－1937）的民国，同样先后断送于北大营与卢沟桥的炮火硝烟。而奇怪的是，如今颇有新潮汲汲于解构历史、消解历史，包括一度甚嚣尘上的电影《色·戒》以及为之欢呼的媒体。清华大学作家教授格非，在 2012 年问世的小说《隐身衣》里，写到两位北京名校教授的高谈阔论：

（教授甲）幸亏当年，慈禧太后贪污了海军用来造军舰的一笔款子，在西山脚下修建了颐和园。要不然，甲午海战

---

① 李海文：《关于"党内斗争为什么这么严酷"的通信》，2001 年 12 月 19 日，见朱鸿召《延河边的文人们》附录三，上海，东方出版中心，2010，第 291－292 页。

一起，还不照样他妈的灰飞烟灭？由此可见，贪污也不见得是一件坏事。你不得不佩服慈禧她老人家的远见。经她这一折腾，且不说为我们留下了一处世界文化遗产，单单是门票收入，一年下来是多少钱？

（教授乙）抗日战争也完全没有必要打。如果在开战之初就立刻缴械投降的话，少死几千万人不说，中国和日本联起手来抗衡欧美，世界格局也许会发生重大变化。而且，他一直认为，和李鸿章、袁世凯一样，汪精卫这个人，也是位不可多得的民族英雄，应该重新评价，予以彻底平反。[①]

如果以为这只是小说家言，那么就不免小看了小说家的慧眼。更多的事实就不说了，且看一例。有位大陆学者"学部委员"在美国读到新解密的部分《蒋介石日记》，如获至宝，又是著书，又是撰文，急煎煎想告诉国人一个所谓大家"不知道"的蒋介石，什么北伐英雄、抗战英雄、亚洲人民自由解放的英雄等。由此看来，做得好貌似不如说得好、写得好，以后大人先生必得下功夫写好日记，因为后世之人将根据日记盖棺定论。

如果说日本是20世纪上半叶亚洲包括中国的罪魁祸首，那么新中国的浴火重生则使亚太地区以及世界格局发生天翻地覆的逆转。为此，读读《日本天皇的阴谋》等著述，就显得尤为必要了。前事不忘，后事之师。在这部皇皇三大卷的名作中，作者戴维·贝尔加米尼不仅详细、清晰而生动地展示了日本帝国主义的崛起过程，对中国以及亚太地区的疯狂侵略与攫夺，而且以扎实、严谨而雄辩的史实揭示了日本头号战犯不是东条英机等，而正是貌似超然物外的日本天皇裕仁——包括实施细菌战一类严重战争罪行。相似著述还有史家约翰·托兰的《日本帝国的衰亡》，作家赫尔曼·沃克的长篇小说《战争风云（1939—1941）》等。

在《日本天皇的阴谋》里，贝尔加米尼给人印象深刻地论及日本

---

① 格非：《隐身衣》，北京，人民文学出版社，2012，第7—9页。

帝国的"北进"与"南进"两大派系，北进针对苏联，南进针对英美，北进以陆军为主，南进以海军为主。北进派在中蒙边境的"诺门坎战役"中一蹶不振，被后来苏联二战英雄朱可夫一举击败。由此，日本不得不转向南进冒险，包括偷袭珍珠港，闪击东南亚，而劫夺满洲，霸占中国，无疑构成南进战略的基石与跳板。但由于美国强大的国力以及军工生产能力，特别是中国军民的顽强抵抗，包括正面战场与敌后抗日根据地的战略牵制，日寇的南进战略也陷入泥沼，直至覆亡。围绕着这一系列波涛汹涌、电闪雷鸣的纷繁历史，《日本天皇的阴谋》以及《日本帝国的衰亡》《战争风云》等，均以真切细腻的笔墨勾画了一幅跌宕起伏的全景图，"阴谋"一书更揭开日本天皇的战犯面目，同时也使读者从全球视野审视中国人民的抗日战争及其伟大贡献。令人扼腕的是，作为日本法西斯的头号战犯，日本天皇不仅逃脱历史审判，而且在战后的民主化重建中还作为偶像保留下来，从而埋下当今日本右翼不断兴风作浪的病灶。对此，一度作为日本太上皇的麦克阿瑟罪不可逭，而他也恰好构成从日本帝国主义到美帝国主义之危害中国的标志性人物。

麦克阿瑟出身军人世家，一战后出任西点军校历史上最年轻的校长，二战中坐镇亚太战区，与马歇尔、艾森豪威尔、巴顿等齐名。当年，他任美军最高军职陆军参谋长时，年轻的艾森豪威尔还只是他的一员"跟班"。曼彻斯特《光荣与梦想》有幕传神画面：麦克阿瑟将军坐在办公室里一声呼唤，隔壁的副官艾森豪威尔少校便飞也似的跑过来听命。不过，众所周知，此人一向骄横跋扈，自命不凡，刚愎自用，妄自尊大，谈到自己都用第三人称，不说"我认为"而说"麦克阿瑟认为"，就像一位台湾当红艺人张口"志玲"闭口"志玲"。无奈，麦克阿瑟长于纸上谈兵而拙于战场用兵，加之时运不济，一生失败的惨痛多于胜利的骄傲。其中最大、也最令其刻骨铭心的，一是二战中在菲律宾"巴丹"的败亡，一是朝鲜战争中的折戟沉沙。由于前者，他将自己的座机命名为"巴丹号"；由于后者，他的一世戎名便被其睥睨的中国人民志愿军彻底葬送，本人也让自己不屑的杜鲁门总统炒了鱿鱼，灰溜溜交出指挥权，黯然退出历史舞台。

2010 年 10 月 25 日是中国人民志愿军出国作战 60 周年纪念日，时任国家副主席的习近平代表党中央、国务院、中央军委发表讲话：

爱好和平是中华民族的优秀传统。近代以来，饱受帝国主义列强侵略之害和蹂躏之苦的中国人民，更是深深懂得侵略战争之野蛮、维护和平之宝贵。60 年前发生的那场战争，是帝国主义侵略者强加给中国人民的。朝鲜内战爆发后，美国杜鲁门政府悍然派兵进行武装干涉，发动对朝鲜的全面战争，并不顾中国政府多次警告，越过三八线，直逼中朝边境的鸭绿江和图们江，出动飞机轰炸我国东北边境城市和乡村，把战火烧到了新生的中华人民共和国国土之上。

在此危急关头，应朝鲜党和政府的请求，中共中央和毛泽东同志高瞻远瞩，审时度势，毅然决然地作出了抗美援朝、保家卫国的历史性决策，以大无畏的英雄气概果敢承担起保卫和平的历史使命。1950 年 10 月 19 日，我英雄的中国人民志愿军将士，在司令员兼政治委员彭德怀同志率领下，肩负民族的期望，高举保卫和平、反抗侵略的正义旗帜，雄赳赳，气昂昂，跨过鸭绿江，同朝鲜人民和军队一道，历经两年零九个月舍生忘死的浴血奋战，赢得了抗美援朝战争的伟大胜利。

为了纪念那段可歌可泣的历史，多家电视台播出了一部纪录片《断刀》。影片在丰富翔实、生动细致的一手文献基础上，经过独具匠心的创作，展示了 60 年前那场惊心动魄的新中国"立国之战"。美军统帅麦克阿瑟的凶悍军刀，就是在这一扭转乾坤的正义之战、震撼世界的和平之战中铿然断裂。之所以说扭转乾坤，是因为中国人民从此真正站立起来了，亚太以及世界格局也由此开始发生逆转。之所以说震撼世界，是因为百年积贫积弱、多年兵连祸结的中国，将二战中的头号强国、武装到牙齿、开国以来尚未尝过败仗滋味的美国打趴在三八线，再也无法也不敢越雷池一步。暨南大学新闻学前辈梁洪浩先生，当年作为新华社记者，怀着一腔豪情赴朝参战，亲历了那段气壮河山的历史。一次，他聊着这段往事，不觉谈起牺牲的战友，突然大放悲声，半天无法平息，让人不由肃然，也进一步理解了和平来之不易，明白了新中国立国之战的含义。从中日黄海大东沟海战邓世昌义无反顾地操舵直冲日舰吉野，到上甘岭黄继光毫不犹豫地扑向美军枪眼，从《义勇军进行曲》的"起来"呼唤，到毛泽东主席"中国人民从此站起来了"的宣示，都在这场立国之战中凝成一曲响遏行云的中华民族浴火重生的精神交响，就像志愿军司令员彭德怀战后说的那句掷地有声的话："西方侵略者几百年来只要在东方一个海岸上架起几尊大炮就可以霸占一个国家的时代一去不复返了"！

如同格非小说里的名校教授满嘴跑火车，如今也颇有名流喜欢对抗美援朝说三道四。2008 年，新华社名记者熊蕾在长文《报，还是不报？——近 30 年中国媒体新闻价值观的变迁》中，就以"颠覆历史"为题专门写道：

> 回顾近 30 年中国媒体新闻价值观的变迁，历史观的改变是不能忽视的一个方面。这种改变是全方位的，渗透到很多新闻人的潜意识中。
>
> 比如，把人民共和国的历史人为割断，用 1978 年后近 30 年的历史否定以前的 30 年，似乎前 30 年一无是处。就连为中华民族争得了生存权和发展权，换来了中国几代人的和平，赢得了全世界对新中国尊敬的抗美援朝战争，也在被遗忘，被否定。[①]

别的且不说，仅看如下一段出自据说是权威教材的历史叙事就可略见一斑：

> 1950 年 6 月 25 日，南北朝鲜发生战争，联合国安理会决议派出联合国军维持朝鲜半岛和平。在斯大林要求下，中

---

① 熊蕾：《报，还是不报？——近 30 年中国媒体新闻价值观的变迁》，2008 年 1 月 6 日，华声在线"熊蕾的博客"，http：//blog. voc. com. cn/blog. php？do＝showone＆type＝blog＆itemid＝424309。

国也派出部队，以"志愿军"名义入朝，援助北朝鲜。1953年7月27日，板门店停战签字，维持"三八线"。①

看似冷静的旁观，貌似超然的叙述，只需稍加检点严肃史实，就不难发现其颠三倒四，张冠李戴以及深文周纳的鲜明立场。尽管站在不同的立场难免有不同的视野与观点，一场影响巨大的战争对不同方面也自有不同评判，但对新中国而言，"两年零九个月舍生忘死的浴血奋战"却早有定论——"抗美援朝，保家卫国"！对此抗美援朝战争胜利六十周年的 2013 年，清华大学教授汪晖发表了一篇三万余字的文章《二十世纪中国历史视野下的抗美援朝战争》（《文化纵横》2013 年第 6 期），从一种高远壮阔的历史视野上对这一场正义之战做出雄辩的论述。不过，这里倒不必长篇大论，有点历史感和正义感的美国人也不会认同上引"名校名家"之叙事并为之赧颜："维持朝鲜半岛和平"？！不妨看看美国方面书写这场战争的最新力作——《最寒冷的冬天：美国人眼中的朝鲜战争》（*The Coldest Winter*：*America and the Korean War*）。作者大卫·哈伯斯塔姆（David Halberstam）曾任《纽约时报》战地记者，1972 年的《出类拔萃之辈》（*The Best and The Brightest*）为他赢得普利策奖，并成为越战经典之一；1979 的《无冕之王》（*The Powers That Be*）为美国新闻政治史的权威著述，在中国也颇为有名。《最寒冷的冬天》是他十年磨一剑的绝响，2007 年付梓之际，他不幸遭遇车祸罹难。北京大学国际问题专家朱峰教授评价这曲"天鹅之歌"："哈伯斯塔姆这本书，好就好在承认美国错了。"② 所谓"最寒冷"可谓一语双关。本书虽然针对朝鲜战争，但落笔却聚焦 1950 年冬季。据当事人回忆，这年冬天，朝鲜半岛奇寒无比，就在这"最寒冷的冬天"，麦克阿瑟遭遇了丢人现眼的滑铁

---

① 董健等主编：《中国当代文学史新稿》，北京，人民文学出版社，2005，第 155 页。

② ［美］大卫·哈伯斯塔姆：《最寒冷的冬天——美国人眼中的朝鲜战争》，王祖宁等译，重庆，重庆出版社，2010，"权威推荐"。不过，芝加哥大学历史系东亚史讲座教授兼系主任布鲁斯·卡明斯极不满意此书，赶写了《朝鲜战争》并于 2010 出版。其中指出，朝韩双方都负有战争责任，而 1945 年美国将朝鲜半岛一分两半则是始作俑者。

卢，美军经历了胆战心寒的大溃败，朝鲜战争中殒命的美军最高将领沃克中将，就是在慌不择路的溃逃人流中连人带车跌落山崖，为其军人生涯画上不光彩的句号。

如果说《日本天皇的阴谋》是以内容见长，那么《日本帝国的衰亡》则以作者闻名。作为普利策奖获得者，约翰·托兰早年见过斯诺，曾立志做斯诺第二，晚年两度来到中国，对中国和中国人民充满敬意。在中国，他结识了南开大学美国史专家华庆昭教授。由于他的热心安排，华庆昭赴美查阅了杜鲁门时期美国政府档案资料，完成了享誉学界的《从雅尔塔到板门店》。这部以少少许胜多多许的学术佳作，1992 年先出中文版，翌年又在康奈尔大学出英文版，为国内外学界所推重，有"三新"之誉——材料新、观点新、写法新（既坚持学术为本，又兼顾清新可读）。全书起自罗斯福总统在雅尔塔会议后匆匆去世，终至朝鲜战争在板门店停战，举重若轻地阐述了冷战初期纵横捭阖的大国关系与全球变局，正如约翰·托兰在本书"初版序"里写到的：

> 《从雅尔塔到板门店》是一部杰出的历史著作。它讲述的是通过一双中国人的眼睛所看到的，从 1945 年春到 1953 年初的战后世界。……就我所知，还没有一部历史包含着这么丰富的以大量文件和事实为根据的新信息。……然而，《从雅尔塔到板门店》一书之高于其他著作的地方，并不仅限在学术研究方面。在处理有争议的题目时，华教授能够保持难能可贵的客观性。[①]

我对这一评价颇有同感，包括"客观性"。比如，一步步严谨周密地回溯了朝鲜战争的来龙去脉后，华庆昭先生在《板门店的回声》一章里，总括性地分析了这场战争对各方的利弊得失：

——李承晚与蒋介石，是占了大便宜的两位人物；

---

① 华庆昭：《从雅尔塔到板门店》，北京，中国社会科学出版社，2006，"初版序"（约翰·托兰），第 1 页。

——作为美军的后勤与休养基地，日本发了战争财，为日后经济起飞打下了基础；

——在中、美、苏、英四家中，没有正式参战的苏联得益最大；

——美国失大于得，与中华人民共和国敌对，在战略上犯了大错误，在战争中遭受巨大伤亡，美军司令官在第一场没有打胜（虽然也不算打败）的停战协议上签字；

——中国取得了胜利。成立不到一年的新中国敢于和美国交锋，把美军和联合国军从鸭绿江打回到"三八线"，打破了美国军队不可战胜的神话，证明中国人民不但有能力解放自己，也能够在国际战争中帮助邻邦转危为安，捍卫祖国的安全，一洗一百多年来受尽侵略凌辱的国耻。这是一件了不起的事情。但是，中国在朝鲜战争中也有所失。至少可以指出三点：失掉了解放台湾的机会；付出了巨大的兵员死亡；失掉了与美国关系正常化的机会。[①]

为什么大地春常在，英雄的生命开鲜花。在习惯性享受了六十余年和平生活后，重温抗美援朝新闻报道的扛鼎之作《谁是最可爱的人》，我们是不是会有更丰富的感悟，对百年仁人志士为之赴汤蹈火的新中国是不是会有更深刻的理解：

> 亲爱的朋友们，当你坐上早晨第一列电车走向工厂的时候，当你扛上犁耙走向田野的时候，当你喝完一杯豆浆，提着书包走向学校的时候，当你安安静静坐到办公桌前计划这一天工作的时候，当你向孩子嘴里塞着苹果的时候，当你和爱人悠闲散步的时候，朋友，你是否意识到你是在幸福之中呢？你也许很惊讶地看我："这是很平常的呀！"……

这篇报道在新中国历史上留下难以磨灭的印记，一代新闻人范敬宜1950年就是在其感召下奔赴白山黑水，义无反顾走上一生新闻路："在上海圣约翰大学读书的时候，我听过两次终身难忘的新闻讲座

① 华庆昭：《从雅尔塔到板门店》，北京，中国社会科学出版社，2006，第222—223页。

……一次是《大公报》'四大才子'之一的刘克林讲魏巍的《谁是最可爱的人》的写作特色，当时他才 28 岁，讲得所有同学少年个个热血沸腾……刘克林给予我的是新闻记者的革命品格，从而鼓舞我在战火纷飞的年代走上了新闻工作的道路。"①

（［美］戴维·贝尔加米尼：《日本天皇的阴谋》，张震久等译，商务印书馆，1984；华庆昭：《从雅尔塔到板门店》，中国社会科学出版社，2006）

---

① 李彬、常江编：《新闻人生——名记者清华演讲选》，北京，清华大学出版社，2009，"序言"。

人鬼情未了

——读黄济人《将军决战岂止在战场》（完全本）

　　在今人印象里，上世纪 80 年代的中国仿佛解放区明朗的天，听听当时的歌曲，也能感受那种生机勃勃的时代气息：《我们的生活充满阳光》《浪花里飞出欢乐的歌》《边疆的泉水清又纯》《在希望的田野上》《青春啊青春》……当此时，文化领域天朗气清，惠风和畅，一江春水向东流的春潮，使蓄积经年的精神活力喷涌而出，一泻千里。在蓬蓬勃勃的热潮下，新闻与文学形成相互冲击，彼此激荡之势。尤其是兼容新闻与文学的报告文学，在 80 年代一直广受青睐，以诗人徐迟《哥德巴赫猜想》为开端，涌出一批名家名作。《解放军报》钱钢的《唐山大地震》、《中国体育报》鲁光的《中国姑娘》、《中国青年报》麦天枢的《西部在移民》、《光明日报》理由的《李谷一与〈乡恋〉》、《人民日报》刘宾雁的《人妖之间》，以及作家赵瑜的《强国梦》、张正隆的《雪白血红》、黄济人的《将军决战岂止在战场》等，都如当年梁启超的报章文字“一纸风行，海内视听为之一耸”。

　　黄济人的《将军决战岂止在战场》，起初就是 1980 年在《时代的报告》上连载的，而这份专门刊发报告文学的期刊，由时属公安部国际关系学院的新闻系系主任、军旅记者与报告文学家黄钢主编。王蒙评价这部作品是，“用文学的方式更新了人们对历史的看法，参与了中国思想解放的大合唱”。2013 年，《将军决战岂止在战场：原国民党将领大陆新生始末》（完全本）问世，将 80 年代的版本作为“上部”，将补充内容扩展为“下部”，再度引起关注。

　　现为重庆作家协会名誉主席的黄济人，属于文革后第一代大学生，大学时代即完成这部蜚声海内外的纪实名作。如同当时诸多文学以及非虚构作品一样，《将军决战岂止在战场》也突破了一个敏感禁区，真切、细致、生动地讲述了国民党战犯的改造故事，揭开了一页不为人知的历史内幕。黄济人是国军将领的后代，父辈与这些战犯或有密切交往，或有通家之好，故以得天独厚的条件接触这个领域和题材，扉页书名的题字即出自杜聿明——淮海战役被俘的名将，毛泽东还曾留下一篇经典的广播稿《敦促杜聿明等投降书》。1984 年，连载的"将军"结集成书，在解放军出版社付梓时，这个题签还曾引起一点麻烦，按照当时观念，解放军出版社岂能用一位国军将领的题字。

了解现代史，谙熟革命史，对书中各色人物及其背景当不陌生：杜聿明、宋希濂、范汉杰、廖耀湘、郑庭笈、李仙洲、黄维、杨伯涛、陈长捷、杜建时、王陵基、王耀武、康泽、文强、沈醉、徐元举、罗历戎、张淦……至于杜聿明是杨振宁的岳丈，王耀武是大孝子，文强是文天祥的后人和毛泽东的姑表兄弟，廖耀湘、郑庭笈是远征军名将，宋希濂是处死瞿秋白的刽子手，沈醉、徐元举是残害红岩烈士的元凶，黄维是痴迷永动机的"怪人"一类逸闻，更是流行。确实，他们各自连着波涌浪翻的历史，从北伐到剿共，从抗战到内战，惊涛裂岸，大浪淘沙。而自从他们战败被俘，一道铁门就此落下，外界对他们的情况便一无所知或所知甚少了，除了传闻在北京功德林监狱反省历史，接受改造，最后逐批获得特赦，成为共和国公民。《将军决战岂止在战场》（初名《功德林》），就是通过他们从"战犯"到"公民"的复杂改造过程，让人真切领略了战场上的硝烟炮火虽然渐行渐远，但一场"灵魂深处的决战"同样跌宕起伏，扣人心弦。

作品的主人公是国民党被俘将领的群像，而推动故事情节的核心人物是邱行湘，国民党青年军整编二〇六师少将师长，洛阳战役中战败被俘，其对手则为共和国"十大将"之一的陈赓。当年，由于看到黄埔同学黄剑夫忠厚老实，邱行湘将妹妹许配于他。平津战役期间，黄剑夫率部把守德胜门，后在四川阆中宣布起义，而他的次子正是黄济人。于是，不难理解，在"将军"一书里，近水楼台先得月的作者，便以舅父邱行湘的前世今生为叙事主线，穿针引线，勾连历史，旁逸横出，展现主题，通过采访所得的一手的、鲜活的、引人入胜的丰富细节，完成了一项本该新闻记者或历史学家承担的工作。

作品的内容是改造战犯，而主题是再造新人，这也体现了中国革命与中国共产党的宏图伟略——既善于打破一个旧世界，也善于创造一个新世界，正如毛泽东 1949 年所言"我们有一个共同的感觉，这就是我们的工作将写在人类的历史上"。对此，作为 1959 年首批特赦的十名战犯之一，邱行湘多年后终于明白了陈赓的临别赠言，懂得了"解放"的含义：

> 如今我们解放了洛阳，解放了这里的人民，也解放了你。共产党的宗旨就是这样：只有解放全人类，才能最终解放自己。所以，我们要把你送到解放区，希望你在那里接受教育，认识过去，求得人民的谅解。[①]

不用说，对被俘将领来说，接受教育，认识过去，谈何容易。他们可都不是等闲之辈，内战中固然"有罪"，但北伐、抗战期间也曾"有功"。身为壮烈殉国的中国远征军戴安澜师长的长官，杜聿明在昆仑关上曾指挥击毙日寇旅团长中村正雄少将。更何况，他们的信念早已定型，甚至成为"花岗岩脑袋"，战败被俘后往往一副士可杀而不可辱的架势，若想让他们洗心革面，重新做人，也不亚于蜀道之难。淮海战役中全军覆没的"黄维兵团"司令官黄维，起初就一直拒绝认罪，以成王败寇的逻辑认定自己"最大的罪恶，就是把仗打败了"。1935 年瞿秋白就义前，时为国民党 30 六师师长的宋希濂曾与他有过一番思想交锋，也表明他们并非仅仅是一介赳赳武夫：

> 宋希濂："我这次回来，从龙岩到长汀这一段数百里间，人烟稀少，田地荒芜，有不少房舍被毁坏了。我想以前不会是这样荒凉的。这是你们共产党人搞阶级斗争的结果。我是

---

① 黄济人：《将军决战岂止在战场：国民党将领大陆新生始末》（完全本），北京，中国青年出版社/重庆出版社，2013，第 282－283 页。

在农村里生长的，当了多年军人，走过许多地方，知道有五百亩以上的地主，在每一个县里，都是为数甚微。没收这样几个地主的土地，能解决什么问题？至于为数较多，有几十亩地的小地主，大多数是祖先几代辛勤劳动积蓄起来几个钱，才逐步购置一些田地，成为小地主的。他们的生活水平如果同大城市里的资本家比较起来，简直是天壤之别。向这样的一些小地主进行斗争，弄得他们家破人亡，未免太残酷了！因此我觉得孙中山先生说中国社会只有大贫小贫之分，阶级斗争不适合于我国国情，是很有道理的。"

瞿秋白："孙中山先生领导辛亥革命，推翻了几千年来的专制统治，这是对于国家的伟大贡献。但中山先生所搞的三民主义，把中外的学说都吸收一些，实际上是一个杂货摊，是一种不彻底的革命。中山先生一生的大部分时间都生活在大城市里，对于中国的社会情形，尤其是农村情况，并没有认真调查研究过。中国的土地，大部分都集中在地主富农手里，只有地区之间有程度的差别而已。我们共产党人革命的目的，是要消灭剥削。不管是大地主还是小地主，不管是大资本家还是小资本家——他们都是属于剥削阶级——即地主阶级和资产阶级。有地主，就有被剥削的农民；有资本家，就有被剥削的工人，怎能说阶级斗争不适合于我们国情？显然这种说法是错误的。"①

经典歌剧《白毛女》，催人泪下地演绎了旧社会把人变成鬼、新社会把鬼变成人的故事。《将军决战岂止在战场》的主题，展现了类似的历史逻辑与思想蕴含。即使骨鲠之士，正人君子，在一个鬼蜮世界，效命一个腐朽政权，身处魑魅魍魉之中，身心也难免妖魅出没，鬼气氤氲，更不用说数千年封建文化与近百年殖民买办文化对人心的

---

① 黄济人：《将军决战岂止在战场：国民党将领大陆新生始末》（完全本），北京，中国青年出版社/重庆出版社，2013，第102—103页。

奴役。看看郭沫若在《女神》中的"上海印象"，也不难想象牛鬼蛇神的"民国范儿"：游闲的尸，淫嚣的肉，长的男袍，短的女袖，满目都是骷髅，满街都是灵柩，乱闯，乱走。我的眼儿泪流，我的心儿作呕……由此可见，对战犯而言，再造新人的过程也无异于把鬼变成人，必然充满戏剧性的矛盾冲突与精神痛苦。当然，战犯不都是康泽、沈醉似的杀人魔鬼，而不乏富贵不淫、贫贱不移、威武不屈之士。尤其邱行湘所属的"青年军"更不同于一般国军，他们多为抗战中应征入伍的"学生兵"，在"一寸江山一滴血，十万青年十万兵"的感召下，投笔从戎，奔赴国难，包括西南联大学生、清华大学梅贻琦校长的公子。这样的部队有文化，有知识，有思想，不同于绳捆索绑押赴前线，稀里糊涂投入战场的壮丁。抗战胜利后，蒋介石将他们编成"青年军"，作为蒋家王朝的御林军，用于生死存亡关头，如邱行湘"受任于败军之际，奉命于危难之间"，指挥青年军二〇六师固守洛阳。二〇六师的"政委"——政工少将处长赖钟声，还是杨振宁西南联大同班同学。书里有这样一处闲笔，杨振宁回国后，想方设法联系他，希望见上一面：

> 赖钟声左思右想，结果拒绝了杨振宁。拒绝的理由有两点：其一是自惭形秽，有可能杨振宁看不起自己；其二是孤芳自赏，自己有可能看不起杨振宁。前者不言而喻，后者需要解释，赖钟声在信中这样告诉邱行湘："此生最大的慰藉，便是国难当头，日寇猖獗之时，我能够挺身而出，愿以血肉之躯，报效国家。以后卷入内战，为蒋家王朝卖命，实为身不由己。而在相同的时刻，杨振宁选择了出国，虽不算逃兵，至少也算懦夫，懦夫是叫人看不起的！"①

由此看来，让这样一批"诚既勇兮又以武"的将帅，心悦诚服正视历史，放下包袱重新做人，岂不更甚于再打一场淮海战役或洛阳战

---

① 黄济人：《将军决战岂止在战场：国民党将领大陆新生始末》（完全本），北京，中国青年出版社/重庆出版社，2013，第394页。

役——"人民解放战争中，夺取大城市的第一次硬仗"（毛泽东）。将军决战岂止在战场！《将军》一书，情节曲折生动，故事引人入胜，笔法灵动，叙事鲜活，而令人感触最深的还是中国共产党人壮志凌云的一腔豪情。他们坚信自己既能解放全中国，也能改造旧世界，包括旧军人、旧官僚、大特务、侵华日军、末代皇帝等；既能从头收拾旧山河，也能攻心为上收拾世道人心；既能席卷自然的版图，也能攻取人心的疆域。这种自信既来自得民心者得天下的实力，更源于一种高远壮美的理想，也就是北京大学政治学教授强世功概括的："'社会主义'（共产主义）、'国际主义'和'天下大同'（人人平等）在新民主主义革命中构成三位一体。"[1] 换言之，共产党、新中国的抱负不在于改朝换代，更不在于冤冤相报，而在于建设一个新的、风清气正的社会，没有剥削，没有压迫，自由平等，公平正义，就像一位开国将领给女儿信里诗情洋溢写到的："让爸爸们，把新民主的地基，铲得平平的，让你们后一代，在我们的祖国，建筑起一座自由、快乐、文明、进步、庄严、华丽的世界。"[2] 显然，这是一桩前无古人的伟业，也是一项艰难复杂的工程。仅看功德林故事，就知道共产党人的旷古雄心，也知道再造新人的复杂艰难。

那么，这批或血债累累或声名赫赫的国民党战犯，最终如何完成由鬼到人的蜕变，内心鬼气又如何一点点驱散的呢？黄济人采访了父执辈的诸位将领，用大量生动有力的事实，揭示了一个简单而无敌的武器——真理。他们不怕死亡，但怕真理。诚所谓全世界的黑暗，也无法掩盖一支蜡烛的光芒。正是真理之光，照亮了他们的内心，驱散了身心的憧憧鬼影。1936年，坦然走上刑场的瞿秋白，曾给监刑的国民党"鹰犬将军"宋希濂留下刻骨铭心的印象，也成为后来促使他走上新生之路的思想契机：

---

① 强世功：《中国香港：政治与文化的视野》，北京，三联书店，2010，第104页。

② 楚梅：《父亲的遗教》；见李慧娟主编：《永远的怀念——纪念叶剑英元帅诞辰110周年》，北京，中央文献出版社，2007，第259页。

上午 9 点，国民党三十六师警卫连长将这位共产党人从牢房押出，宋希濂和司令部一百多个军官都站在台阶上，目送瞿秋白缓缓离去，直到附近的中山公园。宋希濂没有想到，这位身体单薄、面部清瘦的中年人在死神面前竟能如此神态自若，更没有想到，行刑前的十五分钟，面对警卫连 30 多个官兵，瞿秋白竟能这样继续着前几天与宋希濂的话题："我知道，你们都是农民抑或工人的儿子，因为吃粮当兵，地主、资本家的后人用不着这样做。可是，我得告诉你们，你们父母被剥削的是血汗，你们自己被压榨的是生命，让你们永世不得翻身的是代表大地主大资本家利益的国民党反动统治。"

昔时，宋希濂佩服瞿秋白的人格，却并不赞同他的观点；而今，当这位共产党人的理想已变成现实的时候，宋希濂不得不冷静下来，对自己的信仰进行反省。①

中共高级"卧底"赵炜，颇似电视剧《潜伏》中的余则成。1940年，他从黄埔军校毕业，毕业典礼上还见到蒋介石，得到"中正佩剑"，后在第五战区绥靖组效力，而绥靖组实为特务组织。当时，他们缴获了很多进步书刊，包括艾思奇的《大众哲学》、毛泽东的《论联合政府》等。闲着无聊时，赵炜也随便翻翻这些文字。结果，看着看着，他的人生观就开始发生转变，寄希望于中共了。杜聿明掌管国民党东北军政时，赵炜已经成为中共中央安插在国民党军东北司令部的一张王牌，送出颇有价值的情报，为解放战争作出历史性贡献。②与此相似，在功德林，除了廖耀湘一字不落背诵《哥达纲领批判》等特例，听听国民党第四十一军中将军长胡临聪在一次学习讨论会上的报告《我对自由与民主的体会》，也同样可以看到驱除黑暗的真理之

---

① 黄济人：《将军决战岂止在沙场：国民党将领大陆新生始末》（完全本），北京，中国青年出版社/重庆出版社，2013，第 318 页。

② 参见赵炜、康狄：《一道假命令改变东北战局——我在国民党东北保安司令部的潜伏岁月》，载《国家人文历史》2013 年第 11 期。

光如何在他们的心灵深处闪耀，而且"即令是纸上谈兵，也显示出战略地带的开阔"：

> 第一，民主与自由服从阶级利益：民主与自由是有阶级性的，民主与自由只有具体的没有抽象的。资产阶级民主与自由的口号在 18 世纪起过骗人的作用，直到《共产党宣言》问世，才将它揭穿。第二，民主与自由是为经济基础服务的：在英国第一次出现议会，就是资产阶级派代表监督英王对金钞如何用法。民主与自由不可能离开经济基础，资本主义的民主与自由是为私有制服务的，社会主义的民主与自由是为发展公有制服务的……①

共产主义真，党是引路人。而所谓"真"，既体现为人间正道的真理，又体现为实事求是的道理。一次，杜聿明写自传，没有写他的抗战胜绩，主管人员让他加进去，说昆仑关战役加淮海战役才叫杜聿明，杜聿明感慨道，我是今天才被俘虏的。而黄维后来发自肺腑的朴素言语，更是实实在在的道理，也道出大家的心声："旧社会不讲生产，不搞建设，国民党把大量的物力人力用于内战，用于巩固政权。共产党掌权以后，虽然也有内部斗争，但是头等大事是老百姓的穿衣吃饭，是发展国民经济而非发展官僚经济。由此发生的巨变我们有目共睹，我一个人也不可能睁着眼睛说瞎话呀！"② 光明正大的真理与天翻地覆的变化，不仅一点点化开了他们的板结心田，而且还使流落天涯、名列蒋介石之后的"二号战犯"李宗仁，也禁不住冲破重重险阻，辗转万里，于 1965 年回到了祖国大陆。

书中着墨颇多的军统头子沈醉，即《红岩》里严醉的原型，更细

---

① 黄济人：《将军决战岂止在沙场：国民党将领大陆新生始末》（完全本），北京，中国青年出版社/重庆出版社，2013，第 166 页。

② 同上，第 396 页。黄维的认识同抗战时期派驻延安的国民党少将观察员、后来海外新儒家徐复观的看法不谋而合："我们虽然身在海外，虽然反对共产党，但是我们非常爱我们自己的国家，非常希望共产党做得好。我们的国家，现在不错，是站起来了。这个站起来，在我们的脑子里面，当然第一功劳，是毛泽东。没有他的气魄，没有他的号召力，没有他组织的能力，那是不可能的。"

腻展现了一个由人变鬼、由鬼变人的典型，蕴含了意味深长的道理。沈醉母亲罗裙是南社诗人，她认为传诵千古的诗词，首推李清照的《如梦令》："常记溪亭日暮，沉醉不知归路……"这里"沉"与"沈"相通，于是，她为心爱的儿子取名"沈醉"：

　　沈醉的母亲这样对自己的儿子说过："一个人可以不做官，但是要做人。"沈醉并不是生下来就要做鬼的——我们没有理由否认：他也曾偶然良心发现，在力图做人。

　　江竹筠。沈醉称之为"女中豪杰"。当年在中美合作所最西端的渣滓洞看守所里，沈醉和徐元举一起审讯过这位共产党川东地下工作者。江竹筠被带进审讯室的时候，虽然披头散发，却是神态自若。她昂起头，侧身对着壁头上的窗口。徐元举勃然大怒："你傲慢什么！今天不说，我当场扒掉你的衣裤！"江竹筠慢慢回过头，望着徐元举冷笑道："我连死都不怕！"沈醉正欲说话，江竹筠上前走了一步，涨红着脸颊，以不可遏止的愤懑，指着徐元举说："我告诉你，你侮辱的不是我一个女性，侮辱的是我们民族女性的全体，其中包括你的母亲和你的姊妹！"江竹筠的声音缓慢、低沉，但却像闪电一样轰击了沈醉，他条件反射似的垂下了头。就在徐元举果然唤进打手的时候，沈醉在桌子下面踢了他一脚……

　　国民党战犯大集中前，《红岩》作者罗广斌就审讯江竹筠一事在重庆白公馆采访了沈醉。说来奇怪，沈醉宁肯把自己建议将十根竹签打进江竹筠手指的暴行告诉对方，也不愿披露徐元举下令"当场扒掉衣裤"的细节。①

长江上游的巴山蜀水、中游的洞庭鄱阳、下游的江浙苏杭一线，自来云蒸霞蔚，人才荟萃，黄济人也属此类。《将军》一书，谋篇布

---

　　①　黄济人：《将军决战岂止在沙场：国民党将领大陆新生始末》（完全本），北京，中国青年出版社/重庆出版社，2013，第173－174页。

局，匠心独运，叙事遣词，活跃跳荡，仿佛快速切换的电影镜头，令人目不暇接，欲罢不能。其中特别有趣的一点，是"下部"每节的结尾与下节的开篇，都用同一词语或词组过渡衔接，环环相扣，好似行云流水的音乐旋律。这一"音乐"笔法让人想起米兰昆德拉的小说，如《生命中不能承受之轻》，感觉气韵悠长，一气呵成，与灌注全书天新地新的气息一脉相通。不过，黄济人当初曾是一位"小愤青"，由于受"国民党将领"牵连，文革中命运坎坷，更觉气息难平，不免满腹怨恨。1978年，当第一次见到舅父邱行湘时，他忍不住大发牢骚，冷嘲热讽。不料，邱行湘一番拍案怒斥，始则令他不解，终则成就了他的《将军》之作：

> 出乎黄济人的意料之外，舅父哭着哭着，突然一巴掌拍在饭桌上："你以为我在哭你的父亲么？不是的！自从离开你父亲的坟头，我就不想他了。我现在哭的是你，是你这个不懂事的毛孩子！你懂什么？你什么都不懂。你不懂国民党，所以你不懂共产党；你不懂蒋介石，所以你不懂毛主席。不懂可以问呀，可以看呀，我邱行湘有今天，你父亲有今天，我们全家有今天，这都是看得见的事实呀！"黄济人的眼睛怔愣得大大的，不过瞬间便眯成一条缝，那上翘的嘴角，挂着挑衅般的讪笑："舅舅，这里没有外人，连窗户也是关紧了的，你不必装腔作势。不晓得的人听了你的宏言谠语，还以为你是共产党高官，可是你不就是一个国民党战犯嘛！"
>
> 邱行湘气得脸色铁青，牙齿咬得咯咯作响……①

这一场不欢而散的家宴，对80年代的文学青年黄济人触动很大，使他开始冷静深思，最终不仅"改变了题材，也改变了体裁，他想把国民党将军从战犯到公民的改造历程记录下来，而且只有这样，他才

---

① 黄济人：《将军决战岂止在沙场：国民党将领大陆新生始末》（完全本），北京，中国青年出版社/重庆出版社，2013，第402－403页。

能读懂别人，诠释自己"①。如果说 30 多年前采写《将军》上部时，他还更多在探究再造新人的历史过程，那么如今在下部里，已经读史阅世数十年的黄济人，对前辈的心路历程则有了更深的理解与体悟。如果说邱行湘最终是被共产党的真理击败的，那么黄济人也是被邱行湘的新生折服的。从下面一段动情文字里，不难窥见这一点：

　　怀揣着特赦证，拥有了公民权，邱行湘就这样走出了人生阴影，看见了生活的阳光。七天后的那个下午，国务院总理周恩来在中南海西花厅接见了十一位获赦人员，除了来自抚顺战犯管理所的那位三十五年前的清末皇帝，便是来自北京战犯管理所的这十位十年前的国民党将军了。周恩来慈眉善目地望着大家，语重心长地讲完事后被获赦人员称为"四训"的爱国主义观点、阶级观点、群众观点以及劳动观点后，便和颜悦色地逐一问起他们的志向来。

　　爱新觉罗·溥仪说，他想在植物园当园丁，因为他对果树嫁接颇感兴趣；杜聿明说，他想当木匠，功德林的好些桌椅都是他维修的；杨伯涛说，他想当农民，从小在农村长大，犁田插秧收谷割麦，样样在行；邱行湘说，他想当工人，最好是搬运工，肩宽体壮，有使不完的力气……

　　周恩来笑了："你们的志向都很好，从自身的情况出发，非常实际。不过，我还有一个更加实际的想法，那就是你们都是历史的亲历者和见证人，你们有义务也有责任把自己的经历写出来。要知道，历史并不是胜利者写的，更不是歌功颂德、树碑立传。历史是一面镜子，它由正面和背面组成，没有正面就没有背面，反过来，没有背面也就没有正面。这，我想就是我刚才提到的历史唯物主义和辩证唯物主义。"

　　"听君一席话，胜读十年书。"这是邱行湘在记录这段讲

---

　　① 黄济人：《将军决战岂止在沙场：国民党将领大陆新生始末》（完全本），北京，中国青年出版社/重庆出版社，2013，第 403 页。

话时所作的眉批。共产党人的胸襟，让他心悦诚服，共产党人的高远，让他感佩不已……[1]

读着这些"人鬼情未了"的故事，又想起电影《末路》（2010）。这部差不多属于 80 后导演执导的影片，取材于大陆最后一位落网的国民党将领郑蕴侠的逃亡经历，是一部真实、紧张、充满悬念的佳构。郑蕴侠原为中统重庆地区最高负责人，曾经经历了台儿庄战役中艰苦卓绝的滕县保卫战、国共重庆谈判等重大事件，也曾一手制造了重庆校场口血案、捣毁《新华日报》等暴行。解放后，侥幸逃脱，如丧家之犬东躲西藏，一天到晚心惊肉跳，直至 1957 年落入法网，在校场口血案发生地重庆受到公审，先被判处死刑，后改十五年徒刑。影片就是根据他口述的经历改编的。片中的郑蕴侠，本是一位怀抱理想的热血青年，大学毕业后热望为国家建设服务，不料稀里糊涂落入中统魔窟，一步步沦为冷血动物，抓捕进步学生，迫害民主人士，凶神恶煞，无恶不作。入狱后，经过教育改造，他反省了自己的前半生，晚年以政协委员身份为两岸和平统一尽心竭力。影片末尾的一段道白尤为感人。2009 年 6 月 23 日，年届 102 岁的郑蕴侠老人，在摄像机前用四川方言，亦吟亦咏地絮谈自己的一生及新生，而说完这番话后不久即离别人世：

> 长亭外，古道边，芳草碧连天，晚风拂柳笛声残，夕阳山外山。天之涯，地之角，亲人半零落，逝者长已矣。人生自古，相聚少，离别多，存者休戚说，提起来泪满江湖，来表达中共给我的再生啊！我对共产党的深恩厚德没有忘记……

（溥仪：《我的前半生》（全本），群众出版社，2007；沈醉：《沈醉回忆录：我的特务生涯》，中国文史出版社，2010）

---

[1]　黄济人：《将军决战岂止在沙场：国民党将领大陆新生始末》（完全本），北京，中国青年出版社/重庆出版社，2013，第 283－284 页。

立足中国土

——从《乡土中国》到《黄河边的中国》

　　上世纪末，正当时论欢呼雀跃"千禧年"，新自由主义的"新四化"——市场化、私有化、自由化、全球化俨然席卷世界、攻城略地之际，牵连中国城乡亿万家庭的"下岗"与"三农"问题感觉陡然升级，一度也差不多接近"崩溃的边缘"，一时间引起上上下下的广泛关注与深切忧虑。时任政治局委员、山东省委书记的吴官正，后来讲了自己一次震怒发火的经历，原因是鲁南革命老区某县连续发生的三起惨案：

　　——1998 年秋，一乡镇因征收农林特产税与群众发生纠纷，引发群情激愤。在处理纠纷的过程中，公安人员开枪打死一名农村青年。

　　——1999 年夏，一乡镇因征收提留款，干部作风粗暴，方法蛮横，致使一个农民被逼自杀身亡。

　　——2000 年 2 月 23 日，某乡一些群众不堪乡党委书记的欺压，几百人上街游行。该书记家有人指使其亲属纠集地痞流氓，动用猎枪向游行群众射击，打伤十多人。[①]

　　当时有个段子说，某领导去农家访贫问苦，问大家最缺什么，回答竟然是"陈胜吴广"。这个故事尽管极端，但也表明新自由主义影响的某些"改革"一度导致何等严峻的社会矛盾。于是，由此开始，特别是 2002 年十六大以来，党和国家推出一系列大规模的社会政策

---

　　① 吴官正：《两次发火》，载《水木清华》2014 年第 6 期。

以及惠农政策，包括减免直至彻底取消农业税、建立新型农村合作医疗制度、推进社会主义新农村与城镇化建设等，不仅逐渐缓解了社会危机，而且也在相当程度上制约或扭转了"原教旨主义"市场化导向。

在此期间，一批脚踏实地的学者以马克思"改变世界"的情怀和张承志"泥巴汗水"的学问，探求真知，引导舆论，影响决策，为改革开放的健全发展作出历史性贡献，如老一辈的社会学家费孝通、陆学艺，以及新生代的温铁军、曹锦清。1999 年最后一期《读书》杂志，不无巧合地发表了一篇头题文章《"三农问题"：世纪末的反思》，论事说理，深刻实在，而作者是"主流学界"名不见经传的温铁军——作过生产队长的知青，1979 年考入中国人民大学新闻系，后任母校 2004 年成立的农业与农村发展学院院长。2000 年，同样鲜为人知的上海学者曹锦清出版了《黄河边的中国》，副题"一个学者对乡村社会的观察与思考"，再次聚焦相似的现实问题。这是一部探究当代中国现实的实证著作，既真切记录了转型中的基层社会现状，细致考察了错综复杂的突出问题，又对其来龙去脉作了入情入理的分析。所以，一面世就获得各方包括高层的青睐，迄今重印 13 次，2013 年又有"增补本"问世，成为费孝通《乡土中国》之后传播最广的乡土著述。

上世纪 40 年代后期，费孝通根据自己在西南联大讲授"乡村社会学"的内容，为《世纪评论》撰写了 14 篇连载文章，后来结集出版，遂成一部现代学术经典《乡土中国》（1947）。在这部薄薄的 5 万余言的"小册子"里，作者阐发了一套富有洞见、充满想象、鲜明体现"中国特色、中国气派、中国风格"的学术思想，既赢得中外学者的称赏，也获得广大读者的喜爱。其中，尤其值得深思的是费孝通"观察与思考"的立足点。众所周知，这位曾经师从俄国人类学家史禄国、英国人类学家马林诺夫斯基的学者，一生始终站在中国的土地上，贴着实实在在的社会问题研究学术，著书立说，从而确立了在国际学界的崇高地位。这种学术姿态与问题意识，正是平常耳熟能详而可能麻木不仁的"实事求是"，也是新闻学家甘惜分力主的"立足中国土"。《乡土中国》开宗明义就提示了这一学术自觉意识：

从基层上看去，中国社会是乡土性的。我说中国社会的基层是乡土性的，那是因为我考虑到从这基层上曾长出一层比较上和乡土基层不完全相同的社会，而且在近百年来更在东西方接触边缘上发生了一种很特殊的社会。这些社会的特性我们暂时不提，将来再说。我们不妨先集中注意那些被称为土头土脑的乡下人。他们才是中国社会的基层。①

这段看似平淡无奇的文字，含有颇堪深究的意味。首先，中国社会是"乡土性"的，历史如此，现实依然，纵然经过一百多年现代化潮流冲刷，这个特性以及总体判断今天看来同样富有概括性和解释力。时论之所以忽略这一点，也在于漠视制约中国一切发展的基本国情：人口众多而资源有限，同时又不得不追赶现代化目标——且不说国际环境制约。其次，上述观察与判断是从整个社会奠基其上的基层而非上层看去的。如果不是面对960万平方公里陆地国土的广土众民，而是从近代东西方接触边缘的特殊社会如"上海滩"进行审视，那么所见所思自然另当别论。再次，常被漠视、轻视、蔑视的乡下人，千百年来一直构成中国社会的基础或主体，无论过去得民心者得天下的"民"，还是如今"为人民服务"的"民"，说到底都是"农"民——涵盖"农林牧副渔"民。一句话，乡土中国就是中国，乡土中国才是中国。所以，谁理解了这一点，谁就真正理解了中国，谁把握了这一点，谁就切实把握了中国。为什么辛亥革命其兴也勃焉而其亡也忽焉？为什么中国革命又称土地革命，只能走农村包围城市的道路而无法照搬十月革命的经验？为什么新中国全面推行土地改革，并进行农业的社会主义改造？为什么改革开放先从农村起步？诸如此类的问题无不由此获得启发与答案。新世纪以来，"中国向何处去"的思虑，同样首先取决于对乡土中国状况及其总体态势的关照，无论是

① 费孝通：《乡土中国》，北京，北京出版社，2011，第1页。

"新农村"，还是"城镇化"，无论是"西部大开发"，还是"科学发展观"，实际上无不围绕乡土中国这一基点而展开。十八大以来党的群众路线教育实践活动中，总书记习近平先后把平山县和兰考县作为自己的联系点，同样为此提供了现实范本。用三农问题专家贺雪峰教授的话说："占大多数的农民有出路，中国才有出路。"[①] 2014 年一部广受关注的作品《上庄记》（季栋梁），鲜明直观地再现了汪晖教授的学术判断："三农"危机并未从根本上解决，广阔的农村地区仍然面临年青一代出走、老弱农民种地、乡村社区空洞化的困局。[②] 而他忧虑的困局，正是当下所谓"新三农问题"——农民工、失地农民和村落终结。

五四之后，鉴于"全盘西化"的虚妄，一批知识分子日渐认识乡土中国及其意义，纷纷走向田野，从不同方面探究现实问题，关注中国的基层与主体，从而不仅深刻影响了社会历史的走向，而且产生了一批学术思想的经典之作，包括毛泽东的《湖南农民运动考察报告》，以及经济学家、柏林大学博士陈翰笙的学位论文《中国的地主和农民》，社会学家、英国博士费孝通的学位论文《江村经济》，美国博士晏阳初、新儒家梁漱溟等乡村建设的经验模式与理论成果等。当今，又一批知识分子沿着前辈道路，深入田垄，入户农家，围坐炕头，脚踏实地做学问，实事求是探真知，同样完成了一批无愧前人、无愧时代的学术力作，如阎云翔、温铁军、曹锦清、高默波、马戎、贺雪峰、应星、吴毅、景军等人的著述。阎云翔的哈佛大学博士论文《私人生活的变革：一个中国村庄里的爱情、家庭与亲密关系（1949－1999）》、应星的博士论文《大河移民上访的故事：从"讨个说法"到"摆平理顺"》、高默波的《高家村：共和国农村生活素描》、吴毅的《小镇喧嚣——一个乡镇政治运作的演绎与阐释》、曹锦清的《黄河边的中国：一个学者对乡村社会的观察与思考》等，尤其适合一般

---

① 贺雪峰：《谁是农民？》，载《经济导刊》2014 年第 3 期。
② 汪晖：《两种新穷人及其未来》，载《开放时代》2014 年第 6 期。

读者，学术文字写得如同非虚构作品，读来引人入胜，令人叹赏。

作为"一个学者对乡村社会的观察与思考"，《黄河边的中国》不同于一般正襟危坐的学术著作，而是采用夹叙夹议的叙事笔法，由此不仅呈现了原生态的现实情景以及面对问题本身的鲜活思考，而且也像出色的新闻报道似的使普通人也能够明白问题所在及其实质。全书60余万字，洋洋大观，包罗广泛，其中特别集中、给人印象深刻的话题有农民负担、计划生育、党政腐败、干群关系、信仰危机等。作者揭示的种种现象与矛盾，既是当时农村普遍存在的突出问题——尽管农民负担等矛盾已经得到明显缓解，也是当下影响中国改革与现代化进程的重大课题。试举几例，即知大概：

——当今中国似乎有三套语言：一是传媒官话，空洞无物。二是校园讲义，没有根基。这套从西方传入的学术语言，在中国这块土地上找不到它们的所指，成为漂浮在知识分子表层思维与语言中的浮萍。三是民间语言，尤其是酒席语言，反映出变动着的社会事实与社会情绪，语言活泼而富有生趣。[1]

——这股弥漫于中原大地且遍及各社会阶层（主要是农民阶层）的社会情绪，由正反两方面的情绪组成：对毛泽东的怀念与对现实的强烈不满。改革开放以来，农民们得到了土地，又得到了自由，他们通过土地与自由第一次得到了温饱并逐渐改善了自身的居住条件，这是农民兄弟们一致认可的基本事实。但中原（其实应包括整个中西部广大地区）民众何以如此强烈地怀念毛泽东，怀念毛泽东时代且同样如此强烈地对改革开放后的现实状况感到不满呢？……关键的原因恐怕在于社会风气的恶化、地方党政的腐败与沉重的农民负担。[2]

---

[1]　曹锦清：《黄河边的中国》（增补本），上海，上海文艺出版社，2013，第7—8页。

[2]　同上，第563页。

——从正阳到新蔡，从新蔡到平舆沿途凡有墙的地方，差不多刷着各种大幅标语：

"谁发财，谁光荣，谁贫穷，谁无能。"

"八仙过海显神通，致富路上当先锋。"

"家家上项目，户户奔小康。"

"十万大军搞劳务，20 万户上项目。"

"家家有项目，人人有活路，天天有收入。"

"户种两亩棉，增收两千元。"

"家养两头猪，致富不用愁。"

在中原大地，有两种不同类型的"顺口溜"：其一流行于民间，称为民谣。其二流行于墙上，称为官谣。套用《诗经》的用语来说，前为"风"，后为"雅颂"。民谣表达的是"社会情绪"，官谣表达的是地方党政的政经目标。令我感到惊奇的是官谣的制作者们为什么不去追查每句口号的现实性？每家养猪两头，就能致富吗？至于"发财"与"光荣"之间，"贫穷"与"无能"之间，有必然的联系吗？只讲"发财"不论手段，只以贫富论荣辱，论能与无能，这不正是引发诸多社会问题的根源所在吗？[①]

——对地方党政腐败的无奈，对反腐败的悲观，对腐败结果的危机感，在河南各社会阶层都存在。一位党校副校长说："腐败是反不了的，结果必然是改朝换代"。一位果园承包主说："再腐败下去，必然天下大乱，到时我就是土匪头子。"某集团公司接待办主任说："只有像毛泽东那样，发动一场群众运动，才有可能制止腐败。"如今，这位复员军人以为"只有打仗才能解决腐败问题"。从这些愤激的语言中，

---

① 曹锦清：《黄河边的中国》（增补本），上海，上海文艺出版社，2013，第 565—566 页。

我不仅感受到内心的震惊，也预感到若隐若现的政治危机。①

——关键的问题还是"旗帜"与"信仰"问题。中共十四大报告说"什么是社会主义，如何建设社会主义"的这两大问题已经解决了。但来党校学习培训的广大地方干部并不认为已经解决了，甚至许多党校教员也不认为已经解决了。现有的理论无法回答改革开放过程中出现的新情况、新问题，这是一个难以讳言的事实。在各种苛捐杂税重压下的广大农民，怎么会相信地方官员是代表他们利益的呢？面对着日趋加剧的贫富分化，怎能叫人相信社会主义共同富裕的目标呢？老百姓们不相信，地方党政官员本身也不相信。如今当官到底为什么？县、乡干部集中学习讨论，稍谈片刻即入两大主题：升官与女人。这并不是个别现象。把聚集私人财富作为当官目的者，也不乏其人。没有一面能将全体党员与党政干部凝聚起来的"旗帜"与"信仰"，实在是地方官吏腐败的一个更内在、更深刻的原因。②

——最令我担忧的问题是：各级地方政权存在着日益脱离社会，且凌驾于社会之上的强大趋势。用现代通行的政治术语来说，就是官僚化与特权化的强大驱动力。官吏的以权谋私等权力腐败现象，仅仅是上述趋势的一种外在表现而已。河南民间流传着一句顺口溜："五六十年代是'鱼水关系'，80年代是'油水关系'，90年代是'水火关系'。"说的是近半个世纪来干群关系（其实是地方党政与群众的关系）的历史演变过程。从"鱼水"到"油水"再到"水火"关系，形象地说明了地方政权逐渐脱离社会并凌驾于社会之

---

① 曹锦清：《黄河边的中国》（增补本），上海，上海文艺出版社，2013，第710页。

② 同上，第606页。

上的发展过程。

有人将上述趋向归咎于地方干部的个人素质问题。……有人说是"政治体制"问题，说缺乏有效权力监督的集权体制应对上述倾向负全部责任。在我看来，上述分析，皆为表面、肤浅之词。地方政权脱离社会且凌驾社会之上的强大趋势，或有更为深刻的根源。

除了毛泽东的"群众运动"与西方的"民主制"之外，是否能找到第三条道路或方法以解决公共权力的"脱离"与"凌驾"问题，这是一切关注中国政治现代化的思维头脑共同探寻的重大问题。①

本书叙事起于千年古都开封，而 2014 年承蒙河南大学不弃，聘我为"黄河学者"，这个名衔在我感到沉甸甸的，既因为黄河入海流的悠远文化，也由于行行复行行的乡土中国。站在黄河边反思新自由主义的"新四化"，特别是青山绿水的变异、自然资源的枯竭、乡村社会的衰败、草原牧场的退化等，会更深切地理解中国"问题"与社会"主义"，同时也更懂得中国是一部无字的大书，乡土中国由于承载千万年文明传统，则是穷其一生也不见得读懂的天书。《黄河边的中国》一开始先就如何打开这部大书天书作了分析，谈到如何观察与思考、如何进入社会生活的真实现场等经验。通常以为，观察与思考主要受制于主观因素，如态度认真、学识渊博、思路清晰等，而往往无视客观"视点"——观察与思考的立足点。事实上，如同常识所知的情况，站在不同位置就会看到不同的景观，立足不同视点面对世界也同样会发现不同的问题。这里，曹锦清论及两种相反的视点，一是"从外向内、从上向下"，一是"从内向外、从下向上"：

何谓"外、内""上、下"？所谓"外"，就是西方社会
科学理论与范畴。"由外向内看"，就是通过"译语"来考察

---

① 曹锦清：《黄河边的中国》（增补本），上海，上海文艺出版社，2013，第 716—718 页。

中国社会的现代化过程；所谓"内"，即中国自身的历史与现实尤其指依然活跃在人们头脑中的习惯观念与行为方式中的强大传统；所谓"上"，是指中央，指传递、贯彻中央各项现代化政策的整个行政系统。"从上往下看"，就是通过"官语"来考察中国社会的现代化过程；所谓"下"，意指与公共领域相对应的社会领域，尤其是指广大的农民、农业与农村社会。所以，"从内向外看"与"从下向上看"，就是站在社会生活本身看在"官语"与"译语"指导下的中国社会，尤其是中国农村社会的实际变化过程。[①]

两种视点虽然形同双目成像，互为补充，就像我们常把"普遍真理"与"具体实践"连在一起，甘惜分也将"回到马克思"与"立足中国土"相提并论，但曹锦清更趋向于"内"与"下"的视点，他本人也曾有过一个由"从外向内、从上向下"到"从内向外、从下向上"的视点转移。上世纪80年代，如同众多知识分子一样，他一头钻入"译语"，徜徉于西学中令人信服的"成套价值目标"与"各种认识工具"。就像有人揶揄的，探究中国问题，不先面对实际问题，而是不远万里，跋山涉水，绕道纽约、伦敦、巴黎，取经拜佛，求学问道，引入一套一套的"译语"，取回一套一套的"经义"。[②] 可惜，无论"译语"与"经义"怎么变来变去，中国问题貌似安之若素，依然岿然不动。为了认识现实中国，打开这部大书、天书，1988年，曹锦清打点行装，重返农村，前后四年，完成一部《当代浙北乡村的社会文化变迁》（1992）。1996年，他又来到河南，漫游中原，将开封、信阳、驻马店等地一路的所见、所闻、所谈、所思，写入前书的姊妹篇《黄河边的中国》（2000），再次体现了"从内向外、从下向上"的视点。

其实，这种观察与思考的视点，也是老一代新闻工作者的常态，

---

① 曹锦清：《黄河边的中国》（增补本），上海，上海文艺出版社，2013，"前言"，第1页。

② 朱学勤：《思想史上的失踪者》，广州，花城出版社，1999，第245页。

属于新中国新闻业弥足珍贵的传统，正如习仲勋 1951 年在西北地区报纸工作会议上的讲话标题所示：新闻工作就是群众工作。① 虽然这一传统受过极"左"干扰与扭曲，但是，脚踏实地，实事求是，"做一个裤腿上永远沾着泥巴的记者"（何盈），始终是一代新闻人的专业理念与价值追求：从邓拓到范敬宜，从穆青到南振中……范敬宜说过一句有名的话："离基层越近，离真理越近。"我听到的土语也很传神：只有眼皮贴着地皮，才能看见草根。范敬宜层出不穷的报道"点子"，以及一生不同凡响的新闻成就，无不源于数十年基层阅历，无不植根于透彻理解与把握的乡土中国，特别是对"人民群众"的深厚感情，如其词中倾吐的："望白云深处千万家，情难抑。"遗憾的是，在拨乱反正、与时俱进之际，一不小心也把这些传统丢弃了，弄得今天新闻仿佛时尚似的越来越倾心都市繁华，越来越远离田间地头。十多年前，范敬宜在一首打油诗里写道："朝辞宾馆彩云间，百里方圆一日还。群众呼声听不见，小车已过万重山。"眼下随着新媒体、高科技的发达，此类问题更是愈演愈烈，一些记者也貌似越来越有白领小资"范儿"，而与乡土中国渐行渐远。新世纪以来，新闻界开展的"三项教育""三贴近""走转改"活动，也旨在扭转新闻工作的"精英路线"，力图恢复"群众路线"，亦即曹锦清所说的视点转移。

清华大学一向秉承"不唯书、不唯上、不唯洋，只唯实"的学统，正如清华学子费孝通身上所体现的风范。十余年来，新生入学，不管什么专业，也不论个人兴趣，我都首先推荐两本书：费孝通的《乡土中国》与曹锦清的《黄河边的中国》。新闻学院 2003 级本科生李强同学受此启发，利用大二寒假去农村调研，完成一篇四万多字的《乡村八记》。由于范敬宜院长的推荐，这篇学生习作的第一记以《二姨家的年收支明细账》为题，刊于《人民日报》2005 年 4 月 3 日头版。人民日报记者李泓冰，还曾就此发表评论《从费孝通到大学生李

---

① 中共中央文献研究室编：《习仲勋文集》上卷，北京，中共党史出版社，2013，第 204 页。

强》：

> 李强的身影，在今天确实有些孤独。以至于我们想给他
> 找一个精神伙伴的话，不由自主地就上溯到了比他年长70
> 多岁的费孝通。这中间的历史跨度，确实太漫长了一点。
>
> 年轻的李强之所以让人"惊异"，他的《乡村八记》之
> 所以弥足珍贵，是让我们看到了某种希望。先有徐本禹主动
> 下乡支教感动了中国，后有李强主动"沉入"乡村去懂得中
> 国，如果知识分子关注乡村的理性与热诚，真的能从此蔚为
> 汪洋，而不仅仅是偶一为之的社会实践，那么，这真的是解
> 决"三农"问题、城乡差别问题的又一希望之所在了。①

在我看来，对80后、90后的记者与学子来说，《黄河边的中国》
尤其具有"启蒙"价值，具体说来至少有三点：认识中国的视角；研
究问题的方法；表达思想的话语。

关于认识中国的视角，时新的潮流不断暗示：离高层越近，离真
理越近（高层的"真理"说到底也是来自基层）；离纽约、伦敦、巴
黎越近，离真理越近（即便人家的"真理"也需要自己的消化）；离
书本特别是洛克、哈耶克越近，离真理越近（哪怕千年第一思想家马
克思的真理一旦成为"本本""教条"也误国误民）。受此影响，年轻
记者与学子往往一门心思巴望乘着全球化飞船，奔向赫胥黎笔下美丽
的新世界，或者暖风熏得游人醉，误把他乡作故乡，让自己的心胸成
为他人思想的跑马场，然后以现代潮流反复淘洗的大脑反观中国，以
一套套时新的"译语"从外向内、从上向下地打量中国，结果不免处
处拧巴，格格不入。为此，首先需要"返璞归真"的视点转移，让自
己的观察与思考、采访与报道能够实实在在"立足中国土"，而非爱
丽丝梦游仙境一般的云里雾里，更非八卦、娱乐、微博似的迷三倒
四。为了让思想冲破牢笼，探寻现实中国及其问题、规律及本质，曹
锦清有意对各种现成的、权威的、时新的理论保持自省与警觉，甚至

---

① 李泓冰：《从费孝通到大学生李强》，载《人民日报》2005年5月19日5版。

将它们暂时"悬置"起来，让自己处于一种无知无识的"赤子"状态：

> 所谓"悬置"，既非"抛弃"，又非用以套裁社会事实，而是让一切可供借用、参考的理论、概念处于一种"待命"状态，调查者本人则时时处于一种"无知"与"好奇"状态，直观社会生活本身。"无知"是相对于"熟悉"而言的，而"熟悉"，或"习以为常"恰恰是理解的最大敌人。只有"无知"、"陌生"而引起的"好奇"，才能让开放的心灵去直接感受来自生活本身的声音，然后去寻找各种表达的概念。调查过程，其实是"理论"与"经验"两个层面往返交流，相互修正、补充的过程。只有通过这条艰辛之路，才能指望找到能够理解社会生活的真正理论。[1]

关于研究问题的方法，如今也似乎颇为混乱。按照一种流行说辞，好像天底下的研究方法只有两大类，一类是传统的人文方法，一类是现代的实证方法；在此基础上又明里暗里提示人们，只有后者才是研究社会问题的科学方法与不二法门，而前者是主观的、随意的、浅科学或前科学的乃至不科学的（令人困惑的是孔子、庄子、柏拉图、马克思以及古今无数思想家该当何论）；最后图穷匕首见地挑明，原来所谓实证方法就是用一堆统计、问卷、数据、图表等，去揭示活生生的、变动不居的、纷繁复杂的大千世界及其规律。这种流行的方法论，在新闻学界也渐成说一不二之势，以至于不少学生一事当前，既不考虑研究的问题及其价值，也不深入社会生活的实际场景，更不对各种现象及其构成因素的复杂关系进行思考，不对其间的历史渊源与来龙去脉展开由此及彼、由表及里的分析，而是不得不闭门造车先弄一套"方法"，诸如表格、数据、问卷什么的，仿佛一旦设计停当，社会生活的全部奥秘与宝藏就会在阿里巴巴"芝麻开门"的咒语中应

---

① 曹锦清：《黄河边的中国》（增补本），上海，上海文艺出版社，2013，"前言"，第3页。

声而开。生机勃勃的盛唐人嗤笑冬烘先生，说"岂学书生辈，窗间老一经"，而今可谓"不问天地人，先弄方法论"。

其实，方法如同兵法，兵无常势，水无常形，只要胜利，就师出有名。对研究者来说，所谓"胜利"就是需要解决的问题。问题层出不穷，千变万化，方法也当因地制宜，不拘一格。问题不同，情景不同，方法自然也就不同。天下没有一成不变的兵法，同样也不可能有千篇一律的方法。而只要是具体问题具体对待的方法，实际上都属于实证范畴。实证实证，无非实际证明、实地考察、实在分析，或者说发现问题、研究问题、解决问题，如此而已。就像范长江采写《中国的西北角》时参考的顾祖禹历史地理巨著《读史方舆纪要》，当然方法中也可以包括一些现代数量统计等手段。不论问题而先谈方法，就如同纸上谈兵，焉有不败之理。不难想象，掌握纸上谈兵法的学生一旦进入新闻界，面对纷纷扰扰的社会问题以及林林总总的现实，难免茫然无措，不知从何入手。因为，略微有点中国社会的生活经验，就知道这套"科学方法"基本不灵，既无法以之获取多少事实真相，更不用说探寻问题的本质了。甚至，由于脱离实际，人云亦云，新闻报道有时难免如华中科技大学中国乡村治理研究中心主任贺雪峰教授指出的："当前中国的情况颇为吊诡，到处都在打着为农民讲话的幌子，却在为刁民讲话，为土地食利者讲话，为农业企业讲话，为农村中和农民中的强势群体讲话。而真正最弱势且最广大的 9 亿农民——小农＋农民工，却已经从媒体上悄然消失。"[1] 那么，如何了解现实生活的实情，揭示中国问题的真相呢？《黄河边的中国》对此既提供了一套实际有效的路径，又阐发了一些深切洞明的思路：

> 社会生活的真实，决不会主动地向调查者敞开的。"家丑不可外扬"与"熟人，陌生人之间的界线"，是村落文化内固有的两大特征。前者，各家长、村长、乡长们各自的小心翼翼地遮蔽起来；后者，使一切陌生人成为"来路不明，

---

[1] 贺雪峰：《谁是农民？》，载《经济导刊》2014 年 3 月号。

形迹可疑"者。乡村社会生活的这种遮盖性与防范性，使得调查者难以自由"入场"，既"入场"，也难以畅通地获取所需的经验资料。西方社会学中常用的"问卷统计"调查法，在中国社会学研究中基本上是无效的。因为使得问卷法有效的基本前提——社会生活的敞开性和无防范性——在中国是不存在的，或说基本上不存在。我们的田野调查，且有层层防设，遑论问卷法了。[①]

最后，表达思想的话语也是不容忽略的问题，属于走转改的题中之意，前人之述备矣。这里仅举一例，即见当下流风之一斑。某学生写了篇文章，拿给教授审阅，结果标题中的"视野"被改成"视阈"，因为据说后者比前者更有学术水平。怨不得如今一些学生的语言机械僵硬，也无怪乎如下文字畅行学界：究其"微化"和"碎片化"的变化本质而言，是社会要素、市场要素透过这种"裂解"所获得的因应时代发展和社会改变从要求的功能重新聚合重组的"前阶"。如此党八股、洋八股，让人不由想起毛泽东《反对党八股》中的提醒："凡真理都不装样子吓人，它只是老老实实地说下去和做下去"，"共产党不靠吓人吃饭，而是靠马克思列宁主义的真理吃饭，靠实事求是吃饭"。看看《乡土中国》，多么平易近人，平白如话，又多么意味深长，耐人寻味：

我们说乡下人土气，虽则似乎带着几分藐视的意味，但这个"土"字却用得很好。"土"字的基本意义是指泥土。乡下人离不了泥土，因为在乡下住，种地是最普通的谋生办法。

农业和游牧或工业不同，它是直接取资于土地的。游牧的人可以逐水草而居，飘忽无定；做工业的人可以择地而居，迁移无碍；而种地的人却搬不动地，长在土里的庄稼行

---

① 曹锦清：《黄河边的中国》（增补本），上海，上海文艺出版社，2013，第120页。

动不得，侍候庄稼的老农也因之像是半身插入了土里，土气是因为不流动而发生的。

　　我们自己虽说是已经多少在现代都市里住过一时了，但是一不留心，乡土社会里所养成的习惯还是支配着我们。你不妨试一试，如果有人在你门上敲着要进来，你问"谁呀！"门外的人十之八九回答你一个大声的"我"。这是说，你得用声气辨人。在面对面的社群里一起生活的人是不必通名报姓的。①

1938年，艾青在《我爱这土地》里吟出催人泪下的诗句："为什么我的眼里常含泪水，因为我对这土地爱得深沉……"行到水穷处，坐看云起时。乡土中国不仅沉淀着异常丰富的历史文化蕴涵，而且展现着无限广阔的社会生活图景。如同2013年入选世界自然文化遗产的云南哈尼梯田，既是天地人合写在大地上的美丽诗章，又如诗人荷尔德林的名句注脚——"人，诗意地栖居在大地上"，更像为马克思恩格斯畅想共产主义社会摆脱种种异化之后，人的自由而全面解放的生活提供的一种质朴原型："今天干这事，明天干那事，上午打猎，下午捕鱼，傍晚从事畜牧，晚饭后从事批判……"（《德意志意识形态》）②

　　（费孝通：《乡土中国》，三联书店，1985；季栋梁：《上庄记》，北京十月文艺出版社，2014；阎海军：《崖边报告：乡土中国的裂变报告》，北京大学出版社，2015）

----

　　①　费孝通：《乡土中国》，北京，北京出版社，2011，第1—15页。
　　②　中共中央编译局编译：《马克思恩格斯文集》第1卷，北京，人民出版社，2009，第537页。

不尚清谈，行胜于言

——读《农民中国：江汉平原一个村落26位乡民的口述史》

2011 年正值清华百年华诞，也适逢清华开办新闻教育第十年。当此时，为曾维康这篇付梓的新闻学硕士学位论文《农民中国——江汉平原一个村落26位乡民的口述史》作序，不禁浮想联翩，思绪悠远。

一

百年清华，巍巍上庠。

对清华及其精神，前人之述备矣，包括"自强不息，厚德载物"的校训、"行胜于言"的校风、"独立之精神，自由之思想"的境界、"不唯书、不唯上、不唯洋，只唯实"的传统，以及荡漾在一代代清华人心头的《国立清华大学校歌》：

西山苍苍，东海茫茫，吾校庄严，巍然中央。

东西文化，荟萃一堂，大同爰跻，祖国以光。

莘莘学子来远方，春风化雨乐未央，行健不息须自强。

……

如同颜色有三种原色，清华也有三种基色——紫、白、红。清华的历史与文化、精神与传统，不妨说就浸淫于这一"三原色"之中。

清华一向尚紫，紫色是清华的底色。清华校花为紫荆花，学生话剧团有颂扬两弹一星元勋的保留剧目《紫荆花开》，团委报纸名为《紫荆》……所以，清华的各种标识均以紫色打底，从旗幡到网站，满目紫气东来的气象。1914 年，湖北生闻一多所在班级上演戏剧《紫荆魂》，从此紫荆成为清华的校魂。已故新清华中文系主任徐葆耕教授，在百年校庆图书《清华精神生态史》里咏叹：

> 紫荆的红色是知耻者的颜色，是勇敢者的颜色，是我们的校色。校色中的紫白两色以"紫"为主。清华校旗上的紫白两色是"白云托着的紫气"，是"东来紫气满函关"（杜甫）的紫气。紫色是圣人到来的前兆，是民族复兴的曙光，是未来的光明与希望。[①]

除了紫色，白色与红色也所来有自。清华园的东部俗称"白区"，因为建筑色调多以白灰色为主，包括建筑学院、美术学院、法学院、公共管理学院、经济管理学院等。气势巍峨的灰色主楼也坐落其间，重要活动往往在此举行，如英国布莱尔首相、美国小布什和克林顿总统的演讲等。与东部相连的中西部俗称"红区"，因为建筑色调多为红褐色，包括老清华的"四大建筑"——图书馆、大礼堂、体育馆、科学馆，以及清华学堂、人文学院、新闻学院、理学院、医学院等。

三原色常被赋予不同的象征意义，清华的紫白红也同样耐人寻味。紫色深厚凝重、沉郁顿挫，堪比清华的庄严大气。校歌所谓看核仁义、闻道日肥、器识其先、文艺其从、立德立言、无问西东等，也正体现着这种大家之风，亦即数千年的正心诚意修身齐家治国平天下的君子之风。当年，梁启超先生曾以君子为题发表演说，为清华校训提供不刊之论："天行健，君子以自强不息；地势坤，君子以厚德载物。"

至于红白两色，又蕴含着相辅相成的传统与精神。白色清华冰清玉洁，恰似典雅高贵的"二校门"——老清华校门，一百年来一批批名师大家追求新知，探寻真理，宁静致远，淡泊明志，为清华涂抹了一层清新淡雅、洁白如玉的精神色调，令人悠然想起屈原、李白、苏东坡……想起"纷吾既有此内美兮，又重之以修能""余霞散成绮，澄江静如练""白日放歌须纵酒，青春作伴好还乡"……想起清华校友季羡林先生的概括：北大的校格是"深厚凝重"，清华的校格是"清新俊逸"。1942年，清华工科创始人顾毓琇先生与梅贻琦校长的

---

① 徐葆耕：《清华精神生态史》，北京，中国水利水电出版社，2011，第20页。

酬唱应和，延续的正是这样一脉精神情怀：

> 天南地北坐春风，设帐清华教大同。
>
> 淡泊高明宁静志，雍容肃穆霭和衷。
>
> 诲人自有宗师乐，格物原参造化功。
>
> 立雪门墙终未足，昆池为酒寿高松。

同样，红色清华在一百年来波澜壮阔的历史风云中，也展现了多彩多姿的身影，从"外争国权，内惩国贼"到诗人闻一多的《红烛》，从"华北之大，已经安放不得一张平静的书桌了"到"地道战""地雷战"的清华身影，从"我愿以身许国"到"两弹一星"，从"又红又专"到"从我做起，从现在做起"，一代代清华人为国家独立、民族复兴而刚毅坚卓，为人民幸福、人类进步而前赴后继。

2001 年 5 月，笔者刚入清华时，聆听了一场校友朱镕基的报告。当时，他准备辞去兼任十七年的清华大学经济管理学院院长，同时为全校师生作一次道别演讲。那天的报告会在新落成的综合体育馆举行，大约一个月前，这里举行了校庆 90 周年庆典，党和国家领导人悉数到场。那天他不带片纸，纵横捭阖，侃侃而谈，台上台下，高潮迭起。犹记此前他曾特别说道，"清华不仅是一个为学的地方，还是教人为人的地方"。他在清华读书时，电机系主任、他的老师章名涛教授的叮咛，更是让他终生难忘（电机系所在的"电机馆"，就是今天新闻学院的院馆，曾经改名"文西楼"即文科西楼，如今又名"宏盟楼"）：

> 为人要比为学更重要。为人，就是要做一个有骨气的中国人……哲人已逝，言犹在耳。清华就是教我们"为学"，又教我们"为人"的地方，它以严谨的学风和革命的传统，培育了一代又一代献身革命和建设祖国的"有骨气的中国人"。[①]

---

① 朱镕基：《再见了，我永远是一个清华人》，2001 年 6 月在清华的告别演说；见唐建光主编：《毕业生——百年清华的中国年轮》，北京，五洲传播出版社，2011，第 252—254 页。

确实，有骨气的中国人犹如空气一般弥漫于清华园，渗透于清华人的精神血脉，形成一种浸浸然的文化氛围。别的且不说，就在朱自清先生笔下的荷塘月色畔，有处不动声色而惊心动魄的景观——清华先烈碑，上面镌刻着一批清华英烈的姓名及其行迹。其中有位校友，"1928 年考入清华土木系的沈崇诲学长。毕业后，他投笔从戎，成为一名战斗机飞行员。1937 年 8 月 18 日淞沪会战中，在战机突发故障后，他毅然驾机撞向日军旗舰，壮烈捐躯，用 26 岁的年轻生命践行了抗日救亡的崇高使命。"① 风萧萧兮易水寒，壮士一去兮不复还。站在碑前，遥想当年，从邓世昌到沈崇诲，怎不肃然起敬！

百年清华，百年校庆，三种色调，一脉相通，温婉，深沉，和谐，交融，汇成了一幅永远清新华美的精神图景。

二

在其百年校史上，清华不仅为民族复兴书写了辉煌的篇章，而且也为新闻传播贡献了自己的心力，留下一串新闻史上熠熠生辉的名字。其中，既有梁启超这样的新闻传播巨匠，又有章汉夫这样的革命报人，既有羊枣、胡乔木、乔冠华等评论家，又有俞颂华、赵敏恒、徐铸成等名记者……他们既是新闻人的典范，也是清华人的自豪。其中五位在百年校庆之际，被制成相片镜框及简历，悬挂于新闻学院的楼梯口，出出进进的师生自然会向这些前辈大家行注目礼。

作为清华国学四大导师之一的梁启超，被公认为中国首屈一指的现代报人与新闻传播学家，对现代新闻传播事业和新闻传播思想的建树堪称开天辟地，厥功至伟。他一生创办或主持了 17 种报刊，特别是戊戌变法前后的《时务报》《新民丛报》等，更是震古烁今，轰动朝野，所谓"举国趋之，如饮狂泉"。以他的报刊文章为标志的"时务文体"，清新刚健，气势如虹，开创了白话文的新时代。他提出的

---

① 邱勇：《追逐远大梦想，肩负时代使命——在 2015 年本科生毕业典礼暨学位授予仪式上的讲话》，2015 年 7 月 12 日，清华大学新闻，http://news.tsinghua.edu.cn/publish/news/4214/2015/20150712090658606540272/20150712090658606540272 _ .html

一系列新闻传播思想，如"去塞求通"等，直到今天依然为人所重。

作为党和国家领导人，江苏盐城人胡乔木有"中共中央一支笔"的美誉，曾担任毛泽东和政治局秘书，参与起草了两份历史性文件——《关于若干历史问题的决议》（1945）和《关于建国以来党的若干历史问题的决议》（1981）。同为盐城人的乔冠华以外交家闻名于世，曾率中国代表团第一次登上联合国大会的讲台，发表了"国家要独立、民族要解放、人民要革命"的著名演说，一时全球瞩目，风云激荡。同时，他们又是卓有影响的评论家。抗战时期，他们的评论一南一北，遥相呼应，有"北乔""南乔"之誉。"北乔"胡乔木还曾担任新华社社长、人民日报社社长、国家新闻总署署长、中宣部副部长等新闻要职。

作为一代报人，俞颂华五四时期就主持"四大副刊"之一——上海《时事新报·学灯》。1920年，他率俄文学校毕业生瞿秋白前往苏联，成为十月革命后最早访苏的中国记者，采访了列宁、托洛茨基等。1937年，又赴延安采访，见到了毛泽东、周恩来，被清华水利专家黄万里之父黄炎培先生称为"新闻界之释迦牟尼"。《文汇报》创办人徐铸成同属20世纪中国报业奇才。《文汇报》诞生于风雨如磐的"孤岛"时期，高举抗日旗帜，挺起民族脊梁，宁为玉碎，勿为瓦全。徐铸成开创的办报风格，既熔铸古今，又会通中西。上世纪50年代，毛泽东曾经对徐铸成说过，"我每天下午起身后，必首先看《文汇报》，然后看《人民日报》"。[①] 俞颂华和徐铸成都还是有名的新闻教育家。俞颂华晚年出任国立社会教育学院（苏州）新闻系主任，并仙逝于此，他的一位弟子就是新中国一代新闻学家、中国人民大学新闻学院资深教授方汉奇。徐铸成参与创办的厦门大学新闻传播系，成为改革开放后中国大陆第一家以传播命名的新闻院系。

……

抚今追昔，不管是峥嵘的革命岁月，还是火热的建设年代，清华

① 　徐铸成：《徐铸成回忆录》，北京，三联书店，2010，第231页。

园走出的许多学子都耕耘在新闻传播领域。他们以笔为旗，书写历史的第一现场；他们激扬文字，纵论天下的风云变幻；他们运筹帷幄，擘画新闻传播的宏图大业；他们兢兢业业，为新闻传播的大厦添砖加瓦。虽然许多人可能默默无闻，但在新闻传播的风雨历程上无不留下点点足迹，付出滴滴心血。小说《红岩》里刘思扬的原型刘国鋕烈士，电影《声震长空》里"延安新华广播电台"台长的原型傅英豪等均为代表。

为了继承、发扬与光大清华新闻传播的历史传统，也为了中华民族的复兴大业，2001 年清华大学决定组建新闻学院，正式开办新闻学科。翌年，草长莺飞时节，挂牌成立"新闻与传播学院"，范仲淹二十八世嫡孙、原《人民日报》总编辑范敬宜出任院长，提出"面向主流、培养高手"的教育理念。从此，新一代清华新闻人更以"先天下之忧而忧，后天下之乐而乐"的情怀，秉承先辈梁启超先生的精神，自强不息，厚德载物，与时代同行，与人民同在。十来年间，已有一批清华学子活跃于新闻传播界：现为《人民日报》记者的李强同学及其《乡村八记》得到国务院总理的赞许，学院青年教师周庆安博士受聘中央电视台"特约评论员"，原《南方周末》调查记者刘鉴强以一部"新新闻"作品《天珠——藏人传奇》受到瞩目，《中国青年报·冰点周刊》记者迄今已有五位清华新闻学子……

曾维康，也是其中佼佼者。他的成长历程，同样离不开清华精神的洗礼，梁启超等先辈的熏陶，更离不开已故范敬宜院长的思想感召，离不开新闻学院的文化氛围与专业理想。

三

2002 年暮春，范敬宜从王大中校长手里接过首任院长的聘书。至 2010 年初冬，他在院长任上为清华的新闻教育、人才培养、学科建设奉献了余生，鞠躬尽瘁，死而后已。其间，尤为突出的是确立了以马克思主义新闻观为主导的办学理念和办学方向，包括开展"马克思主义新闻观"教育教学和创办"清华大学马克思主义新闻学和新闻教育改革研究中心"并出任中心主任。

2005 年，为了落实党和国家的"生命工程"——"马克思主义理论研究和建设工程"，落实马克思主义新闻观的教育活动，由范敬宜院长提议和推动，清华在全国新闻院系中率先开设面向全体新生的必修课——马克思主义新闻观。课程的宗旨，一方面在于旗帜鲜明地推进"素质为本，实践为用，面向主流，培养高手"的办学方针，一方面在于立足马克思主义及其新闻观的鲜活灵魂、科学精神和时代要求，以辩证唯物主义和历史唯物主义的立场、观点和方法，探索现实问题，激发问题意识。特别是将马克思主义新闻观的教育教学同广阔的社会政治与历史文化联系起来，在中国特色、中国作风、中国气派的情景之中，培育和造就立足中国、面向世界、服务人民的"高手"，进而探索和开辟一代新闻学家甘惜分先生念兹在兹的"中国化的、马克思主义的"新闻传播学学科体系。

毋庸讳言，由于邓小平批评的"一手硬，一手软"问题，即物质文明很上心而精神文明不用心，尤其是前些年对文化建设与文化领导权的忽略，无论是马克思主义，还是马克思主义新闻观都面临"尴尬"处境：一方面，宪法党章、报刊文件等无不明确宣示马克思主义为立国之本，一如毛泽东所言"指导我们思想的理论基础是马克思列宁主义"；一方面，马克思主义及其立场、观点和方法又越来越边缘化，而形形色色的非马克思主义、甚至反马克思主义则以"多元化"畅行无阻，俨然成为某种新潮或主流。在这种态势下开展马克思主义新闻观教育教学，推进"中国化的、马克思主义的"新闻传播学学科体系，难免遭遇不解、质疑、抵触、冷嘲热讽等。有位新闻界闻人就曾用心良苦地劝告范敬宜：你们能不能不打"马克思"旗号，而改用"学术化"的名称。学生的反应起初也是满心不解，一脸不屑。一次，有位同学问范敬宜下学期开什么课，当听到"马克思主义新闻观"时，顿以夸张的语气调侃道"好恐怖啊"。

正因如此，清华大学的马克思主义新闻观教学一开始就采用新的教学理念和模式，摒弃照本宣科，从理论到理论，从书本到书本，使人敬而远之，拒人千里之外，而着力调动学生的兴趣，围绕问题及问题意识展开教学，一步步激发学习与探索的热情。结果，就像同学后来谈到的："出乎意料"，感到"惊喜"，"如同发现一片宝藏"；"启发我用和以前不同的角度去思考和审视与新闻相关的一些现象"；"达到一种站得高、看得远、想得深、拿得稳的素质状态"；"带进了一个新天地"；"不是空洞的、教条的，而是鲜活的、有灵魂的；它不是玄虚的，而是实在的；它不是远离我们的，而是每时每刻我们都能触摸到的"；"明白了今天我们怎样做记者，怎样做好中国的新闻工作者"……

清华的马克思主义新闻观教育教学，包括一系列生动活泼的有机环节：专题讲座、课堂讨论、网络学堂、读书笔记、课程心得、电影观摩等，其中每周一次的专题讲座构成主干。这些讲座均围绕马克思主义新闻观的主题，邀请各方权威人士，联系新闻理论和新闻实践的新情况、新发展，以及历史与现实、中国与世界的重大问题，有声有色地讲解马克思主义新闻观的基本原则与基本原理，涉及党性与人民性、政治家办报、舆论导向、实事求是、新闻自由、正面报道、三贴近、党八股等诸多话题。粗略统计，2005 年开课至今，我们已经组织大约百场专题讲座，主讲人包括：

杨正泉：原中央人民广播电台台长、国务院新闻办公室副主任

何平：新华社总编辑、范长江新闻奖获得者

张严平：新华社高级记者、范长江新闻奖获得者

郑保卫：中国人民大学新闻学院教授、全国新闻学研究会会长、《新闻学论集》主编

梁衡：原《人民日报》副总编辑、中国人民大学新闻学院教授

童兵：复旦大学新闻学院教授、教育部哲学社会科学创新基地主任

赵启正：中国人民大学新闻学院院长、全国政协新闻发

言人、原国务院新闻办公室主任

吴建民：原外交学院院长、全国政协新闻发言人、驻法国大使

张西明：原中宣部理论局局长、中国社会科学院研究生院新闻系教授

赵月枝：教育部长江学者讲座教授、加拿大国家特聘教授、加拿大西蒙雷泽大学传播学院副院长

朱夏炎：原河南日报报业集团董事长、社长、党组书记、高级编辑

翟惠生：中国记协党组书记、常务副主席、韬奋新闻奖获得者

胡正荣：中国传媒大学教授、副校长

萧延中：原中国人民大学国际关系学院教授

张文木：北京航空航天大学教授

俞可平：北京大学教授、中央编译局副局长

乔良：空军少将，国际战略问题专家

……

其间，每一轮课程都由范敬宜亲自开讲，由于他的亲和、睿智、饱学以及丰富多彩的新闻人生与社会阅历，他的讲座自然赢得青年学子的兴趣和认同。聆听他的讲座，真是纵横驰骋，谈笑风生，娓娓道来，可亲可信。

在这些教育教学活动的基础上，还形成多项教学相长的成果，包括《马克思主义新闻观十五讲》。本书精选上述名家讲座，如范敬宜的《为什么要学习马克思主义新闻观》、童兵的《马克思主义新闻观理论溯源》、郑保卫的《中国共产党新闻思想的形成和发展》、梁衡的《新闻与政治的四个话题》、何平的《如何成为一名好记者》、翟惠生的《大记者与大视野》，等等。一位山东大学学生在图书馆偶然发现这本书，读后忍不住发来邮件："《十五讲》彻底改变了我对马克思主义新闻观的看法。在此之前，'马克思主义新闻观'？'估计又是陈词

滥调’，但经过一线记者现身说法，学者的严密表述，在我面前，马克思主义新闻观突然有了鲜活的面孔……"

2008年，"马克思主义新闻观"课程被评为清华大学精品课。在马克思主义新闻观以及有关教育教学活动的影响下，学院毕业生进入主流媒体和国家重要岗位的比例逐年上升，2007年达到80%，以后差不多年年都在90%以上。如英语专业出身的研究生裴广江，毕业时放弃待遇优厚的外企，选择了人民日报，不久派往南非记者站，2011年年初的一篇报道还被《新华文摘》转载。

为了在清华新闻教育以及学科建设中确立马克思主义新闻观的主导地位，范敬宜付出"毕生"心血，由此形成三个特色——"大""深""实"。大是引领和塑造一种博大的情怀和境界，用他的口头禅来说，把眼光投向"九百六十万平方公里"，而不是局限于"天安门""清华园"。可以说，这既是马克思主义的精神格局，也是他一生的际遇和追求。如今，"国际化"如雷贯耳，而将天下苍生纳入胸怀的国际化当属马克思主义，世人耳熟能详的"全世界无产者，联合起来"、《国际歌》中的"英特纳雄耐尔"（international）等，无不体现着这种天下情怀。范敬宜在清华倡言马克思主义新闻观，首要目的正在于培育莘莘学子的家国天下意识，即其先祖范仲淹"先天下之忧而忧，后天下之乐而乐"的精神。在这种精神氛围下，新闻学院毕业生多以入主流、下基层、去边疆，为自己的人生目标与职业理想。

所谓"深"，是力求通过马克思主义新闻观教育，将学生的思想、感情和关注点从"高高在上"转向"深入底层"。早在《辽宁日报》做记者并写下名篇《莫把开头当过头》时，他已经深切认识到"离基层越近，离真理越近"的道理，亦即古人所谓"屋漏在上，知之在下""足寒伤心，民怨伤国"等哲理。后来在《经济日报》任总编辑时，又提倡贴近实际、贴近群众、贴近生活，即如今广为人知的"三贴近"原则。2002年就任清华新闻学院院长，同样倡导"接地气""理论联系实际"。2005年，他将大二学生李强同学的调研笔记《乡村八记》送达温家宝总理，温总理在回信里写下一段话："从事新闻事业，我以为最重要的是要有责任心，而责任心之来源在于对国家和人民深切的了解和深深的热爱。"这段如今镌刻在学院门厅的良言，既是对广大新闻人的期许，也是对清华新闻教育与人才培养的称道。

所谓"实"，乃指实际、实在、实效、实打实、实事求是等。清华马克思主义新闻观教育教学无论内容还是方式都着力突出一个"实"字。客观讲，以往人们对马克思主义及其新闻观敬而远之，有时也归因于不切实际的"空谈"，归因于滔滔不绝、言不及义的"空话"。而我们所讲的马克思主义新闻观，更多是同当下中国的社会实践与新闻实践息息相关，之所以称为"马克思主义"，是因为这种实践本质上同马克思主义的"立场、观点、方法"一脉相承，而"立场、观点、方法"正是范敬宜在新闻教育包括马克思主义新闻观教育上的着力点。不妨说，"立场、观点、方法"才是马克思主义及其新闻观的生命与灵魂，只有在这个意义上把握马克思主义及其新闻观，才能避免"教条主义""本本主义"等。

四

同全国高校的研究生教育及其改革进程一样，新世纪以来清华也在反思和调整研究生培养模式。

对比改革开放初恢复研究生教育并确立学位制度，今天的研究生已不可同日而语。坊间种种非议，包括学风不正、心态浮躁、论文水平每况愈下等，之所以隔靴搔痒，甚至于事无补，也就在于没有缕清此研究生非彼研究生。当年研究生凤毛麟角，培养定位在于学术研究，毕业生一般也都进入高校和科研部门，如今研究生已是一个庞大群体，其中只有极少数人有可能，有兴趣进一步深造，朝着学术研究的方向发展，如攻读博士学位，从事博士后研究，进入高校和科研部门等，其余绝大多数学生则既没有这种学术兴趣，更没有这种发展前景，他们的定位实际上已从学术研究型转为"高级应用型"。以新闻学为例，如今博士进高校都难乎其难，更遑论硕士，后者若在专业领域发展，绝大多数都只能也应该投身新闻一线，从事实际的业务工作，采写新闻，报道新闻，而非理论研究、学术著述、思想建树。

由于意识到这种根本性变局，清华世纪初就着力推进研究生教育的改革，其中关键内容正在于扭转硕士研究生以学术研究为导向的定位，转向为各行各业培养高素质的应用型人才。为此，学制也由三年改为弹性的两到三年（实际上鼓励两年）。如此根本性的变革与改革显然不可能一蹴而就，难免涉及各种繁杂琐细的因素。比如，按照教育部以及各高校的管理条例，不仅研究生（包括硕士研究生和博士研究生）必须撰写学术论文，而且本科生也同样需要学术论文作为授予学位的依据。如果说研究生定位已从学术研究型转为高级应用型，那么就该相应调整以培养学术型人才为导向的学术论文模式。还以新闻学为例，既然绝大多数研究生都将从事业务工作，如新闻的采访、写作、编辑、评论、节目制作等，那么就得考虑突破学理性的论文模式，允许和鼓励学生选取以提高实践能力与专业水平为导向的实践模式。否则，结果就难免学非所用，用非所学。

由于新闻学本属实践性很强的学科，这个矛盾就更加突出。新闻媒体如今常常抱怨，研究生怎么连一些基本功都没有，头上顶着名校光环，却不会采，不会写，不会播。说起来，学生也感到委屈，他们可能很用功，很勤奋，很努力，可老师教的，学校学的都是坐而论道的学术研究，而非身体力行的实践功夫，也没有教学环节让他们锤炼实际本领。于是，不免谈起来头头是道，而做起来样样稀松。事实上，国外高校也并非一刀切地要求研究生撰写学术论文，不少新闻学科的著名院系大都允许学生以各种实践作品作为"学位论文"。

曾维康有句话说得好：世界上最远的距离，是知道和做到。上述道理应该不难理解，难的地方在于如何在现有学位体制下做到这一点。2005 年底，笔者受命担任新闻学院副院长，分管教学工作。为了落实学院的办学方针，造就更多新闻传播的"高手"，同时也为了因应学校改革研究生培养模式的动议，我们除了完善教育教学环节，更将改革目标对准研究生教育中最后也最关键的学位论文。

为此，首先进行了调研与论证，然后向学校提交了正式报告，要求在原有学术论文基础上，允许新闻学院研究生选择新闻作品作为申请学位的依据。换句话说，新闻学院研究生既可以继续撰写研究性论文，也允许提交实践性作品作为学位论文——这也是所谓"国际惯例"。经过一年多的努力，2007年有关方面终于同意"试行"。为此，我们拟定了实施细则，主要内容有：

——为了积极而稳妥地推进这项工作，拟先从平面媒体的新闻作品或调研报告进行试点。待条件成熟之后，再相继向广播、影视、网络、管理等其他类别推行。

——所谓新闻作品，包括人物通讯、深度报道、新闻特稿等体裁；所谓调研报告，是对某一社会现象、社会问题或社会领域进行实地而深入的调查基础上完成的媒体报告（包含内参），一般应涉及问题陈述、原因解剖、对策思考等内容。无论作品还是报告，都旨在提高学生在新闻传播业务方面的实际能力与综合水平。

——新闻作品或调研报告的字数应在一万字左右，多者不限。《西行漫记》《延安一月》《中国的西北角》《哥德巴赫猜想》《北京最后的粪桶》《热血铸雄关》《索玛花儿为什么这么红》《巴黎烧了吗?》等均为样本。

——作品完成后，还须依据新闻传播理论以及相关理论，围绕采写过程及其成果进行阐述，内容包括选题意义、有关文献、采访计划和设想、写作的立意和思路、作品的创新和缺憾、传播效果和反馈、参考资料等。最后成文应遵循学校规定的论文格式。如果需要，可将有关采写手记或相关材料作为附件提交。

——作品的阶段性成果应在省级以上主流媒体发表（包括国家重点建设的9大新闻网站的新闻频道），相当于在读期间要求发表的一篇学术论文。否则，应在送审和答辩前提交一份达到发表水平的阶段性成果，由学院组织专家进行审议，通过后方可进入下一程序。

——最后提交的完整文本由学院组织送审与答辩，其中答辩委员会应有至少一位具有高级职称的新闻记者。

从 2007 年到 2011 年，学院已有三届毕业生受惠此项改革，产生了十余篇新闻作品，包括文字作品和影视作品。第一个吃螃蟹的人，是以《乡村八记》引起热议的李强同学。翌年，焦瑞青同学又以一部纪录片作品获得校级优秀论文。不过试行之初，有个情况始料未及。按说多数研究生志不在学术，对论文也兴趣不大，在两年制情况下，特别是就业压力日增，更难于指望有多少、有多大学术创建。所以，听说有望以新闻作品代替学术论文，不少人跃跃欲试。然而，真正推行后，却应者寥寥，第一年只有两位研究生选择作品，其中李强还是在我们的动员和鼓励下坚持下来的，另一位则半途而废。这同我们的预期相反，细究起来也不难理解。虽说学生大多不愿写论文，往往陈陈相因，常常为做而做，但比起"劳民伤财"的新闻作品，所谓论文更省心省力，在网络发达、论文泛滥之际尤其如此。与之相比，一篇有内容、有深度、有分析的作品，需要耗费实实在在的心血和心力，从采访到写作来不得半点虚应故事，"从无到有"，"无中生有"，点点滴滴都需要亲历亲为。另外，新闻作品同任何作品一样，更考验学生的综合素质与创造能力，更需要对问题的把握、判断、理解，以及简洁、清晰、准确的呈现。如果说，写论文需要批评家的学养与睿智，那么写作品则需要艺术家的天赋与才华。

五

经过几年摸索，2011 年毕业时节，我们终于收获了两篇较有分量、较为理想的文字作品，一篇是彭茜同学的《年保玉则——走入新闻学的田野》，一篇就是曾维康的这部著作。

现为新华社国际部记者的彭茜，是清华国际新闻传播项目的首届研究生，她的毕业作品《年保玉则——走进新闻学田野》，获得清华校友熊向晖的女公子、新华社名记者熊蕾的高度赞许："这是我从 2005 年开始在北外等几所学校教新闻课以来看到的最好的毕业作品，比那些强努出来的'论文'不知要精彩多少倍！也是很多专业新闻工作者应该写而没有写出来的东西。"至于曾维康的论文，笔者在导师评语中写道：

> 曾维康同学的硕士学位论文《农民中国——江汉平原一个村落 26 位乡民的口述史》，是一篇别具一格的新闻作品。
>
> 首先，如此集中、如此翔实地展现中国农民群像及其心声，在共和国新闻史上尚属罕见。虽然当代诸多学科以及众多学者对此都有堪称经典的专题研究，如黄宗智及其"华北"与"江南"、阎云翔及其《私人生活的变革：一个中国村庄里的爱情、家庭和亲密关系（1949－1999）》、曹锦清及其《黄河边的中国》、高默波及其《高家村》、黄树民及其《林村的故事》、应星及其《大河移民上访的故事》、于建嵘及其《岳村政治》、吴毅及其《小镇喧嚣：一个村镇政治运作的演绎与阐释》、温铁军及其"三农"系列、潘绥铭及其"小姐"系列，等等。但是，从新闻学介入这个领域，《农民中国》应是第一篇。唯其如此，愈显珍贵。这样一部新闻作品不仅突出展现了当下中国农民的"原生态"，而且也为社会史、政治史、心态史、民俗史等提供了颇有参考的一手文献。
>
> 其次，为了以一人之力而实现这些目标，作者不仅做了所有新闻学的基本功课，包括案头工作、采访调查、谋篇写作等，而且还对相关问题进行比较系统的研究，如三农问题、社会转型等，并结合自身来自乡村、又对东中西部不同区域的基层状况有所了解等优势，对作品及其主旨进行了深入细致的、实事求是的思考，并对田野调查等理论方法的优劣利弊、文本的呈现形态及其利弊得失等进行了反复推敲。
>
> 最后，以口述史的形式表达新闻的内容，既新颖独到，又可信可读，而且由于口述者属于同一聚落的二三十位同代人，他们的叙述互相印证，彼此勾连，前呼后应，又形成一

种既杂沓又统一、既多元又一律的互文效应与奇特效果，在新闻叙事学上不无创新意味。另外，与貌似同类的作品相比，比如作家写的《中国农民调查》、文学博士写的《中国在梁庄》等，新闻人笔下的《农民中国》以其平实而客观方式呈现事实的原貌与真相，较少羼杂至少没有刻意羼杂主观评判——这也是记者与文人、新闻作品与文学作品的区别。

论文答辩时，教授们都对维康的作品给予肯定。当时，参加答辩会的副院长陈昌凤教授第一时间将感受发到微博上，引起社会关注，京城一家报纸还做了专题报道。由于维康的榜样及其激励，几年来学院选择新闻作品作毕业论文的研究生越来越多，2015 年达到约 20 人，其中张晔的《北望：七十年河南开封工人实录》，以近 10 万字的篇幅，从一个具体生动的侧面，揭示共和国工人阶级的历史群像与阶级命运，堪与维康作品相提并论，可谓一篇"中原工人"的上乘之作。

三农问题专家、原中国人民大学农业与农村发展学院院长温铁军教授，针对近代中国的百年沧桑谈过一个观点："主义"可以变，"问题"无法变。在他看来，"中国的问题，是一个人口膨胀而资源短缺的农民国家，追求工业化的发展问题和整个发展过程中的制度安排问题"。[1] 随着社会转型的种种矛盾，以及学界的啧有烦言——这个主义，那个主张，你方唱罢我登场，城头变幻大王旗，如今是不是需要返璞归真，突破种种教条，回到问题本身。不尚清谈，行胜于言——曾维康等研究生的学位论文，至少可为新闻学与新闻界提供些许启发吧。

末了谈谈本书作者曾维康。曾维康，湖北监利人。本科就读中国地质大学（武汉），主修管理专业，酷爱新闻报道，曾在《光明日报》等媒体发表十数万言新闻作品，以此保送清华大学新闻学院攻读硕士

---

① 玛雅：《新乡村建设的思考与跋涉——专访温铁军》，载《决策与信息》2008 年第 4 期。

学位。入学三年，潜心钻研，热心实践，学业精进，气局更开，成绩单不仅包括一系列出色表现——调研报告《村级财政如何走向瘫痪——一本旧账和一位支书的自白》获第 6 届"挑战杯"首都大学生课外学术科技作品竞赛特等奖、任清华大学研究生通讯社社长、挂职九江卫生局办公室主任助理，而且更以一年之功，自费行走数省，采访了江汉平原一个村落在全国各地生活和打工的 26 名村民，收集了100 余万字材料，80 余张图片，150 余小时录音，最后完成这篇别具一格的毕业论文。2013 年两会期间，曾任湖北省委书记的俞正声参加湖北省代表团审议时，还推荐了这部作品。同样难能可贵并值得一提的是，曾维康不仅写出这部《中国农民》，而且，遵从范敬宜院长的教诲，弃燕雀之小志，慕鸿鹄以高翔，毕业后放弃留北京、拿高薪的机会，又一头扎向西部广阔天地，前往农村基层工作。

2010 年毕业典礼结束后，时任学院党委书记的王建华教授，将维康的论文开题报告转交范敬宜院长。回家后，老人家一气看完，兴奋不已，当即给维康打来电话：

> 我从头到尾、一字一句地看完了你的开题报告，很激动，也很感动。你写的话题，是关系国计民生的大问题，意义很重大。你好好写，以前李强写的那个《乡村八记》，我送给温总理看了之后，他还专门给我回信了的。你有没有什么困难？（写得）朴实点就好。这是我家里的电话，有困难随时打给我……

令人痛惜的是，范敬宜院长已于 2010 年 11 月 13 日永远离去了。王师北定中原日，家祭无忘告乃翁。当维康站在答辩台上，念及老人家殷殷嘱托，而今却不能看到自己的这篇习作，不禁哽咽难言，全场为之动容！

（曾维康：《农民中国：江汉平原一个村落 26 位乡民的口述史》，高等教育出版社，2012）

知人论世，清通简要

——读《陈寅恪魏晋南北朝史讲演录》

这两年，随着网络勃兴，一种新的学习方式也盛极一时，这就是慕课。由此想到一种类似形式，即笔录名家授课内容，然后公开发行，如章太炎的《国学概论》、陈寅恪的《魏晋南北朝史讲演录》、钱穆的《中国历史研究法》等，都堪称此类学人向慕的"慕课"。章太炎1922年开讲国学时，并未想着出版，若非一位听课的有心人记录下来，就不可能有《国学概论》传世。这位有心人，就是时年22岁的曹聚仁，中国现代名记者。由于记录《国学概论》，得到章太炎赏识，只有六年师范教育背景的曹聚仁，受聘为复旦等名校教授，他的一位哲嗣曹景行也成为当代名记者，并兼职任教清华新闻学院。与此相似，《陈寅恪魏晋南北朝史讲演录》，是陈寅恪在清华授课期间，由弟子万绳楠记录下来的课堂笔记。

提起陈寅恪先生，总会联想到一些流行的奇闻轶事，如教授的教授，独立之精神、自由之思想，如梁启超向清华校长举荐他的理由：他的几页纸抵得上我著作等身。于是，在世人心目中，陈寅恪俨然成为一位神话人物，可远观而不可亵玩焉。仅看他的名山事业，如巍峨的高头讲章《唐代政治史述论稿》《元白诗笺证稿》《柳如是别传》等，没有一定学问功底确难接近。不过，翻开他的魏晋南北朝史课堂讲演录，则别是一番风味了，用俗语说是娓娓道来，条分缕析，高屋建瓴，鞭辟入里，用魏晋南北朝的雅言可谓："风烟俱净，天山共色。奇山异水，天下独绝。"（吴均）或如《世说新语》的隽语所言："其地坦而平，其水淡而清"、"北人学问，渊综广博……南人学问，清通简要"。

先看两例。唐诗宋词的妙处之一在于声律，为什么汉语诗词不早不晚会在唐宋臻于完善呢？一般解释离不开齐梁文学。作为宫廷艳曲的靡靡之音，齐梁文学在思想内容上自来乏善可陈，《玉树后庭花》更是成为亡国的象征。不过，这些空虚颓唐的文字，在诗歌形式上却玩出了不少新花样，如声律、对偶、炼字等讲究。那么，为什么偏偏是齐梁文学对这些格外敏感呢？陈寅恪说，是因为南北朝时期佛教的广泛传播与影响。佛教讲经弘法对声音有特殊要求，而南朝四百八十寺，多少楼台烟雨中，正是这种社会氛围培育、强化、推动了汉语诗词在声律方面的精雕细刻，如陈先生所讲的四声：

> 南朝文学界极重要的发明为四声。四声，除去本易分别，自为一类的入声以外，复分别其余之声为三声——平，上，去。之所以分别其余之声为三声，是依据并摹拟当日转读佛经的三声。而中国当日转读佛经之三声，又出于印度古时《声明论》的三声……中国文士乃据当日转读佛经之声，分别定为平、上、去三声，合入声适成四声。①

再看一例。陶渊明《桃花源记》千百年来深入人心，桃花源在哪里也一直是人们感兴趣的话题。陈先生旁征博引地指出：真实的桃花源不在南方的武陵，而在今天的洛阳或灵宝（弘农），桃花源人说自己的先人避秦乱的秦，也不是秦始皇的嬴秦而是十六国时苻坚的前秦。当时北方大乱，能走的都走了，"不能远离本土迁至他乡的，则大抵纠合宗族乡党，囤聚堡坞，据险自守，以避戎狄寇盗之难"②。这种堡坞如同近代北方的"土围子"，董卓的郿坞庶几近之。所以，陈寅恪的结论是："在纪实上，《桃花源记》是坞壁的反映，在寓意上，《桃花源记》是陶潜思想的反映。"③

---

① 陈寅恪：《陈寅恪魏晋南北朝史讲演录》，万绳楠整理，贵阳，贵州人民出版社，2008，第307页。

② 同上，第120页。

③ 同上，第127页。

中国古代有两次思想大解放、文化大汇流的高潮，一为春秋战国时代，一为魏晋南北朝时期。前者形成百家争鸣的盛况，从而以一系列文化原典奠定中华文明的思想根基；后者形成儒释道的兼容并包，从而以闳放与雄廓气象开辟了多元一体的文明格局。两次高潮也适逢两次乱世，国家多故，天下大乱，翻开这段历史，触目所及不是远交近攻，合纵连横，就是白骨露于野，千里无鸡鸣。而无论社会政治的崩陷，还是文化思想的交融，也不管是礼崩乐坏，还是凤凰涅槃，魏晋南北朝又比春秋战国有过之而无不及，因为人口的大流动，民族的大融合，文化的大碰撞，都在这 300 年间达到空前规模。按照马克思精神交往思想，社会层面的物质交往必然激发精神层面的文化交往，魏晋时期就是一个典范。

说起魏晋南北朝，常人难免头大，除了天翻地覆的八王之乱、永嘉之乱、五胡乱华等大事变——谁人记得八王及其次序，以及五胡十六国、宋齐梁陈、东魏西魏、北周北齐等一系列朝代的错综勾连，犬牙交错，还有一大堆令人目迷神眩的民族及其关系：匈奴、羯、氐、羌、鲜卑、柔然、敕勒、高车、丁零、吐谷浑……面对这样一幅虎鼓瑟兮鸾回车，仙之人兮列如麻的纷繁图景，陈寅恪先生的讲述却显得风烟俱净，清通简要，让人再次领略了举重若轻的大手笔。借用北京大学教授周一良的评价："陈先生把敏锐的观察力与缜密的思考力相结合，利用习见史料，在政治、社会、民族、宗教、思想、文学等方面，发现别人从未注意到的联系与问题，从现象深入本质，作出新鲜而令人折服，出乎意想之外而又入乎意料之中的解释。"[①]

苏东坡有一句称道王维的名言："味摩诘之诗，诗中有画；观摩诘之画，画中有诗。"听陈先生的魏晋南北朝史课程，也仿佛在观赏大画家作画，但见胸有成竹，气定神闲，先是从容地由一点轻轻落墨，然后一笔一画渐次展开，有些笔墨横溢斜出，仿佛可有可无的闲

---

① 周一良：《纪念陈寅恪先生》，1989 年 5 月；见《魏晋南北朝史论集》，北京，北京大学出版社，2010，第 566 页。

笔，但随着整幅作品一点点展现出来，就看出作者的匠心独运了，原来每一笔、每一画都有讲究，最终凝为浑然一体的神品。吾生也晚，无法亲聆大师的耳提面命，但通过课堂笔录，也能多少领略大学者的风姿，以及有学问的思想和有思想的学问之魅力。这里，陈先生以通家的慧眼，扭住历史的关键问题，沿着历史的潜在脉络，不仅勾画各色人等的所作所为，而且揭示其间的有机联系与内在动因，就像恩格斯对历史的经典论述："历史是这样创造的：最终的结果总是从许多单个的意志的相互冲突中产生出来的，而其中每一个意志，又是由于许多特殊的生活条件，才成为它所成为的那样。这样就有无数互相交错的力量，有无数个力的平行四边形，由此就产生出一个合力，即历史结果，而这个结果又可以看作一个作为整体的、不自觉地和不自主地起着作用的力量的产物。"①

有人或觉疑惑：陈寅恪怎么与马克思主义联系起来了呢？他不是一向对此敬而远之吗？坊间不是流传他对"毛公"毛主席的吁请，允许他不以马列主义为指导吗？的确，作为心无旁骛的纯粹学者，陈寅恪一生对现实政治保持距离，但并不意味着他不讲政治。实际上，古今中外大学者没有不讲政治的，从柏拉图到亨廷顿，从司马迁到陈寅恪，不讲政治也不可能成为大学者。因为学问学问，无非知人论世，而政治就是人事之核心，用孙中山说法是"众人之事"。陈寅恪也不例外，身处书斋，心系天下，他的政治意识与政治情怀，一方面体现于他的"遗民"姿态，即北京大学教授李零指出的，所谓"独立之精神，自由之思想"，乃是针对民国；一方面体现于他的学术著述，如代表作《唐代政治史述论稿》。诚如冯友兰所言，陈寅恪是"中国近代历史学的创始人或其中极少数人之一"，他游学欧美，转益多师，不图文凭，但求真知，不仅开拓了学术视野，掌握了丰富的文献资料，而且对现代学术的理论与方法也了然于胸，包括唯物史观及其认

---

① 中共中央编译局编译：《马克思恩格斯文集》第 10 卷，北京，人民出版社，2009，第 592 页。

识论与方法论，故他的学问与研究，"远远超过封建时代的水平"。①
一部魏晋南北朝史课堂讲授，可以说就是陈寅恪用鲜活的而非教条的
唯物史观，审视社会历史大变局的典范。比如，他开篇就用阶级分析
法，从曹魏与司马晋的阶级关系讲起，而记录这一授课内容的万绳
楠，成为新中国一代马克思主义史学家也就是顺理成章的了。

　　万绳楠的记录时间，是在 1947 年至 1948 年。当时，陈寅恪已经
年届花甲，双目失明，但在学生的记忆中，他一堂课也没有缺过。全
部课程一共 21 篇，如同 21 章。第一篇是"魏晋统治者的社会阶级
（附论吴、蜀）"，第一节是"魏晋统治者社会阶级的区别"，开头与
结尾讲道："魏晋统治者的社会阶级是不同的。不同处在于：河内司
马氏为地方上的豪族，儒家的信徒；魏皇室谯县曹氏则出身于非儒家
的寒族。魏、晋的兴旺递嬗，不是司马、曹两姓的胜败问题，而是儒
家豪族与非儒家的寒族的胜败问题"；"官渡一战，曹氏胜，袁氏败，
儒家豪族阶级不得不暂时隐忍屈辱。但乘机恢复的想法，未尝一刻抛
弃。曹操死后，他们找到了司马懿，支持司马懿向曹氏展开了夺权斗
争。袁绍是有后继人的，他的继承人就是司马懿"。② 然后，接下来
讲西晋政治社会的特征与曹魏大相径庭，而原因正在于统治者的社会
阶级不同。如西晋的选官用人制度——九品中正制，否定了曹操唯才
是举，简拔寒门的政治路线，使贵戚子弟入仕晋升得到保证。而他们
做官只是为了攫取一己私利，盛行的清谈之风不过是为了猎取"名
士"的美名，"既享朝端的富贵，仍存林下的风流"，陈先生称之为
"历史上名利并收的最显著的例子"③。在这种"金玉满堂，妓妾溢
房"的贪鄙淫僻之风盛行下，西晋政治大坏，危机四伏，于是第二篇
就顺理成章谈到西晋灭亡及其直接原因——八王之乱，而八王之乱的

　　① 冯友兰：《怀念陈寅恪先生》，1988 年 11 月 11 日；见《三松堂全集》第 14 卷
（第 2 版），郑州，河南人民出版社，2001，第 307 页。
　　② 陈寅恪：《陈寅恪魏晋南北朝史讲演录》，万绳楠整理，贵阳，贵州人民出版
社，2008，第 1—11 页。
　　③ 同上，第 50 页。

直接原因又在于分封诸王的封建制度，以及相应的罢黜州郡武备问题："州郡由皇帝控制，封国属于诸王。八王之乱所以乱到西晋灭亡，就是因为皇帝控制的州郡无武备，而封国则有军队。"① 至于西晋之所以选择分封权贵的封建制度，追根溯源还在于司马氏所代表的大贵族、大士族及其阶级利益。第三篇"清谈误国"，承续上述清谈思路，分析西晋灭亡的另一原因。清谈，是魏晋时代的时尚，当时与后世往往目为超然物外，高蹈清远，目送归鸿，手挥五弦，而陈寅恪以唯物史观，抽丝剥茧地揭示了清谈背后无所不在的现实政治与思想背景，如血淋淋的司马氏与曹氏的"阶级斗争"。

西晋覆亡，五胡乱华，这些天崩地坼而眼花缭乱的问题，在陈先生循循善诱的讲解中珠箔银屏迤逦开，其间的大脉络、大关节同样一一清晰地展现出来。先是汉代直至魏晋，边地各路戎狄的"内徙"，由此形成中原周边多民族混杂的状况，于是由此涉及五胡的种族以及胡族的汉化、胡汉分治、胡汉融合等问题。再下来，自然谈到五胡乱华以及由此引发的人口流动与社会变故。这些内容构成讲演录的前半部分，也就是南北朝局面的形成及其来龙去脉。讲演录的后半部分即第十一篇到第二十一篇，则分别讲述南朝与北朝。而无论南朝与北朝的变动，归根结底还是源于社会阶级以及相应政治集团的分合演化，包括南方士族、六镇问题、关陇集团等。对这些问题的讲述与分析，不仅处处展现了陈先生治学的清通简要，而且也显示了现代学术思想如唯物史观的烙印。比如，他讲"两晋南北朝三百年来的大变动，可以说就是由人口的大流动、大迁徙问题引起的"②。接着分析三条迁徙的路线与方向：东北、西北和南方。南方一线又为两途，一至长江上游，以江陵为中心，一至长江下游，以建业为中心。长江下游的北方流人，有上层阶级，如旧时王谢堂前燕的王谢诸家；中层阶级，如宋齐梁三朝的开国帝王刘裕、萧道成和萧衍；下层阶级，如陈霸先。

---

① 陈寅恪：《陈寅恪魏晋南北朝史讲演录》，万绳楠整理，贵阳，贵州人民出版社，2008，第38页。

② 同上，第104页。

而江陵一线的南来北人，"是原来居住在南阳及新野的上层士族，其社会政治地位逊于洛阳胜流如王导等辈，他们向南移动自不必或不能移居江左新邦首都建业，而可迁至当日长江上游都会江陵、南郡近旁一带。这不仅是因为江陵一地距胡族势力较远，比较安全，而且是因为江陵为当日长江上游的政治中心，为占有政治上地位的人群所乐居"[①]。这一上层集团的地位在南朝后期日益上升，梁元帝迁都江陵是其最盛时代。随着西魏灭梁，这一士族同遭遇侯景之乱，从建业逃到江陵的士族一同成为俘虏，随征服者北迁，"北方上层士族南渡之局遂因此告一结束"[②]。再如，他从社会经济的角度指出，南朝商业城市发达，士族喜居都邑，都邑一旦攻破，士族也就被摧毁了。而北方宗族与农业土地关系密切，士族除了在京城与地方做官，都不在都市，因此，北方士族的势力可以延续下来，从而影响此后的历史进程。我们在隋唐的史籍中，还能看到北方崔姓、李姓等士族，而南方王谢堂前燕，早已飞入百姓家。总之，陈先生按照阶级分析法，将南朝历史分为三段："一为东晋，二为宋、齐、梁，三为陈。东晋为北来士族与江东士族协力所建，宋、齐、梁由北来中层阶级的楚子与南北士族共同维持，陈则是北来下等阶级（经土断后亦列为南人）与南方土著掌握政权的朝代。"[③]

南朝如此，北朝亦然。陈先生是个语言天才，按卞僧慧《陈寅恪先生年谱长编》的翔实介绍："先生对历史语言学下过功夫。于汉语文之外，还通日文、英文、法文、德文、俄文、梵文、巴利文、藏文、西夏文、蒙文、满文、新疆的现代语言和古代语言、伊朗古代语言、古希伯来语等20多种语言。"所以，陈先生对边疆民族问题的研究游刃有余，而北朝的关键恰在民族关系。他于纵览南北对立形势之际，首先抓住的就是这一问题。比如，既然北朝比南朝强大，人口众

---

①　陈寅恪：《陈寅恪魏晋南北朝史讲演录》，万绳楠整理，贵阳，贵州人民出版社，2008，第111页。

②　同上，第113页。

③　同上，第129页。

多，资源丰富，兵力强悍，为什么不能一举并吞南朝，统一天下呢？他一语挑明，"主要在于内部民族与文化问题没有解决"。北朝统治者是胡人中的少数胡人，绝大多数的胡人与汉人都是被统治者，这一尖锐矛盾构成北朝社会政治问题的主因："北朝整个胡族不及汉人多，统治者胡人又不及被统治者胡人多，以此极少数人统治极大多数不同种族的民族，问题遂至无穷。"① 符坚淝水之战一败涂地，八公山上，草木皆兵，就是著名例证。而这些问题与矛盾的化解都需要时间，即社会政治与经济生活的逐次融合："当北朝民族问题尚未解决之时，则南北分；一旦解决，则南北合。因为这个问题一解决，北朝内部便无民族冲突，北朝潜在的强有力的经济与武备力量，遂能发挥出来。这是南朝抵挡不住的。"②

北朝的民族问题，主要体现为胡汉之分。由于胡人以征战为业，汉人以农耕为主，胡人是军队的主力，汉人是生产的主力，因此，胡汉之分也就成为兵民之分、兵农之分。经过数百年的演化与融合，这种对立至隋文帝时代逐渐消弭，唐代著名的府兵制就是兵民合一的体制。而这一演化轨迹，正体现了社会的汉化与胡化相互交织的过程："魏晋时期，进入中原的各族，在文化上、社会经济上都在汉化，虽然深浅不同，也不是整齐划一，但表明了一种倾向，即胡族与胡族之间的融合让位于胡汉之间的融合；以地域区分民族让位于以文化区分民族。"③ 以文化而非地域与种族区分民族——这一见地不仅新人耳目，而且把握了中华民族自古及今的民族关系的命脉。中华民族与西方近代历史中形成的民族可谓风马牛不相及，中华各族在数千年的物质交往与精神交往中，不断形成你中有我而我中有你的文明血脉，彼此间的区别与差异主要不在地域人种，而在文化习俗，如李唐王朝就是胡人后裔，而每个中国人身上也不知混杂了多少不同的民族血统。

---

① 陈寅恪：《陈寅恪魏晋南北朝史讲演录》，万绳楠整理，贵阳，贵州人民出版社，2008，第196页。

② 同上，第201页。

③ 同上，第91页。

所以，陈寅恪明确指出：

> 我国历史上的民族，如魏晋南北朝时期的民族，往往以文化来划分，而非以血统来划分。少数民族汉化了，便被视为"杂汉"、"汉儿"、"汉人"。反之，如果有汉人接受某少数民族文化，与之同化，便被视为某少数民族人。……在研究北朝民族问题的时候，不应过多地去考虑血统的问题，而应注意"化"的问题。①

以北齐皇族高氏为例，他们本为汉人，由于高谧、高树和高欢祖孙三代都在北方边地，"故习其俗，遂同鲜卑"，即鲜卑化了，"高齐皇室自认自己是鲜卑人，原因即在已经鲜卑化"②。如今习以为常的"中华大家庭"，原是有着深厚的、源远流长的文化传统的，大家庭内部无论怎么南腔北调，也不管多么风俗各异，实际上早就"化"在同一个中华大熔炉之中了，也就是费孝通说的"多元一体"。千百年来，大家庭内部即便发生龃龉，甚至冲突，最终还是兄弟姐妹，还是中华一家亲，这是一种谁也无法割断的、你中有我而我中有你的文明血脉！

在南北朝三百年民族交融、文化交汇的大潮中，迎来了中华文明第二次辉煌灿烂的高潮，宗白华称为第二个哲学时代。大眼一望，满目琳琅：龙门石窟，云冈石窟，祖冲之的圆周率，贾思勰的《齐民要术》，郦道元的《水经注》，杨炫之的《洛阳伽蓝记》，颜之推的《颜氏家训》，刘勰的《文心雕龙》，钟嵘的《诗品》，萧统的《文选》，范缜的《神灭论》，顾恺之的《女史箴图》、《洛神赋图》，王羲之的《兰亭集序》，以及一批大文豪、大诗人，包括三曹父子，竹林七贤，王粲、刘桢、陆机、左思、陶渊明、谢灵运、鲍照、谢朓、庾信……大抵南朝皆旷达，可怜东晋最风流。在《论〈世说新语〉和晋人的美》一文中，五四诗人美学家宗白华激情洋溢写道："汉末魏晋六朝是中

---

① 陈寅恪：《陈寅恪魏晋南北朝史讲演录》，万绳楠整理，贵阳，贵州人民出版社，2008，第248页。

② 同上，第249页。

国政治上最混乱、社会上最痛苦的时代，然而却是精神史上极自由、极解放、最富于智慧、最浓于热情的一个时代。因此也就是最富有艺术精神的一个时代。王羲之父子的字，顾恺之和陆探微的画，戴逵和戴颙的雕塑，嵇康的广陵散（琴曲），曹植、阮籍、陶潜、谢灵运、鲍照、谢朓的诗，郦道元、杨衒之的写景文，云岗、龙门壮伟的造像，洛阳和南朝的闳丽的寺院，无不是光芒万丈，前无古人，奠定了后代文学艺术的根基与趋向。"一曲美不胜收的《敕勒歌》，足以成为魏晋南北朝秾丽多彩文化的一个象征。鲜卑人后裔、元代大诗人元好问为此赞叹道："慷慨歌谣绝不传，穹庐一曲本天然。中州万古英雄气，也到阴山敕勒川。"现代诗人流沙河，在他的诗话中浓墨重彩地论及这首敕勒族的民歌：

> 最妙的是结尾的画面："风吹草低见牛羊"。前面画的是大自然，茂草无边，不见人影，一片寂寞荒凉。天助诗人，忽然吹来一阵猎猎长风，低偃的草丛间显现出点点斑斑的生命来，那是牛羊！这些点点斑斑的活物，或啃或眠或戏，给观众带来了多少温暖！敕勒族的儿女真聪明，赞美自己心爱的乡土，竟不说半句赞美之词，只画画，比我们这些写诗的聪明多了。[1]

范敬宜在清华开设新闻与文化课程时，还专门讲授《文心雕龙》。我在协助他推动毕业生以新闻作品代学术论文的改革时，也要求学生一方面认真研习中外新闻经典，一方面广泛涉猎古今叙事名作，从司马迁的《史记》到古希腊的《希罗多德历史》，从史诗般的《战争与和平》《静静的顿河》《悲惨世界》，到寥寥数笔而形神毕肖的笔记小说，如《世说新语》。如同《文选》《水经注》《文心雕龙》等经典，《世说新语》也是魏晋时代一朵不朽的"奇葩"，千百年来风行宇内，光耀人间。作品由南朝刘宋宗室、临川王刘义庆组织编写，萧梁时代刘孝标作注，从而相得益彰，开篇第一则就气宇轩昂、不同凡响：

---

① 流沙河：《流沙河诗话》，北京，新星出版社，2012，152—153 页。

陈仲举言为士则，行为世范，登车揽辔，有澄清天下之志。汝南先贤传曰："陈蕃字仲举，汝南平舆人。有室荒芜不埽除，曰：'大丈夫当为国家扫天下。'值汉桓之末，阉竖用事，外戚专横。及拜太傅，与大将军窦武谋诛宦官，反为所害。"

今本《世说新语》有上中下三卷，分为德行、言语、政事、文学、方正、雅量、赏誉、容止、伤逝、任诞、简傲等三十六门，总计一千余则故事。其中，记人则流光溢彩，叙事则摇曳生姿，许多生动的轶事或"段子"更是家喻户晓，一些成语就出自其中：难兄难弟、割袍断义、拾人牙慧、咄咄怪事、空洞无物、渐入佳境、望梅止渴、身无长物、肝肠寸断、一往情深、卿卿我我、我见犹怜……对新闻记者来说，《世说新语》不妨作为枕头书，随时翻看品赏一段，不仅涵养心性，浸淫文化，而且也能不断获得新闻写作的点滴启发，如讲故事的技巧，特别是如何用简洁生动的语言，揭示事件人物的丰富蕴含。因为《世说新语》的一大特征，就在于语言精练含蓄，隽永传神。明代学者胡应麟说："读其语言，晋人面目气韵，恍然生动，而简约玄澹，真致不穷。"鲁迅先生称道："记言则玄远冷隽，记行则高简瑰奇。"拙著《中国新闻社会史》还引用了两则世说故事：

魏武（曹操）将见匈奴使，自以形陋，不足雄远国，魏氏春秋曰："武王姿貌短小，而神明英发。"使崔季珪代，帝自捉刀立床头。既毕，令间谍问曰："魏王何如？"匈奴使答曰："魏王雅望非常，魏志曰：'崔琰字季珪，清河东武城人。声姿高畅，眉目疏朗，须长四尺，甚有威重。'然床头捉刀人，此乃英雄也！"魏武闻之，追杀此使。（《容止第十六》）

谢公（谢安）与人围棋，俄而谢玄淮上信至。看书竟，默然无言，徐向局。客问淮上利害，答曰："小儿辈大破贼。"意色举止，不异于常。续晋阳秋曰："初，符坚南寇，京师大震。谢安无惧色，方命驾出墅，与兄子玄围棋。夜还乃处分，少日皆办。破贼又无喜容。其高量如此。"（《雅量第六》）

无论曹操的英雄气概，还是谢安的大将风度，无不栩栩如生，呼之欲出。再看下面一段故事，用"刺、掷、蹍、啮、吐"等动词，将一个人吃鸡蛋、性子急的情景写得活灵活现，跃然纸上，使人好像活生生看到一个急脾气的气急败坏：

> 王蓝田性急。尝食鸡子，以箸刺之，不得，便大怒，举以掷地。鸡子于地圆转未止，仍下地以屐齿蹍之，又不得。瞋甚，复于地取内口中，啮破即吐之。（《忿狷第三十一》）

如果说《世说新语》是魏晋时代的私人叙事，那么《陈寅恪魏晋南北朝史讲演录》则是宏大叙事。无论私人叙事，还是宏大叙事，都在于知人论世。某央视主持人接受南方某报采访，将新闻的核心归结为一个"知"，即知道、知晓，窃不以为然，新闻怎一个冷冰冰的"知"字了得。但若将此"知"字曲解为"知人论世"，则不失为真知灼见。没有深切的知人论世，如何真切地把握时事、报道新闻，如何展现时代风云、影响社会人生呢？说到知人论世，年轻时往往觉得不算什么，自以为是，信口开河，而阅读日多，阅世日深，才渐渐体会了却道天凉好个秋的人生况味。当然，记者不能也不应欲说还休，新闻毕竟属于大说特说快说的行当，而要说得恰如其分，恰到好处，或曰实事求是，更需要知人论世的功夫。比如，众所周知，记者离不开采访，采访离不开明辨，因为采访不是你说我记，不能听风就是雨，而需要听话听声，锣鼓听音。拿下面这段世说故事来看：

> 王孝伯（王恭）言："名士不必须奇才，但使常得无事，痛饮酒，熟读《离骚》，便可称名士。"

如果仅听他说的，并信以为真，弄不好就被忽悠了，以为名士不用读书，只要熟读《离骚》痛饮酒就行了。余嘉锡先生在其《世说新语笺疏》里就此所作的剖析，可谓善听者也，也正是记者采访所需的本事："（《世说新语》）《赏誉篇》云：'王恭有清辞简旨，而读书少。'此言不必须奇才，但读《离骚》，皆所以自饰其短也。（王）恭之败，正坐（因为）不读书。故虽有忧国之心，而卒成祸国之首，由其不学无术也。"[1]

　　陈寅恪的南北朝课程讲演录，不仅让人领略了大家的学术思想，而且也提供了知人论世的典范，至少有两点值得记者借鉴。其一，拨云去雾，抓住要害，也就是政治家办报以及审时度势的要求。其二，以小见大，见微知著，也就是讲好故事的本领。概而言之，一曰清通，一曰简要。

　　（钱穆：《中国历代政治得失》，三联书店，2005；张荫麟：《中国史纲》，上海古籍出版社，2004）

---

[1]　余嘉锡：《世说新语笺疏》，北京，中华书局，1983，第 764 页。

当中国遇上非洲

桌头摆着两部惠赐的新书，出版时间均为 2013 年，签名题赠也在同年，而更主要还在于内容相似。一是原人民日报驻南非首席记者李新烽博士的《非洲踏寻郑和路》，一是中国人民大学新闻学院青年教师常江博士与新华社驻坎帕拉（乌干达首都）首席记者袁卿合著的《再见巴别塔：当中国遇上非洲》。随着中非关系全面升温，如持续有年的中非合作论坛，如 2014 年全线竣工的安哥拉铁路（坦赞铁路之后中国建成的海外最长铁路）等，特别是习近平提出"一带一路"蓝图后，关注非洲，了解非洲，展读中国新闻人的非洲著作，自然别有一番意味了。

如今，对中国人而言，非洲既亲近，又遥远，既熟悉，又陌生。想当年，一曲"亚非拉——人民要解放"，曾经唱遍神州。1962 年，在周总理关心下成立的东方歌舞团，同中央乐团一样曾是蜚声海内外的大团、名团。东方歌舞团的东方主要指第三世界的亚非拉，大量亚非拉歌舞经由东方歌舞团的精彩演绎深入人心，风行天下，在新中国文化史上留下一段绚丽迷人的华彩。眼下一提及外国音乐（且不说其他文化），基本上成为西方音乐的一枝独秀，甚至美国流行音乐的一统天下。而 1981 年，人民音乐出版社发行的一部美誉度与知名度迄难逾越的歌曲集《外国名歌 201 首》，除了欧洲古典音乐，还收录了大量脍炙人口的各国民歌：巴西的《在路旁》、印度尼西亚的《哎哟，妈妈》、《星星索》、罗马尼亚的《照镜子》、俄罗斯的《三套车》、澳大利亚的《羊毛剪子咔嚓响》等。这些歌曲当年在舞台上，生活中，广为传唱，脍炙人口。相似的殖民遭遇，相连的历史命运，相通的价值追求——"国家要独立，民族要解放，人民要革命"，曾使第三世界结成"兄弟同心，其利断金"的国际统一战线，它有一个响亮的名字——亚非拉。半个世纪前的 1964 年，周总理用 55 天时间，出访非洲十国，不仅创下外交奇迹，而且提出"开启鸿蒙"的国家关系五项原则以及中国对外援助八项原则，对中国与非洲和阿拉伯国家的关系产生深远影响，也在国际政治与国际关系中留下光明正大的篇章。1971 年 10 月 25 日，毛泽东主席得知联合国大会以压倒性多数通过决议，恢复中华人民共和国在联合国一切合法权利后说的话——"主要是第三世界兄弟把我们抬进去的"[1]，更是生动揭示了亚非拉与新中国的血肉关系。对这一决议的 23 个提案国，中国人民应该永远感念：

> 阿尔巴尼亚、阿尔及利亚、缅甸、锡兰、古巴、赤道几内亚、几内亚、伊拉克、马里、毛里塔尼亚、尼泊尔、巴基斯坦、也门民主人民共和国、刚果人民共和国、罗马尼亚、塞拉勒窝内、索马里、苏丹、叙利亚、坦桑尼亚联合共和国、阿拉伯也门共和国、南斯拉夫、赞比亚。[2]

如今有种莫名其妙的逻辑，好像只有近 30 年来对西方世界的全面融入才叫开放，而之前的中英建交（1954 年建立代办级外交关系，1972 年升格为大使级外交关系）、中法建交（1964）、中加建交（1970）、中意建交（1970）、中日建交（1972）、中西德建交（1972，中东德早已建交）、中澳建交（1972），以及 1972 年震动世界的中美关系正常化都不算开放，至于面向辽阔亚非拉的广泛交往就更不属于开放了（而且"研究发现，对外开放与经济增长之间并不存在显著的

---

① 中共中央文献研究室编：《毛泽东年谱（一九四九——一九七六）》第 6 卷，北京，中央文献出版社，第 412 页。

② 乔冠华：《在联大第二十六届全体会议上的发言》，1971 年 11 月 15 日；见中共中央党校理论研究室编：《历史的丰碑——中华人民共和国国史全鉴》（第 8 卷·外交），北京，中央文献出版社，2005，第 249 页。

相关关系……对外开放，有好处，也有风险"① ）。尤其令人费解的是，中国恢复联合国合法席位时，全世界共有 131 个会员国，截至 1976 年中国已同 103 个国家建立外交关系，而流行说辞却俨然睁着眼睛说瞎话——"闭关锁国"。即使姑且不提当年严峻的冷战背景以及生死存亡的军事威胁，世界上有这种"闭关锁国"吗？如果开放仅限于"国际（美国）接轨""普世（西欧）价值"，那么岂不是嫌贫爱富势利眼，只认衣衫不认人么。无怪乎 2013 年 12 月曼德拉逝世当日，中央电视台等主流媒体以最诚笃的态度、最专业的手法、最迅捷的反应，热火朝天为西方媒体及其宣传作了一把拉拉队，完全无视战后亚非拉风起云涌的反帝反殖运动，包括曼德拉开展武装斗争而身陷囹圄（暗递情报的正是美国中情局），以及新中国所属社会主义阵营为这一正义事业提供的意义重大的声援和支持，而只是煞有介事，栩栩如生地讲述了一个欧美乐观其成的所谓个人魅力化解人类冲突的故事，一个神话。在追求国际话语权、传播中华软实力的背景下，这一报道案例就像一个反讽。现为北京大学新闻学院副教授的王维佳博士，观看了一整天铺天盖地的曼德拉逝世报道后，写出了一篇后来广为传播、产生良好反响的文章《中国媒体曼德拉逝世报道的问题》② 。匪夷所思的是，一年后的 2014 年岁末，北京大学电视研究中心竟将这个历史观迷失、价值观迷乱的报道评为年度"最佳"电视节目，而获奖理由正是"国际接轨"！③

也许正是嫌贫爱富，才使亚非拉一度感觉更行更远，甚至远到天涯，生到嫌弃。前面之所以在地名坎帕拉后面加注"乌干达首都"，也是考虑当今之世未必人人清楚。当然，美国 50 个州及其首府，是

---

① 王绍光：《波兰尼〈大转型〉与中国的大转型》，北京，三联书店，2012，第 91—92 页。

② 王维佳：《中国媒体曼德拉逝世报道的问题》，载《青年记者》2014 年第 1 期。

③ 据《现代传播》2015 年第 5 期《"第四届中国电视年度掌声·嘘声"评选发布与对话论坛纪要》，该节目获得"掌声一"，"致掌词和致敬词"称之为"彰显国际大台风范"，"民主、宽容、和解、自由等关键词准确刻画了曼德拉一生的追求与价值"，"新闻频道纪念曼德拉的内容，可以翻译成各种语言在各国同步播出，因为它与人类同在"！

用不着如此提示的，而北京到坎帕拉比到华盛顿还要近 3000 多里呢。北京大学强世功谈及中国政制的看法令人难忘："中国政治中怎么对待鳏寡孤独，就会怎么照顾最少数的民族。"[1] 循此逻辑是否可以反过来说：我们怎么在国际嫌贫爱富，就会怎么在国内划出三六九等——弱势群体、草根阶层、中产阶级、成功人士什么的。好在中非关系虽然淡化了意识形态色彩，但真心诚意对待大小国家，尽心竭力援助非洲人民，却是新中国一以贯之的外交主线，并随着国家综合实力不断提升愈发凸显。依据中国国际问题研究基金会非洲研究中心主任程涛的统计，仅仅关乎非洲民生的援建项目就已蔚为足观："中国援非基础设施不仅包括公路和桥梁，还包括 68 所医院、132 所学校和 80 万人座的体育场……先后向非洲 51 个国家派了 2 万人次的医疗人员，救治了数以亿计的患者，为非洲培训了上万医疗技术人员……中国现在仍在 41 个非洲国家派驻医疗队。"[2]

读《非洲踏寻郑和路》与《再见巴别塔：当中国遇上非洲》，让人不仅重温历史，认清现实，而且更能体味钱钟书先生说的"东海西海，心理攸同"。非洲的历史人文，人民的悲欢离合，过去的苦难与现在的艰难，美丽的自然与动荡的社会，所有一切在我们看来都似曾相识，心有戚戚。李新烽笔下兵荒马乱的索马里，不是让人联想起晚清民国的"国将不国"以及时贤追慕的"新闻自由"么：

> 谈起耳闻目睹的"自由"，宾馆经理没有直接插言，而是迂回地问我："你想要索马里护照吗？"看我面带疑惑，他严肃认真地说，"我可以给你办理，要多少本都行。"……接着又问道，"你想当索马里总统吗？"我不禁笑出声来，他还是一本正经地说，"给报社一点钱，明天报纸就会报道你是总统。我这可不是和你开玩笑。"
>
> 在索马里，新闻当然也是绝对自由的。当地同行告诉

---

① 潘维、玛雅主编：《人民共和国六十年与中国模式》，北京，三联书店，2010，第 133 页。

② 程涛：《到底谁真正关心非洲民生》，载《环球时报》2014 年 8 月 18 日。

我，索马里当时有 64 家报纸、十家广播电台和三家电视台。这些新闻机构绝大多数集中在首都，除过渡政府拥有一个电台和一个电视台外，其余均属集团或个人所有。受客观条件制约，所谓报纸，虽每日出版，但都只有 A3 或 A4 大的版面，每份六七页不等，用订书机订在一起发行，售价一律是 1000 索马里先令（1 美元当时约合 15000 索马里先令）。

在"绝对自由"的索马里社会中，在全国范围内的无政府状态下，普通民众的生活非常困难。没有组织，缺乏规矩，大家要活命，人人需要钱，只有"八仙过海，各显其能"了。日常生活中，为了鸡毛蒜皮的小事，动辄出言不逊、大打出手的情形时有发生。据不完全统计，内战爆发后，在全国 800 万的总人口中，四分之一的人逃往国外，沦为难民。[1]

现为中国社会科学院西亚非洲研究所研究员的李新烽是位学者型记者，近 60 万字的《非洲踏寻郑和路》属于中国社会科学院的"社科学术文库"系列，而学界中人都知道这套系列文库的"含金量"，它与三联书店的"三联·哈佛燕京学术丛书"均为当代中国学术思想的重要集团军。从如下名家序言中，也可略知此书分量：

他用笔向世界展示了一段悲壮美丽的中国历史，为中国历史续补了一页悲壮美丽的诗篇，当我读着"中国'泰坦尼克号'"、"帕泰村长说海难"、"海里捞出'双龙坛'"、"融入非洲大家庭"、"他们人人姓'中国'"、"寻觅'龙坛'打捞人"、"当年沉身索马里"等章节时，真有一种惊心动魄、目迷神眩之感，从内心喊出一声：壮哉郑和！卓矣新烽！

——人民日报社原总编辑、清华大学新闻与传播学院前院长 范敬宜

新烽同志曾是人民日报社常驻非洲的记者，足迹遍及大

---

[1] 李新烽：《非洲踏寻郑和路》，北京，中国社会科学出版社，2013，第 145 页。

半个非洲大陆，在采写非洲的新闻实践中，以记者的职业敏感、独特视角和深层思考，观察非洲、体验非洲、理解非洲，其《非洲踏寻郑和路》和《非凡洲游》这两部专著，以区别于西方记者、学者的中国视角和清新朴实的优美文笔，给我们讲述了中非友好的动人故事，叙写了中非友谊的壮美篇章；向我们展示了非洲大陆的多彩多姿，记录了非洲人民的多灾多难；让我们目睹非洲姐妹的曼妙舞姿，耳闻黑人兄弟的美丽歌喉，感悟非洲大陆的前进脚步……为我们进一步认识非洲、了解非洲、研究非洲，开辟了一个新的窗口。

——中国社会科学院院长、学部主席团主席　王伟光

本书包罗广泛，琳琅满目，堪称中国当代非洲问题的力作，其中既有记者的敏锐，新闻的鲜活，又有学者的谨严，学术的厚重；既有引人入胜的故事，又有细致入微的背景分析，而贯穿始终的还是郑和下西洋——本书也为纪念郑和四访非洲而作。郑和的故事家喻户晓，六百年来一直广为传颂，七下西洋的壮举，更被誉为文化交流史上的"和平之旅""友谊之旅"，他带回中土的长颈鹿成为和平美丽的象征。东南亚一带也把郑和视为"和平之神"，建庙树碑，冠以"郑和"或"三保"的庙宇、街道、港口、水井等，遍布沿途各地。《纽约时报》2014年12月19日发表报道《庆祝中国探险家的遗产》，引用新加坡学者的话说：当今世界沉迷于西方的"零和游戏"，一国必须制服对手，而不是依照郑和精神寻求共赢。当年，郑和的船队"云帆高张，昼夜星驰，涉彼狂澜，若履通衢"，仅从体积上看，郑和宝船长140米，哥伦布入侵新大陆的船只才30米，两相比较就好似万吨轮放下一艘救生艇。然而，郑和与哥伦布们却截然不同，正如李新烽博士反复谈及的：

（郑和船队）在历时28年的航海活动中，仅出现过三次自卫性的短暂战火交锋，皆为迫不得已而为之。郑和船队所到之处，以礼待人，尊重当地风俗；公平贸易，不恃强凌弱；传播文明，并将海外的先进文化与科技带回国内。因而

赢得了对方的尊敬与信赖，取得了明初"礼治"外交的胜利。

郑和船队没有与任何一个国家，哪怕是一个弱小的非洲城邦兵戎相见，更没有占领别国的一寸土地，掠夺他人的一分财产，贩卖非洲的一名奴隶……正如外国学者强调的那样：郑和"最了不起的地方就是体现了人类内心最美好的一面——无论贫富、老幼、贵贱，人人生来平等。中国完全有理由为他的辉煌成就骄傲！"

郑和船队在与非洲国家的交往中，平等待人，礼尚往来，虽船队阵容庞大，然绝不盛气凌人。而郑和之后，欧洲船队把非洲人不当人看，肆意欺辱，随意贩卖，任意伤害，甚至还掀起一场所谓的非洲人是人还是动物的大辩论，以期从人格上否定非洲人，为其殖民主义罪恶寻找可耻的证据。

继郑和船队之后，葡萄牙、西班牙等国的航海家接踵而至，争夺世界海上霸权，用"剑与火"在世界各地进行血腥的殖民掠夺和残酷剥削，其恶劣行径哪能与郑和的"和平之旅"相提并论？一正一反，泾渭分明。①

作为一个鲜明对比，比郑和下西洋约晚一个世纪，葡萄牙派往中国的第一位使者多默·皮列士，沿着与郑和相近而相反的航线来到中国，并留下一部《东方志》，其中随处可见种族主义、殖民主义、拜金主义的气息。这里，不妨借用加莱亚诺在涤荡西方中心论的新作《镜子：照出你看不见的世界史》的两个故事：

浮动的巨大城市

十五世纪初，中国舰队司令郑在锡兰（斯里兰卡）海岸的一块石头上刻下语句，向真主、湿婆和佛致敬。

郑……统领着有史以来最庞大的舰队。

---

① 李新烽：《非洲踏寻郑和路》，北京，中国社会科学出版社，2013，第302—303页。

居于正中的，是巨型舰只，船上有种植果蔬的园圃，大船四周，成千根桅杆蔚然成林……

船只往返于中国的港口和非洲海岸间，中途经过爪哇、印度、阿拉伯……船员们运送瓷器、丝绸、漆器和玉石从中国启程，满载着故事和奇花异草以及长颈鹿、大象和孔雀回来。他们发现迥异的语言、神和习俗。

中国的这支庞大舰队出海执行的是探索和商贸任务，而非征服事业。并不存在任何控制的欲望逼迫郑去轻慢或是惩罚他看到的一切。不值得景仰的，至少也能引起好奇。随着船队一次次的出海，北京帝国图书馆的藏书量也渐渐增多，四千册书籍汇集了全世界的智慧。

当时，葡萄牙国王拥有六本书。[①]

教皇真慷慨

自中国舰队远航之后，过了七十年，西班牙开启了征服美洲的大业，并把一个西班牙人安排到梵蒂冈的宝座上。

出生于瓦伦西亚的罗德里戈·波西亚用四头满载金银的骡子买来红衣主教们的选票，成为罗马教皇，后称亚历山大六世。

这位西班牙教皇颁布"捐赠诏书"，以上帝之名，把那些几年后被称为"美洲"的岛屿和土地赠送给西班牙国王、王后和他们的继承者。

教皇也承认，葡萄牙是黑非洲岛屿和土地的主人、拥有者。葡萄牙自半个世纪前开始就从黑非洲源源不断地掠取黄金、象牙和奴隶。

他们航海的目的，与郑将军就不完全一样了。教皇赠送美洲和非洲，"以使蛮族败降，皈依天主教信仰。"

---

① ［乌拉圭］爱德华多·加莱亚诺：《镜子：照出你看不见的世界史》，张伟劼译，桂林，广西师范大学出版社，2012，第128—129页。

当时，西班牙的人口比美洲少十五倍，黑非洲的人口则是葡萄牙的一百倍。[①]

鉴古知今。从郑和船队的"和平之旅"，到新中国支援亚非拉国家的正心诚意，从中国古代厚往薄来的"朝贡体系""朝贡贸易""四海一家""天下大同"等文明传统，到共产主义国际主义那种"无产阶级只有解放全人类才能最后解放自己"的理想情怀，不难看到一脉相承的精神渊源。这种高远境界是唯利是图"理性人"，市场交换"经济人"根本无法比拟的，也是永远无法企及的。即使是经济，中华文明也尊奉"经世济民"之道，而非现代所谓"利益最大化"算计。和谐万邦的经济之道，同"政者，正也"的传统密不可分。计利当计天下利，求名应求万世名。离开这种人文关怀，经济就势必沦为锱铢必较的利益算计，堕入"人人为自己，上帝为大家"的丛林法则，亦即空想社会主义者傅里叶对资本主义的精辟概括："每个人对全体和全体对每个人的战争。"正是从这个意义上，我们才能充分理解新中国何以在百废待兴的艰难岁月，依然慷慨地、义无反顾地、毫不吝惜地支援亚非拉国家。新中国把这些国家和人民视为国际大家庭的亲人，就像郑和对待沿途各国人民一样，也如毛泽东主席在中国援建坦赞铁路时所言："先独立的国家有义务帮助后独立的国家。"这是一种什么精神？这不正是《纪念白求恩》一文中说道的："这就是我们的国际主义，这就是我们用以反对狭隘民族主义和狭隘爱国主义的国际主义。"也正是这样一种精神，赢得非洲人民的由衷信赖与尊敬。著名的坦赞铁路，成为这一国际主义精神的又一生动诠释：

坦赞铁路是中国与坦赞两国之间伟大友谊的象征，是中坦赞三国真诚友谊的纪念碑，高奏了一曲中非人民之间友谊的永恒赞歌，是一条"友谊之路"！

修建坦赞铁路之时，坦赞两国独立后不久，长期深受殖

---

① ［乌拉圭］爱德华多·加莱亚诺：《镜子：照出你看不见的世界史》，张伟劼译，桂林，广西师范大学出版社，2012，第129—130页。

民主义统治，两国经济十分落后。为努力发展民族经济，两国人民与中国人民一道战天斗地，咬紧牙关，一定要为非洲人民争口气，建成一条自己的铁路，高奏了一曲鼓舞人心的穷国志气歌，是一条"争气之路"！

坦赞铁路挫败了南非种族主义政权封锁赞比亚、扼制其经济发展的图谋，有力地支持了南部非洲的民族解放运动，高奏了一曲支持南部非洲国家独立解放的自由歌，是一条"自由之路"！

截至2001年底，坦赞铁路共运送货物超过2350万吨、旅客3750万人次。自建成之日始，就成为联结东非、中非与南部非洲的运输大动脉，促进了坦赞两国和中、东、南部非洲的经济和社会发展，高奏了一曲民族经济的发展歌，是一条"发展之路"。

坦赞铁路虽历经28载，线路两侧排水设施齐全完好，隧道结构依然完善，沿线植被防护良好，站舍建筑风貌依旧，尤其是路堑坚固，大面平整，勾缝整齐划一。1998年受厄尔尼诺现象影响，坦桑尼亚发生特大洪水，该国的中央铁路被水冲垮，坦赞铁路仍岿然不动，工程质量堪称一流。坦赞铁路高奏了一曲精益求精的敬业歌，是一条"钢铁之路"！[①]

童年时对着世界地图，想来人人都不免产生一个疑惑：非洲国家的国界为何如此横平竖直？不久，就会从教科书里获悉，这种独一无二的状况源于欧洲殖民者，他们就像强盗分赃，在地图上大笔一挥，就硬生生地肢解瓜分了这块自然生态多种多样、人文历史错综复杂的富饶大陆，从此战火频仍，家园涂炭，亲人离散，劳燕分飞。隋唐之际，义军李密发兵讨隋，痛斥炀帝十大恶行，有"罄南山之竹，书罪

① 李新烽：《非洲踏寻郑和路》，北京，中国社会科学出版社，2013，第277－278页。

未穷；决东海之波，流恶难尽"之句。数十年后，诗人骆宾王为徐敬业起草《讨武曌檄》，又有"人神之所同嫉，天地之所不容"等语。说到欧洲殖民者对非洲大陆犯下的滔天罪行，恐怕没有比这两段警句更准确、更凝练的了。

对此，拉丁美洲左翼记者、世界名著《拉丁美洲被切开的血管》作者加莱亚诺，在别具一格的新作《镜子：照出你看不见的世界史》中也未少着墨。之所以说别具一格，一方面是这部奇书没有遵循常规套路，按照世界史的时间与空间坐标逐次展开，而是片片断断，一鳞一爪。另一方面，它在笔法上打破常规，将新闻、散文、历史乃至诗歌等熔为一炉，形成别开生面的文本。多少了解加莱亚诺及其《拉丁美洲被切开的血管》就知道，如此叙事及其笔法绝非标新立异，而在于突破几百年来欧洲对全世界、全人类的话语霸权。这一西方中心论的文化霸权在哲学、史学、文学、地理学、人类学、语言学、新闻学、政治学、社会学等言说中，早已形成一整套解释世界的无意识或潜意识，以至于人们已经很难不受其影响而观察世界、认识世界、了解世界了。正如索萨在《读书》的文章里写道：

> 政治强权携文化强权同行。迄今为止的文化史和传世文本，基本由"体制"把握，它刻意制造的种种史迹、神话、名人典籍充斥每个角落，如加莱亚诺所言，"世界史基本上是一部欧洲史"。①

随举一例，一般人大都想当然觉得北半球与南半球的地图天然如此，从来如此，不会想到还有其他什么可能。而在古代阿拉伯的世界地图中，却是北半球在下，南半球在上。奇怪吗？其实，稍一琢磨，就知道问题所在了，南北地理不是天然如此，而是认识如此。再举一例，哥伦布等所谓"探险家""航海家"，其实均属地地道道的"海盗"，烧杀抢掠，无恶不作，为鬼为蜮，骇人听闻，相较当今亚丁湾的索马里海盗有过之而无不及，就像历史名著志费尼的《世界征服者

---

① 索飒：《重构世界史：〈镜子〉及加莱亚诺》，载《读书》2012 年第 8 期。

史》中，一位劫后余生惊魂甫定者对蒙古屠城的经典描述："他们到来，他们破坏，他们焚烧，他们杀戮，他们抢劫，然后他们离去。"①然而，如此这般穷凶极恶的海盗与强盗，在喋喋不休、没完没了、层出不穷、叠床架屋的现代历史叙事中，居然狸猫换太子似的涂抹了一层层眼花缭乱的迷人色彩，如"发现"新大陆云云，仿佛若非这些强盗的"发现"，美洲大陆就不存在。加莱亚诺揭示的一幕，给人印象深刻，也令人恍然而悟：

> 正史上说，巴斯科·努涅斯·德·巴尔沃阿是第一个站在巴拿马的一个山头上看到两个大洋的人。原先住在那里的人，都是瞎子吗？
>
> 谁最先给玉米、土豆、番茄、巧克力以及美洲大陆上的山山水水起了名字的？埃尔南·科尔特斯还是弗朗西斯科·皮萨罗？原先住在那里的人，都是哑巴吗？②

诸如此类反体制、反霸权、反主流的故事，在加莱亚诺的笔下前呼后拥，将隐匿于历史深处的真相一点点打捞出来，尽管无法全面抗衡或颠覆有意识或无意识的西方中心论，但至少可以刺激一下人们早已麻木的思想神经，多少刺穿一下五颜六色的世界史泡沫——"一个由'历史是由胜利者书写'总体格局下所创造的'神话'"③。下面不妨看看这面"镜子"映射的非洲以及一些现代神话：

盛会之路

亚当和夏娃是黑人吗？

人类的世界之旅，从非洲开始。我们的祖先从那里出发，开始征服地球……我们都是非洲移民。就连最最白的白

---

① ［伊朗］志费尼：《世界征服者史》，何高济译，翁独健校订，南京，江苏教育出版社，2005，第85页。

② ［乌拉圭］爱德华多·加莱亚诺：《镜子：照出你看不见的世界史》，张伟劼译，桂林，广西师范大学出版社，2012，第171页。

③ 黄朴民：《真相难觅：〈赵氏孤儿〉背后的历史重构》，载《中华读书报》2014年12月17日。

人也来自非洲。①

种族主义的科学起源

直到今天，盘踞在人类等级顶端的少数白人，还叫"高加索人种"。

这是 1775 年由约翰·弗里德里希·布卢门巴赫命名的。

这位动物学家认为，高加索是人类的摇篮，智慧和美貌都来自那里。虽然无根无据，这一术语沿用至今。

布卢门巴赫收集了两百四十五具人类颅骨，建立了欧洲人侮辱其他人的权利。

人类组成一个五层金字塔。

上面是白人。

在所有人底下，是非洲黑人，他们里里外外都长成畸形。1863 年，伦敦人类学学会得出结论说，黑种人在智力水平上要低于白种人，只有欧洲人才具备将他们"人化"和"文明化"的能力……2007 年，诺贝尔医学奖得主、美国人詹姆斯·沃森断言，科学已经证明，黑种人还是不如白种人聪明。②

亚里士多德口中的奴隶制

从属于别人的人，从本质上说就是一个奴隶。具有人的性质而从属于别人的人，是一件财产，一个工具。奴隶是有生命的工具，而劳动工具是无生气的奴隶。

以体力服务于生命的各种需要的，应当是奴隶和经过驯化的动物。正因如此，大自然才分别早出了自由人和奴隶的不同躯体。③

自由哲学家

---

① ［乌拉圭］爱德华多·加莱亚诺：《镜子：照出你看不见的世界史》，张伟劼译，桂林，广西师范大学出版社，2012，第 3 页。

② 同上，第 57 页。

③ 同上，第 74—75 页。

好几个世纪过去了，英国哲学家约翰·洛克对世界思想的影响还在继续增加。

这不足为怪。正是因为洛克，我们才知道上帝把世界交给它的合法拥有者，"勤奋、理智的人"，也正是洛克给所有种类的人的自由奠定了哲学基础：创业自由、贸易自由、竞争自由、雇用自由。

还有投资自由。这位哲人在写作《人类理解论》一书时，用他的积蓄投资了皇家非洲公司的大宗股票，为人类理解作出了新的贡献。

这家属于英国王室和"勤奋、理智的人"的公司，主管业务是在非洲抓奴隶然后卖往美洲。[1]

吃人的欧洲

奴隶们上船时，浑身发着抖。他们以为自己要被吃掉了。他们的想法没有多大错。总之，黑奴贸易就是吞噬非洲的大口。

战俘中有医生、法学家、作家、音乐家和雕刻家，他们都沦为奴隶，向美洲的种植园开去。[2]

在海上漂动的牢笼

最热爱自由的奴隶贩子把他最钟爱的两条船分别命名为"伏尔泰号"和"卢梭号"。

这些满载劳动力的货船入港时并不鸣响汽笛或燃放炮仗宣布到岸。没有必要。隔得远远的就能闻到它们的气味，知道它们要来了。

它们运载的货物堆放在底层仓中，臭不可闻。奴隶们日夜都紧挨着躺在里面，动弹不得。为了不浪费一丁点空间，他们互相靠得很紧，我的尿撒在你身上，你的屎拉在我身

---

① ［乌拉圭］爱德华多·加莱亚诺：《镜子：照出你看不见的世界史》，张伟劼译，桂林，广西师范大学出版社，2012，第210页。

② 同上，第213页。

上，每个人都和其他人铐在一起，颈子靠颈子，手腕挨手腕，脚踝接脚踝，所有人又都给铐在长长的铁杠上。

许多人都在穿越大洋的航程中死去了。每天早上，负责看住他们的水手都要把这些沉重的包袱扔到海里去。①

……

行了吧，可以了！这些血淋淋、活生生、凄惨惨的故事，令人恶心，令人窒息，再读下去恐怕寝食难安了。下面不妨稍微松口气，看看《再见巴别塔》一书中，用已经不见血污的文字所作的概括："撒哈拉以南非洲的厄运源自从 7 世纪开始的奴隶贸易……15 世纪，大西洋上的奴隶贸易极为勃兴，在 400 年间，总计有约 1000 万非洲人被绑架、劫掠并运往北美。从事这项贸易的人包括葡萄牙人、英国人、法国人、西班牙人、荷兰人和美国人。直到 19 世纪，西方主要殖民国家才在国内政治压力下纷纷终止奴隶贸易（主要原因还在于已经无利可图了——引者注）。取而代之的，则是欧洲大国对非洲领土的直接瓜分。"②

欧洲奴隶贩子殖民者不仅用野蛮的暴力劫掠非洲，摧残非洲，而且还用"文明"经略非洲，经营非洲。常江采访的乌干达记者塞坎迪，说了一句形象生动的话："当年的欧洲人，左手拿着《圣经》，右手拿着枪，闯进来……"③ 这让人不由想起南非大主教图图的一则逸事。图图是反对种族歧视的著名人士，曾获 1984 年诺贝尔和平奖。在纽约的一次宗教活动上，他讲了一个生动、深刻而沉痛的故事：传教士刚到非洲时，他们手里有《圣经》，我们手里有土地。传教士说：让我们祈祷吧。于是我们闭目祈祷。等我们张开眼睛时，发现一切掉了个个儿：我们手里有了《圣经》，他们手里有了土地。

---

① ［乌拉圭］爱德华多·加莱亚诺：《镜子：照出你看不见的世界史》，张伟劼译，桂林，广西师范大学出版社，2012，第 215—216 页。

② 常江、袁卿：《再见巴别塔：当中国遇上非洲》，北京，北京大学出版社，2013，第 6 页。

③ 同上，第 11 页。

　　相较《非洲踏寻郑和路》的"正面报道为主",《再见巴别塔》更侧重"中国遇上非洲"的现实问题及其反思。比如,在中非之间的官方交往日趋频繁的同时,民间往来、文化交流却相对薄弱。乌干达广播公司记者穆泰兹布瓦说:"要建立人民对人民的关系,而不仅仅是政府对政府的关系……CCTV 在非洲的确有影响力,但只有政府高官爱看,老百姓是看不懂的。"[①] 对诸如此类的问题,清华大学新闻学院毕业的传播学者常江博士,从文化方面作了一些分析与批评:

　　　　大部分来此工作的中国人,出国前对目标国家并无半点了解,甚至连国名都没有听说过;即使是国家级媒体的新闻记者,也往往只有与所在国相匹配的外语技能,对当地文化和风土习俗的了解微乎其微。在非洲站稳脚跟的华商,迫不及待向国内发出招工启事,却不对应召而来的青年男女做任何"跨文化传播"的培训。在中国国内的高校和科研机构,开设非洲研究相关课程的也是凤毛麟角。国家层面的宏大策略和民间层面的认知现状,是相互断裂甚至相互矛盾的。[②]

　　原新华社洛杉矶分社首席记者、清华大学新闻学院教授司久岳,在课堂上同新闻学子谈到的相关问题,也涉及此类情况与隐患,依据听课的学生骆怡男记述:

　　　　司老师有个研究生现任新华社驻非洲某个国家记者,该记者认为国家新闻体制不改革,就写不出新闻来。司老师断然否定,"这理由完全不成立。"司老师回忆,这个记者曾写过一篇报道,介绍非洲大象数量锐减,呼吁公众打击偷猎者、保护大象。司老师建议她,"一定要反过来写,写保护大象给当地人民带来多大损失"。司老师说,"非洲植被少,有很多沙漠,大象一天的食量非常大,他们吃不饱就去吃非洲人民种下的农作物,这确实给非洲人民带来损失。"……

---

　　① 常江、袁卿:《再见巴别塔:当中国遇上非洲》,北京,北京大学出版社,2013,第 46 页。
　　② 同上,第 190 页。

司老师指出，从历史上来看，非洲的生态破坏其实是从西方入侵非洲开始的。偷猎是造成非洲生态破坏的次要原因，而对食物链和整个生态系统的破坏是非洲野生动物大量消亡的最重要原因。他提醒同学们思考为何目前的报道往往突出偷猎和购买对其的影响。"一些西方记者把捕猎大象的责任归咎于中国，因为中国人喜欢购买象牙，想用这样的方法来抹黑中国，但这根本就是错误的，不是事实。"[①]

当然，一些中国人在非洲的所作所为确有值得反省的地方，有的行径令人汗颜，如唯利是图，不择手段，《再见巴别塔》中写到一些这方面的问题。而诸如此类的问题，也给善意的批评与恶意的指责，诸如"新殖民主义""掠夺资源""不遵守当地法律"等留下口实。对此，中国驻坦桑尼亚大使吕友清，2014 年在一次访谈中同样批评道："我们有的人恶习缠身！到了非洲，第一，肯定是习惯性地窝里斗，不团结，相当多的人有这个问题。一个人一家公司没问题，如果是几个人，几家公司，就相互抢。承包商往往也是自己的人先互相竞争，做买卖的，更是彼此之间挖墙脚，相互诋毁。甚至有些企业还在当地政府内部去寻找代理人，各自收买一批为自己说话的当地官员，2012年，两家公司把坦桑尼亚的交通部长、副部长同时搞垮了，他们为了争项目挑起正副部长的内斗，结果总统把两个人都撤了。"[②] 这样的人与事自然给中国形象涂上污点，也给污名化中国提供了证据。

2013 年 12 月 26 日，毛泽东诞辰一百二十周年纪念日，习近平发表了情辞丰赡的重要讲话。当晚适逢我主持的每周一讲的研究生学术前沿课，请来的主讲人正是李新烽研究员。蒙他不弃，赠我《非洲踏寻郑和路》。打开扉页，一眼就看到清华新闻学院已故院长"吴郡范敬宜"的手迹，《为李新烽新著非洲踏寻郑和路题》：三宝沉舟究若

① 骆怡男：《轮椅上的新闻学教授——记司久岳教授的一堂新闻采写课》，载《青年记者》2014 年 8 月上。

② 宁二：《吕友清：国家形象是最大的国家利益》，载《南方都市报》2014 年 7 月 13 日。

何，茫茫沧海疑云多，纵横万里寻遗躅，谁道报人无郑和！

（［乌拉圭］爱德华多·加莱亚诺：《镜子：照出你看不见的世界史》，张伟劼译，广西师范大学出版社，2012；李新烽：《非洲踏寻郑和路》，中国社会科学出版社，2013）

历史就在你的脚下

——读台湾王鼎钧《回忆录四部曲》

　　这个"新闻与文化书谭"专栏，不知不觉就到了第 30 篇，早已感到精疲力竭，跟跟跄跄，正好凑个整数就此打住了。至于如何收束，最后一篇谈什么，自然颇费心思，反复考虑的选题至少有全球史中的中国与斯塔夫里阿诺斯的《全球通史》，政治与赵汀阳的《每个人的政治》，经济与王绍光的《波兰尼的〈大转型〉与中国的大转型》，当代中国与玛雅的《道路自信：中国为什么能》，名著与路遥的《平凡的世界》、托尔斯泰的《战争与和平》、肖洛霍夫的《静静的顿河》，政治家办报与《毛泽东新闻工作文选》《毛泽东新闻作品集》以及竹内实的《毛泽东的诗词、人生和思想》，深度报道与皮尔格的《别对我撒谎——23 篇震撼世界的新闻调查报道》，文化政治与强世功的《中国香港：政治与文化的视野》以及一批博士学位论文——《中产阶级的孩子们》（程巍）、《作为劳动的传播》（王维佳）、《宣传：观念、话语及其正当化》（刘海龙）……正当举棋不定时，友人惠赠一套四册"王鼎钧回忆录"，同专栏开篇所谈一套四册《范敬宜文集》在新闻与文化的意味上一脉相通，以此作结也可谓首尾呼应了。

　　王鼎钧，山东兰陵人，也就是《金瓶梅》作者"兰陵笑笑生"之兰陵，1925 年生于耕读世家，少年时参加抗日游击队，后以流亡学生辗转于安徽、河南、陕西。国共内战中当过国民党的宪兵与解放军的俘虏，1949 年流亡台湾，先后供职军方《扫荡报》、"中国广播公司"等媒体，晚年定居纽约。在台湾新闻界与文化界，王鼎钧以散文著称，1992 年至 2009 年，陆续撰写了回忆录四部曲：《昨天的云》

《怒目少年》《关山夺路》《文学江湖》，以一种细腻的回忆、敏锐的感受、生动的书写，展现了现代中国内忧外患的时代风云，从抗战到内战，从大陆到台湾，"融人生经历、审美观照与深刻哲思于一体，显示一代中国人的因果纠结、生死流转"。至于其中一些在所难免的不同视角与观点，诗人流沙河论述台湾现代诗的态度可资借鉴："好的，我把它当作参照体；坏的，我把它当作对立面。有了参照体，可以减少自己的褊狭性；有了对立面，可以加强自己的免疫力。何况海峡两岸都是弟兄，互不瞅睬，终不利于炎黄子孙的内聚与亲和。"①

这部宛若曼彻斯特《光荣与梦想》的私人历史，大到风云变幻，小到家长里短，不管状人写物，还是剖事析理，无不娓娓道来，文笔自然、清新、生动，读来如饮醇醪，陶然而醉。如此新闻与文化的书写，对普通读者了解社会，认识人生固然多有裨益，而新闻记者更是值得一读。因为，既可从中体悟知人论世的功夫，换一种"陌生化"视角理解身处的时代与社会，从而更懂得"现实中国从哪里来，往哪里去"，又可学得或悟得文章不著一字空的门道，避免党八股的陈词滥调，洋八股的莫名其妙。

四部曲分为两大板块，前三部是在大陆的人生回顾，第四部是在台湾的文学追忆，而一脉相通的则是天长地久、此恨绵绵的故国情怀，如同那位同样流寓海外经年的新闻人与文化人赵浩生所起回忆录的书名《八十年来家国》！若将四部曲比作交响乐的四个乐章，那么，作为主体与精华的前三部又像奏鸣曲式的三部曲——呈示部、展开部、再现部。乡绅世家，大户门楣，作者显然属于中国革命触及的主要社会基础，当年战火纷飞的年代，确曾遭逢离乱，家破人亡。而基于阶级背景以及主动被动的选择，自己又始终依附于"蒋家王朝"，到台湾后还从事了多年反共的"文宣工作"。于是，虽然作者力求超越阶级与时代的局限，站在广阔的历史背景上审视一切，并达到难能可贵的境界。但八十年来家国、三千里地山河的败亡心结，毕竟还是

---

① 流沙河：《流沙河诗话》，北京，新星出版社，2012，第28页。

挥之不去，回忆录不妨说也在追寻历史深处的答案。这一追寻，便构成四部曲四个乐章的主题与乐思——共产党为什么胜而国民党为什么败。而前三个乐章又在急管繁弦、步步推演中，使这一主题与乐思不断深化，日益丰满，直至人间正道是沧桑的高潮。其中，第一部《昨天的云》是呈示部，娓娓谈及故土风物之际，也将这一主题与乐思表露出来。第二部《怒目少年》是展开部，讲述流亡故事，回顾抗战往事，又对主题与乐思作了淋漓尽致的发挥。第三部《关山夺路》是再现部，通过国共内战，反思江山易色，更使这一主题与乐思鲜明昭彰。

呈示部——《昨天的云》。

在这部回忆录中，王鼎钧除了絮絮讲述吾乡——临沂兰陵的风土人情，吾家——王氏家族的各色人物，寄寓了一腔对故乡、故人、故土的眷恋，更着重写了少年读书与随父参加游击队的种种亲历亲闻，正是在这两部分中，集中呈现了兴亡主题——共产党何由兴，国民党何由亡。第四章"荆石老师千古"中，王鼎钧浓墨重彩写到一位家乡的"意见领袖"，卓尔不凡的"大老师"——王思璞（荆石），从回忆录中描绘的言谈举止上，读者似乎历历在目地看到一位革命者或先进知识分子的身影：

> 荆石老师排行居长，人称"大老师"，他有两个弟弟，二弟叫王思玷，人称"二老师"，三弟叫王思瑕，人称"三老师"。单看名字可以猜出这是一个不同流俗的家庭，依取名的习惯，"思"字下面这个字该是精致华贵富丽堂皇之物，他们三兄弟不然，一个想的是"璞"，璞，原始石头也；一个想的是"玷"，玷，玉石上的缺点也；一个想的是瑕，瑕，玉石上的斑痕也。

> 他们想的是真诚的品德和行为上的过失。兰陵千门万

户，如此取名字的仅此一家。[①]

私立兰陵小学成立后，这位大老师除了音乐，什么都教——国文、历史、美术等。通过教学，他把许多新事物引进家乡，如引进注音符号，引进话剧，引进木刻，引进荷马、安徒生、希腊神话、《阿Q正传》：

> 他本来不主张背诵，他以补充教材讲授《阿Q正传》的时候，偶然赞叹"这样精炼的白话文，应该背诵，值得背诵"。于是他老人家最喜爱的一些学生展开了背诵竞赛，几天以后，这一部几万字的中篇小说，竟有好几个人能够从头到尾一字不漏地背出来。[②]

最让作者印象深刻的是他专门记述的一笔："我必须记下来，他老人家引进了马克思……"在少年王鼎钧的听闻中，大老师三读资本论，赞成社会主义，欢迎共产党。虽然大老师没有对他亲口谈过这些话题，但老师的一言一行却让他铭记终生，难以忘怀：

> 我只知道大老师同情——甚至尊重——穷苦而又肯奋斗的人。

> 有一个人，算来和大老师同辈，半夜起来磨豆腐，天明上街卖豆腐，他儿子在小学读书，成绩极优。当他的太太沿街叫卖热豆腐的时候，那些大户人家深以辱没王家姓氏为憾，唯有大老师，若在街头相遇，必定上前喊一声三嫂子。这一声三嫂子出自大老师之口，给他们全家的安慰激励是无法形容的。

> 那时，兰陵的清寒人家有些是敝族的佃户或佣工，他们的孩子和"东家"的孩子一同读书，那些少爷小姐把阶级观念带进了学校。在那种环境里，连某些老师也受到习染，走在路上穷学生向他敬礼的时候，他忘了还礼。我们的大老师

---

① 王鼎钧：《昨天的云：回忆录四部曲之一》，北京，三联书店，2014，第49—50页。

② 同上，第52页。

不是这个样子，大老师的儿子侄女也不是这个样子。①

王鼎钧上小学的时候，国共已经分裂，江西开始剿共，大老师言谈绝不涉及国文之外。但他猜测，大老师的得意门生、入室弟子，想来也许有些"异闻"吧：

> 一个不可抹杀的事实是，七七事变发生，兰陵人奋起抗战，国共竞赛，各显神通，大老师最欣赏最器重最用心调教的学生全在红旗下排了队……这些人都做了建造"人民共和国"的良工巧匠……这，恐怕不是偶然的吧！②

王鼎钧的故乡在鲁南沂蒙，这一带民国年间匪患猖獗，轰动一时的临城劫车案，就发生在这里。军旅作家李存葆在散文名篇《沂蒙匪事》中，记述了当年一系列令人发指的土匪暴行。抗战爆发后，土匪消失了，因为有的投靠日寇，为虎作伥，有的变成游击队，奋起反抗，而游击队又分属国共两家。王鼎钧父子参加的，是兰陵王氏家族组织的一支游击队。在这部分回忆中，他记述了许多活灵活现的抗日故事。如当地流传着三句话：日本鬼子抱窝，国民党吃喝，八路军唱歌：

> 日本军阀在中国的战场不断扩大，兵力分散，只有尽量抽调沦陷区的占领军使用。占领军不但数目减少，而且多半新兵抵充，战斗力弱，锐气尽失，每天在据点内闭关自守，像母鸡抱窝孵蛋一样。

> 所谓国民党吃喝，当然是指国民政府领导下的一部分部队，一般印象，这些人比较注意伙食。有些景象太突出了，例如，一群人到你家里来抓鸡，鸡疾走，高飞，大叫，抓鸡的人跟着横冲直撞。最后安静下来，地上剩下零落的羽毛和踢翻打碎的盆盆罐罐。还有，一群人上刺刀，把狗围在中间劈刺，这就更恐怖。狗肚子破了洞，肚肠流出来，钻到你床

---

① 王鼎钧：《昨天的云：回忆录四部曲之一》，北京，三联书店，2014，第54页。
② 同上，第55页。

底下躲死，再拖出来，到处鲜血淋漓。

烤熟一只狗要多少葱，多少蒜，多少姜，要烧多少木柴，这对"一天省一口"的农人又是多大的刺激。农人闻香味，流眼泪，收拾狗骨头和灰烬，永远永远追忆他和那只狗的友谊。

八路军的特征是唱歌，像原始民族一样爱唱，像传教士一样热心教人家唱，到处留下歌声。

我不爱唱歌，喜欢看人家唱歌，人在唱歌的时候总是和悦婉转，坦然无猜。我走出草屋察看。

屋后路旁，石碾周围，大姑娘小媳妇有站有坐，目不转睛地望着站在他们面前的女兵，这位女同志斜背着枪，挥舞着双臂。想必是，她们没见过如此奇怪的装束吧？有人目瞪口呆，有人哧哧笑，不久，也都溶化在歌里了。

同胞们，细听我来讲，

我们的，东邻居，有一个小东洋，

几十年来练兵马，东亚逞霸强，

一心要把中国亡。

不难学，马上学会了。①

下面一段细节，相信读者更是过目难忘，那时王鼎钧已是一名小游击队员：

在队上，我的顶头上司是毓肇叔，他说："别的事不要你干，你在村子里到处走走看看，看到什么事情马上告诉我。"

村子里还能有什么事情？这村庄已经是游击队的了，老百姓不过是布景和附件。

还是看到一些事。大早晨，一个老太太，左手挂着拐

① 王鼎钧：《昨天的云：回忆录四部曲之一》，北京，三联书店，2014，第160－161页。

杖，右手提着一罐清水，瓦罐很小很小。早晨是家家户户挑水的时候，老太太没力气，只能站在井口央求别人顺便替她提上小小一罐水来，瓦罐太小，看上去好像老太太在打油。

虽然瓦罐很小，老太太的步履仍然有些艰难，我就上前一步把水接过来替她提着。她端详我，"以前没见过你，你是八路军吧？"

不知怎么，我受到很大的刺激，内心震动。连这么一件小事也得八路军才做得出来，十二支队还能混得下去吗？

我闷闷不乐，送老太太到家，又看见另一件事。

一群农民挑着担子给十二支队"送给养"。游击队每天两餐，第一餐大约在上午十点，由防区内的居民把饭做好送来。来送给养的都是妇女老翁，穿着布满补丁和污渍的棉衣，挑着瓦罐，呵着蒸汽，景象有些凄惨。

这些人把盛给养的瓦罐一字排开，在寒风中瑟缩而立，由我一个叔字辈的人检查。他先从排头到排尾扫瞄了，然后从排尾到排头一个一个把瓦罐踢翻，热腾腾的高粱地瓜稀饭流了一地。

他认为，"送给养"送来这样粗粝的食物，是对十二支队的侮辱。他把那一排低头缩颈的人大骂一顿，再抓起一支步枪，用枪托把瓦罐一个一个捣破。

他严厉地吩咐，限中午把新的给养送到。他走了，我站在原地继续看，看那一群垂头丧气的人把地上的地瓜捡起来，用瓦罐的破片盛好，郑重其事地端着回家。

我觉得我有许多话要说。我对毓肇叔说，老百姓很穷、很苦。我说，有些游击队帮老百姓挑水推磨呢。毓肇叔是个短小精悍的人，脸型窄长，于是，我觉得他像一把刀对我迎面劈来。他指着我："小八路！你这个小八路！你不去当八路，在我们这里干什么？"①

展开部——《怒目少年》。

王鼎钧的最高学历是初中，回忆录第二部讲述了抗日烽火中这段流亡学生的经历，类似经历在那代人身上很常见。台湾政治大学新闻学教授李瞻，比王鼎钧小一岁，也是山东人，抗战中就同属一所中学。业师方汉奇先生与李瞻同庚，原名方汉迁，当年流落南方上小学时，迁字被方言念成"jian"，于是执意改名"汉奇"。年逾九旬的暨南大学新闻学教授梁洪浩先生，2015农历新年时，还在公子陪同下，历时十几天，重走当年流亡路，想来也是对抗战胜利七十周年的一种纪念吧。从这部《怒目少年》中，既可体味歌曲《松花江上》那般国破家亡、颠沛流离的悲痛境遇，"我的家在东北松花江上……"也能点点滴滴感悟未来中国的两种命运、两种前途：

> 那时国府有国府的口号，中共有中共的口号。国府说抗日，中共说抗敌；国府说救国，中共说救亡；国府标举国家，中共标举人民；国府标举法治，中共标举民主。见了陌生人，听他开口说话，就知道来路。抗战胜利以后，"抗日、救国"鼓舞起来的民心薪尽火熄，"抗敌、救亡"激发出来的士气还余脉千里。这究竟是事有凑巧，还是毛主席老谋深算？②

据说有种"国粉"，力挺国军，贬抑共军，国军威武雄壮，共军游而不击（这也是当年汉奸汪精卫的说辞），等等。其实，兄弟阋墙，外御其侮，面临日寇的凶暴入侵，无论国军还是共军，无不捐躯赴国难，视死忽如归，你的名字无人知晓，你的功勋永垂不朽，无愧顶天立地的民族英雄。如果非得"评功摆好"，那么全面抗战爆发的初期，国府国军自然位居首要，因为是国家政权所在，并掌握着绝大多数资

---

① 王鼎钧：《昨天的云：回忆录四部曲之一》，北京，三联书店，2014，第175－176页。

② 王鼎钧：《怒目少年：回忆录四部曲之二》，北京，三联书店，2014，第122－123页。

源，国府投降就等于中国投降，国军败亡无异于中国败亡。而抗战进入战略相持阶段后，共产党领导的抗日民族统一战线和越打越强的八路军、新四军则日益显示中流砥柱的地位，你打你的、我打我的的游击战以及敌后广大的抗日根据地更是成为主战场，抗击着60％的日军和95％的伪军。且不说全面抗战爆发前的六年间，共产党武装在白山黑水独自苦战的卓绝历史，如杨靖宇、赵一曼。一篇《中共缘何成为抗战中流砥柱》文章就此对比道：第一，共产党全心全意抗战，而国民党三心二意抗战；第二，共产党坚持全面抗战路线，而国民党推行片面抗战路线；第三，共产党灵活机动作战，而国民党单纯防御作战；第四，共产党坚信自己的力量，而国民党寄希望于外部力量。[①] 剑桥大学教授、《剑桥战争史》的主编方德万（Hans van de Ven），在抗战胜利70周年接受中国记者采访时，也从军事上谈到类似看法：

　　南方周末：你觉得抗战中，中国哪一仗打得比较漂亮？

　　方德万：每一仗都付出了太大的代价，死了太多人……一定要说有，那应该是毛泽东。蒋介石和日本人都认为，他们之间的战争应该是一场现代化的战争。结果在中国战场上，他们都失败了。但毛泽东说，中国不具备打现代战争的条件……要打就用我的办法打。

　　南方周末：他的原话是"独立自主的山地游击战"。

　　方德万：对。所以后来亚洲、南美……很多独立运动领导人都看毛泽东的书。他们认为他教会他们用前现代的办法跟现代化敌人打仗。毛说，我在经济方面、文化方面跟你打，我打的是"人民战争"。毛还有一个好经验：要么不打，打一定要打胜。因为你越胜利老百姓越支持你。你老打败仗，哪怕这个败仗有很重要的战略意义，老百姓也会越来越

不相信你。[1]

在王鼎钧的笔下，到了抗战后期，国军日渐疲软，军纪荡然，而共军日益强大，民心所向。1944 年，苏联红军已经取得斯大林格勒保卫战的重大胜利，彻底击溃围困列宁格勒的德寇，解放了克里米亚和罗马尼亚，英美盟军也已在诺曼底登陆，罗马、巴黎相继光复，太平洋上，美军以"跳岛战术"正一步步逼近日本本土。而当年 4 月，日本为打通大陆交通线，困兽犹斗发起一号作战，国军仅在河南一地就"37 天内连失 38 城"，蒋介石的"天子门生"汤恩伯指挥五个集团军，一遇日寇，溃不成军，整个豫湘桂也是一溃千里，丢盔卸甲。历史学家、北京大学教授钱乘旦在《光明日报》撰文说，1944 年 4 月的豫湘桂大溃败，"是正面战场的最大败笔""把中国军队多年来的奋斗、牺牲和国际声誉丢失众多，并且对战后中国的国际地位造成不良影响"[2]。最突出的一例就是 1943 年的开罗会议邀请蒋介石，而 1945 年决定战后国际秩序的雅尔塔会议只剩美苏英了。之所以如此，除了军事方面的问题，包括众所周知的国军派系林立，士气低落，每战往往拥兵自保，作壁上观（台儿庄激战中汤恩伯主力迟迟不肯回援，衡阳保卫战中方先觉军长率部孤守危城 47 天等都是典型），更重要的还在于社会政治的衰败腐朽，如新闻史上的著名报道所言"前方吃紧，后方紧吃"。王鼎钧流亡途中，经过河南的所见所闻，也活灵活现地提供了这方面的真实图景。如抗战后期，河南有 240 多种摊派，汤恩伯所部"纪律之坏，比土匪有过之而无不及"，民间甚至流传着"宁愿日军烧杀，不愿汤军驻扎"。他目睹的下面两例也足为旁证：

> 一中到了城固以后，师生公演京戏筹措经费，阻挡无票的军人入场，有一个军官恼羞成怒，开枪打死一个学生。这

---

[1]　石岩：《"二战"是罗斯福发明的，中国人叫"抗战"〈剑桥战争史〉主编谈中国抗战》，载《南方周末》2015 年 4 月 9 日。

[2]　钱乘旦：《世界大格局中的二战东方战场》，载《光明日报》2015 年 8 月 15 日。

一枪，把唱"盗御马"的打成演"棠棣之花"的（《棠棣之花》为郭沫若抗战时期创作的历史剧——引者注），把看"三国演义"的打成看"大众哲学"的（《大众哲学》为马克思主义哲学家艾思奇的代表作——引者注），把到西安兰州升学的打成到延安升学的。[①]

　　我在公路旁看团管区押送壮丁，他们用绳子把壮丁一个一个捆起来，连成一串，路上同时大便，同时小便，当然也同时睡觉，同时起床。当然吃不饱，所以从来没有见过有人这么瘦，当然不盥洗，所以从来没见过有人这么脏。谁生了病当然也没有医药，一旦轻病拖成重病，只有就地活埋。[②]

后面一例，让人想到曾任北京大学校长的蒋梦麟回忆录《西潮·新潮》，里面也写到抗战期间他代表国府巡视，途中看到大队壮丁绳捆索绑的凄惨景象。如此征召的士兵能有多大战斗力，就也不难想象了。诸如此类的所见所闻既触目惊心，也使敏感细腻的少年王鼎钧陷入深思。当他所在中学从皖北迁到关中时，一位新来的主任在课上，又让他歪打正着一窥共产主义的门径，从而引起他更多"离经叛道"的思考。这位主任讲的内容多半是批评共产主义，而恰恰是这种"共产主义批判"，反而触发了许多学生的好奇心，包括王鼎钧：

　　共产党处处讲"阶级"，主任说中国没有阶级，只有"阶层"。这个说法吓人一跳，阶级好比楼梯，下面的一层还可以伸出头来透口气，阶层简直是水成岩，上面盖得严丝合缝，不见天日，想用阶层代替阶级，弄巧成拙啊！

　　既然反对阶级，当然反对"阶级感情"，他说感情没有阶级，天下父母都爱他们的子女。我听了莫名其妙，这如何能证明感情没有阶级？富豪和乞丐都爱自己的子女，可是他们同样爱对方的子女吗？你老人家走来走去挂着一张包青天

　　[①]　王鼎钧：《怒目少年：回忆录四部曲之二》，北京，三联书店，2014，第173页。

　　[②]　同上，第186页。

的脸，到底能爱我们多少？古人"贵易交，富易妻"。含含糊糊，半藏半露，现在，"阶级"！人家多坦白、多透彻啊！①

再现部——《关山夺路》。

解放战争是王鼎钧回忆录第三部的背景，更是少不了痛定思痛的反省：好端端的江山怎么就丢了，不起眼的共军怎么就赢了。对此，他写下一句颇为深刻的话：国民党走的是"领袖路线"，共产党走的是"群众路线"。② 换言之，蒋介石奉行"精英路线"，毛泽东奉行"群众路线"："一位美国记者当年在采访过中国后说，蒋介石统治集团的官员，多是留学生、富贵人家的后人。他们高高在上，说外语，敬耶稣，缺少对中国国情的理解，不了解基层人民的苦难。他们的那些政策，多是空洞的口号，不能解决实际问题。他们的治国理念来自西方，与中国的国情格格不入。"③

抗战胜利后，王鼎钧参加了国民党宪兵，在宝鸡受训时看到班长每天动手动脚打新兵，而且骂骂咧咧的："打一下，骂一声活老百姓，打一下，骂一声死老百姓，好像和老百姓有深仇大恨。"④ 而今回想起来，王鼎钧深有感触：

> 兵士来自民间，带着民间的习性和身段，也许和军事训练的目标相悖，但是你不该因此侮辱老百姓，不该借此丑化老百姓，以致教育出几百万鄙视百姓、欺凌百姓的官兵来。
>
> 也就是这个时候吧，八路军走出解放区，蹲在收复区农家的灶门，亲亲热热叫声老大娘老大爷："八路军把鬼子打退了，蒋介石要下山来摘桃子……"

----

① 王鼎钧：《怒目少年：回忆录四部曲之二》，北京，三联书店，2014，第168页。

② 王鼎钧：《关山夺路：回忆录四部曲之三》，北京，三联书店，2014，第193页。

③ 陈延武：《万水朝东：中国政党制度全景》，北京，三联书店，2011，第153页。

④ 王鼎钧：《关山夺路：回忆录四部曲之三》，北京，三联书店，2014，第32页。

以我亲身体会，那时国军士兵所受的训练，要把"兵"从百姓中分化出来，与百姓对立，以百姓为耻。这样的军队怎么能得到老百姓支持。一九四九年，那时国民政府已吞下一切苦果，我到台湾卖文为生，下笔东拉西扯，不知轻重。我给具有军方背景的《扫荡报》副刊写了一篇文章，直陈军中不可把"老百姓"当作骂人的话使用。[①]

按说国民党军打骂百姓，欺压民众，不是什么新鲜事，记得儿时的一首童谣念道："国民党的兵没有出息，把人家的大姑娘拉进高粱地……"可是，若非看到王鼎钧的记述，怎么也想不到"老百姓"居然成为国军骂人的话。而一首解放初创作并传唱至今的红歌，一张口则唱道："我是一个兵，来自老百姓……"当然，关键不在嘴上怎么说，而在心里怎么想，特别是实际怎么做。看看王鼎钧笔下的国民党都是怎么想的、怎么做的："见了壮丁他要抽，见了钱包他要搜，见了女人他要钩。"再如，几个"五行"："五皮"，即皮鞋、皮带、皮夹、皮手套、皮背心；"五金"，即金牙、金表、金戒指、金烟嘴、金边眼镜；抗战胜利后的"五子登科"，有的说五子是车子、房子、条子（金条）、女子、面子，有的说是窑子、馆子、骰子（赌场）、落子（戏院）、澡堂（塘）子；老百姓最痛恨的"五强"，强买、强卖、强借、强住、强娶……而更要命的是，在国民党眼里，"老百姓都是'匪'，或者都'通匪'，中央军好像不是跟共军作战，而是跟全体老百姓作战"[②]。

一般印象中，国民党败在军事上，蒋介石哪是毛泽东的对手，而美国学者胡素珊（Suzanne Pepper）在权威的《中国的内战：1945—1949年的政治斗争》一书中，对国共双方的所作所为作了深入翔实的学术研究，令人信服地揭示国共之争，是政治、经济、文化与军事的全面较量，国民党的失败也是政治、经济、文化与军事的全面失

---

① 王鼎钧：《关山夺路：回忆录四部曲之三》，北京，三联书店，2014，第32页。
② 同上，第186页。

败。拿文化来说，"回延安"一文提到的国民党宪兵学校校歌与《三大纪律八项注意》就是典型。前者的歌词体例，仿照民国的国歌，佶屈聱牙，节奏呆板，共同特点或缺点是："你得读过许多文言文，才看得懂，即使读过许多文言文，也听不懂。"①　不信，就闭上眼，试一试："咨尔多士，为民前锋，夙夜匪懈，主义是从；克励尔学，务博尔知，唯勤唯敏，唯职之宜"——几人能够听得懂。作为对比，王鼎钧不由慨叹道："就在我们嗡嗡作声、不知所云的时候，黄河北岸中共士兵朗朗上口的是："人民的军队爱人民！一听就会，触类旁通。"②　最是仓皇辞庙日，教坊犹奏别离歌。1949 年 4 月 23 日，人民解放军占领南京，蒋介石总统府的青天白日旗黯然飘落，南京"中央广播电台"停播"好花不常开，好景不常在……"，而播出大江歌罢掉头东的《中国人民解放军进行曲》，一听之下，高下立判：我们是工农的子弟，我们是人民的武装，脚踏着祖国的大地，背负着民族的希望，我们的队伍向太阳，向着全国的解放！

人民的军队爱人民，我们的队伍向太阳——共军响遏行云的嘹亮歌声，也将王鼎钧前三部回忆录的主题乐思推向了大江东去的高潮。随后第四部《文学江湖》，就像尘埃落定的一声叹息，一曲余音袅袅的尾声：

> 90 年代我在纽约，一位观察家告诉我，反共的人共有五类：有仇的，有病的，有理想的，有野心的，和莫名其妙的。这是真知灼见。我想反共是这五种人的组合互动，可能一个有病的排斥一个有理想的，可能一个有仇的指挥一个有病的，也可能一个有野心的出卖一个莫名其妙的。高踞他们之上，有一位总指挥，他可能有仇、有病、有理想，也有野心……③

他还提到五十年代的一次座谈会，更让今人感到拨云见日，醍醐

①　王鼎钧：《关山夺路：回忆录四部曲之三》，北京，三联书店，2014，第 41 页。
②　同上，第 42 页。
③　王鼎钧：《文学江湖：回忆录四部曲之四》，北京，三联书店，2014，第 91 页。

灌顶。当时他问一位台湾教授，怎样才能写好反共小说，教授的回答令他始而大惑不解，终至叹服先见之明："现在"写反共小说写不好，"将来"由大陆作家来写，才写得好。当时谁能想到大陆作家写"反共"作品，而且写得好。当然，"反共"既有反对的反，包括"吃共产党的饭，砸共产党的锅"，也有反思的反。而不管什么反，怎么反，如今看来，反得最"好"即最具颠覆性毁灭性的，无疑来自中国内地而非台湾。1954年，台湾诗人纪弦为配合反攻大陆，写了一首《饮酒诗》：

> 我把喝空了的酒瓶，这象征的手榴弹，
>
> 使劲地，朝西一甩，说：看啦！
>
> 有一天，当反攻的号角吹响，
>
> 我必将武装起来，随着王师百万，漂洋过海，
>
> 乒乒劈啪哒哒哒哒轰隆隆地打回去。

这种在微醺中发出的谵妄梦呓，以及张爱玲受美国新闻署指使搞的《赤地之恋》《秧歌》等小说，哪里比得上当代大陆一些文人的"反戈一击"，如"伤痕文学"、周扬的"社会主义异化论"、批评家诟病的《丰乳肥臀》等此起彼伏的作品。此类文字正如邓小平就电影《苦恋》指出的："无论作者的动机如何，看过以后，只能使人得出这样的印象：共产党不好，社会主义制度不好。"[①] 前些年，厦门大学某位教授发表演讲，声称解放战争中震惊全国的"沈崇事件"，原是共产党导演的美人计，美国大兵强奸的北大学生沈崇实为共产党"特工"云云，一时网上风传。有人还将其编入所谓"年度最佳演讲"，在湖北一家出版社公开出版。其实，这套说辞恰恰是当年国民党特务，为了掩盖真相，转移视听，炮制的谣言，当即就被戳穿，为天下笑，而今"专家学者出版社"又当秘闻传播，不也正好证明王鼎钧叹

---

① 邓小平：《关于思想战线上的问题的谈话》，1981年7月；见《邓小平文选》第2卷，北京，人民出版社，1994，第391页。

服的那位台湾教授确有"先见之明"。① 至于享受着"体制内"高官显宦优渥待遇之辈，却侈谈"20世纪见证了社会主义的失败"，不惜将共产党新中国比作"法西斯独裁""共产党比国民党更坏"，自诩所谓"两头真""老来醒"，追悔自己当年的革命道路，则更是公认最反共的军统中统渣滓洞都不能不瞠目结舌，瞠乎其后！2015年建军节之际，国防大学科研部部长秦天将军在同凤凰卫视出版中心主笔玛雅博士的访谈中，提到的"两个太危险"洵非虚语——一是内部太危险，一是外部太危险：

> 从内部来说，我有一个非常强烈的感觉，就是长期以来，我们在意识形态领域或多或少出现了"温水煮青蛙"的现象。改革开放30年，全党以经济建设为中心，取得了巨大成就，但是别忘了小平还有一句话，两手都要硬啊。……我们听过很多省委书记、市委书记做报告，讲的基本都是经济形势和发展经验，很少讲意识形态和党的建设。这让我们感到问题很严重，很危险。

> 外部危险——西方对我们的政治、思想和文化渗透已经到了无以复加的地步。对这个问题怎么看？我认为，我们体制内有这么两种人：一种是真傻，一种是装傻。而问题的严重性在于，真傻的越来越少，装傻的越来越多。很多人明明知道西方渗透的后果是什么，但就是不表明立场，或者说立场已经转过去了，这才是最要害的。这个问题如果不尖锐指出，中国迟早有一天会是第二个苏联。②

王鼎钧回忆录中除了鲜活生动、比比皆是的历史细节，难能可贵

---

① 2015年第1期《纵横》刊发《我对沈崇的一次访谈》，作者香港文物收藏家许礼平，《新华文摘》2015年第6期予以转发，也算为此画上盖棺论定的句号。原刊"编者按"写道：2014年12月16日，沈峻在北京病逝，享年88岁。沈峻原名沈崇，是68年前"沈崇事件"当事人……本人作者依据该事件实物资料，采访沈崇本人，撰成此文，对该事件作出澄清，以飨读者。

② 秦天、玛雅：《我们的队伍向太阳——新时期中国军队的使命与担当》，载《红旗文稿》2015年第10期。

的还在于知人论世的情怀与境界。虽然他的出身与一生，使他难以摆脱"党国"的政治意识形态，但在自身自家遭逢如许离乱辛酸的情况下，还能超越或力求超越阶级与时代的藩篱，不以物喜，不以己悲，诚可谓达人知命也。他在《关山夺路》的后记里动情呼吁道：

> 五十年代台湾的反共文学，"文革"结束后大陆的伤痕文学，都太执著个人的生活经验，都不很精彩。可敬可爱的同行们！请听我一句话：读者不是我们诉苦申冤的对象，读者不能为了我们做七侠五义，读者不是来替我们承受压力。拿读者当垃圾桶的时代过去了，拿读者当出气筒的时代过去了，拿读者当拉拉队的时代过去了，拿读者当弱势团体任意摆布的时代也过去了！读者不能只听见喊叫，他要听见唱歌。读者不能只看见血泪，他要看血泪化成的明珠……①

他的回忆录特别是前三部，就是用心捧出的明珠，沧海月明珠有泪，蓝田日暖玉生烟，给人启迪，令人温暖，读来就像文史大家朱东润先生那部暖人暖心的自传。相比之下，有些文人则格局未免褊狭，境界未免局促，不仅自己沉溺往昔的恩恩怨怨，悲悲切切，以一己之得失衡量天下之兴衰，而且祥林嫂似的拉着路人没完没了诉说，将伤疤一而再、再而三撕扯开来，好让他人直观感受曾经遭受的痛楚。更有人甚至错乱事实，不惜张大其词。2015 年某家刊物发表一篇博士文章，比较好莱坞的《为奴十二年》与张艺谋的《归来》，竟把万恶的奴隶制与文革相提并论，指鹿为马，闻所未闻，骇人听闻，莫过于斯，也无异于印证了王鼎钧说的："除了自由主义，反共没有理论；除了纳粹，反共没有方法。"② 文革固然是令人痛惜的错误，用 1981 年中共十一届六中全会通过的《关于建国以来党的若干历史问题的决议》的定性——"一场内乱""严重错误"。然而，"文革"千错万错毕竟属于中国道路的艰辛探索，终归属于共产党领导人民干社会主

---

① 王鼎钧：《关山夺路：回忆录四部曲之三》，北京，三联书店，2014，第 272 页。

② 王鼎钧：《文学江湖：回忆录四部曲之四》，北京，三联书店，2014，第 68 页。

义、奔共产主义的一段曲折与顿挫，习近平关于两个三十年的思想，更将新中国亿万各族人民的光荣与梦想有机统一起来，怎么能把中国文革与美国奴隶制混为一谈，也未免太富有"社会学的想象力"！

从王鼎钧的痛定思痛，让人不由联想到张光直。张光直（1931—2001），祖籍台湾，享有国际声望的考古学家，曾任哈佛大学人类学系教授、系主任，台湾中研院院士、副院长。张光直早年为左翼青年，深受参加革命的长兄张光正（何标）影响。在《番薯人的故事：张光直早年生活自述》一书里，他写了一些有似王鼎钧的故事，如哥哥为什么参加革命：

> 在我上小学搬家到手帕胡同前后，一个日本早稻田大学的留学生搬到我们家里来住，这人就是徐木生。二十五六岁的年纪，圆圆的脸，一身笔挺的日本大学生黑制服。徐木生说话声音很大，充满自信，见了我和哥哥便叫，少爷！少爷！他是一个马克思主义者，无事的时候便向我和哥哥宣传马列主义。我哥哥确由一个"少年"转变成为一个马列主义的革命者，大致是受了徐木生的影响。1945年，哥哥出走，进入河北平山晋察冀边区，同时也走上了人生另一条大道。在80年代，我们重会以后，有一次我问哥哥："什么让你下决心加入共产党的？"他的回答是我绝对没有想到的："我加入共产党的第一个目的是，好让徐木生不再叫我少爷！！"[①]

1982年，张光直创作了三篇带有自传色彩的小说，主人公都是"我"当年的青年导师，也是新中国的功臣。"我"本以为，革命成功后，他们会图画凌烟阁，没想到后来下场却都很凄惨，更没想到的是，他们居然无怨无悔。在《杨老师》一篇中，杨老师的儿子对父辈的追求与坚守很不理解，去信给"我"，认为父亲执迷不悟，一辈子白活了。于是，"我"就写了如下的回信，这封信的光明正大，也使

---

① 张光直：《番薯人的故事：张光直早年生活自述》，北京，三联书店，2013，第7页。

形形色色、明里暗里的"反共"之士，顿显格局褊狭、境界晦暗：

> 我没有目击他（杨老师——引者注）的磨难，却在 30
> 多年以前与他一起度过了一段快乐的日子——我说快乐并不
> 是因为天下太平，生活如意，而是因为我们都相信我们是在
> 为了一个理想而斗争着，并且还相信在这个斗争上我们是一
> 定会胜利的，而一旦胜利，黑暗便消灭，太阳便上升，天便
> 亮了。杨老师比我还幸福，因为他更进一步地经历了天亮的
> 过程，而我却一直停留在旧社会里面。你的父亲为了理想而
> 奋斗，而且进一步目击了那理想的实现。你可曾想过：在中
> 国五千年历史上有几个人有过这种幸福的经验呢？他这一生
> 显然是没有浪费了的，我们应当替他高兴才是。

> 五千年来的中国，不早不晚偏偏要在我们的年代自黑暗
> 开始走向光明。40 年代的一首歌唱得好：兄弟们，向太阳！
> 向自由！向着那光明的路！你看：那黑暗快消灭，万丈光芒
> 在前头！我们这几代的人是最幸运的了，我们这几代的人也
> 是最不幸的了。我们的幸运是因为只有我们才有那走"向太
> 阳、向自由、向着那光明的路"的千载一时的机会。可是那
> 五千年来的黑暗有强韧的生存力量，不是一瞬间的光华便可
> 以将它消灭的。要走那万丈光芒的路是漫长的、崎岖的、曲
> 折的，我们跌倒的机会也比别人都多。这样说来，你和你的
> 父亲的命运，和我的命运，和我们下一代，再下一代……不
> 知下去多少代的儿女的命运，都是息息相关的。你的父亲战
> 斗过了，下面要看你的了。[①]

北京大学教授李零，2012 年在给北大中文系新生的演讲《历史就在你的脚下》中，最后动情地谈到张光直和他的小说《杨老师》：

> 张先生不是文学家，但他的文学作品，让我非常感动。

---

① 张光直：《番薯人的故事：张光直早年生活自述》，北京，三联书店，2013，第
81—83 页。

最近，我又读了一遍，不是当文学读，而是当历史读。它让我想起我的北京，想起我执教 28 年的北京大学，想起我生活其中的上一个世纪。

这 100 年只是刚刚翻过的一页，宛如昨日。它不仅对我们的父辈是轰轰烈烈，对张先生是魂牵梦绕，对我也是挥之不去。

记忆的碎片纷至沓来，有如大树飘零。

历史就在你的脚下。[①]

（赵浩生：《80 年来家国：赵浩生回忆录》，百花文艺出版社，2001；朱东润：《朱东润自传》，人民文学出版社，2009）

---

① 李零：《鸟儿歌唱：20 世纪猛回头》，北京，三联书店，2014，第 288 页。

第四乐章
文　化

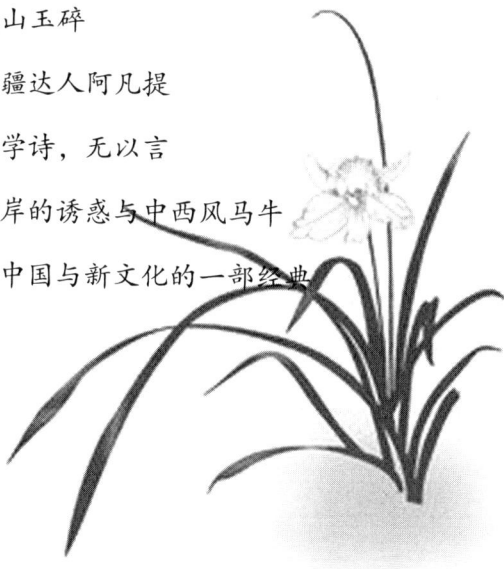

从《这里的黎明静悄悄……》想到的

2015 年中国人民抗日战争暨世界反法西斯战争胜利 70 周年前夕，旧作新拍的《这里的黎明静悄悄》在中国上映。此前在克里姆林宫举行的首映式上，俄罗斯总统普京也曾出席。此时距 1972 年版的这部经典影片已有 40 余年。

影片是根据苏联作家鲍里斯·瓦西里耶夫的中篇小说《这里的黎明静悄悄……》改编的。沐浴上世纪 80 年代改革开放春风的人，对这部小说想来都不陌生。作品富有浓郁的诗情画意，字里行间弥漫着一种淡淡忧伤的情调，而故事情节却暗流涌动，曲折惊险。故事讲述的是二战期间，苏联后方一场实力悬殊的遭遇战，一位苏军准尉带着 5 名女战士，同 16 个人高马大的德国伞兵，在一片山野丛林展开斗智斗勇的搏杀，最后 5 名年轻战士相继牺牲，留下一曲英雄主义的哀婉悲歌……

同名影片在中央电视台播出后，更成为 80 年代令人难忘的文化记忆，与同时的《莫斯科不相信眼泪》《两个人的车站》《办公室的故事》等苏联著名影片一样，使人们在感受深挚情感波澜时，也体味了颇具俄罗斯风情的美感。《这里的黎明静悄悄》的导演斯坦尼斯拉夫·罗斯托茨基，以本片以及《白比姆黑耳朵》等名作驰誉世界影坛，1992 年应邀来北京广播学院讲学，当年第 3 期《现代传播——北京广播学院学报》（现更名为《现代传播——中国传媒大学学报》）刊发了讲学纪要，题为《对未来一代艺术从业者的希望》，《现代传播》首任主编朱光烈教授在"主编札记"里特意写道：

　　本期正要发稿的时候，著名的电影艺术大师、《这里的黎明静悄悄》导演斯坦尼斯拉夫·罗斯托茨基应邀到北京广播学院讲学。他不是教师，不是理论工作者，讲的似乎有点散，但是形散而神聚。这个"神"便是处处闪耀着的热爱生活，热爱祖国，热爱人民，热爱和平，热爱和献身于艺术的崇高精神，以及那开阔的、融通的思路。大师年已七旬，整个讲学全是一生艺术实践的生动经验及其升华，听来使我们许多人激动不已，许多话看起来似乎是老生常谈，实际上却是无价之宝，尤其是在现代社会空气普遍浮躁的今天。

　　清华园南门外的蓝旗营，有家普通超市，毗邻民营书店"万圣书园"。超市现名"金泰"，超市曾经内辟一间门面不大的特价书店（现已搬走），进的多为价廉物美的经典，如商务印书馆的"汉译世界名著丛书"、人民文学出版社的"名著名译丛书"等。像上海古籍出版社的精装版《三国演义》，售价仅仅十元。一次，我花了两百来块钱，就抱回20余部名著（多数都有）：《变形记》《十日谈》《卡拉马佐夫兄弟》《罪与罚》《这里的黎明静悄悄……》《永别了，古利萨雷！》《一生》《茨威格中短篇小说选》《马克·吐温中短篇小说选》等，以及傅雷先生翻译的《贝姨》、宋兆霖教授翻译的《赫索格》等。那天晚上回复蒋方舟同学的邮件时，也谈到《这里的黎明静悄悄……》：

　　这本书不记得读过几遍了，每次读都感到心灵的洗礼与精神的震撼。五位女兵，形象鲜明而性格各异，一个个活灵活现，最后各以不同方式殉国，而且死得无不令人心痛。第一位阵亡的姑娘，是个性格文静的高才生，与恋人一样爱读诗歌，在替准尉去取烟荷包的路上，死于德军侦察兵的利刃。由于对方没想到是女兵，一刀下去，扎在她的左胸，没有当即致命，所以发出了一声"微弱、仿佛叹息似的呼唤"。这一声似有若无的呼唤，被经验丰富的准尉捕捉到了。"他的神情逐渐严峻起来。这一声古怪的呼唤仿佛深深印在他的心上，仿佛至今还在耳边鸣响"，准尉的心"顿时凉了，他已经猜想到这一声呼唤意味着什么"。后来手刃凶手后，准尉无比心痛地想到："索尼娅能够生儿育女，传宗接代，可是现在这根纱断了。在人类这连绵不断的棉线上，一根细小的纱被一刀割断……"

小说属于战争题材，而主题却是和平，如托尔斯泰《战争与和平》所示，而和平是用英雄的鲜血换来的，诗一般的书名也流露着这一意味。结尾处的一起一伏、一动一静两个场景，更是对比鲜明，寓意深长。"一起""一动"是准尉怒发冲冠，破釜沉舟，独身一人，硬闯敌巢，用仅剩的一颗手枪子弹和一枚失效手榴弹，逼降最后五个德寇，读者似乎听到他撕心裂肺的怒吼："怎么样，胜利了吗？……胜利了吗？……五个姑娘，总共五个姑娘，总共只有五个！……可你们别想过去，什么地方也别想去，就得老老实实地死在这里，统统死掉……哪怕上级饶了你们，我也要亲手把你们一个一个毙掉，亲手！让他们审判我好了！由他们审判去！"至于"一伏""一静"，则是随即过渡的尾声：一片迷人的田园风光，人们尽享安宁，静谧，鸟语，花香，湖畔有人垂钓，还给朋友写信："我今天才发现，这里的黎明是那样的静悄悄，静悄悄。"如此动静相融的结尾，让人想起小提琴协奏曲"梁祝"，随着梁山伯祝英台殉情时惊心动魄的高潮涌过，音乐迅速滑向余音袅袅的尾声，在如梦如幻的意境中渐行渐远……

俄罗斯文学翻译家高莽先生（乌兰汗），在为本书写的序言《一部杰出的小说，一本杰出的译著》里，讲了一个令人动容的故事。1987年，瓦西里耶夫随苏联作家代表团访华，有一天游览长城，高莽同他谈起这部小说及其同名电影在中国的巨大反响。为了证实这一点，他们在一家餐厅吃饭时，随便问起一位女服务员："你看过《这里的黎明静悄悄……》吗？"她一愣，不知道这个问题同进餐有什么关系，于是轻轻答道："看过啊……"高莽说："这位苏联朋友就是小说的作者！"她一下清醒过来，睁大眼睛，满脸喜悦，惊呼："我看过两遍！我感动得哭了！"然后，开闸放水，滔滔不绝。她不停地讲啊讲，高莽已经无法翻译。瓦西里耶夫望着她，热泪滚滚，说："你不用翻译了，我都明白了！"在场的一位卡尔梅克诗人看到这个场面，插了一句：世上有些作家很有名气，大家都知道，可很少读过其作品；世上有不少人知道一些作品，很少知道其作者，这样的作家是幸福的——而你，瓦西里耶夫，就是这样的作家。

类似这样的艺术家或文化巨匠，在苏联以及俄罗斯的历史天宇上可谓灿若星辰，闪闪烁烁。且不说哲学、神学、文学、艺术、音乐、舞蹈、绘画、诗歌等一座座连绵不断的高峰，也不说普希金、勃洛克、莱蒙托夫、契诃夫、果戈理、列宾、屠格涅夫、赫尔岑、别林斯基、车尔尼雪夫斯基、托尔斯泰、陀思妥耶夫斯基、格林卡、柴可夫斯基、拉赫玛尼诺夫、高尔基、肖洛霍夫、茨维塔耶娃、阿赫玛托娃、帕斯捷尔纳克、艾特玛托夫等精神巨擘，仅看家喻户晓的《克雷洛夫寓言》如《乌鸦和狐狸》，听听绚丽多彩的俄罗斯歌曲，就足以让人觉得妙不可言，美不胜收了——《三套车》《伏尔加船夫曲》《莫斯科郊外的晚上》《红莓花儿开》《喀秋莎》《神圣的战争》（电视剧《潜伏》片尾曲即化用这首名曲）……

众所周知，现代中国与俄罗斯及其文化密切关联，这一剪不断、理还乱的历史纽带归根结底还在于世界格局的演化，特别是抗衡资本主义野蛮运动的社会主义浪潮在全世界的汹涌兴起。中国艺术研究院祝东力研究员，为记者玛雅博士采写的《战略高度：中国思想界访谈录》作序时指出：

世界近代史的总体走向是从西方到东方，这个走向在地理上有两条路线。一条是"革命"的路线：从英国革命（17世纪）到法国革命和欧洲革命（18—19世纪），再到俄国革命和中国革命（20世纪），自下而上的、暴力的社会革命一波接着一波，巨浪般由西向东传递。另一方面，相反相成，从西方到东方还伸展着一条"资本"的路线：环地中海（文艺复兴时期）、北大西洋（16—19世纪）和亚太地区（20世纪末至今），依次成为近代世界经济和贸易的热点或中心。第一条"革命"的路线主要走陆路，它在解放了相关社会和国家的政治潜力之后，也曾经形成新的异化。第二条"资本"的路线主要走海路，它直接导致了对美洲的种族灭绝、对非洲的大规模奴役，但同时也积累了财富并传播了技术和文明。位于"远东"的中国，作为最后一个被纳入近代世界体系的东方大国，恰好是这两大政治、经贸路线的交汇点。[①]

由此也就不难理解，何以现代中国一方面深受"国际资本"影响，一方面又与"世界革命"密不可分，何以一方面与彼岸美国"息息相关"，一方面又与近邻俄罗斯"心心相印"。特别是俄国十月革命，更对中国革命以及现代中国的旧邦新造产生了"第一推动"——十月革命一声炮响，给我们送来了马克思列宁主义。至于从《共产党宣言》到《国际歌》，从共产国际到社会主义阵营，从"苏联老大哥"到中苏论战，从"秘密报告"到有名的"九评"，又有多少千丝万缕的"爱恨情仇"。仅看现代汉语一个新词汇"司令员"，就是留苏的刘伯承元帅参照苏联红军体制引进并翻译的，而"员"字，也体现了官兵平等、人人平等的观念，犹如司号员、炊事员、战斗员、卫生员、服务员等都在于突出普通一员，从而也有别于国军的"司令官"。

学者沈志华教授主编的《中苏关系史纲》，对十月革命到苏联解体近一个世纪的风云变幻与中苏关系做了翔实考察，为从广阔的时代背景中理解现代中国及其走向提供了新的参照系，也凸显了现代中国本属现代世界的有机构成，而非自行其是的孤立运动。国防大学少将教授金一南，在雅俗共赏的"畅销书"《苦难辉煌》里，更以大开大合而生动有趣的笔触，展现了共产国际、日本军阀、共产党与国民党四种政治势力，在中华大地上演的一幕幕活剧。总之，在现代世界的巨变中，中俄两大邻国有诸多相关与相似之处：苏联曾是世界社会主义运动的大本营，而中国则是人口最多的社会主义国家；两国在二战中都曾遭受法西斯的荼毒蹂躏，伤亡惨重，也都为世界反法西斯战争

---

① 玛雅：《战略高度：中国思想界访谈录》，北京，三联书店，2008，第 7 页。

做出首屈一指的贡献，"西线"没有苏联红军的英勇奋战和伟大胜利，"东线"没有中国军民不屈不挠的拼死抵抗与巨大牺牲，欧亚大陆乃至整个世界都势必沦为人间地狱。为此，《义勇军进行曲》成为中国人民永不磨灭的心声，如同莫斯科红场上无名英雄墓永不熄灭的火焰——"你的名字无人知晓，你的功勋永垂不朽"！

在这一世界走向中国、中国走向世界的动态过程中，苏联以及俄罗斯文化对现代中国产生了无可比拟的广泛而深刻影响。无论是鲁迅、瞿秋白等为代表的左翼新文化运动，还是成千上万追求救国救民真理的热血青年，无论是中国共产党人前赴后继的英勇奋斗，还是普罗大众的思想观念与日常生活，都曾长期以苏联以及俄罗斯文化为楷模，为样本，为"时尚"。俄语以及俄罗斯诗歌、小说、绘画、音乐，如《天鹅湖》、柴可夫斯基、手风琴乐器等，更成为一个时代的流行风。"文革"期间，能够上映的外国影片一度只有苏联的《列宁在十月》《列宁在一九一八》，片中高帅忠勇而身手敏捷的列宁卫士瓦西里，是那个年代男孩子的青春偶像。高尔基散文《海燕》，老托尔斯泰名言"幸福的家庭都是相似的，不幸的家庭各有各的不幸"（《安娜·卡列尼娜》），小托尔斯泰名言"在清水里泡三次，在血水里浴三次，在碱水里煮三次"（《苦难的历程》），以及普希金《假如生活欺骗了你》等，无不属于一代知识青年精神世界的鲜明符号：

假如生活欺骗了你，

不要悲伤，不要心急！

忧郁的日子里需要镇静：

相信吧，快乐的日子将会来临。

2013 年，习近平主席作为新任国家元首出访的第一站定为俄罗斯，也不妨视为这一历史渊源的延续，他在莫斯科国际关系学院发表的演讲里谈道："中国老一辈革命家深受俄罗斯文化影响，我们这一代人也读了很多俄罗斯文学的经典作品。我年轻时就读过普希金、莱蒙托夫、屠格涅夫、陀思妥耶夫斯基、托尔斯泰、契诃夫等文学巨匠的作品，让我感受到俄罗斯文学的魅力。中俄两国文化交流有着深厚基础。"时隔一年，出席索契冬奥会，接受俄罗斯电视台采访，他又谈道："我读过很多俄罗斯作家的作品，如克雷洛夫、普希金、果戈理、莱蒙托夫、屠格涅夫、陀思妥耶夫斯基、涅克拉索夫、车尔尼雪夫斯基、托尔斯泰、契诃夫、肖洛霍夫，他们书中许多精彩章节和情节我都记得很清楚。"在莫斯科国际关系学院的演讲中，他引用车尔尼雪夫斯基的名言，以说明前途是光明的，道路是曲折的："历史的道路不是涅瓦大街（相当于圣彼得堡的"长安大街"）上的人行道，它完全是在田野中前进的，有时穿过尘埃，有时穿过泥泞，有时横渡沼泽，有时行经丛林。"

就新闻而论，马克思主义新闻观主要经由苏联传入中国，并与中国近代新闻传统与共产党的新闻实践相结合，成为主导新中国新闻传播的"主心骨"。尽管其间不无失误、偏差、变异，但其基本原则与核心理念始终如一，并融入中国新闻业的血脉，包括党性原则、实事求是、为人民服务等。上世纪 50 年代初，刚刚参加工作的年轻记者范敬宜，书生意气，风华正茂。一次，他采访蜚声世界的苏联芭蕾舞演员乌兰诺娃，写出一篇辞藻华美的报道。正当兀自得意时，没想到解放区走出的总编辑批了八个字："涂粉太厚，未必是美。"这八个字，让他铭记一生。后来，无论是位居人民日报总编辑并写下《总编辑手记》，还是就任清华大学新闻学院院长并在大学课堂传道授业，他都不忘这个描眉画眼的故事，正如穆青一生记得延安礼堂的那个过甚其词的"掌声"。毕业于郑州大学中文系的新华社原总编辑南振中，从学生时代到国家通讯社总编辑，一直手不释卷。而他通读《列宁选集》的有效经验，前面的"史记"一文中曾经作了介绍。

2011 年，可谓新闻学界的"凶年"，当年有数位德高望重的知名学者相继谢世，包括原北京广播学院 93 岁的新闻理论家康荫教授、曾任复旦大学新闻学院院长的中国新闻史权威丁淦林教授、曾任中国人民大学新闻学院副院长的外国新闻史学者郑超然教授等。放牛娃出身的郑超然教授，天性淳朴，平民本色，乐观豁达，风趣幽默。他与同为中国人民大学新闻学院名教授的夫人刘明华有对宝贝女儿，郑老师戏称为"上尉的女儿"。他解释说，自己在"五七干校"时当过连长，而连长的军衔是上尉。显然，此说来自普希金的小说《上尉的女儿》，一部幽邃凄美的世界文学名著。

正因如此，中国人民对苏联解体，自然也同苏联人民一样，百感交集，惺惺相惜。北京有家知名的"莫斯科餐厅"，位于俄罗斯风格的北京展览馆附近，姜文执导的影片《阳光灿烂的日子》，有些场景与镜头就出自这家俗称的"老莫餐厅"。苏联解体后，公主坟附近又开一家"基辅餐厅"，菜肴同老莫餐厅类似，不同的是基辅餐厅雇有一批俄罗斯艺术家。他们的日常工作，就是为就餐的顾客演唱俄罗斯歌曲，间或也唱一些中国名曲，字正腔圆，气息悠长，每当餐厅响起"一条大河""歌唱祖国"等歌声时，现场气氛顿时活跃起来。在餐厅的入口处，挂有一排他们的照片及其履历，大多来历不凡，诸如"功勋演员""人民艺术家"以及莫斯科音乐学院的高才生、国际音乐大赛的获奖者等。虽说道理上都明白"人人平等""劳动光荣"等，但想到一个傲然屹立的大国颓然解体，而其艺术家为此"流落"他乡，"卖艺"为生，情感上难免不是滋味。在长诗《一个中国诗人在俄罗斯》里，当代中国大诗人昌耀就直抒胸臆，表达对苏联、对社会主义的百感交集：

> 我在物欲横流的世间，"堕落"为一个"暧昧的"社会主义分子。此际朝觐几代人精神的家园，纯是一次不期而至的殊遇。而现在，我能够用平静的心情，称自己是半个国际主义的信徒。——"革命不像在涅瓦大街散步那么平坦"……

> 看哪，滴着肮脏的血，"资本"重又意识到了作为"主义"的荣幸，而展开傲慢本性。它睥睨一切。它对人深怀敌意。它制造疯狂。它蛊惑人心。它使几百万儿童失去父母流落街头。它夺走万千青年人的生命……

> 这个世界充斥了太多神仙的说教，而我们已经很难听到

"英特纳雄耐尔"的歌谣……①

苏联解体错综复杂，一言难尽，北京电视台《档案》栏目播放的纪录片《苏联解体：八·一九事件内幕》，对此作了全面、深入、详尽的反映，给人留下鲜明印象。结尾处的场景，更觉凄凉酸楚：莫斯科，克里姆林宫，戈尔巴乔夫黯然离去的当晚，西方正沉浸在圣诞节的欢乐喜庆之中，苏联国旗伴随着纷纷扬扬的大雪悄然落下，没有任何反应，没有任何动静，这里的深夜静悄悄，静悄悄……这一场马克思主义经济学家大卫·科兹所称的"来自上层的革命"，就这样定格于这幅俄罗斯风情画中而悄然落下帷幕。所谓"来自上层的革命"，是说苏联解体的主因既非西方不战而屈人之兵，亦非普通民众自下而上发动革命，而是党和国家的上层集团自己动手瓦解了苏联。这个听起来仿佛悖论似的结论，却又顺理成章，合乎逻辑。因为，苏联党和国家的上层集团，如中央委员、各部部长、共青团领导、加盟共和国首脑、州委书记、国有企业厂长等，作为特权阶级攫取了巨额利益，并贪得无厌地巴望攫取更大的利益，后来的叶利钦家族以及苏联解体后的"寡头"多属这个集团的成员。然而，在社会主义体制下，这一切不仅受到限制，遭遇瓶颈，使他们不可能像华尔街大佬那般富可敌国，而且由于同马列主义格格不入，理论上也是早晚要被追究的。所以，这个高高在上的特权阶级，便联手瓦解了苏联——这就是科兹所说的"来自上层的革命"。在《来自上层的革命》一书里，科兹还对苏联解体前的新闻传播以及意识形态乱象，进行了入木三分的揭示和鞭辟入里的分析，成为迄今为止最具权威性的阐述，也与中国社会科学院研究员程巍的分析不谋而合："在苏联，文化领导权也经历了一种微妙的转移，从苏联官方意识形态家手中旁落到了反苏联的苏联知识分子和西方意识形态家的手中。一旦文化领导权旁落，那苏联意识形态家的任何表述，即便是如实的表述，都被当作谎言，而反苏联的

---

① 昌耀：《昌耀诗文总集》（增编版），北京，作家出版社，2010，第 667、670、672 页。

人士的任何言论，即便是不实之词，都被看作真理。"① 顺便说一句，现在报刊书籍中层出不穷的所谓"前苏联"，就像"前拜占庭""前波斯""前普鲁士""前南斯拉夫"一样莫名其妙，道理很简单，有了"后汉"（西汉），才有"前汉"（东汉），没有"后苏联"，焉有"前苏联"。

据《中华读书报》报道，《这里的黎明静悄悄……》的作者鲍里斯·瓦西里耶夫，2013 年 3 月 11 日在莫斯科辞世，享年 88 岁。瓦西里耶夫生于苏联的斯摩棱斯克，1941 年苏德战争爆发后参军入伍，后来负伤住院。他创作的 30 余部长篇小说和短篇小说集，多与战争与军人有关。他是"工农兵"中走出的作家，如同那位在中国家喻户晓的《钢铁是怎样炼成的》一书作者奥斯特洛夫斯基，而奥斯特洛夫斯基的名言同样激励了几代中国人：

> 人最宝贵的是生命。生命属于人只有一次。人的一生应当这样度过：当回忆往事的时候，他不会因为虚度年华而悔恨，也不会因为碌碌无为而羞愧；在临死时候，他能够说："我的整个生命和全部精力，都已经献给了世界最壮丽的事业——为人类的解放而斗争。"

（［美］大卫·科兹等：《来自上层的革命——苏联体制的终结》，曹荣湘等译，中国人民大学出版社，2008）

---

① 程巍：《中产阶级的孩子们：60 年代与文化领导权》，北京，三联书店，2006，第 456 页。

从南斯拉夫的桥到新闻记者的笔

　　1984 年，广州。我作为访问学者，来到珠江之滨、黄埔之畔的暨南大学。时值改革开放初期，南国得风气之先，透着一片勃勃生机，就像风行的电影插曲《迎宾曲》抒发的：花城百花开，花开朋友来……对南来北往的淘金者而言，羊城自是风水宝地，而对读书人来说，这里同样风光旖旎，外版书、港台书更是迷人。

　　广州一年，读了一些书，也淘了一些书，特别难忘"一批"与"一部"。前者是给郑州大学新闻系购买的一批港台版专业书，这批当年的"宝贝"对笔者撰写《传播学引论》颇有参考，其中《大众传播理论》印象尤深，只是对作者李金铨一无所知。多年后，终于相识这位海外学者时，自然先把这段故事告诉他。至于"一部"，则是诺贝尔文学奖作品《德里纳河上的桥》。这部长篇小说的作者安德里奇，曾任南斯拉夫联邦人民共和国作家协会主席，1961 年获得诺贝尔文学奖。二战期间，拒绝同德国法西斯合作，隐居贝尔格莱德，潜心写作，1945 年完成《德里纳河上的桥》。1956 年，来中国参加鲁迅先生逝世 20 周年纪念会，写下《鲁迅故居访问记》一文。

　　作为独立国家，南斯拉夫存在不足百年（1929－2003）。二战后重建的"南斯拉夫联邦人民共和国"，由六个共和国组成：塞尔维亚、克罗地亚、斯洛文尼亚、波斯尼亚和黑塞哥维那（波黑）、马其顿、黑山，而这些国家地区无不源远流长，历史悠久。1963 年，南斯拉夫联邦人民共和国更名为"南斯拉夫社会主义联邦共和国"，简称"南联邦"。苏东解体，南联邦也经历变故，并组成"南斯拉夫联盟共和国"，即"南联盟"。南联盟战乱频仍，1998 年以美国为首的北约绕开联合国，对其狂轰滥炸 78 天，更是造成巨大的人道主义灾难。其间美国军机悍然袭击中国驻南联盟大使馆，三枚导弹直接命中使馆大楼，犯下人类历史上闻所未闻的骇人暴行，三位中国记者不幸蒙难——新华社记者邵云环、《光明日报》记者许杏虎与朱颖夫妇。2003 年，南联盟改名塞尔维亚与黑山，最终取消了"南斯拉夫"国号。

南斯拉夫所处的巴尔干半岛，向有"欧洲的火药桶"之称。这里是欧亚非三大洲的结合部，控扼地中海、黑海及印度洋的咽喉要道，战略位置十分突出，民族关系异常复杂，历史恩怨盘根错节。第一次世界大战的导火索，即由塞尔维亚青年刺杀奥匈帝国王储而引燃。第二次世界大战期间，南斯拉夫共产党游击队在铁托领导下，英勇顽强，神出鬼没，给德寇以沉重打击与战略牵制，赢得世界反法西斯阵营的青睐。正因如此，南斯拉夫产生了一批经典的二战题材影片，一度热播的电视剧《借枪》，片尾曲用的就是《瓦尔特保卫萨拉热窝》的主题曲，电影《桥》的插曲"啊，朋友再见"也一度风靡世界，北京大学影视专家戴锦华教授还谈道："好莱坞动作片的许多桥段、套路是'借'自南斯拉夫电影。"① 而看似巧合的是，这些影片多与一座大桥有关，这当然不是偶然的。

南斯拉夫中南部多为山地，高山峡谷，峭壁险峰，构成地形地貌的特征，也形成南斯拉夫游击队的天然屏障。由于这一地理风貌，桥也自然成为南斯拉夫的一大景观。在崇山峻岭间，在激流峡谷上，一座座凌空飞架的大桥既便利商旅交通，又构成叹为观止的人文景观，而有关桥的故事、传说、奇闻等也同东正教传统一样，融入南斯拉夫的历史文化血脉，同时也构成小说《德里纳河上的桥》的故事背景。作者安德里奇在古城维舍格勒度过童年，而他的家乡就位于德里纳河畔，城郊的十一孔大石桥，给他以丰富的人生滋养，述说桥的瑰丽传

---

① 戴锦华等：《记忆的神话——80 年代译制片与怀旧（上）》，载《中华读书报》2015 年 9 月 2 日。

奇与民间故事，在他幼年的记忆里留下缤纷绚丽的精神烙印，半个世纪后终于汇成了这部"巴尔干人民的史诗"。

这部史诗性的世界名著以一座大桥的兴废为线索，用20余万字的篇幅，跌宕起伏、生动流畅地展现了一个民族四五百年的风雨沧桑，追述了从16世纪至第一次世界大战，波斯尼亚在奥斯曼帝国和奥匈帝国占领下的世事变幻，人事代谢，具有评论家称道的托尔斯泰"纪念碑式的风格"。小说的主角是大桥，主线是大桥，故事情节也无不围绕着大桥，古朴深沉，壮阔雄浑。这里，大桥好似一位饱经沧桑的老人，淡淡地、娓娓地讲述着一串串饱含眼泪、热血、辛酸、忧伤的往事：

> 大桥的存在及其伟大意义是永恒的……如同亘古不变的高山大河，始终如一。月亮圆了又弯，弯了又圆，人类也世代相传，繁衍不息，它却永葆青春，如同桥下流水年年如此。[①]

当我第一次读到《德里纳河上的桥》时，只觉潮起潮落，汹涌澎湃，千回百转，一泻汪洋。如此大开大合的历史，如此悲欢离合的人生，如此长歌当哭的情怀，都被作者编织为一幅徐徐展开、错落有致、淡妆浓抹总相宜的迷人画卷，让读者跟着他，时而沉浸于田园牧歌，时而屏息于狂风骤雨，时而昵昵儿女语，恩怨相尔汝，时而划然变轩昂，勇士赴敌场，铿铿锵锵而张弛有度，嘈嘈切切而丝丝入扣，仿佛黄河落天走东海，万里写入胸怀间。不妨说说小说中的几个细节吧。

穆哈默德巴夏·苏格利，是奥斯曼帝国有名的政治家与军事家，"他指挥了在三大洲进行的多次战争，这些战争大多取得了胜利。他拓展了土耳其帝国的疆界，对外保证了国家的安全，对内治理有方"[②]。他原是波斯尼亚人，生于德里纳河附近深山的一个村庄，

---

① ［南斯拉夫］伊沃·安德里奇：《德里纳河上的桥》，周文燕等译，王少恩等校，北京，人民文学出版社，1979，第70页。

② 同上，第17—18页。

1516 年同一群塞尔维亚小孩作为"血贡"进奉帝国首都。所谓"血贡",是奥斯曼土耳其实行的一种野蛮制度,在东南欧的保加利亚、塞尔维亚、希腊等地强征基督教男童,送往遥远的、烜赫一时、威震天下的伊斯坦布尔,然后实施割礼,改宗伊斯兰教,长大后编入土耳其军队,回头镇压自己的父老乡亲。十来岁的穆哈默德巴夏同其他血贡一样,也改了名字、宗教信仰以及生活习俗,长大后还擢升为海军大将和丞相,成为苏丹的驸马。正是这位驸马爷建了德里纳河上的桥,因为幼年由此过河落下的一种怪病困扰他几十年:

> 他想到了根除这个痼疾的唯一办法:消灭那遥远的德里纳河上的渡口……在这条险恶的河流上架一座桥,沟通险峻的两岸,使被切断的大道成为通衢,从而把波斯尼亚和东方,他的出生地和他后来生活的地方,永远牢固地连接在一起。①

为了实施这一雄心勃勃的计划,压制当地人的反抗,他派出心腹阿比达做监工。这是一个心狠手辣的家伙,凶悍残暴,远近闻名。阿比达一到任,就召集当地官员与绅士训话,赤裸裸地、不加掩饰地、让人心惊肉跳地讲了一番"大实话":

> 毫无疑问,在我来到之前,你们已经听到关于我的种种流言蜚语。不用打听我也知道,那不可能是恭维话……总之,说我是一个杀人不见血的恶棍。我现在要告诉诸位,这些话不是无中生有,也不是言过其实。我身上确实没有什么好处可言。我干了多少年,唯丞相之命是从,才获得这样一个美名。我是奉命为修建这项工程而来的,我信仰真主,我也希望这项工程能够完成。一俟工程竣工,我就离开此地。我希望在我走之前,会有比你们已经听到的更令人毛骨悚然的话,从这里传播出去。②

---

① 〔南斯拉夫〕伊沃·安德里奇:《德里纳河上的桥》,周文燕等译,王少恩等校,北京,人民文学出版社,1979,第 18 页。

② 同上,第 20 页。

　　果然，更令人毛骨悚然的事情，不久就发生了。为了杀一儆百，他将"抵抗运动"领袖拉底斯拉夫绑在桥头，当着全城百姓施以"桩刑"。获得 2013 年诺贝尔文学奖的莫言，在 2001 年的长篇之作《檀香刑》里写到的檀香刑，同安德里奇笔下的桩刑颇为相似，读来无不令人腿根发紧，毛发耸立，瞠目结舌，魂飞魄散：

　　　　一根约有四土耳其尺长的橡木木桩，削得很细，涂上了煤烟，尖尖的顶端包着铁头……一把木槌，是把木桩揳入犯人体用的……

　　　　三个茨冈人把他的双手反绑在背后，在他的每条小腿下方捆了一根绳子。两个茨冈人各执一根绳头，使劲向两边拉，把他的大腿分开。这时，麦尔强把那个木桩放在两根短圆木上，木桩的尖头对准他的胯下。随后从腰带上抽出一把宽刃的短刀，跪在他身旁，俯下身去割破他的裤裆，把裂口撕得很大，好让木桩由此插入体内。

　　　　这一切都办完之后，麦尔强跳起来，在地上操起一把木槌，开始慢慢地、轻轻地捶打木桩的下端。每打一下，他就停一会儿，先看看木桩插入人体的情况，随后又看看那两个茨冈人，叫他们慢悠悠地拉着绳子，劲儿不要使得太猛。拉底斯拉夫的身体本能地抽动起来；每打一槌，他的脊梁就往上弓起，但那两条绳子马上又把他的身子拉直。

　　　　这一切情景，河两岸的人只能听到一点声响，几乎什么也看不见。但是人们个个两腿发抖，面色煞白，手脚冰冷。

　　　　捶打后来停了一会儿，因为麦尔强发现犯人右肩胛骨上方的皮肤隆起，肌肉绷得很紧，他迅速走过去在隆起的地方用刀切开一个十字。一缕鲜红的血液从刀口流出，越流越多。他又轻轻地小心捶了两三下，只见切口处露出了木桩的包铁尖头。他又捶了几下，木桩尖头便与右耳并齐了。

　　　　拉底斯拉夫受桩刑如同用烤叉串小羊，不同的是，这根叉的尖头不是从嘴里出来，而是从背上出来，所以对肠子、心脏和肺部都没有什么严重损伤。

他的心脏仍在微弱地跳动，肺部呼吸急促。[①]

读到这里，我们也不由得呼吸急促起来，恍惚置身行刑的现场，嗅到了血腥恐怖的气息。这也是文学的力量或魔力，植根人生，直面人心。如今，新媒体沸沸扬扬，新时尚扰扰攘攘，新闻领域的大融合、大数据、大变革也貌似此起彼伏，化用诗人昌耀的名句，这个世界"充斥了神仙的说教，而我们已经很难听到自然淳朴的歌谣"。然而，无论世事如何白云苍狗，新闻学与新闻业终究离不开人间烟火，如马克思所谓"人民千呼万应的喉舌"，如毛泽东为《大公报》的题词"为人民服务"，或宋儒张载所言"为天地立心，为生民立命，为往圣继绝学，为万世开太平"等。获得中国新闻奖2012年一等奖作品《新疆塔县皮里村蹲点日记》的记者何盈，用一句富有诗意的话表达了类似心愿："做一个裤腿上永远沾着泥巴的记者。"换言之，新闻学与新闻业的根基终归是千年万年的"人文"，而非花里胡哨的"新潮"，认真的新闻、严肃的记者只能永远植根亿万人民的生活土壤，而不可能让"云计算"什么的弄得云里雾里，无根无蒂。所以，迄今为止的中外新闻大家，无不重视新闻的人生意味与人文蕴含，由此也无不注重文史哲的滋润与修养。

历史之于新闻在书谭拙文"且谈明朝那些事……"里已有所涉及，而文学同样是滋养新闻人的精神源泉。可以说，新闻与文学也如一对孪生兄弟，无论历史起源，还是现实功能，都剪不断、理还乱。大略说来，一方面新闻与文学均属社会生活与人民心声的鲜活反映，一方面新闻与文学又无不通过叙事方式而呈现出来。美国的"新新闻"实践、普利策新闻奖特稿作品、《人民文学》近年开设的纪实专栏等，更是突出显示了新闻与文学的血脉相通、水乳交融。美国当代作家杜鲁门·卡波特的《冷血》以非虚构著称，无一处无来历，报道

---

① ［南斯拉夫］伊沃·安德里奇：《德里纳河上的桥》，周文燕等译，王少恩等校，北京，人民文学出版社，1979，第42—47页。

了一起血淋淋的凶杀案，而人物形象之鲜明、故事情节之曲折、心理活动之真切，不亚于优秀的文学作品。《人民文学》发表文学博士梁鸿的《中国在梁庄》，同瞿秋白的《饿乡纪程》、夏衍的《包身工》、邹韬奋的《萍踪寄语》、范长江的《中国的西北角》等名作如出一辙，又都不输于地地道道的新闻作品。既然新闻与文学的内容与叙事无不相通，那么深切关注人世沧桑的记者，自然也就不能不涉猎各类文学名作，从而既深刻体味丰富的社会蕴含，深入理解怅望千秋、萧条异代的人生况味，又可从中获得诸多借鉴，以改进完善新闻报道，包括简练、准确、生动等笔法。几年前，清华大学新闻学院推行了毕业生（本科生与研究生）以新闻作品代学术论文的改革，2013 年两会期间俞正声向湖北代表团推荐的《农民中国》（高等教育出版社 2012）即为这一改革实践的成果之一。在推进这一教学改革，以及指导本科生、研究生采写新闻作品时，我也常常提醒学生，除实地采访、研读新闻范本、向各路新闻记者学习之外，优秀的文学作品对知人论世与谋篇布局也同样不可或缺，甚至更有意义与启迪。上海大学王晓明教授在讲解陀思妥耶夫斯基的《卡拉马左夫兄弟》时提到的一点，也无异于同样揭示了新闻记者的"铁肩担道义，辣手著文章"（邵飘萍）：

> 几百年或更长的一段时间里面，当人类社会的黑暗和光明持续斗争的时候，文学站在黑暗一边的情况是很少很少的，不是说没有，但很少，在大多数时候，文学都是站在受欺负的弱势者一面的，站在追求正义和公正的社会未来这一边。譬如对于中世纪的宗教专制和现代资本主义的抗议，文学都是最早的参与者。①

还以《德里纳河上的桥》为例，看看文学的知人论世与谋篇布局。安德里奇是位颇具哲思的作家，他对社会人生的深切洞明不仅闪现于字里行间的佳言懿语，而且更融汇于"人世几回伤往事，山形依旧枕寒流"的深沉叙事。前者如：

---

① 毛尖编：《巨大的灵魂战栗》，上海，上海书店出版社，2013，第4—5页。

——治好人们精神上的创伤，最好的办法是忘记过去，
而要做到这一点，只有歌声最有效，因为歌声一起，便会把
人们带到美好的境界中去；

——没有公开暴乱和试图推翻它的地下活动，一个政权
也就不成其为政权了，正如一个人在生意上如果不受挫折，
总是一帆风顺，那他也成不了富翁；

——他竭力说明一个人主要不是在乎走得快，问题在于
到哪里去，去做什么，因此快并不一定就是好。"如果你是
上地狱去，那还不如慢一点好"；

——土耳其人说得好，有三件事是无法隐瞒的，这就是
谈情说爱、咳嗽和生活劳苦……①

至于后者，如下一段几近白描的文字对现代化与现代性的审视与
反思，相较学界一些云山雾罩的高谈阔论不是更有启发么：

这些外国人一刻都不闲着，也不让别人闲着。好像他们
决心要用一套法律、规章和命令无形之中但又越来越明显地
把整个生活，包括人、畜和物全部束缚住，而且要把他们周
围的一切——市容、风俗、习惯等，从摇篮到坟墓，来个翻
天覆地的大变化。他们对这一切不慌不忙地在进行，不说空
话，不用暴力，也不强迫，因此谁也没有理由反对他们。如
果他们偶然遇到有人不理解，或者遇到一些阻力，他们就立
刻停下来，暗中进行磋商，只是把他们的工作方针和方法加
以修改，但总的决定还是不变，照样进行到底。他们所做的
一切看来都是毫无意义，甚至是荒诞的，例如丈量一些荒芜
的土地，把森林里一些树木标上记号，检查粪坑和阴沟，检
查牛马的牙齿，审核度量衡，调查人民所患的疾病、果树的
数量和名称，母羊和家禽的种类等。他们简直是在闹着玩，

---

① ［南斯拉夫］伊沃·安德里奇：《德里纳河上的桥》，周文燕等译，王少恩等校，
北京，人民文学出版社，1979，第 82、83、248、294 页。

在当地居民的眼里，这些事情简直不可理解，毫无意义，徒劳无用。他们那样热情专注地进行的这一切事情，忽然不了了之，也没有留下一点踪迹，似乎已经彻底消灭了。但是几个月以后，往往是整整过了一年以后，人们已经把这些事情完全忘了，这时候，人们早已遗忘，表面上毫无意义的那些措施突然又有了下文。各区区长被召集到市政府，聆听各种新颁发的命令，这些命令牵涉到砍伐树木，消灭伤寒，经营水果、糕点或有关牲畜通行证等等规定。每天都有一种新的规定，而且每颁发一种规章，大家不是感到个人的自由受得了部分的限制，就是感到个人应承担的义务增加了；另一方面整个城市、所有乡村和全体居民的生活领域开阔了，范围越来越扩大了。①

作为典型的叙事文本，文学作品的谋篇布局及遣词用语，则因人而异，也举不胜举。这里仅谈一点，即可略见一斑。《德里纳河上的桥》开篇就围绕建桥展开，写到丞相造桥缘由、亲信暴戾恣睢、民众顽强反抗等情节。当美轮美奂的大桥终于赫然展现，人们奔走相告时，这一场景也落下帷幕。下一章一开始，作者仅用一个看似漫不经心的句子——"一百年过去了"，便一下移到下个百年，正如胡适称道《木兰辞》，只用"将军百战死，壮士十年归"而概括十年征战的笔力②，真是举重若轻，不着痕迹，寥寥数字，尽得风流：

> 这一百年不能算短，这期间，人类几经沧桑，许多建筑物已不复存在，但设计考究、基础牢固的大型建筑物却没有什么变化，大桥、加比亚台和附近的旅舍仍旧屹立在那里，雄姿不减当年。看来，随着四季循环不已，人类繁衍不息，这两座建筑物还会安然无恙地度过第二个一百年。但意想不

① 〔南斯拉夫〕伊沃·安德里奇：《德里纳河上的桥》，周文燕等译，王少恩等校，北京，人民文学出版社，1979，第149—150页。

② 罗尔纲：《师门五年记　胡适琐记》（增补本），北京，三联书店，2006，第150页。

到的是，遥远地方所发生的事件却起到了漫长岁月所起不到的作用。①

于是，由此展开新一轮的叙事，开始讲述"遥远地方所发生的事件"。就这样，大桥的故事移步换形，淡出淡入，直至1914年。第一次世界大战爆发后，随着一声轰然巨响，德里纳河上的桥也化为瓦砾，象征着文明就此陨落。从那时到现在，又过去整整一百年了，而这一百年人类世界更是跌宕起伏，惊涛裂岸……

年逾八旬的台湾记者王鼎钧在写作与文字方面也颇为讲究，他的回忆录四部曲更是有名的佳作，其中除了本身巧夺天工的谋篇布局，遣词用语，以及他所服膺的为文之道——好的意见说得好，好的材料写得好，还有一些章节专门谈及文字与写作，既有大道理，又有小技巧，与古今中外优秀的作品包括《德里纳河上的桥》如出一辙，若合一契。比如，他提到一位国语专家的告诫："通常一个句子不超过十个字，因为人在一呼一吸之间可以讲十个字，换气最好也换句。"②再如，他回忆小学时的一位"大老师"对他作文的影响：

> 他老人家说，文章不是坐在屋子里挖空心思产生，要走出去看，走出去听，从天地间找文章。
>
> 他老人家最反对当时流行的"新文艺腔调"，例如写月夜："一轮皎洁的明月，挂在蔚蓝色的天空，照着我孤独的影子。"例如写春天："光阴似流水般的逝去，一转眼间，桃花开了，桃花又谢了，世事无常，人生如梦。"
>
> ……
>
> 回想起来，大老师这番教导出于正统的写实主义（应指现实主义——引者注），是堂堂正正的作家之路，对我们期望殷切，溢于言表。可是，那时候，我并没有完全了解他的

---

① ［南斯拉夫］伊沃·安德里奇：《德里纳河上的桥》，周文燕等译，王少恩等校，北京，人民文学出版社，1979，第70—71页。

② 王鼎钧：《文学江湖：回忆录四部曲之四》，北京，三联书店，2014，第73页。

意思，我相信，别的同学也没有听懂。[①]

　　这位先进知识分子不仅给少年王鼎钧指出为人为文的正道，而且也在日常点点滴滴的指导与点拨中，给他和我们留下了一些弥足珍贵的"作文秘笈"：

　　他说，文笔一定要简洁。

　　国文课本里有这么一个故事：敌人占据了我们的城池，我军准备反攻，派一个爱国的少年侦察敌情。这少年在午夜时分爬上城头，"看见月色非常皎洁"。

　　看见月色非常皎洁！全课课文只有这一句写景，大老师称赞这一句写得恰到好处。为什么到了城头才发现月色皎洁？因为这时他需要月色照明，好看清楚城里敌人的动静。他说，倘若由俗手来写，恐怕又是"一轮皎洁的明月挂在蔚蓝色的天空"，一大串拖泥带水的文字。

　　受降城上月如霜！月如霜三个字干净利落，用不着多说。

　　……

　　有一次，我在作文簿上写道：

　　时间的列车，载着离愁别绪，越过惊蛰，越过春分，来到叫作清明的一站。

　　大老师对这段文字未加改动，也未加圈点，他在发还作文簿的时候淡淡地对我说："这是花腔，不如老老实实地说清明到了。"

　　又有一次，我写的是：

　　金风玉露的中秋已过，天高气爽的重阳未至。

　　他老人家毫不留情地画上了红杠子，在旁边改成"今年八月"。

---

　　① 王鼎钧：《昨天的云：回忆录四部曲之一》，北京，三联书店，2014，第56—57页。

回想起来，大老师提倡质朴，反对矫饰，重视内容。①

尚简洁，倡质朴，避矫饰，重内容——这些现实主义的写作要素，也无不属于新闻写作的要义。虽然手法可以云卷云舒，不拘一格，行文可以千姿百态，变幻无穷，但一语天然万古新，铅华落尽见真淳，则其致一也。所以，无论读安德里奇的大桥故事，还是读王鼎钧的人生回忆，都如春风杨柳万千条，轻舟已过万重山。

我们知道，南斯拉夫与新中国颇多相似与相关。冷战时期，铁托与毛泽东都不怕鬼，不信邪，坚定维护国家利益与民族尊严，奉行独立自主的发展道路，不依附于、屈从于任何强权势力。同时，又着眼世界，胸怀天下，具有一种共产主义情怀下的国际主义视野，铁托倡导的"不结盟运动"，毛泽东提出的"三个世界"理论以及广泛声援亚非拉人民反帝反殖斗争，均对世界格局产生战略性、全局性影响。上世纪六七十年代的"国际新闻新秩序"浪潮，就是在这一时代背景下并依托于不结盟运动而风起云涌，风云激荡，最终产生世界新闻传播史上的里程碑文献——联合国教科文组织的《多种声音，一个世界》，对西方一手遮天的新闻格局第一次形成全面冲击。当此时，为了破除西方阵营对新中国的围堵与遏制以及后来苏联的霸权主义，中国人民在毛主席、共产党领导下，坚毅卓绝，众志成城，折冲樽俎，远交近攻，最终迎来 70 年代地缘政治的崭新局面。联大恢复中国合法席位、"跨越太平洋的握手"、"我们的朋友遍天下"、日本以及一批西方国家纷纷与中国建交、为改革开放剪彩的"四三方案"等，无不标志着新中国以独立自主的大国姿态走上世界舞台的中心。与此相应，20 世纪六七十年代，为了深入了解世界，特别是让领导干部与知识分子知己知彼，国家还出版了一批内部发行的所谓"皮书"，包括灰皮书、黄皮书、白皮书等，总计 200 余种人文社科图书，囊括今天流行的《1984》《古拉格群岛》《通往奴役之路》等"名作"，涉及

① 王鼎钧：《昨天的云：回忆录四部曲之一》，北京，三联书店，2014，第57—58页。

考茨基、伯恩斯坦、托洛茨基、萨特、哈耶克，以及铁托的战友而后来分道扬镳的吉拉斯及其《新阶级》。韩少功在小说《日夜书》里，还以"文革"期间一对"胸怀祖国、放眼世界"的知青互不服气的斗嘴提及《新阶级》，读着活灵活现，忍俊不禁：

　　"你们读过《斯巴达克斯》?"

　　"哎呀呀，通俗文学在这里就不必谈了吧?"

　　"那你们读过吉拉斯的《新阶级》?"

　　"也就看两三遍吧，不是太熟。"

　　……①

　　有一年，我在国家大剧院音乐厅欣赏了一场中国电影乐团的新春交响音乐会，一曲曲激荡人心的电影旋律将思绪带回风云起伏的年代。其间，报幕员或主持人的解说珠联璧合，画龙点睛，尤其给人留下难忘印象。这位别开生面的主持人，原来是电影导演江平，他执导的《康定情歌》，是这些年难得一遇的优秀作品。音乐会上，他用声情并茂、绘声绘色的解说，娓娓讲述了一个个有趣而有益的电影音乐故事，包括一段与《瓦尔特保卫萨拉热窝》有关的亲身经历。2011年，他率中国电影代表团出访那个曾叫南斯拉夫，如今分裂为六个国家的首都贝尔格莱德。一天，他们坐着大使馆的车，路过一座被美国军机炸塌的引桥，看见桥洞里有几位老人。当时，他心有所动，忙喊停车。下车后，走过去，端详着一位满头华发、一脸皱纹的老人，直觉告诉他眼前是中国亿万观众深爱的那位游击队长"瓦尔特"，一问果然。老人感慨道，只有"中国同志"还记得我。与他在一起的另一位其貌不扬的老人，在拍卖一架手风琴。再一问，居然是南斯拉夫电影界的功勋音乐家，如今由于贫困，不得不出卖心爱的乐器，而这架手风琴还是1953年，斯大林通过马林科夫赠送的礼物。老人一听说是中国同志，马上不再讨价还价，愿意无偿相赠，只是最后想用它再拉一曲音乐。听了江平转述的老人心声，怎能不凄怆黯然：我们的党

---

　　① 韩少功：《日夜书》，上海，上海文艺出版社，2013，第98页。

没了，国家没了，电影厂没了，电影音乐没了！

1984 年，我在暨南大学跟随名作《光荣与梦想》的译者梁洪浩先生研修世界新闻史。有一天，去北京路书店，无意间发现《德里纳河上的桥》。那时孤陋寡闻，既不解这部名著，更不知安德里奇，八成为了"特价"将其淘入书囊。后来，又无意间翻开《德里纳河上的桥》，才一下被其有声有色的故事与叙事所吸引，一气读完，心潮翻涌。除了内心的感触与精神的淘洗，书中最后那段天问般的人物独白，还被引入 2005 年付梓的拙著《全球新闻传播史》：

> 这些邪恶的异教徒对任何东西都进行整顿，清扫，维修，改善，然后又都毁于一旦，他们也许会扩展到全世界；他们疯狂建设，又疯狂破坏，也许会把真主所创造的整个世界弄成杳无人烟的荒野，或者变成一个放牧场，以满足他们贪得无厌的胃口和无法理解的食欲吧？一切都是可能的，不过有一件事是不可能的：那些英明伟大、灵魂高尚的人物，为了真主的荣耀，创建了一些千古长存的建筑物，使大地变得更加壮丽，使人类生活得更加舒适美好，这样的人物将与天地日月共长存。如果这样的人物也完全消逝，那就等于世界上对真主的爱已经完全消失殆尽。这是绝对不可能的。[①]

（［南斯拉夫］安德里奇：《德里纳河上的桥》，周文燕等译，人民文学出版社，1979；［塞尔维亚］帕维奇：《哈扎尔辞典》，南山等译，上海译文出版社，1998）

---

① ［南斯拉夫］伊沃·安德里奇：《德里纳河上的桥》，周文燕等译，王少恩等校，北京，人民文学出版社，1979，第 380—381 页。

帝国的好兵，人民的帅克

——读世界名著《好兵帅克历险记》

在《文心雕龙·知音》篇里，刘勰写下一段有名的文字："慷慨者逆声而击节，蕴藉者见密而高蹈，浮慧者观绮而跃心，爱奇者闻诡而惊听。"就是说，萝卜白菜，各有所爱。以读书为例，人人都有钟爱的图书，乃至一读再读，百读不厌。诗人绿原曾列举他一读再读的十种书：《毛泽东选集》《鲁迅全集》《红楼梦》《聊斋志异》《道德经》《金刚经》《圣经》《李白诗选》《浮士德》与莎士比亚作品。这里谈的世界名著《好兵帅克历险记》，则是笔者爱不释手的作品之一。只要一提起憨态可掬的帅克，一想到他一本正经地把大人先生弄得洋相百出，狼狈不堪，就总是忍俊不禁。

2014 年，是人类历史上危害惨烈前所未有的第一次世界大战爆发整整 100 年，也是捷克伟大作家哈谢克辞世 91 年，他塑造的好兵帅克堪称一战经典之作。如同提到塞万提斯未必人人清楚，但说起堂·吉诃德则可谓天下谁人不识君一样，知道哈谢克的大概寥寥无几，但他笔下的好兵帅克却风靡全球，为世界各国人民所喜爱。笑料不断的帅克一战历险记，既充满对权贵的辛辣批判，又饱蘸对人民的生动礼赞。

1883 年，哈谢克生于布拉格。1915 年，作为奥匈帝国的士兵应征入伍。同年，"自愿被俘"，逃往俄国。十月革命后，参加苏联红军，成为列宁领导的一名布尔什维克。1921 年，开始创作长篇小说《好兵帅克历险记》，1923 年英年早逝。在全书未完成的四卷中，第一卷最精彩，或许也在于哈谢克染上当时的不治之症肺炎后，病情不断加重，健康日益恶化，无法伏案写作，最后只能口授。

作为人民文学的代表作，哈谢克的《好兵帅克历险记》以第一次世界大战为背景，塑造了一个令人难忘的形象——帅克，通过这个小人物"在后方""在前线""光荣的败北"等层出不穷的笑料，嬉笑怒骂地揭露了奥匈帝国的黑暗、腐朽与残暴，淋漓尽致地批判了帝国主义战争反人类、反文明的性质，同时也在广泛的社会历史层面上，展现了人民生活的永恒价值与无穷魅力。其中的人生哲理如同阿凡提故事、一千零一夜、伊索寓言、聊斋志异等民间传奇，散发着迷人神彩，蕴含着幽深意味，就像帅克那句大智若愚的名言：该怎么的就怎么的，反正就是这么的，从来没见过谁说事情不是这么的。与这部讽刺名著相映成趣的，还有捷克漫画家拉达的数百幅插图，同样妙趣横生，同样令人捧腹，不亚于三毛流浪记、米老鼠唐老鸭等漫画形象的脍炙人口，深入人心："他在枪林弹雨、榴霰弹爆炸声中点着他的烟斗，脸部表情善良而泰然，看去很机灵，但根据需要又很会装傻。"（拉达）①

一百多年前，当资本主义进入列宁在《帝国主义是资本主义的最高阶段》中论述的垄断时期，争夺世界市场、掠夺海外资源、拓展殖民领地，使列强之间日益剑拔弩张，兵戎相向。英国、法国、德国、俄国、意大利、奥匈帝国、日本等帝国主义国家，更是磨刀霍霍，杀气腾腾，强盗分赃的火并已是箭在弦上，一触即发。于是，1914年6月28日，奥匈帝国皇储斐迪南大公在萨拉热窝遇刺，就偶然地成为第一次世界大战的导火索了。

提起一战后土崩瓦解的奥匈帝国，今人可能没什么印象了，但奥地利、匈牙利、马其顿、塞尔维亚、克罗地亚、罗马尼亚、波兰、捷克等欧洲国家，却大多由奥匈帝国分离而成。广为流传的老约翰·施特劳斯的《拉德斯基进行曲》、电影《茜茜公主》系列等，更与这个老大帝国息息相关。电影中对茜茜公主一见钟情、风流倜傥的白马王子，正是建立奥匈帝国的皇帝弗兰茨·约瑟夫一世，一个同拉德斯基

---

① ［捷］雅·哈谢克：《好兵帅克历险记》，星灿译，北京，人民文学出版社，1993，第871页。

一样以铁血残酷闻名的统治者，而他的侄子斐迪南大公就是在萨拉热窝遇刺，从而引发第一次世界大战的帝国皇储。

好兵帅克的故事，即从这个大战导火索拉开序幕，第一章就是"好兵帅克干预世界大战"。帅克的逗人形象，帅克的诙谐幽默，帅克的机智聪慧，帅克看似寻常却奇崛的百姓口语，一亮相就那么鲜明生动，那么活灵活现。作者好像未加修饰，仅用一种自然的、白描的笔法，就把令人开怀的帅克栩栩如生地展现在读者面前，令人过目不忘：

"他们就这样把我们的斐迪南给杀了，"女佣人对帅克说。几年前，当帅克被军医审查委员会最终宣布为白痴时，他退了伍，从此以贩狗营生，替七丑八怪的杂种狗伪造纯正血统证书。

除了这档子活计外，他还患着风湿症，这时正用樟脑油搓揉膝盖。

"哪个斐迪南呀，米勒太太？"帅克问道，一边继续揉着他的膝盖。"我认识两个斐迪南，一个是给杂货铺老板普鲁什当伙计的，有一次他错把一瓶生发油喝了下去；另外我还认识一个斐迪南柯柯什卡，他是个捡狗屎的。这两个全死掉都没啥可惜的。"

"不，先生，死的可是斐迪南大公呀。就是住在科诺皮什捷的那一位，又胖又虔诚的那一位呀……"

"天哪！"帅克惊叫了一声。"这可是妙啊！大公这事儿是在哪儿发生的呢？"

"是在萨拉热窝干掉他的。您知道，还是用的左轮手枪哩，当时他正带着他那位大公夫人坐小轿车路过那儿。"

"你瞧他有多气派！米勒太太，坐的是小轿车哩。当然哪，也只有像他那样的大老爷才坐得上啊。可他准没料到，坐小轿车兜风，会不得好死。还是在萨拉热窝哩，这不是在波斯尼亚省吗，米勒太太？大概是土耳其人干的吧？本来嘛，我们根本就不应该把他们的波斯尼亚和黑塞哥维那抢过来。这下子，你瞧闹到个啥结果？米勒太太，这位大公果然上西天了吧！他受了好半天罪才断气吧？"

"大公当场就断气了，先生。谁都知道，左轮手枪可不是闹着玩儿的。前不久在我们努斯列也有位先生拿着左轮寻开心来着，结果把全家人都给崩了。门房上楼去看谁在四楼放枪，也给打死了。"

"有一种左轮，米勒太太，你就是急疯了也打不响，这种玩意儿还真不少哩！可是他们买来打大公的那杆枪准会强得多。我敢跟你打赌，米勒太太，干掉大公的那个人，那天肯定穿得很讲究。明摆着的，开枪打死一位大公，这可是非常之难哪！这可不像流浪汉朝守林官打冷枪那么容易。关键在怎么挨近他。像那样的大人物，你穿得破破烂烂就休想挨近他。你得戴上一顶高筒礼帽，要不你还没下手，警察早把你给逮住了。"

"我听说刺客有一帮子人哩，先生。"

"当然罗，米勒太太，"帅克说，正好按摩完他的膝盖。"要是你，比方说吧，想干掉一个大公或皇帝什么的，你也得找些人合计合计呀，人多智广嘛。这个人出个点子，那个人添条妙计，那就像我们的国歌上说的：'事业定必成功。'要紧的是，你得瞅准那位大人物的车子经过的那一刹那。就好比，你还记得当年用锉刀捅死我们的伊丽莎白皇后（茜茜公主——引者注）的鲁谢尼先生吧？当时他还和她一块儿散着步哩。人心隔肚皮啊！……他们朝他身上开了一枪还是几枪？"

"报上说，先生，大公的身子给打得净是筛子眼儿。刺客把子弹全打光了。"

"干得真痛快，干净利索，米勒太太。要是我去干那号子事儿，就得买支勃朗宁。这种手枪看上去像个玩具，可是只消两分钟，就可以连胖子带瘦子打死他二十个大公。不过，你别对旁人说，米勒太太，胖大公总比瘦大公好打些。你还记得葡萄牙人是怎么打死他们的国王的吗？那国王就是个胖家伙。你自己也知道，当国王的不会有瘦子。好啦，我该去'杯杯满'酒家走一趟啦。"①

在这些看似缺心眼、冒傻气的对话中，不难看出含而不露的民间智慧，不难体味字里行间对大人先生的蔑视、讽刺与嘲弄。尤其令人捧腹的是，女佣人说的是声名赫赫的帝国储君，而帅克却想到当伙计、捡狗屎的同名斐迪南；一个在讲大公乘车兜风，遇刺身亡，而另一个却东拉西扯，什么左轮手枪打不响啦，伊丽莎白皇后即茜茜公主被锉刀捅死啦；米勒太太提到斐迪南身上打得满是枪眼，而帅克则琢磨着胖的瘦的哪个好打，若自己干这事儿，就买把勃朗宁手枪，连胖子带瘦子一下打死 20 个大公。表面看，帅克似乎脑子进水了，而无论帅克还是读者，其实无不心知肚明，这些装傻充愣的言谈话语，处处流露着对高高在上作威作福者的调侃、戏谑与嘲讽。

在哈谢克笔下，帅克惯常的拿手好戏，就是以一副天然的憨憨模样，故作痴愚，笑容可掬，摆出顺从、服帖、忠诚无比的架势，然后弄出一个又一个令大人先生痛心疾首，又无可奈何的"无厘头"。看上去，帅克一次次都在实心实意地尊奉大人先生的旨意、命令、心思，可他"越是忠顺地执行上司的命令，闹出的乱子就越大，他的上级长官就越给他弄得狼狈不堪，丑态百出"②。仿佛他在哪里出现，哪里就鸡飞狗跳，冠冕堂皇的正剧就顿时演为荒唐滑稽的喜剧。面对帅克"那张明月般的笑脸，那双天真无邪的蓝眼睛，那副镇定自如的神态，那一套套头头是道的辩解词"③，帝国一整套官僚机器如同拳头打在棉花上，一下子就泄了气，密探、法官、神父、上尉、上校、将军等一边气急败坏，暴跳如雷，一边又束手无策，哭笑不得。

---

① ［捷］雅·哈谢克：《好兵帅克历险记》，星灿译，北京，人民文学出版社，1993，第 3—7 页。

② 同上，"前言"，第 6 页。

③ 同上，"前言"，第 6 页。

最让人乐不可支的，还是帅克与上尉这对"欢喜冤家"貌似阴差阳错的悲喜剧。人们发现，每一次上尉给帅克派活儿，最后都无一例外地被他这位傻乎乎的勤务兵和传令兵煞有介事、一本正经地搞砸，让上尉丢人现眼，出乖露丑。而这样的事情又没完没了，以至于上尉恨不得离帅克越远越好，可帅克七拐八拐最终又回到他身边。所以，读者可以想象，回回"用心良苦"的恶作剧以及"小别重逢"后，上尉面对帅克时那种难以名状的痛苦、无奈、以头抢地、绝望无助：

"帅克，你这个畜生，猪猡，住嘴！你要不是一个狡猾的下贱胚，就是一头地道的笨骆驼，大白痴。你够典型的啦！我告诉你，你别跟我要这一套。你从哪儿弄来这只狗？怎么把它弄来的？这是我们上校的狗呀！我们不巧面碰面时，他把它带走了，你知不知道？这是天底下最丢脸的事，你知不知道？你说真话呀，你偷了还是没有偷？"

"报告，上尉先生，我没偷。"

"那你知不知道这只狗是偷来的？"

"是，上尉先生，我知道这只狗是偷来的。"

"我的天哪！帅克！himmelherrgott（德语'我的老天爷'），我枪毙你！你这畜生！下流货、你这头阉牛、臭尸！你真是这样蠢吗？"

"是，上尉先生，真是这样。"

"你为什么把一条偷来的狗带给我？你为什么把这害人的畜生塞到我屋里来？"

"为了让你高兴，上尉先生。"

帅克善良而温柔的眼睛直盯着上尉的脸，上尉坐在圈椅上呻吟起来："上帝为什么让怎么个畜生来惩罚我呀？!"①

---

① ［捷］雅·哈谢克：《好兵帅克历险记》，星灿译，北京，人民文学出版社，1993，第244—246页。

上尉已在兵营值了两天的班。他坐在办公桌前，一点儿也没料到会有人把帅克连同押解公函一并给他带了进来。

"报告，上尉先生，我归队了，"帅克敬着军礼，庄重地说。

当时科恰特柯军士一直在场，他后来这样对人描绘说：帅克报告完之后，卢卡什上尉跳了起来，两手捂着脑袋，倒在科恰特柯身上。经抢救苏醒过来之后，帅克还一直在举手敬着礼，并重复一遍说："报告，上尉先生，我归队了。"

帅克和卢卡什上尉两人面面相觑，对视无言。

上尉眼里充满了极其可怕的绝望神情，帅克却温柔亲昵地望着上尉，像是见到了他失而复得的情人一样。①

"报告，上尉先生，电话铃刚响不久……"

"听我说，帅克，我没空儿跟你闲扯淡。在军队里，通电话绝不能闲扯淡，必须简单明了。而且打电话的时候你也别搬出'报告'、'上尉先生'这一套来。我现在问你，帅克，万尼克究竟在不在你那儿？要他马上来听电话！"

"报告，上尉先生！他不在这儿……"

"帅克，你记住，等我回来时再跟你算账。你说话不能简单点儿吗？现在你好好听我说！明白吗？以后不许你以电话里有杂音来搪塞。你一挂上电话，马上就……"

断了。电话铃又响了。帅克拿起听筒，只听到一大顿臭骂："你这畜生、地痞、坏蛋！你捣什么鬼？为什么把电话挂了？"

"是你指示，我把电话挂上的。"

"再过一个钟头我就回来，帅克。你等着瞧吧！"②

---

① ［捷］雅·哈谢克：《好兵帅克历险记》，星灿译，北京，人民文学出版社，1993，第331－332页。

② 同上，第481页。

按说帅克无论从哪方面看，都俨然是一员难能可贵的帝国好兵。你看吧，当别的捷克壮丁想方设法逃避兵役，不惜装病、自残、逃亡时，帅克却忍着风湿症的疼痛，让米勒太太推着轮椅，送自己"慷慨"从军。当别人对暴虐专横的统治咬牙切齿，冷嘲热讽时，帅克却公开宣称效忠弗兰茨·约瑟夫一世皇上，"粉身碎骨也心甘情愿"。当许多士兵纷纷逃离前线，或跑到对方的俘虏营时，无意间掉队的帅克却千方百计，百折不挠地寻找自己的连队，乃至逮他的宪兵怎么也不肯相信帅克的正心诚意。而恰恰是忠心耿耿的这员好兵，用一丝不苟的认真态度与言行一致的行事风格，将帝国的专横面目以及德国学者马克斯·韦伯所论现代官僚体系的非人特征暴露无遗。对此，二战中英勇捐躯的捷克作家、共产党员伏契克一语道破："帅克掌握了让派遣他打仗的人输掉的艺术。他采用的方法不是规避和怠工，而是一本正经地执行他们的命令。"正所谓以其人之道，还治其人之身。无怪乎，"《好兵帅克》一问世，就像刨了资产阶级共和国大小官吏和奴才的祖坟"[①]。看看如下奥匈帝国的一系列密令，也可略知卡夫卡作品所折射的现代官僚体系之乖谬，电影《茜茜公主》里小丑式的帝国密探以及斯诺登监控丑闻，无非是这一体系的缩影：

> 布拉格宪兵总部整天为复写、分发这些密令忙得不可开
> 交。这些密令有：
> 关于监视各地居民思想状况的指令；
> 关于如何通过交谈以探查前方消息对各地居民情绪有何
> 影响的指示；
> 当地居民对战时公债及认购态度的调查表；
> 已经应征入伍的行将应征入伍者的情绪调查表；
> 地方自治会会员和知识分子的情绪调查表；
> 关于立即查清各地居民参加何种政党以及各该党势力情

---

① ［捷］雅·哈谢克：《好兵帅克历险记》，星灿译，北京，人民文学出版社，1993，第4页。

况的指令……①

和善、卑微、衣履寒酸的好兵帅克，不仅以忠顺的姿态、憨傻的表情、看似不着调的语言，尽情展现了对强盗战争的谴责，对变态社会的戏弄，对精英逻辑的颠覆，而且更以民间独有的本色、自然、聪慧，表现了对人生、对世事、对天地万物的深刻洞察，以及乐天知命、豁达开朗的生命境界。在其风趣诙谐的故事中，不难看到一边是帅克的淳朴、善良、正直，一边是王公大臣、上流社会的伪善、丑陋、矫情。在第一卷的跋文里，哈谢克特别写道：

> 那些待在沙龙里的人们穿着燕尾服、戴着白手套，说起话来咬文嚼字，文质彬彬，一派沙龙式的典雅道德，而在这道德的面纱下面却掩盖着一些沉湎于最卑鄙最违反自然的淫欲生活中的沙龙猛兽。②

特别是帅克一张嘴的"想当初……"，然后滔滔不绝讲述一个个充满民间智慧的逸闻趣事，更像阿凡提故事似的给人以才思敏捷目不暇接的启迪，犹如从"文雅"的天罗地网中撕开一角，让人一窥别样一番洋溢着勃勃生气的社会人生。高人雅士喜欢高谈阔论所谓启蒙云云，还不知人世间谁给谁启蒙呢。至少在帅克身上，可以真切感受"卑贱者最聪明，高贵者最愚蠢"，正如哈谢克对帅克的评价：

> 有一些被埋没的英雄人物，他们谦逊平凡，没有拿破仑那样的赫赫功名和传世业绩，然而只要分析一下他们的品格，就连马其顿的亚历山大大帝的声誉也会显得黯然无光。如今，你可以在布拉格街上遇到一个衣衫破旧的人，他自己压根儿就不知道，他在这伟大新时代的历史上究竟占有什么地位。他谦和地走着自己的路，谁也不去打扰，同时也没有新闻记者来烦扰他，请他发表谈话。你要是问他尊姓，他会

---

① ［捷］雅·哈谢克：《好兵帅克历险记》，星灿译，北京，人民文学出版社，1993，第 302 页。

② 同上，第 252 页。

简洁而谦恭地回答一声："帅克。"

我非常喜欢好兵帅克。当我向读者诸君介绍他在世界大战中的种种奇遇时，相信诸位也会同情这位谦卑的、被埋没的英雄，因为他不曾像希罗斯特拉特那个傻瓜，为了能让自己的事迹登在报上，编进教科书里，竟一把火烧掉了以弗所城的女神庙。

仅此一点，也就足够了。①

确实，古往今来为非作歹者哪个是帅克一类的平民百姓而非王公贵族、皇亲国戚、将军大臣、总统总理。与轰炸南斯拉夫主权国家大使馆连在一起的，不是耶鲁大学博士克林顿吗。与两河流域数千年珍贵文物毁于一旦连在一起的，不是哈佛大学硕士小布什吗。

一百年前，随着第一次世界大战的战火硝烟以及十月革命一声炮响，延绵数世纪的欧洲专制王朝——德意志的霍亨索伦、奥地利的哈布斯堡、俄罗斯的罗曼诺夫等，纷纷灰飞烟灭。作为奥匈帝国一部分的捷克，也获得国家独立，民族自由。自此，音乐家斯美塔那的《我的祖国》及其"伏尔塔瓦河"、德沃夏克的"自新大陆交响曲"，作家哈谢克的好兵帅克、伏契克的《绞刑架下的报告》，以及卡夫卡、米兰·昆德拉等现代派作品，就成为世界文化宝库中独领风骚的捷克风景。其中，哈谢克1982年又被联合国教科文组织确认为"世界文化名人"。法国小说家布洛克曾经说过："《好兵帅克》是当今最伟大的经典著作之一。假如捷克斯洛伐克只产生了哈谢克这么一位作家，他对人类就作了不朽的贡献。"②

帝国的好兵已经远去，但人民的帅克依然鲜活。因为，憨厚、智慧、幽默的帅克，如同阿凡提的故事、伊索寓言等民间文学，永远是人民反抗黑暗，追求光明，抵制邪恶，向往和平的精神象征。

---

① [捷] 雅·哈谢克：《好兵帅克历险记》，星灿译，北京，人民文学出版社，1993，第1—2页。

② 同上，"前言"，第1页。

（［捷克］哈谢克：《好兵帅克历险记》，星灿译，人民文学出版社，1983；［捷克］伏契克：《绞刑架下的报告》，蒋承俊译，国际文化出版公司，2006）

科学笔记

——从《熵：一种新的世界观》到《社会系统与生态系统》

2015 年毕业季，北京大学饶毅教授在毕业典礼上的一篇教师代表致辞，以其言简意赅一时引发关注。这篇 535 个字、题为《做自己尊重的人》的演讲，首尾两次提到"热力学第二定律"："从物理学来说，无机的原子逆热力学第二定律出现生物是奇迹"，"不要问我如何做到，50 年后返校时告诉母校你如何做到：在你所含全部原子再度按热力学第二定律回归自然之前，它们既经历过物性的神奇，也产生过人性的可爱"。

什么是热力学第二定律？热力学第二定律意味着什么？如果听过恩格斯的两句话就不难理解了："正如康德把地球将来会走向灭亡的思想引入自然科学一样，傅里叶把人类将来会走向灭亡的思想引入历史研究。"[①]（《社会主义从空想到科学的发展》）简单地说，热力学第二定律是世间万物的最高定律，也是从生到死不可逆的铁律，有机的生命如此，无机的世界亦然，人类的社会历史同样概莫能外：从生到死，无可遁逃。就像再水灵的女人有朝一日也势必成为干瘪老妪，再矫健的少年也不难想象暮年的老态龙钟，再显赫的千年帝国也终将分崩离析，灰飞烟灭。如果说热力学第一定律揭示了能量守恒，那么热力学第二定律则表明能量只能沿着一种不可逆的方向转化——从有用到无用，从有序到无序。而万事万物之所以如此，之所以不可逆，

---

① 中共中央编译局编译：《马克思恩格斯文集》第 3 卷，北京，人民出版社，2009，第 532 页。

就在于那条神秘莫测的时间之箭只有一个方向，看不见，摸不着，如死神的脚步，机械的、固执的、义无反顾地迈进，任何东西都无法逃脱，难以扭转，更别说阻拦，而唯见时间将天地万物一一化为乌有，最后连时间也没有了，只有无声无息的寂灭——也无风雨也无晴。为此，饶毅教授才说"逆热力学第二定律出现生物是奇迹"，严格说这一奇迹相对于终古宇宙，只是偶然的、暂时的、局部的，而非必然的、永恒的、全局的，而且，任何局部的生命活动由于加速能量转换而进一步加速全局的死灭。好比不习水性的人，溺亡是迟早的、必然的，而越是扑腾，就沉没得越快。

这里，不妨看一部奇崛的著述——《熵：一种新的世界观》（1981）。这部风行一时的科普读物，今天读来愈发感同身受，挪用伦敦政治经济学院马克思主义学者林春的一个说法："它的真正意义和现实启示，针对着 20 世纪 90 年代以来发展主义的迷思：也许'发展'不见得总是好事情？财富不能是衡量美好生活的尺度？资本主义范式已因过度积累和过度消费而达到极致？"[①] 在这部名作里，作者依据爱因斯坦所谓科学的首要定律——熵定律，也就是热力学第二定律，阐述了一种新人耳目的世界观：

我们每一天都发觉世界比前一天更加杂乱无章。似乎一切都不再起作用。世界已经不可收拾。我们每每以为能排难解纷，结果却总是事与愿违。当局日复一日救了燃眉之急，然而他们解决问题的方法又带来了比先前要解决的更重大的问题。我们责怪石油公司，责怪政府的经济顾问，责怪工会，责怪知识分子，凡有一点干系的人们都在责怪之列。我们的周围到处是堆积如山的垃圾，无处没有污染：从地面冒出来，在江河里渗透，在空气中滞留。它刺痛了我们的双眼，使我们的皮肤变色，肺功能衰退。

我们陷入了泥潭，社会陷入了泥潭。无论是社会主义还是资本主

---

① 林春：《马克思主义与中国在世界历史中定位的政治》，载《领导者》总第 35 期（2010 年 8 月）。

义，都犯了同样的毛病。同一种无可抗拒的分崩离析的力量在吞噬我们，无一例外。当今这个星球上不可能有哪一个领袖人物，哪一种个别的意识形态能解决普遍存在的危机，因为他们都囿于现行的同一种世界观。

现代的世界观大约是四百年以前形成的，尽管此后得到了极大的提炼与修正，但许多方面仍保持了它的雏形。我们生活在十七世纪牛顿机械论世界模式的影响之下。巴黎大学的历史教授雅克·吐尔古就是这么一位出类拔萃之辈。1750年的一天，他步入了巴黎大学的一个教室，取出了讲稿，并用拉丁文宣读了一篇由两个部分组成的新的历史观的论文。在他读完论文，把讲稿放回提包时，他已经改变了整个世界历史的结构。吐尔古既驳斥了循环往复的历史观，又批判了历史是不断衰亡的观点。他尖锐地指出历史是直线发展的，而且每个阶段与其前身相比都是一个进步。

每一种世界观都有它的建筑师。机械论世界观的形成要归功于培根、笛卡尔和牛顿。整整三百年过去了，但我们仍然离不开他们的思想。培根给了古希腊世界观狠狠的一击，从而为机械论模式奠定了基石。他那部出版于1620年的《新工具论》是一篇宣传杰作。培根把柏拉图、亚里士多德与荷马的全部著作贬为"有争议的学问"。他不愿坐在一边苦思冥想自然的奥秘，他想找到一种途径来征服自然。《新工具论》一些章节读起来像今天的办公室备忘录，而不是一篇经典哲学论文。培根是现代第一个讲究实际的实用主义者。

如果说笛卡尔给了人类一个"信念"，即他们能够揭示世界的奥秘，成为世界的主人，那么，牛顿则提供了得以维持这个任务的工具。牛顿发明了描述机械运动的数学方法。机械论模式的建筑师们把万物的质从它们的量中分离出来并排除在考虑之外，从而使他们的世界变成了一个完全由没有生命的物质组成的冷冰冰的世界。从一个纯物质世界到一个物质至上的世界，仅一步之遥。

人们现在该做的事情已经十分明了：应该搞清自然规律是如何适用于人类社会的，并按这些规律行事。人们把历史看成是不断进步的过程，它把社会从杂乱无章的状态带到了牛顿的机械论世界观所阐述的井井有条、准确可靠的状态。有两个人立刻开始寻找这些普遍规律与社会运行之间的关系。约翰·洛克把政府和社会的活动同世界机器模式联系了起来。亚当·斯密则在经济领域里进行了同样的努力。

正如培根把上帝驱逐出了自然界那样，洛克把上帝驱逐出了人类舞台，从而他在宇宙中只有人类做伴了。为此，洛克提出了一个至今还统治着现代世界观的观点。这个社会有一个，也只有一个目的，就是保护社会成员的私有财产。用洛克的话来说，彻头彻尾的个人利益，成了建立社会的唯一基础。洛克成了宣扬无止境的增长与物质财富的哲学家。如果从今天生态学的角度来看洛克的观点，那么我们难免会惴惴不安，因为洛克不给地球上每条河流按上水坝，不让每个自然之谜一览无余，不把每座高山敲成碎片榨出石油，他是不会罢休的。洛克就这么决定了现代人的命运。从启蒙时代开始，人类就只能在生产与消费所带来的尽情享乐中寻找他们的人生目的和意义。人们的需要和欲望、梦想和渴求，都被囿于对物质利益的追求之中了。

与洛克一样，亚当·斯密对机械论世界观推崇备至，并决心建立起一种经济理论来反映牛顿模式的一般概念。亚当·斯密宣称，如果我们仔细研究一下经济学的自然规律，我们就会得出以下这个必然结论：最有效益的经济结构是放任主义的经济结构，即让一切都不加干涉，人们可以为所欲为。

培根、笛卡尔、牛顿、洛克和斯密都是机械论世界观的伟大普及者，其他许多人不过是他们的继承者。每当我们听到当代的企业家、政治家和科学家就某个重要问题发表意见时，我们仿佛觉得他们的讲稿似乎是那几位早已作古的思想家捉刀代笔的。它已经开始失去它的生命力，因为它赖以生长起来的那个能源环境已气息奄奄。

在今天，一种新的世界观即将诞生，它最终将作为立身的组织机制取代牛顿的机械论世界观，这就是熵的定律，爱因斯坦誉之为整个科学的首要定律；亚瑟·爱丁顿爵士则把它称作整个宇宙的最高的形而上学定律。熵的定律就是热力学第二定律。热力学第一定律告诉我们，宇宙中的物质与能量是守恒的，既不能被创造，也不能被消灭。热力学第二定律即熵的定律告诉我们，物质与能量只能沿着一个方向转换，也就是从可利用到不可利用，从有效到无效，从有秩序到无秩序。热力学第二定律实质上就是说宇宙万物从一定的价值与结构开始，无可挽回地朝着混乱与荒废发展。熵就是对宇宙某一子系统中由有效能量转换而来的无效能量的衡量。根据熵的定律，无论在地球上还是宇宙或任何地方建立起任何秩序，都必须以周围环境里的更大混乱为代价。

熵的定律摧毁了历史是进步的这一观念。熵的定律也摧毁了科学与技术能建立起一个更有秩序的世界这一观念。实际上，它具有说服力地超越了现代的世界观。科学家们多少年来为这两个定律的真正涵义绞尽脑汁，地球上各民族文化的民谚却早已悟出其中三昧。我们都听说过这些说法："你不可能不劳而获"，"覆水难收"或者"天网恢恢，疏而不漏"。如果这些谚语对你说来不算陌生，而且在日常生活中你也反复有过这样的亲身体验的话，那么，你就懂得了热力学第一定律和第二定律。热力学概念乍听起来有些深不可测，其实它们是我们所知道的最简单而又给人印象最深的科学概念。热力学的两个定律可以用一句简短的句子来表达：

宇宙的能量总和是个常数，总的熵是不断增加的。

就是说我们既不能创造，也不能消灭能量。宇宙中的能量总和一开始便是固定的，而且永远不会改变。热力学第一定律就是能量守恒定律，它告诉我们能量虽然既不能被创造又不能被消灭，但它可以从一种形式转化为另一种形式。一个人、一幢摩天大楼、一辆汽车或一棵青草，都体现了从一种形式转化成为另一种形式的能量。我们都听说过这么一句话：太阳底下没有新鲜东西。要证实这一点你只需呼吸一下。你刚才吸进了曾经让柏拉图吸进过的 5 000 万个分子。

如果我们需要考虑的仅仅是热力学第一定律，那我们滥用那万世不竭的能源也没有什么奥妙了。然而我们知道世界并非如此。比如我们烧掉一块煤，它的能量虽然并没有消失，但却经过转化随着二氧化碳和其他气体一起散发到空间中去了。虽然燃烧过程中能量并没有消失，但我们却再也不能把同一块煤重新烧一次来做同样的功了。热力学第二定律解释了这个现象。它告诉我们每当能量从一种状态转化到另一种状态时，我们会"得到一定的惩罚"。这个惩罚就是我们损失了能在将来用于做某种功的一定能量。这就是所谓的熵。

熵是不能再被转化做功的能量的总和的测定单位。这个名称是由德国物理学家克劳修斯于1868年第一次造出来的。但是年轻的法国军官迦诺却比克劳修斯早41年发现了熵的原理。迦诺在研究蒸汽机工作原理时发现，蒸汽机之所以能做功，是因为蒸汽机系统里的一部分很冷，而另一部分却很热。换句话说，要把能量转化为功，一个系统的不同部分之间就必须有能量集中程度的差异（即温差）。当能量从一个较高的集中程度转化到一个较低的集中程度（或由较高温度变为较低温度）时，它就做了功。更重要的是每一次能量从一个水平转化到另一个水平，都意味着下一次能再做功的能量就减少了。当河水下落时，它可被用来发电，驱动水轮，或做其他形式的功。然而水一旦落到坝底，就处于不能再做功的状态了。这两种不同的能量状态分别称为"有效的"或"自由的"能量，和"无效的"或"封闭的"能量。

熵的增加就意味着有效能量的减少。每当自然界发生任何事情，一定的能量就被转化成了不能再做功的无效能量。被转化成了无效状态的能量构成了我们所说的污染。许多人以为污染是生产的副产品，但实际上它只是世界上转化成无效能量的全部有效能量的总和。耗散了的能量就是污染。污染就是熵的同义词。

克劳修斯在总结热力学第二定律时说："世界的熵（即无效能量的总和）总是趋向最大的量的。"每当你点燃一支香烟的时候，世界上的有效能量就减少了一点儿。世界上的生物生老病死，繁殖后代，使地球的熵值不断增加，这就意味着未来生命能享有的物质将日益减少。这对我们大多数人说来都是一个很难接受的事实，因为每个孩子在学习生物学基本原理时都被告知自然界一切物质是在不断循环再生着的。这一点并没有错，因为它说的只是物质既不能被创造也不能被消灭，是热力学第一定律的重复而已。然而不幸的是人们往往忽略了热力学第二定律。而这一定律告诉我们，物质虽然可以循环再生，但必须以一定的衰变为代价。当有效能量告罄时，我们就称之为"热寂"。

历史上有过许多人企图找到一个逃避熵定律的方法，甚至有不少科学家和哲学家们乐此不疲。波尔茨曼推销他的热力学的可悲举动，就是这种怪癖的症状之一……根据这门新的科学，一堆灰烬也可能重新烧热锅炉，而一具尸体也满可以从地上爬起来，把生前的顺序倒过来再活一次。只是这些事情的概率是微乎其微的。统计力学的鼓吹者们坚持认为，我们之所以从未亲眼见到这些"奇迹"的发生，只是因为我们还未观察过大堆大堆的灰烬或成亿上兆的尸体罢了。

爱因斯坦曾经苦思冥想：哪一条科学定律是当之无愧的最高定律。最后他下的结论是：

> 一种理论前提越为简练，涉及的内容越为纷杂，适用的领域越为广泛，那这种理论就越为伟大。经典热力学就是因此给我留下了极其深刻的印象。我相信只有内容广泛而又普遍的热力学理论才能通过其基本概念的运用而永远站稳脚跟。

如今流行最广的关于宇宙起源和发展的理论是大爆炸学说。大爆炸学说符合热力学第一和第二定律，它声称宇宙是以有序的状态开始，并从此不断地向无序的状态发展。如果这个理论有些似曾相识，那么也不足为奇。古希腊和中世纪基督教历史观与现代宇宙学家的宇宙历史观是有不少共同之处的。希腊人认为历史是一个逐步衰亡的过程（如同中国古典的"致君尧舜"意识）。古罗马的贺拉斯也认为"时间磨灭了世界的价值"。希腊神话把历史划分为五个时代，一个比一个退化和粗俗：黄金时代，白银时代，青铜时代，英雄时代和铁器时代。那些坚信人类历史是从原始的辛苦劳作进化到20世纪美国的悠闲舒适的人们，只要读一下对非洲丛林人与其他狩猎采集型社会的详细研究，一定会大吃一惊。柏拉图与亚里士多德都认为变化最少的社会秩序才是尽善尽美的社会秩序。他们的世界观里根本没有持续变化与增长这些概念。说到底，增长并不意味着给世界带来更大的价值或秩序，而是适得其反。如果历史的确是一个原来完好的秩序不断衰亡，原来有限的财富不断耗尽的过程，那么最理想的情况就是把衰亡的过程尽量减慢。

而费解的是，我们这些现代人一方面愿意接受相信宇宙以完美而开始，以衰亡混乱而告终的宇宙历史观，另一方面又顽固地坚持地球的历史却截然相反，是从混乱状态"逐步"走向有序秩序的状态。目前我们只能肯定一点：对于我们这个小小太阳系和地球，熵定律仍然是"自然界一切定律中的最高定律"。熵定律的最重要之处莫过于对时间的定义。"时间不等人"，"时光流逝"，"时间不会倒走"，确是至理名言！这些格言说的是我们所体验的时间是不可逆转的。时间流逝的方向只有一个——向前。时间体现了能量从集中状态到耗散状态，从有序状态到混乱状态的变化。时间永远向前运动，因为能量本身永远从有效状态转化为无效状态。每当发生任何事情，世界上的能量就有一次耗散，熵的总值就有一次增加。说时光就要流逝完就是说世界的有效能量就要告罄。亚瑟·爱丁顿爵士说："熵是时光之箭。"

机械论世界观的大师们鼓吹我们的世界实际上正从混乱状态"走向"有序状态。他们的时间观认为人们改造自然的速度越快，人类进步就越大，世界就日益秩序井然，我们就能赢得更多的时间。这是一种完全颠倒的时间观和历史观。随着宇宙中可用能量的消耗，发生的事件日益减少，这就意味着剩下的"真正"时间越来越少了。最后宇宙达到了热寂的平衡状态，任何事情就不再发生了。既然没有任何变化可以发生，那么我们所体验的时间也就不复存在。因此世界上的能量消耗越快，可能发生的事情剩下的也就越少，世界上所剩下的时间也就相应地越来越少了（2014年春晚的一曲《时间都去哪了》，不妨说也表露了现代人无意识的内心惶恐）。

我们已习以为常地认为生物进化就是进步。然而我们现在却发现在进化之链中，越是高级的生物，就要把越多的能量从有效状态转化为无效状态。化学家 G. 泰勒·米勒用一个范畴简单的食物链例子来说明这个问题。"一个人每年需要吃掉 300 条鲑鱼，这些鲑鱼要吃掉 9 万只青蛙，这些青蛙要吃掉 2700 万只蚱蜢，而这些蚱蜢要吃掉 1000 吨青草。"因此，如果一个人要维持较大的"秩序"状态，每年就要耗费 2700 万只蚱蜢或 1000 吨青草所蕴藏的能量。

熵定律向我们表明，进化过程耗散着对地球上的生命有用的总能量。然而我们的进化观恰恰相反。我们相信进化论神奇地在地球上创造着更大的价值和秩序。只是在我们环境的耗散和混乱变得如此显而易见，我们才开始重新反省我们的那些进化、进步和创造物质财富的观念。进化意味着为建立起秩序越来越大的孤岛而必然带来更大混乱的海洋。

新技术所体现的所谓效率的提高，实际上只是加快了能量的耗散过程，增加了世界的混乱程度。在狩猎采集型社会被迫过渡到农业社会以前，人们花了好几百万年才耗尽了环境中的能量。然而农业环境从开始到最后"不得不"过渡到工业环境，却只有几千年的时间。只过了短短几百年，人们又耗尽了工业环境的能源基础（即非再生的能源），开始面临一个新的熵的分界线。人类天才创造出的技术只不过是自然界所蕴藏的能量的转化器。而且一种技术的规模越大、技术本身越为复杂，它所消耗的有用能量也就越多。每项技术所建立起的只是一个暂时秩序的岛屿，而在此同时这又会给周围环境带来更大的混乱。技术批评家雅克·埃卢尔说："历史表明，在每项技术的运用中一开始就蕴藏着不可预料的副作用；这些副作用带来了比没有这项技术的情况下更为严重的灾难。"我们越是把技术扩散到整个文化中去，整个社会就越是支离破碎，熵的增加也就越快，混乱程度也就越大。我们当代世界的危机触目惊心的道理就在这里。（想想网络手机新媒体、大数据云计算斯诺登）

就像奥威尔的《一九八四》一书中人们把战争当作和平，把谎言当作真理一样，我们已经相信混乱就是秩序，耗费就是价值，做功就是不做功。现代经济学搞乱了第一定律和第二定律，完全曲解了一切经济活动的全部基础。第一定律指出，所有的物质与能量都是守恒的，创造不出，毁灭不掉，只可被转化。第二定律则认为物质与能量只可做单向转化，从可得到不可得，从有用到无用。多数经济学家却不理睬这样一个简单道理。他们固执地认为，人类施加在自然资源上的劳动创造了更大的价值，而不是减少了价值。但是，第二定律告诉我们，每当人的能量、机械能及其他能量创造出有价值的产品的时候，整个环境中便会出现更加严重的混乱，产生出更多的垃圾。

大家都认为美国农业技术效率极高，这是一个不容置疑的事实。然而，美国农业其实是人类发明的耕作方法中效率最低的一种，使用牛、犁的农夫每单位能量的产量，要比现代美国机械化大农庄的效率高得多。一个头脑简单的农民每花 1 卡能量，可换得 10 卡左右能量……美国农民用掉 10 卡能量，方可生产出 1 卡能量。（富兰克林·H. 金的《四千年农夫》对此作了经典论述）

自从第二次世界大战后引进控制论和现代信息论以来，科学家们认识到，收集信息和储存知识都要花费能量，因此，就得为熵付出代价。所谓信息革命引起的能量增加已在社会能流渠道里制造了大量混乱现象，还要转移更多的能量以支付信息传播组织和机械的与日俱增的费用。似乎是得到的信息越多，人们就越难做到消息灵通。发出的信息越多，人们可吸收、保留和利用的信息就越少。（不仅如此，如同宗教的异化、劳动的异化，信息的异化也使人日益成为信息的奴隶而非主人。本来，林林总总的信息不过是人的踪迹，人的创造，所谓雁过留声，人过留名，而如今，信息的主人却似乎日益受到信息的支配，仿佛人所生成的信息越多、越丰富、越庞杂，人就越在信息面前显得渺小，感到无力，而且越受信息的支配。）

机械论世界观以持久的物质增长为出发点，而熵的世界观则以保存有限资源为思想基础……

我们无法逆转时间或熵的过程，那是早已定了的，然而我们可以运用自由意志来决定熵的过程的发展速度。人类在这个地球上的一举一动都直接影响到熵的过程的缓急。我们可以通过对自身生活与行为方式的选择，决定世界上有效能量的耗散速度。

在高熵社会里，人生的首要目的便是利用高能流创造物质财富并满足人们的各种欲望。现在，我们的世界观和社会传统正在经历一场作茧自缚的痛苦。极目四望，世界的熵已增大到惊人的程度。我们天天都感受到生物学家早就知道的真理：生物体不能在自己的污物环境中长久生存。人类在低熵能源环境中有着迥然不同的人生追求。低熵社会贬低物质消费的重要性。节约成了警世名言。人类的需求将得到满足，但也不会像美国各商场那样去迎合顾客的荒诞不经、放浪形骸的种种欲望。体现在世界各大宗教中的前人智慧早就教导我们，人生的最终目的不是满足一切欲望，而是达到同宇宙的超自然统一体合而为一的解脱的体验。过去的宗教大师们一致反对非分的消费、占有和对物质的普遍迷恋：

> 需求的培养和扩大有悖于智慧，也和自由与安宁背道而驰。任何需求增长都会使一个人更加依靠他所不能控制的外部力量，因此，就加剧了生存恐惧。

传统的智慧大师无一例外地信奉低熵生活的内在价值观念。佛陀、耶稣、穆罕默德、以色列先知和印度大圣们都为这种朴素的、自甘清贫的、公有的生活起到了表率作用。非洲的一句格言，今天听来格外意味深长：地球不是人类祖先留给我们的遗产，而是子孙后代托付我们保管的财富。

熵定律回答了历史上一切文化都必须回答的中心问题：人类应有什么样的作为？尽管有种普遍意见认为人们的行为应能保护和加强生命，然而，如何达到这些目的，却有无数说法。熵定律最终提供了一个能解百题的答案。保护、加强各种形式的生命需要有可得的能量，可得的能量越多，各种可能的生命形式向未来扩展的前景就越妙。但是，第二定律告诉我们，实际上可得能量的贮存正由于各种原因而渐渐濒临涸竭。我们中每个人使用能量越多，身后的所有生命的可得能量就越少。这样，道德上的最高要求便是尽量地减少能量耗费，这样

做，我们便表达了对生命的热爱，也说明我们满怀爱意地支持所有生命的继续发展。这就是为什么爱的最高形式是自我牺牲……①

从以上《熵：一种新的世界观》一书的摘要看，作者里夫金和霍华德对现代世界混乱及其根源的阐发可谓入木三分，鞭辟入里，不过他们为此所开的济世良方却显得无力而无奈。因为，自我牺牲的爱、安贫乐道的人生、敬畏自然天人合一的境界固然值得推崇，也让人内心为之神往，可进入现代以来，人类文明早已背道而驰，渐行渐远，无可奈何花落去。晚食当肉怎敌他"鲍翅豪宴"，安步当车怎敌他"香车宝马"，茅檐低小、溪上青青草怎敌他"豪宅别墅"……天下熙熙，皆为利来，天下攘攘，皆为利往，面对世界，特别是哲学家赵汀阳慨叹的悖论现实——"在资本主义世界体系中，全世界的无产阶级未必能够联合起来，而全世界的资本家反倒是有可能联合起来"②，恩格斯在《家庭、私有制和国家的起源》末尾所引摩尔根对文明时代的评判，倒不失为一种真切的希望和出路：

> 自从文明时代开始以来所经过的时间，只是人类已经经历过的生存时间的一小部分，只是人类将要经历的生存时间的一小部分。社会的瓦解，即将成为以财富为唯一的最终目的的那个历程的终结，因为这一历程包含着自我消灭的因素。管理上的民主，社会中的博爱，权利的平等，教育的普及，将揭开社会的下一个更高的阶段，经验、管理和科学正在不断向这个阶段努力。这将是古代氏族的自由、平等和博爱的复活，但却是在更高级形式上的复活。③

具体到中国现实与社会发展，如果明了上述宇宙万物最高的"熵

---

① ［美］杰里米·里夫金、特德·霍华德：《熵：一种新的世界观》，吕明、袁舟译，上海，上海译文出版社，1987，第1－237页。

② 赵汀阳：《现代性的终结与全球性的未来》，载《文化纵横》2014年第4期。

③ 中共中央编译局编译：《马克思恩格斯文集》第4卷，北京，人民出版社，第198页。

定律"，并接受这一新的世界观，那么，对邓小平所谓发展起来的问题比不发展的问题更多一类告诫自当多一分心有戚戚的警醒，而对"八项规定"以及"不争论""不折腾""科学发展""望得见山，看得见水，记得住乡愁"等话语，也更多一分生于忧患死于安乐的会心。拿"不折腾"来说，这句大白话既针对现实政治，更切中自然、社会与精神等要害。按照前述现代世界观，折腾乃属社会常态，从征服自然到殖民扩张，从技术创新到市场推广，从追逐财富到竞选投票，无一不在折腾，貌似越折腾，社会才能越进步，越发展，越折腾，日子才能越红火，越美满——全天下的经济学家以及主流媒体一直喋喋不休地宣扬这套世界观。可惜，按照熵定律，大大小小的折腾无不以更大的混乱、更多的熵值为前提，局部的"繁荣昌盛"必以全局的更大失序为代价，正如美国的天堂孤岛寄生于全世界的乱象海洋（美国百分之四的世界人口消耗四分之一的全球能源）。自然层面的折腾已使地球生态日益不堪其负，温室效应、环境污染、资源枯竭等均属老生常谈，不足为奇；社会层面的折腾也充分领教，司空见惯，包括 19 世纪的血汗工厂、炮舰外交、奴隶买卖，20 世纪的两次世界大战、人口爆炸，21 世纪以来树欲静而风不止的全球动荡——阿富汗战争、伊拉克战争、利比亚战争、茉莉花革命、颜色革命、金融危机等；至于精神层面的折腾，同样乱象丛生，触目惊心。随举一例，一篇本科论文，从开题报告到中期检查、从送审稿到最终稿，按一般用纸量统计，也得百十张 A4 纸，研究生至少翻番，博士生更需上千或数千。一所大学每年大约数千学子毕业，全国又有 2500 多普通高校，全世界就更不用说，算下来仅此一项，不知耗费多少纸张，又减少多少林木。而曾几何时，计算机、新媒体兴起的旗号，竟是所谓"无纸化"！

有鉴于此，本文暂以低熵状态，试将《熵：一种新的世界观》的精华摘录于上，述而不作。关于这一世界观对中国的意味，除了书中所言"第三世界已有几个恰当的发展模式。毛泽东逝世之前，中华人民共和国的做法是保持社会的农村基地，注重劳动密集型的生产"①，《科学时报》首席评论员王中宇的一篇新闻力作《社会系统与生态系统——观察生态问题的另类视角》（2010），更从近些年的南方大旱湖泊干涸入手，提供了一个令人深思的现实案例：

人类社会肯定会对原有的生态系统造成干扰，使其状态与原生状态发生偏离。侗族文化有意识地限制这种偏离，尽量保留原有的物种构成。在中原文明中被视为害虫、杂草的物种，在他们那里都成了资源。这种价值取向保护了原有的物种多样性，而原有的物种构成是上亿年演化形成的，是当地生态系统稳定延续的基础。史实证明，这样的价值观是人类社会与生态系统和谐共生的前提。与之对比，简单地划分资源、废物；益虫、害虫；作物、杂草；好人、坏人……对前者要极大化，对后者要极小化，这是主流文明价值体系的显著的特征。在这样的价值体系主导下，长者数百年，短者数十年，原生物种构成就被彻底改变，而新生的物种构成只能在人工养护下生存。人工养护的主要手段是耕作、灌溉、化肥、农药，它不可避免地造成水土流失、土质变性、病虫害激增。在鲁迅文学奖作品《在新疆》里，作者刘亮程也以诗人的笔墨、哲学的才思写道：

有人说，南疆农民懒惰，地里长满了草。我倒觉得，这跟懒没关系，而是一种生存态度。在许多地方，人们已经过于勤快，把大地改变得只适合人自己居住。他们忙忙碌碌，从来不会为一只飞过头顶的鸟想一想，它会在哪儿落脚？它的食物和水在哪里？还有那些对他们没有用处的野草，全铲除干净，虫子消灭光。在那里，除了人吃的粮食，土地再没有生长万物的权利。

一年四季，田野的气息从那些弯曲的小巷吹进老城。杏花开败了，麦穗扬花。桑子熟落了，葡萄下架。靠农业养

---

① ［美］杰里米·里夫金、特德·霍华德：《熵：一种新的世界观》，吕明、袁舟译，上海，上海译文出版社，1987，第174页。

活、以手工谋生的库车老城，它的每一条巷子都通往果园和麦地。沿着它的每一条土路都走回到过去。毛驴车，这种古老可爱的交通工具，悠悠晃晃，载着人们，在这块绿洲上，一年年地原地打转，永远跑不快，跑不了多远，也永远不需要跑多快多远。

不远的绿洲之外，是荒无人烟的戈壁沙漠。（末句真是神来的点睛之笔）①

黄冈侗族有一个口谚："无山就无树，无树就无水，无水不成田，无田不养人。"在他们的观念中，森林、水源、稻田、人类融为一体，对家乡的山水需要合理规划，精心养护。这样规划的背后，是对子孙后代长远生存的责任感。黄冈人还认为这片福地是祖宗传下来的，他们用得心安理得，他们有责任让子孙也用得心安理得。从他们的观念看，黄冈这个家族村社是永恒的，黄冈的自然资源永远是属于他们的。黄冈的山水林木他们无权卖，也不需要买，精心维护黄冈生态安全是他们的职责。

与之对比，国家层面的国土功能规划是否有值得反思之处？2007年3月13日，由国务院发展中心《管理世界》杂志社、福建师范大学和中国社科文献出版社共同发表《中国省域经济综合竞争力发展报告（2005－2006）》；2010年3月该团体再次发表《中国省域经济综合竞争力发展报告（2008－2009）》。报告撰写人宣称：

20世纪80年代以来，竞争由国际上的竞争逐步扩展到区域竞争，并进而延伸到区域子系统内的竞争。……区域经济发展的本质就是区域间的经济竞争，任何一个经济区域要想在激烈的市场竞争中求得生存和发展，就必须具有能够占据优势的综合竞争力。

可见报告撰写人将国内各省间的关系视同于国家间的关系，这种关系被归结为"激烈的市场竞争"——这是"新自由主义"的必然结

---

① 刘亮程：《在新疆》，杭州，浙江文艺出版社，2014，第75－76页。

论。由于"激烈的市场竞争","区域间经济竞争"被归结为投资环境的竞争。这指导各级地方政府为投资者保驾护航,不论来自何方,所求为何。于是,山西要为沿海各省煤老板开放资源,保障他们通过采煤获得利润;西南喀斯特地区要为伐木者提供方便,因为这是投资者眼中可变现的利润源;江河上游各省要竭力吸引高坝电站的投资者,因为除了水能,难有其他资源对他们有更大吸引力;新疆则要开放土地,吸引外来的棉老板,哪怕他们的耗水量导致胡杨林的消亡,而胡杨林是当地生态系统的命脉;内蒙古则要吸引采矿者,因为他们可以让内蒙古的 GDP 增速在国内名列首位,尽管这破坏本已脆弱的草原,大量消耗稀缺的水资源……

这样的政策取向,其后果已经昭然。本来千差万别的地理、气候条件导致了千差万别的地区生态环境,它们需要千差万别的社会文化与之适应,方能保证各地区生态环境的稳定延续,而这是整个国家持续生存的基础。站在国家整体的立场,这势必要求各地承担不同的功能,这与侗族对山寨的规划并无二致。从侗族山寨规划者的视角看,将全国各省都推入"区域间经济竞争",恰如让整个山寨不分地点、条件都去比赛种商品粮。这简直就是败祖宗业,断儿孙路。必然导致兄弟阋墙,分家散伙。最后只能是山河破碎,家败国亡。

这里,我们分明看到了两种不同的价值取向。站在"现代化"的立场看,西南山区少数民族的价值取向无疑是"保守"的,一个值得深思的问题是:这样的价值取向为何持续了千百年?侗谚云:"老树护寨、老人管寨"。老树被视为村寨的灵魂与命脉,老人则与老树处于同一地位。主流学者们通常将这一现象归结于"经验社会",其潜台词是:这是一种落后、保守、陈旧的现象。然而,从另一个视角看,它反映了侗族重视自己的集体生存经验。侗族有"摆古"(口传历史)的传统。老人经过自己一生的经验,对"摆古"传下的前辈经验有更深切的领悟,重视老人的意见,有助于社会公共事务决策的理性化。此外还有更重要的原因。老人久经历练,来日无多,更多的是考虑整个家族子孙的长远生存;而不像年轻人,易受各种欲望的诱惑，难免短视浮躁、操切鲁莽。一个尊重老人的社区更倾向于顾全整体、长远的生存，更理性而稳重。

我们的主流学界却据此虚构出了"历史主义 VS 道德主义"的伪命题。在他们的"历史主义"中，将追逐私利和个人欲望最大满足作为历史发展的动力，将人的自然欲望与伤天害理、为非作歹混为一谈。在这样的思维框架中，唯一值得认真对待的是利益和实力。超越这框架的思考一概被斥为不切实际的"道德主义"。反对这一切就是对抗历史的必然性，就是阻碍历史的进步，就违背了"发展"这个"硬道理"。这样的强势文化在自己的内部造就了令人触目惊心的社会分化，积累起尖锐而无可化解的社会矛盾；在其外部，使生态环境迅速、大幅度恶化，威胁着人类的持续生存。不过这一点也不会让进取斗士们有丝毫不安，他们的先哲早就教导过：

"我死后哪管洪水滔天！"①

（江晓原：《科学外史》，复旦大学出版社，2013；［美］富兰克林·H. 金：《四千年农夫：中国、朝鲜和日本的永续农业》，东方出版社，2011）

---

① 王中宇：《社会系统与生态系统——观察生态问题的另类视角》，载《科学时报》2010 年 4 月 29 日。

昆山玉碎

—— 读博士论文《凤凰咏——中央乐团 1956—1996》想到的

　　马丁·路德·金有一个梦想，我也有一个痴心梦想——有朝一日，校园不见乘用车。上世纪 90 年代，市场大潮滚滚涌起时，《中国青年报》上曾经针对发展私家车问题，展开一场"文人论政"，主张发展的是经济学家樊纲，产业啦利税啦等，反对发展的是社会学家郑也夫，环境啦资源啦等。如今尘埃落定，利弊得失已经一目了然。外面车水马龙滚滚红尘无可奈何，只能奢望或者说梦想校园弦歌不辍，安步当车，还一片文静，留一缕清芬，让人感悟一丝圣人之气，君子之风，犹如古代文庙的讲究——武官下马，文官落轿。某晚雨后散步，听到隐隐传来的钢琴声，不是一般小孩学琴，而是专业弹奏的钢琴协奏曲《黄河》，正想驻足细听，一辆坐骑轰隆而来，呼啸而去，顿感"杀"风景，仿佛古人说的月下举烛、花前晒裤、焚琴煮鹤……

　　上世纪末，正当苏东解体，冷战落幕，海内外新自由主义狼烟滚滚之际，行吟高原的中国诗人昌耀，在平生最后那首英雄交响曲的长诗《一个中国诗人在俄罗斯》（1998）里，书生意气，仰天长啸，吐出一句气壮山河的磅礴诗句：这个世界充斥了太多神仙的说教，而我们已经很难听到"英特纳雄耐尔"的歌谣……

　　英特纳雄耐尔（international）的歌谣，不仅寄寓着全世界被侮辱被损害者的共同心声，而且更象征着卓尔不凡的生命品格及其精神境界。如同怀沙汨罗的古代屈子一样，受命不迁的绝代诗人昌耀，也痛感当今之世黄钟毁弃，瓦釜雷鸣。而对此最直接的时代感受，莫过于诉诸听觉的音乐了。

吴丝蜀桐张高秋，空山凝云颓不流。江娥啼竹素女愁，李凭中国弹箜篌。在天下一片呕哑嘲哳的声响中，在"好花不常开，好景不长在"的偎红倚翠里，曼妙空灵的音乐洛神无奈渐行渐远，唯留一缕翩若惊鸿矫若游龙的朦胧背影。而来蓦然回首，尤其情何以堪的是，曾经雄踞中国音乐珠峰的中央乐团，都已黯然谢幕二十年了。

1996 年，当中央乐团艺术家看着陪伴共和国 40 年以及自己青春岁月的"中央乐团"摘牌那一刻，想来不知如何怅然若失，痛彻心扉。新中国音乐界代表人物韩中杰，后来满怀痛疚地谈及这一结局。当时，他在中央音乐学院的弟子、留洋归来的陈佐煌受文化部委派，出任中央乐团的新总监。上任伊始为了"国际接轨"，提出"改旗易帜"的想法。说是中央乐团在国内响当当，但译成外文人家弄不清何谓"中央"，于是主张用"中国交响乐团"这个新招牌。三位中央乐团元老——李德伦、韩中杰、吴祖强，对此竟没有任何异议。如今，时过境迁，痛定思痛，韩中杰才怅然不已地醒悟道：

> 现在看来这是不甚妥当的。因为中央乐团这块招牌已深入人心，我们轻易把它撤换了，乐团内外都较难接受。其实我们应该可以对内保持原名，对外再加上"中国"或"北京"就清楚了，中央民族乐团就是这么做的。

> 现在看来，把中央乐团这很有影响力的老字号结束掉是非常遗憾的。为此，我也感到内疚。[①]

其实，在世纪末的历史氛围中，改弦更张乃是势所必然的结果，而且在文化变味儿，音乐变调儿之际，换不换旗、摘不摘牌还有多大实际意义呢。纵然中央乐团的招牌还在，恐怕也难以再造往日的辉煌，也无法再谱为人民、向光明的乐章，因为社会政治环境与文化精神土壤已是日见板结、沙化、龟裂。用一位国内外知名的批判知识分子的话说：在新的阶级重组中，宪法所确定的工人阶级的领导地位成

---

① 周光蓁：《凤凰咏——中央乐团 1956－1996》，北京，三联书店，2013，第 4 页。

为十足的讽刺；在"三农"危机和城乡分化中，工农联盟成为完全的虚构；在区域分化中，经济和社会分化直接呈现为民族冲突；在国际关系中，市场逻辑取代了国际主义联合。[①]

如今，提起中央乐团，七零后大概还有一点印象，八零后只剩影影绰绰，九零后则浑然不觉了。有一次，在清华课堂上，我提到青年演员胡军，学生们情绪活跃，而我说到胡军的叔父胡松华，大家便毫无反应。起初，我还以为自己没有说清楚，于是又重复了一下，看见台下还是一片麻木，一脸困惑。此时，我才意识到，一代音乐家在今人心目中已然销声匿迹，彻底"out"（过时）了。

想当年，提起中央乐团，提起歌唱家胡松华、罗天婵，指挥家李德伦、韩中杰，演奏家殷承宗、刘德海，作曲家吴祖强、瞿希贤等，哪个不是大名鼎鼎，如雷贯耳。而不旋踵之间，激荡一个时代的音乐之声就风飘云散。以至于追星一族对胡松华的侄子了如指掌，而对胡松华一无所知，如同对"音乐人"三宝趋之若鹜，而对音乐家辛沪光（1933－2011），即三宝母亲及其经典《嘎达梅林》无动于衷。

也许，从音乐家到音乐人或从歌唱家到"歌手""歌星"的用语转换中，就可一窥当代乐坛时风流变的蛛丝马迹：从玉石琤琤到瓦釜齐鸣，从字正腔圆到荒腔走板，从散发着泥土芳香、鼓荡着风云气象的"人民音乐"，到浑身上下珠光宝气的"先锋""前卫""实验""流行"等名牌……

纵览古今艺术史，精神气象与社会环境历来相互激荡，声气相通：不同的社会环境造就不同的精神气象，而不同的精神气象同样形塑不同的社会环境。《礼记·乐记》的说法无愧经典："治世之音安以乐，其政和。乱世之音怨以怒，其政乖。亡国之音哀以思，其民困。声音之道，与政通焉。"

前几年央视音乐频道有一幕场景可谓骇人听闻，令人难忘。某位

[①]　汪晖：《两种新穷人及其未来——阶级政治的衰落、再形成与新穷人的尊严政治》，载《开放时代》2014 年第 6 期。

据传已经被查处而无声无息的民歌花旦、军旅歌手，在演唱一组堂堂正正的曲目后，居然忸怩作态地唱起汪伪时期的《夜来香》，一首难脱抗战之殇、亡国之痛的"靡靡之音"！难怪北京大学教授潘维说道，"自上而下的价值观混乱与媒体从业人员的价值观混乱互为因果，已经危及到了国本"①，而哲学家赵汀阳对此问题的思考更是入木三分，振聩发聋：

> 孔子力推"诗"作为审美生活的榜样就是因为诗三百"思无邪"，"乐而不淫，哀而不伤"。假如一个政府愚蠢到纵容甚至支持淫邪低俗、粗鄙弱智的审美生活，就几乎是在为亡国亡天下创造条件。庸俗的审美生活使人民弱智化和丑怪化，它所生产的愚民和暴民是乱世之根，这是一种政治自杀。②

当然，也不能只怪新人追慕刘德华，不懂胡松华，只沉迷于本雅明所谓"机械复制时代的艺术"——流行歌曲、电影大片、卡通漫画什么的，而隔膜于真善美的精神创造。别的不说，如今仅一场音乐会门票，就动辄几百甚至几千元，有多少普通人能够承受得起呢。

更不用说，在文化产业的时论兴高采烈欢呼市场化、产业化、商品化、消费化之际，在如此"四化"的热火朝天中，那些曾与亿万人民的生活与心声息息相通、在精神家园安身立命的音乐艺术，悖论似的边缘化、小众化、精英化，甚至荒漠化，也是一种"四化"。批评家所言当代文学问题，何尝不体现在音乐方面：

> 今天，主流的文学作品、文学期刊、文学批评缺乏足够的力量进入今天的文化生活。比如说，在城市化急速推进的今天，一个进城青年想在当代的文学作品中读到自己的生命体验，他依然只能读路遥的《人生》。《人生》的形式并不复

---

① 本刊编辑部：《重建社会核心价值观共识——中国媒体现状检讨（二）》，载《经济导刊》2014 年 6 月号。

② 赵汀阳：《坏世界研究：作为第一哲学的政治哲学》，北京，中国人民大学出版社，2009，第 109 页。

杂，甚至于笨拙，但就像"人生"二字一样平凡而立足于大地之上。①

当此时，多少聊以欣慰的一点是，香港音乐史学者周光蓁博士，以一部美丽如歌的《中央乐团 1956－1996》，为一段近半个世纪的中国音乐岁月，续写了一曲悲欢离合的动人绝唱："献给所有曾奏响中央乐团 40 年雄浑强音的前辈及朋友们"！

这部六七十万言的学术著述，新中国 60 年大庆时在香港付梓，并被评为"亚洲周刊 2009 年十大好书"。同年岁末，在中央乐团当年排练厅举行的新书首发式上，原中国文联主席周巍峙、原中央音乐学院院长吴祖强、原中央乐团指挥韩中杰等 50 多位音乐家悉数出席。2013 年，此书又由三联书店以《凤凰咏——中央乐团 1956－1996》为题在内地发行，更是受到广泛关注与好评。

本书是在博士学位论文的基础上扩展而成的。为了这部心血之作，作者十年间遍访中央乐团以及与之合作的百余位音乐家，如李德伦、韩中杰、严良堃、陈燮阳、陈佐煌、汤沐海、谭利华、李心草等几代指挥家，并在查阅大量报刊文献资料的基础上，撰述了中央乐团 40 年的峥嵘岁月，展现了共和国文化艺术一页可歌可泣的非凡篇章。

参加过周光蓁博士口试的哈佛大学教授李欧梵，在序言《权威的中央乐团传记》里称道，"这本中央乐团的传记，绝对是'definitive'"，即权威的、经典的著述。李欧梵不仅以研究文学著称，而且也颇通音律，其父母在南京中央大学音乐系求学时，受业于马思聪等教授。而作为后来新中国音乐领域的代表人物之一，马思聪曾任中央音乐学院院长，对中央乐团也不无贡献。

中央乐团 40 年，既是新中国新文化的"风云侧记"（袁鹰语），也展现了西洋音乐特别是交响乐在中国土壤上风雨兼程的文化交融。或如作者所言，中央乐团团史"记载了中国知识分子自晚清构建新文化的延伸"。仅看如下几个历史片段，也不难想象这一风起云涌的精

---

① 黄平：《我们需要什么样的"文体"》，载《人民日报》2014 年 7 月 1 日。

神画卷：

——清末民初，以首批留日音乐先驱李叔同为代表，开始引进西洋音乐，国人第一次听说了"比狄芬"（贝多芬）、"毛萨脱"（莫扎特）。

——1920年代，意大利钢琴家梅百器（Mario Paci），也是李斯特再传弟子，在上海组建了现代中国最有影响的一支交响乐团。人民音乐家聂耳、冼星海以及《志愿军战歌》的曲作者周巍峙、历年春晚开始曲《春节序曲》的曲作者李焕之、中央乐团著名指挥韩中杰等，早年都与这个乐团有不同程度的专业交集。

——1922年，肄业于东京帝国大学教育系的萧友梅博士，应蔡元培校长邀请，在北京大学组建了一支16人的管弦乐团。1925年孙中山在北京逝世，萧友梅指挥了一场纪念音乐会，曲目除贝多芬的《英雄交响曲》、肖邦的《葬礼进行曲》，还有他创作的《哀悼进行曲——悼孙中山先生》。

——1946年，"中央管弦乐团"在延安成立，成为中国共产党领导下的第一个乐团，直属中央办公厅，足见规格之高。乐团团长、《游击队歌》的曲作者贺绿汀、大提琴李德伦及其夫人小提琴李珏等，均为"上海音专"科班出身。据大提琴李刚回忆，毛泽东在窑洞里曾就交响乐的文工团色彩讲过一番话，说现在我们在农村，艺术上不宜分工太细，将来条件成熟后，可以单独组建乐团，"只奏乐，不演戏"[1]。

——1949年，华北人民文工团随解放大军进入北平，最初驻扎在西北郊的清华大学，其间还与清华管弦乐队举行联谊活动。李德伦多年后回忆说："学生们没有想到我们这些穿着焦黄破旧衣服的土八路，不仅能够演奏优美动听的解放区民歌，而且还能用完整的西洋管弦乐演奏莫扎特的乐曲，比他们的乐队水平还高。"[2]

---

① 周光蓁：《凤凰咏——中央乐团1956－1996》，北京，三联书店，2013，第23页。

② 同上，第23页。

　　——1955年，由社会主义"民主阵营"（与之相对的是资本主义"自由世界"）推动，以"和平、友谊、团结"为题，第五届"世界青年与学生和平友谊联欢节"在华沙举行，参加此次盛会的中央歌舞团管弦乐队在中国交响乐历程上拥有数个第一：第一个全由华人组成的管弦乐队出国演出；第一次由交响乐队担任主角，而非演唱或舞蹈的伴奏……这届世青节还留下一曲欢欣喜悦的《青年友谊圆舞曲》，五六十年代广为流传。

　　——1956年7月10日，在中央歌舞团的管弦乐队与合唱队基础上，正式组建中央乐团，乐团的"方针任务主要是积极发展反映中国人民生活并具有民族特色的交响乐与合唱艺术，同时介绍苏联、人民民主国家及世界各国优秀的交响乐与声乐艺术"。[①]

　　虽说此后政治运动此起彼伏，难免遭逢曲曲折折，风风雨雨，但中央乐团的历史表明，人民艺术家曾以怎样的艰苦卓绝，践行了这一方针与任务，即后来邓小平概括的"为人民服务，为社会主义服务"。其间一个鲜明标志是，如此洋派的乐团、如此洋气的音乐，又身处一度避洋唯恐不及的年代，却始终"与时代同行，与人民同在"，无论创作还是演出，无不风靡天下，家喻户晓，就像广为人知的钢琴协奏曲《黄河》（1970）。当年，类似的作品，类似的情形，不仅习见于中央乐团，而且也是文艺界草长莺飞的普遍图景，如中央芭蕾舞团那部洋气十足而又为天下人喜闻乐见的《红色娘子军》（1964）。对此，小提琴协奏曲《梁山伯与祝英台》的曲作者之一何占豪，在纪念这部民族交响乐的经典之作问世50周年之际曾对记者说道：

　　　　总的来说，我还是遵从毛泽东思想，文艺要为工农兵服
　　务。一个民族有一个民族的语言、文字，音乐也同样有自己
　　的民族语言，表达方式也具有民族性，就像生活习惯、语言
　　语音一样，每个民族有自己的特殊风格，作曲家要尊重这个

　　① 周光蓁：《凤凰咏——中央乐团 1956—1996》，北京，三联书店，2013，第63页。

事实。有些音乐形式我们本民族是没有的，比如交响乐、大合唱，这些形式要拿来为我所用……小提琴协奏曲也不是我们民族的音乐形式，但我用民族内容"梁祝"故事，用民族的音乐语言，这就不一样了。①

这一阴晴圆缺的风雨历程，包含着异常丰富的历史意味及其文化韵味，也折射了人民共和国的光荣与梦想。下面不妨从浩浩汤汤的历史大潮中，撷取几朵飞珠溅玉的音乐浪花。

1964 年 10 月 2 日，芭蕾舞剧《红色娘子军》首演后一个月，大型音乐舞蹈史诗《东方红》也作为国庆 15 年献礼作品在人民大会堂上演。作品山呼海应的精神感染力，从一位清华学子发表在《人民日报》的文章中也可略见一斑："看了音乐舞蹈史诗《东方红》以后，我的心久久不能平静……它赋予我们巨大的精神力量，给我们上了生动的一课。"文章题为《上了生动的一课》，作者胡锦涛。

从此，这部由周恩来总理一手执导、云集全国一流艺术家的史诗之作，便同管弦乐曲《嘎达梅林》《红旗颂》《瑶族舞曲》，小提琴协奏曲《梁山伯与祝英台》，钢琴协奏曲《黄河》，歌剧《江姐》《洪湖赤卫队》，芭蕾舞剧《红色娘子军》《白毛女》《沂蒙颂》，歌舞片《阿诗玛》《刘三姐》《五朵金花》，现代京剧《红灯记》《沙家浜》《杜鹃山》等艺术精品一道，汇入了新中国新文化的一江春水向东流。

围绕音乐舞蹈史诗《东方红》，流传着一系列传奇故事。如总导演周总理忙完一天国务活动后，常在凌晨一两点钟亲临剧组，和艺术家们一起精雕细琢，大到整体思路，小到作品细节，无不亲力亲为，传唱至今的《赞歌》就是根据他的意见创作的，而这首名曲本身又近乎一个传奇。一次，周总理审看开国那段场景后，觉得应该再加一曲男高音蒙古长调，以烘托新中国旭日东升的恢宏气象。于是，中央乐团年轻的满族歌唱家胡松华"临危受命"，骑着自行车，连夜赶到剧

---

① 邓琼等：《〈梁祝〉的原创者应该是农民伯伯》，载《羊城晚报》2009 年 8 月 9 日。

组，以刚刚深入草原牧区的鲜活灵感，<u>通宵达旦</u>，一挥而就，一首脍炙人口的佳作就此诞生："从草原来到天安门广场，高举金杯把赞歌唱……"

同样是胡松华，同样在 1964 年，又与云南人民艺术剧院歌舞团一道，为音乐舞蹈电影《阿诗玛》配唱，同样为后世留下一部美不胜收的精品。《长湖水，清又凉》《一朵鲜花鲜又鲜》《马铃儿响来玉鸟儿唱》等电影插曲，由于融入西南少数民族多彩多姿的生活情调与音乐元素，加之胡松华、杜丽华等歌唱家纯正自然、声情并茂的美声演绎，更是风行天下，一往情深地抒发了各族人民对美好诗意生活的永恒向往：

——阿着底哟是个好地方，高高的青松树长满了山冈，长湖的湖水哟又清又凉，青青的翠竹秀又长。撒尼人哟勤劳而坚强，高山上放牛又放羊，湖边踩麻哟田地里插秧忙，响亮的歌声传四方。

——青松直又高，宁断不弯腰，上山能打虎，弯弓能射雕，跳舞百花开，笛响百鸟来，这样的人儿我心爱。

——天上的星星多又多，我只爱最亮的那一颗，春天的鲜花开满坡，我只爱最红的那一朵。山茶花红似火，你是最美的那一朵，撒尼姑娘千万个，我只爱你一个……

这样的作品，这样的意境，在共和国的人民艺术中，曾如百花绽放，漫山遍野，包括人民电影、人民音乐、人民美术、人民文学、人民戏剧、人民摄影、人民曲艺……而其中精髓，也正是 2014 年习近平在文艺工作座谈会上重申的："社会主义文艺，从本质上讲，就是人民的文艺。"正如胡松华在一幅书法作品中流露的：爱人民所爱，美各族之美！清华百年校庆时付梓的拙著《清潭杂俎——新闻与社会的交响》，有一段专门谈及这一话题的闲笔：

《阿诗玛》及其音乐是新中国最值得骄傲的艺术成就之一，体现了五四以来新文化运动的前进方向，即民族的、科学的、大众的。作为民间传说，阿诗玛的故事已在撒尼人中流传千年，美丽的阿诗玛与英雄的阿黑哥既是撒尼人的骄傲，也是古往今来一切人民生活及其艺术追寻向往的人生境界，诸如西北的《在那遥远的地方》、陕北的《三十里铺》、江西的《十送红军》等数不胜数的歌声舞姿，无不蕴含着这种美丽动人而痛彻心扉的情愫。五六十年代，在延安文艺座谈会精神的感召下，许多艺术家深入生活，深入民间，发掘、创作了大量富有生活气息和生命元气的作品，留下至今熠熠发光的经典。比如，上海音乐学院何占豪、陈钢根据江浙民间素材，创作了小提琴协奏曲《梁山伯与祝英台》，来自沪上而深入草原的辛沪光，根据蒙古曲调谱写了交响诗《嘎达梅林》（她的儿子三宝为同名影片谱曲），湖北歌剧舞剧院的《洪湖赤卫队》以一曲"洪湖水，浪打浪"风靡至今。《阿诗玛》、《刘三姐》等歌舞片，就诞生于这种时代背景和精神氛围。

乐为心声。音乐不仅是抒发个人的心声，而且也更能直接透露一个时代的心声。唐太宗李世民的一段音乐谈话，让人不由慨叹千古一帝的天纵之才：

御史大夫杜淹曰："齐之将亡，作《伴侣曲》，陈之将亡，作《玉树后庭花》，行路闻之皆悲泣，何得言治之隆替不在乐也！"

上曰："不然。夫乐能感人，故乐者闻之则喜，忧者闻之则悲，悲喜在人心，非由乐也。将亡之政，民必愁苦，故闻乐而悲也耳。"①

在他看来，心中欢喜的人，听了音乐自会载欣载奔；而心情忧郁的人，听了音乐难免愁肠百结。所以，关键在人的心境，而不在音乐本身。为此，执政者应当创造政通人和的社会环境，使人心情舒畅，则音乐听来自然鸟语花香。前面提及的《青春友谊圆舞曲》即为一

---

① 《资治通鉴》卷一百九十二，贞观二年（六二八）。

例。这首作品是 1955 年，在团中央配合第五届华沙世青节搞的征歌活动中产生的。词曲作者当年同在北京群众艺术馆工作，都才二十几岁。而如此简单、朴素的乐曲之所以深入人心，广为流传，正是因为人们可以从中领略新中国万象更新、生机勃勃的一派喜乐欢愉之情：

> 蓝色的天空像大海一样，广阔的大路上尘土飞扬，穿森林过海洋来自各方，千万个青年人欢聚一堂，拉起手唱起歌跳起舞来，让我们唱一支友谊之歌。

> 白鸽在天空中展翅飞翔，青春的花朵在心中开放，年轻的朋友啊团结起来，为和平为友谊献出力量，拉起手唱起歌跳起舞来，让我们唱一支团结之歌。

作为一篇博士学位论文，周光蓁的著作不仅可圈可点，而且也值得新闻传播研究反省。新世纪以来，新闻传播学科的博士教育突飞猛进，而年年产出的博士论文有几多真才实学、货真价实，又有几多为作而作、自娱自乐呢。如果为文不为稻粱谋，那么仅新中国的新闻与文化领域，就有多少宝藏值得开掘与探究，而时下新潮要么陶醉于象牙塔里"言必称希腊"的话语游戏，要么沉溺于名利场中潮起潮落的技术奇观，前赴后继炮制着可怜无补费精神的"学术黑话"，用众不周知的语言讲一点众所周知的常识，恰似新潮音乐嘈嘈切切错杂弹的高上大、洋八股，令人昏昏沉沉，如坠五里云雾。

1996 年 2 月 3 日，晚上 7 时 15 分，就在那座由李德伦等主持重建的环境优雅、设施一流的北京音乐厅，中央乐团举办了永别历史的谢幕演出，演奏了一曲自己的天鹅之歌。执棒的青年指挥家李心草说，散场时大家互相握手，就像道别似的。相见时难别亦难，东风无力百花残——一位乐师这样描述当晚的离情别绪：

> 李心草指挥很棒，我们都下大力气地演。乐曲以强而有力的和弦结束时，台下报以热烈掌声。我们都站起来接受掌声，但不是平常那样觉得满足、过瘾。在那一刻，我留意到一些老乐师眼含泪花，显出很迷茫、不知所措的样子。由于乐队之后再没有演出日程，连两星期后的春节都没有，大家

都感到这很可能是最后一次了。在台上的那一刻变得特别珍贵，我于是在马勒的谱子上写了当天的日期：1996.2.3。我是很少这样做的。结果那天成为历史性的日子：中央乐团完了。①

这里的夜晚静悄悄，仿佛五年前苏联解体的圣诞夜，已没有多少人在意这一历史性时刻，因为，一切都水到渠成。于是，如今捧读《凤凰咏——中央乐团 1956－1996》，怎不痛感李贺《李凭箜篌引》的幽微心曲：昆山玉碎凤凰叫，芙蓉泣露香兰笑。十二门前融冷光，二十三丝动紫皇。女娲炼石补天处，石破天惊逗秋雨。梦入神山教神妪，老鱼跳波瘦蛟舞。吴质不眠倚桂树，露脚斜飞湿寒兔……

（周光蓁：《凤凰咏——中央乐团 1956－1996》，三联书店，2013；辛丰年：《如是我闻》，辽宁教育出版社，1996）

---

① 周光蓁：《凤凰咏——中央乐团 1956－1996》，北京，三联书店，2013，第 621 页。

新疆达人阿凡提

　　清华大学东门外，有一家新疆餐厅"巴依老爷"，由于地处熙来攘往的五道口，各色美食又花样齐全，一片浓郁的西域风情，故开张以来生意红火，宾客盈门。餐厅名字一望而知，具有典型的新疆情调。"巴依"在维吾尔语中，相当于汉语"地主老财"。而一提到巴依，人们自然想起阿凡提，他们好似一对相映成趣的欢喜冤家，一个呆头呆脑，一个有声有色。将新疆、内蒙古、宁夏视为三座精神高地的思想家、文学家张承志，曾以诗一般的语言谈及阿凡提："维吾尔血液中的阿凡提基因，睿智幽默的色彩浸透了新疆的每一块绿洲。在塔里木绿洲的清风吹拂下，文学形象如鲜花怒放，并化作了人民的精神。确实，我们认识的他主要是一个维吾尔人，在莎车或者喀什，他牵着毛驴，时刻等着我们。"①

　　记得自己第一次接触阿凡提，是上小学时从邻居一位维吾尔族同学那里，借到一本图文并茂的《阿凡提故事》，看得废寝忘食，乐不可支。从此，倒骑小毛驴、留着两撇小胡子、穿着维吾尔人的条格袷袢、透着一副睿智顽皮模样的阿凡提，便深深铭刻心中。阿凡提那些妙趣横生的故事、笑话、妙语，更成为如梦如幻的童年记忆，与北岛《城门开》一书中的北京孩子的生活相似，一同织入"阳光灿烂的日子"。在那本翻得破破烂烂、没头没尾的阿凡提书中，至今记得一幕活灵活现的场景：一次宴席上，有位客人边吃边拿，乘人不备，把美

---

　　①　张承志：《阿凡提金卷银卷》，载《读书》2010 年第 5 期。

食悄悄塞进衣兜。阿凡提见了，若无其事地端起茶壶，往他的口袋倒起水来。面对客人的惊呼，阿凡提从容答道，我见你的口袋吃了不少东西，怕它口渴，就想让它喝点水嘛。于是，客人大窘，读者捧腹。

作为民间文学瑰宝，阿凡提的故事广泛流传于古代西域以及丝绸之路沿线地区，一位维吾尔族学者说得很好："有关阿凡提的故事、笑话、逸闻和趣事，成为流传所至的广大地区人民共同的精神财富和相互影响的一条绚丽的文化纽带。"[1] 在新疆，阿凡提更是各族人民心里命里不可分离的伙伴和亲人，无论维吾尔族还是其他民族，身上都少不了阿凡提的烙印。他的智慧，喜兴，他的阳光灿烂，妙语联篇，以及高山大川天辽地阔的心胸，雪山激流清亮欢腾的天性，点点滴滴渗透于人们的言谈举止，形成一种天然的生活方式与文化生态，正如阿拉伯世界千百年来口耳相传的《一千零一夜》。即使是日常生活，家长里短，新疆人也仿佛流露着一种阿凡提似的做派与风格，就像形容工资涨得像眉毛，物价涨得像胡子，王蒙文革后期创作的新疆小说《这边风景》也有一段让人笑翻的描写：

> 穆萨在马嘶人叫中照样眉飞色舞地讲着话："不准不服从领导。"他挥着拳头，带几分威吓的口气。即使威吓也罢，他的讲话仍然汇入到整个欢快喧闹的声响里，像一个乱弹弦子的人在器乐合奏中并没有显出多么不和谐。直到不知道是哪个母亲带来的两个男孩子为争夺一个糖球而拳打脚踢，引起围观的小友们的高声喝彩，最后孩子的母亲们"该死的！喂狗的！"尖声痛骂起来，穆萨才竖起眉毛，猛然大喝一声：
>
> "肃静！"
>
> "今年的麦收要突出政治！你们听明白没有？收麦子要突出政治。收麦子收得好不好是政治，明白吗？你们到底有没有这个觉悟？气死我啦！"穆萨语出惊人，大家一怔。"主

---

① 艾克拜尔·吾拉木：《阿凡提故事大全·金卷》，乌鲁木齐，新疆青少年出版社，2007，"前言"，第1页。

要是三个人，我们必须记住：一个是白求恩，加拿大共产党员，一个是老愚公，中国共产党的老革命，还有一个就是跃进公社爱国大队七生产队队长你大哥我穆萨……"

大家终于听明白了，于是一片哄笑，一致有节奏地高呼："泡！泡！泡！"（吹牛！）[①]

严格说来，阿凡提的名字是纳斯尔丁·阿凡提，纳斯尔丁是真名，阿凡提为尊称，就像汉语的先生。在丝路西端，阿凡提也叫纳斯尔丁·霍加，霍加同样是尊称，意为老师、导师。对熟悉阿凡提的亿万中国人而言，阿凡提即先生的叫法深入人心，家喻户晓，不可能也没必要改叫纳斯尔丁，我们不也常把鲁迅先生尊称为先生嘛。为了纪念这位民间哲人和幽默大师，联合国教科文组织还曾将1996年定为阿凡提年（全称为纳斯尔丁·霍加年）。在回族作家张承志的笔下：

他一生都在流浪。裹着头巾、骑着毛驴、亦农亦商、寺里寺外，与绿洲上的芸芸众生相遇。他总是嬉笑怒骂，机灵的思路、戏耍的语言，到处摧枯拉朽地教训国王、财主、阿訇、学者。他以沧桑讽刺国王，用坟墓告诫财主，用真理对付教条，以智慧嘲笑学者。他横扫了一切死板的教条主义和腐朽的政教体制，他异色的教诲，随机而生，无所不包。[②]

阿凡提的身世，已经无从稽考。我们不妨将他视为丝路沿线人民在劳动、生活和斗争中，一代代共同塑造的一位理想人物。他对人世充满悲悯，对人民饱含同情，一生都在用机智诙谐的故事，讽刺地主老财，嘲弄巴依老爷，揶揄达官贵人，为百姓伸张正义，为生活播撒阳光，为心灵开启智慧。他身上，鲜明体现着劳动人民的品质与感情，寄寓着他们的心声和愿望，一切马克思说的被侮辱、被奴役、被遗弃和被蔑视的人，都能从阿凡提故事中得到心灵慰藉和精神寄托："国王、喀孜、巴依（富人），都是阿凡提尖刻讽刺的主要目标，指三

---

① 王蒙：《这边风景》上卷，广州，花城出版社，2013，第189—190页。
② 张承志：《阿凡提金卷银卷》，载《读书》2010年第5期。

道四的智者总是坐在穷百姓的一边，就像骑着和他们一样的毛驴。这种机敏、睿智、乐观的脑筋和语言的游戏，是永远只属于百姓的法宝。民众的立场，在哄笑中一遍遍得到了申明。"① 下面就重温几段给人欢笑，令人深思，启人心智的阿凡提故事吧：

阿凡提到驴市买驴。驴市上人头攒动，他们大部分是从乡下来的卖驴的农民。有一个衣冠楚楚的人经过这里，说道："这地方除了农民就是驴！"

阿凡提听见了，忙走过去问那人："先生，您准是位农民兄弟了！"

"不，我才不是农民哩！"那人生气地说。

"那么按照您自己说的，您就是一头驴了！"阿凡提说道。②

一天，国王问阿凡提："阿凡提，请你公正地作一个估价，我的身价到底值多少？"

阿凡提丝毫没有考虑就说道："陛下，您的身价最多值五十个金币。"

"什么？你这个无知的家伙，我佩戴的这条腰带就值五十个金币。"国王发怒道。

"是的，陛下，正因为您佩戴了价值五十金币的腰带我才估了这个价，不然您……"阿凡提回答。③

一天，国王问阿凡提："阿凡提，如果你的一边是金子，一边是真理，你会选择哪一样呢？"

"陛下，我会选择金子。"阿凡提回答说。

---

① 张承志：《阿凡提金卷银卷》，载《读书》2010 年第 5 期。

② 艾克拜尔·吾拉木：《阿凡提故事大全·金卷》，乌鲁木齐，新疆青少年出版社，2007，第 153 页。

③ 同上，第 47 页。

"你真傻，"国王对阿凡提说，"金子是可以找得到的，可想得到真理却不容易，如果我是你，我肯定会选择真理。"

"您说得对，"阿凡提说，"谁缺什么就会需要什么，我要金子，您选真理，这完全是根据需要。"①

一位巴依想让阿凡提出丑，把阿凡提和几位朋友请到家里，用哈密瓜招待了大家。

那位巴依和他的朋友，把吃剩下的瓜皮悄悄推到阿凡提跟前，说道："阿凡提，莫不是所有的瓜全让你一个人吃了？看你面前的那么一大堆瓜皮。"

"我记得，瓜皮应该是毛驴的，各位怎么连瓜皮都吃掉了呢？"阿凡提回答说。②

阿凡提的故事包罗广泛，意趣风生，言简意赅，惟妙惟肖，在悲天悯人中洋溢着浓郁醉人的生活气息，寄寓着劳苦大众的思想感情。所以，人民共和国成立后，阿凡提的故事同撒尼人的阿诗玛、壮族的刘三姐、藏族的格萨尔王、蒙古族的江格尔、柯尔克孜族的玛纳斯等民间文学瑰宝一道，得到大力挖掘、整理、传播，各种文本与不同版本的阿凡提层出不穷，其中维吾尔族记者、作家、翻译家艾克拜尔·吾拉木 2007 年编译的《阿凡提故事大全》，当属迄今最全面、最权威的汉语版本。全书 140 万字，分为"金卷"与"银卷"，收录了流传的 1300 余篇阿凡提故事。张承志在《读书》杂志上，以《阿凡提金卷银卷》为题发表文章，通幽洞微地揭示了阿凡提故事的微言大义："他的一些笑话，讲出的瞬间就响起了听众的爆笑。但若接着再追问一步，笑话又似乎裹着一层厚皮，很难窥见本意。我们顶多能感受其中一股——乐天因为悲悯，洞悟所以达观的滋味。"③

---

①　艾克拜尔·吾拉木：《阿凡提故事大全·金卷》，乌鲁木齐，新疆青少年出版社，2007，第 60 页。

②　同上，第 67 页。

③　张承志：《阿凡提金卷银卷》，载《读书》2010 年第 5 期。

　　这种"乐天因为悲悯，洞悟所以达观"，既是阿凡提故事的鲜明特征，也可以说是人民文学与民间艺术的突出品质，在阿凡提琳琅满目的故事和目不暇接的笑话中，可以时时处处体味这种朴素而隽永，自然而高妙，平易近人而意味深长的蕴含，故而千百年来始终得到各族人民的喜爱。另外，阿凡提不仅讥讽达官显贵的荒唐、贪婪、可笑，传扬劳动人民的质朴、勤劳、善良，而且常常也用善意讽喻人们自身种种可怜可悯的言行，通过反省自己的轻松一刻，寓庄于谐地提示世人，谑而不虐地警示世界，既使生活的悖谬彰显，也使看似庸常的日子洋溢着欢笑，跳荡着阳光。因此，阿凡提既是智慧的象征，也是欢乐的化身。在喜爱阿凡提的人们看来，人生没有欢乐，生活缺少阳光，那么即使拥豪宅，乘豪车，衣则锦绣，食则盛宴，也跟脑满肠肥的巴依老爷一样，枯燥乏味，了无意趣。就此而言，阿凡提的故事更具有普世价值和意义："人们通过阿凡提笑话故事中的思想和智慧，透视自己、诠释自己，把自己与他联系起来，融合在一起，他言行举止似乎在向所有人传达着这样一条法则：在生活面前，人人都是可爱的；在笑话面前，人人都是平等的。"① 下面不妨再看几段可爱、可笑、可乐的阿凡提故事：

　　　　一只老鼠掉进了阿凡提家装满水的水缸里。小阿凡提冲爸爸喊道："爸爸，一只可恶的老鼠掉进我们家的水缸里了！"

　　　　"哎呀，快把它捞上来！"爸爸喊道。

　　　　"不用，爸爸，我把我们家的猫扔进去了！"小阿凡提回答说。②

　　　　一位总喜欢别人说她年轻的中年妇女找阿凡提看病。

　　　　阿凡提号过脉后，问她的年龄。

---

　　① 艾克拜尔·吾拉木：《阿凡提故事大全·金卷》，乌鲁木齐，新疆青少年出版社，2007，"前言"，第1页。

　　② 同上，第28页。

那位妇女立即随口谎报说："刚满二十五岁。"阿凡提皱了皱眉头，在处方上写道： "这是一个失去记忆力的病人。"①

阿凡提属鸡。有一年他过生日，几位朋友给他送来一只小鸡作为生日礼物，想作弄他一下。

阿凡提高兴地接过小鸡说道：

"非常感谢你们光临我的生日聚会，也非常感谢你们送给我的生日礼物。今天我在这里还要向大家宣布一个喜讯，明天将是我妻子的生日，我盛情邀请大家出席明天将在这里隆重举行的生日晚宴。请大家记住，我妻子是属牛的。"②

一天，阿凡提一回到家里，就兴致勃勃地对老婆说：

"老婆，昨天的雪还没化，有一个人不小心摔了个仰面朝天，引得周围的人哈哈大笑，只有我一个人笑不出来，却想哭。"

"想不到你还有这样的同情心。"妻子说道。

"是呀，我这个有同情心的人就是那个摔倒的人。"阿凡提说。③

阿凡提在去伊犁的路上，想在美丽的赛里木湖边住宿一晚再走。他到一家湖滨小店准备住下，问店员住一晚多少钱。当他听到店员报价时，惊讶地说道：

"为什么这么贵？"

"阿凡提呀，等明天一早当你醒来打开窗户时，一眼就

---

① 艾克拜尔·吾拉木：《阿凡提故事大全·金卷》，乌鲁木齐，新疆青少年出版社，2007，第121页。

② 同上，第188页。

③ 同上，第188页。

可以看到美丽的海子湖的美景了，届时您将会感觉到自己回到了大自然的怀抱里！"店员解释说。

"我怎么会干这种傻事呢？假如我今晚躺在草丛里，等明早一觉醒来一睁眼就能看见美丽的湖光山色，何必要隔着一层墙体验回到大自然怀抱的感觉呢？"阿凡提对店员说。①

这些故事让人欢乐，又让人沉思，欢笑之际似乎体味了一丝说不清、道不明的深长意味，正如张承志叹赏的："不同于快乐的插科打诨，而是一种思想的表达……他给人们带来了不尽的欢乐，也带来大笑之后的无限回味……常常读着忍不住慨叹：古人的脑力何等发达，怎么对世事看得如此入木三分？"②。从阿凡提的故事与哲言中，我们不由想到一千年前南疆喀什的伟大学者麻赫默德·喀什噶里，想到他以一生心血编撰的那部卷帙浩繁的《突厥语大辞典》，一部记录古代西域多彩多姿的日常生活及其精神世界的名著，其中的人文气息与阿凡提故事一脉相承，息息相通，同样令人兀然而醒，恍然而悟：

懒汉迈门槛，犹如翻达坂。

宁为犊首，不作牛腿。

猎人有多少〔捕猎的〕谋略，狗熊便有多少〔逃遁的〕门道。

套索不能把高山拉弯，小船不能把大海阻拦。

道路虽然弯曲，也比在荒漠中晕头转向行走为好。

山与山不能相遇，人与人总会相逢。

时代的日日夜夜犹如旅人一般越过，它踩着谁，会让谁气力衰弱。

人的财富是自己的敌人，明智的人怎么能去爱自己的

---

① 艾克拜尔·吾拉木：《阿凡提故事大全·金卷》，乌鲁木齐，新疆青少年出版社，2007，第190页。

② 张承志：《阿凡提金卷银卷》，载《读书》2010年第5期。

故人。①

我们新疆好地方，天山南北好风光。季羡林将希腊文明、阿拉伯文明、印度文明、中国文明称为"四大文明"，而四大文明真正交汇的地方只有一个——新疆。汤因比甚至说：若让我再活一次，我愿活在"公元 1 世纪佛教已传入时的中国新疆"②。虽然传说中的纳斯尔丁·阿凡提，或纳斯尔丁·霍加浪迹天涯，居无定所，但新疆各族人民始终坚信，这位幽默、睿智而旷达的平民哲人，只能属于阳光照眼、绿荫醉人的新疆，只能同天山南北声气相通。阿凡提的开朗乐观，达人知命，不是同一望无际的辽阔草原，冰清玉洁的冰峰雪岭，平易质朴的戈壁沙漠若合一契吗？阿凡提多彩多姿、妙语如珠的故事，不是同数千年来各大文明在新疆南来北往、东进西出的历史文化与生活习俗水乳交融吗？即使尊奉伊斯兰的清规，信守穆斯林的戒律，新疆各族人民也一向以载歌载舞，率性率真而闻名天下，恰似一个个活灵活现的阿凡提。用一句潮人潮语，新疆达人阿凡提既是旷世之人，又是旷达之人。仅看王蒙的系列作品"在伊犁"，诗人刘亮程的长篇小说《凿空》与鲁迅文学奖的《在新疆》，以及数不胜数的诗歌、音乐、舞蹈、绘画展示的活灵活现，曼妙迷人，就不难理解这一点。在茅盾文学奖作品《这边风景》里，王蒙写道："维吾尔是一个非常推崇语言的价值、喜爱诗、喜爱幽默的民族。即使是文盲，也喜爱诗和诗人。民间传说故事中，常常包含着许多精巧的隐语、譬喻、谐音和笑话。甚至有以言语为业的人。"③ 土生土长的新疆诗人刘亮程所见略同："中国的汉语读者，多关注一下边疆少数民族作家的写作，我们不要把眼睛只盯上欧美、拉美那些国家的文学，其实在新疆肯定有同样的有价值的

---

① 麻赫默德·喀什噶里：《突厥语大辞典》，校仲彝等译，北京，民族出版社，2002，第一卷，第 47 页，65 页，68 页，108 页；第二卷，第 100 页；第三卷，第 280 页，375 页。

② ［日］池田大作、［英］汤因比：《展望 21 世纪——汤因比与池田大作对话录》，荀春生等译，北京，国际文化出版公司，1997，"中文版序言"。

③ 王蒙：《这边风景》上卷，广州，花城出版社，2013，第 145 页。

文学。她是我们中国这个大家庭中的民族文学，是另一种语言的另一种思维……"① 1931 年，有位随同丈夫在南疆名城喀什即麻赫默德·喀什噶里的故乡喀什噶尔生活了近 20 年的英国外交官夫人，出版了一部记述西域风情的名作《一个外交官夫人对喀什噶尔的回忆》（*An English Lady in Chinese Turkestan*），以绘声绘色的笔墨留下对新疆的生动印象，也仿佛勾勒一幅阿凡提的故土风情：

> 放眼望去，四周雪峰林立，阳光照射下，冰峰熠熠生辉，闪耀着光芒，阳光使冰川表面变成了一面面巨大的镜子；在雪峰下端的斜线上，阳光又切出了一片片蓝色的阴影。看上去气象万千，壮观无比。我一生中还从来没有梦想过有这样壮丽的景色，这景色让人生畏，使人产生了心灵的震颤：我站在那里，像被魔法镇住似的。

> 喀什噶尔的老百姓心情舒畅愉快，性情平和温顺。每个人看上去都很满足也很快活，生活得很轻松。他们过着一种简朴祥和的生活，所求不多。这里的人们性情温和，很少吵架，除非在讨价还价，或是与别人就一个女人发生争执，或是与别人争水浇地时，才会与人争吵。在这种场合，他会告诉吵架的另一方，他认为对方是个什么人，告诉他：他一点也不像一个好的穆斯林。②

毋庸讳言，如今一提到新疆，国人总有一丝挥之不去的"恐怖"阴影，有位清华学子在毕业论文中忧心忡忡地写道："我所忧惧的，乃是大众媒体和社会舆论被恐怖分子牵着鼻子走，反恐语境中的议程设置，将天山南北好地方，变成了传媒镜像中暴力、动乱、恐怖之地，从而在亿万国民的心理版图上，将这片占到舆图面积六分之一的广阔热土，同安乐和平的东中部地区割裂开来；将同样热爱和平，谋

---

① 刘亮程：《在新疆》，杭州，浙江文艺出版社，2013，第 381 页。

② ［英］凯瑟琳·马噶特尼，戴安娜·西普顿：《外交官夫人的回忆》，王卫平等译，乌鲁木齐，新疆人民出版社，2013 年，第 28 页、64－65 页。

求发展的新疆人民，包括维吾尔族人民同中华民族的大家庭割裂开来。"① 其实，无论揆情度理，还是任何亲身体验或任何观察记录无不表明，边疆同内地一样世世代代居住着温良恭俭的普通百姓，"生活在那里的千千万万人民，和内地一样，憧憬安宁幸福的凡俗生活"②。在新疆生活工作了十多年的王蒙，2014 年在《人民日报》上颇有识见地指出："祖国各地，包括新疆、西藏等少数民族聚居区，文化上有着相当接近的追求与走向。其传统文化在总的方向上是一致的，比如敬天积善、古道热肠；尊老宗贤、崇文尚礼；忠厚仁义、和谐太平；勤俭重农、乐生进取等。"③ 刘亮程更以半生感悟就此写道："新疆是我的家乡，家乡无传奇。我没有在我的家乡看到人们想象的那个新疆，那个被遥远化、被魔幻化，甚至被妖魔化的新疆。"④ 仅看一点，即可明了：阿凡提虽然对国王极尽刺弄，对巴依百般戏谑，但始终让人感到刺而不乱，哀而不怨，从阿凡提的故事中，听不到替天行道的造反宣言，看不到明火执仗的烽火狼烟。这倒是同儒家的诗教一脉相通，所谓"温柔敦厚"，如《国风》的"好色而不淫"，《小雅》的"怨悱而不乱"。

这里，需要警醒的倒是恐怖主义一路"国际接轨"话语及其张冠李戴，特别是支撑这套话语的当代迷思——上世纪七八十年代以来新自由主义意识形态。因为，由此引发的三重全球性困境及其叠加即生态危机、社会危机、精神危机，不仅折射着世界性资源分配、社会分化、精神分裂的结构性矛盾，而且也与中国边疆问题形成同一社会历史进程的同构性关系。所谓看不见的手、文明的冲突、历史的终结等，既是埋下病灶的现实根源，又是掩盖症结的流行说辞。有位英国学者一针见血地指出："伊斯兰成为一个问题是伴随着新自由主义全

① 丁灵平：《反恐：媒体镜像与心理边疆》，清华大学学士学位论文，2014。
② 关凯：《被污名化的"边疆"：恐怖主义与人的精神世界》，载《文化纵横》2014 年 6 月号。
③ 王蒙：《与边疆一起奔向现代化》，载《人民日报》2014 年 7 月 7 日。
④ 刘亮程：《在新疆》，杭州，浙江文艺出版社，2013，第 381 页。

球化而兴起的。"① 拙著《传播学引论》（第三版）还引用了一段阿凡提故事，以揭示这一结构性矛盾和同构性关系：

在一个不起眼的小国——乌拉圭，有一家不起眼的研究机构——第三世界中心，出了一份不起眼的各国概况——《世界指南》，在其编者按里有一段不起眼的话：

一天，纳斯拉丁·霍加（汉译俗称阿凡提），这位十三世纪的突厥哲人，脸冲着毛驴的尾巴，按照不合习惯的方式骑驴走在路上。人们对他说："霍加，你骑倒了！"他回答说："我没有骑倒，是驴在朝着一个错误的方向走。"从一九七九年我们第一次出版《世界指南》以来，这本《指南》就一直以一种不合习惯的方式观望着这个世界。今天，这个世界似乎日益朝着同一化的方向走着，而我们的文章则一一强调着二百多个国家和地区各自的独特性……今天，人们每天听到的声音主要是对"全球化"的赞誉，"全球化"的飞船似乎在载着为数不多的亿万富翁、超级企业朝着新的千年飞去；我们的指南则向人们展示数以亿万计的普通人每天面临的困难，他们的希望只是获得起码的医疗条件，或者只是一碗充饥的饭……我们骑在驴背上，不得不随着时代的节拍颠簸。

如果仅仅遵循新自由主义的逻辑，好像悠悠万事唯此为大——市场化、私有化、自由化、全球化，而对多元一体的中华文明缺乏历史洞察与现实体认，边疆就难免一步步边缘化，甚至沦为中央民族大学教授关凯说的"需要被监视的维稳对象，也是需要被特殊援助的发展对象"，从而导致人们"内心里抗拒这种'挟现代性以自重'的他者的优越感"②。诗人沈苇在《新疆词典》中记述的一个故事值得深思。有位少数民族兄弟去北京旅游，回家后邻居们问起观感，他的回答

---

① 殷之光：《伊斯兰的瓦哈比化：ISIS 的不平等根源与世界秩序危机》，载《文化纵横》2015 年 2 月号。

② 关凯：《被污名化的"边疆"：恐怖主义与人的精神世界》，载《文化纵横》2014 年 6 月号。

是：北京不错，就是太偏僻了。与其盲目地汲汲于"恐怖主义"等西方话语，何如认真思考和应对藏族作家阿来在《瞻对》一书中写到的中国特色治边方略：

> 光绪十八年，策试题又是关于藏区和西藏，这回是关于藏区行政沿革及地理。

> "西藏屏蔽川滇，为古吐蕃地，何时始通朝贡？地分四部，由中国入藏有三路，幅员广狭奚若？试详言之。元置吐蕃宣慰司及碉门等处宣抚司，复置乌斯藏郡县，以八思巴领之，其沿革若何？唐时吐蕃建牙何处？阿耨达当今何山？其相近大山有几？雅鲁藏布江为藏中巨川，而澜沧江、潞江之属亦发源藏境，能究竟其原委欤？"

> 这样的问题，也可以用来问问在藏区行政、维稳、建设的各级干部官员。今天，很多汉藏官员都是学士、硕士、博士，但有多少人能读懂这道考题？又有多少能得出正确答案？①

总之，边疆各族人民同中华民族大家庭的兄弟姐妹一样，向往美好生活，希望通过勤劳的双手发家致富奔小康（维吾尔人与过去山西人一样善于经商，清华大学近旁红火的"巴依老爷"餐厅也是明证），同时更看重人生在世的丰富意义，期待哲学家赵汀阳所谓从冷漠的理解到热诚的接受，渴望北京大学教授强世功所说的"发自内心的尊重"，也更厌弃唯利是图、贪婪无度以及消费主义、享乐主义、自由至上主义、发展至上主义等物化潮流，就像阿凡提鄙薄财迷心窍的巴依老爷。伊犁河谷的锡伯族有一句民谚言简意赅："没有劳动的生活是盗窃的生活，没有歌声的生活是野蛮的生活。"刘亮程眼中的毛驴与南疆，也正折射了这种天性自然的诗意人生：

> 在新疆，哈萨克人选择了马，汉族人选择了牛，而维吾尔人选择了驴。一个民族的个性与命运，或许跟他们选择的动物有直接关系。

---

① 阿来：《瞻对》，成都，四川文艺出版社，2014，第173—174页。

如果不为了奔跑速度，不为征战、耕耘、负重，仅作为生活帮手，库车（唐代安西四镇之一的龟兹——引者注）小毛驴或许是最适合的……

那些毛驴，一步三个蹄印地走在千年乡道上，驴车上的人悠悠然然，再长的路，再要紧的事也是这种走法。不管太阳什么时候出来，又什么时候落山。①

可以说，从新疆各族兄弟姐妹身上，都仿佛能够看到一种阿凡提的模样，春风拂面，阳光灿烂。张承志从阿凡提与他的小毛驴身上，更是读出一种耐人寻味的深意——和平：

阿凡提的内容无所不包，人称它是笑话版的百科全书。但在它的叙述里，几乎没有涉及战争。

也许这才是一个被人忽略的现象。确实，绿洲里那些连自己都没觉察的、平静慵懒的日子，须知就是亲爱的和平。阿凡提正微笑着在那里骑驴漫步，其实是在向我们暗示。

跟着阿凡提一人一驴，确能回溯南疆的古代。但多少需要一些知识和一点火候，就像观察伟大的维吾尔文明的其他领域一样。学会欣赏阿凡提也是一件美事，读多了他的笑话，会弄懂人民的话语和生存方式，能明白一个个从毛驴上瞥来的眼神。②

2015年10月1日是新疆维吾尔自治区成立六十周年大典，谨以此作献给天山脚下的各族人民，同时向一切热爱边疆、建设边疆、保卫边疆、关心边疆的中华儿女致敬！

（刘亮程：《凿空》，作家出版社，2010；库尔班江·赛买提：《我从新疆来》，中信出版社，2014；沈苇：《新疆词典》（增订版），上海文艺出版社，2014）

---

① 刘亮程：《在新疆》，杭州，浙江文艺出版社，2014，第75—81页。
② 张承志：《阿凡提金卷银卷》，载《读书》2010年第5期。

不学诗，无以言

2014年10月，有两种唐诗宋词的佳作问世，一为已故文坛耆宿施蛰存的《唐诗百话》（最新修订版），一为中山大学教授彭玉平的《唐宋词举要》。《唐诗百话》是部名作，问世三十年，蜚声海内外，有唐诗百科全书之誉。《唐宋词举要》比照高步瀛的《唐宋诗举要》《唐宋文举要》而成，名列各路新书排行榜。

恰好同年6月，我在古都长安与汴梁，欣赏了实景演出《长恨歌》与《东京梦华》，一咏大唐盛世，一叹大宋繁华：骊宫高处入青云，仙乐风飘处处闻，七月七日长生殿，夜半无人私语时；明月几时有，把酒问青天，但愿人长久，千里共婵娟……在开封清明上河园那晚，皓月当空，清风徐来，一幕幕轻歌曼舞，一曲曲名篇佳作，更觉恍兮忽兮如在春江花月夜，沉吟浔阳琵琶行：江天一色无纤尘，皎皎空中孤月轮，江畔何人初见月，江月何年初照人；转轴拨弦三两声，未成曲调先有情，别有幽愁暗恨生，此时无声胜有声……

古往今来的人类文明史，古典中国堪称诗的国度，诗的气息连绵不绝，滋养着一代代中华儿女。深厚的文明积淀，多元的文化交融，将诗意、诗情、诗魂深深长长融入中国人的生活与生命世界，形成无所不在的文化景观与人生情怀。即使穷乡僻壤，纵然目不识丁，一张口便恍若诗经楚辞敕勒歌的味儿。最早一首记录下来的上古歌谣，正是一位老农悠然自得的《击壤歌》："日出而作，日入而息，凿井而饮，耕田而食，帝力于我何有哉！"南朝武将曹景宗，朝堂侍宴，酒酣耳热，随口就吟出令人惊叹的："去时儿女悲，归来笳鼓竞。借问行路人，何如霍去病!"唐代民间流行的《哥舒歌》:"北斗七星高，哥舒夜带刀。至今窥牧马，不敢过临洮。"诗情画意不让大历十才子卢纶的《塞下曲》:"月黑雁飞高，单于夜遁逃。欲将轻骑逐，大雪满弓刀。"

不薄今人爱古人，清词丽句必为邻。汉语尤其富于诗的韵律、节奏、隐喻（如山头、山腰、山脚）。且不说一江春水向东流的诗史——诗经、楚辞、乐府、古诗十九首、魏晋风骨、齐梁侧艳、唐诗、宋词、元曲，以及代为不绝的山歌、民谣、春联、俗语（瓜田不纳履，李下不整冠；射人当射马，擒贼先擒王；只许州官放火，不许百姓点灯；不到黄河心不死；有钱能使鬼推磨），就拿日常生活中的无数成语来说，听起来都像一个个对仗工整、声律和谐的诗句:气吞万里，一泻汪洋，长驱直入，势不可挡，正大光明，气宇轩昂，海枯石烂，山高水长，玉树临风，国色天香……无怪乎孔子说，不学诗，无以言呢。唐诗宋词更将美丽中文演绎得淋漓尽致，就像杜甫律诗起伏跌宕，优美如歌:

> 剑外忽传收蓟北，初闻涕泪满衣裳。
> 却看妻子愁何在，漫卷诗书喜欲狂。
> 白日放歌须纵酒，青春作伴好还乡。
> 即从巴峡穿巫峡，便下襄阳向洛阳。

放声读读这样的诗句，即使不完全懂得深意，也能体味一种音韵铿锵，虎啸龙翔，如同聆听贝多芬英雄交响曲的第一乐章。而一千多年前，长城内外，大河上下，写诗填词之辈遍布三教九流，岂止成千上万，从宫省到乡野，从百姓到百官，都像徜徉在诗的花海，呼吸着诗的芬芳。倘若没有星汉灿烂、若出其里的无数诗家，没有虎鼓瑟兮鸾回车、仙之人兮列如麻的诗坛盛况，没有浩浩莽莽的诗的青藏高原，那么唐宋时代怎么可能兀然崛起李白杜甫白居易、苏轼柳永辛弃疾似的珠穆朗玛峰。

唐诗宋词不仅是诗的国度又一座高原与高峰，而且也集中展现了中华文明的两种风流高格调。一者矫若游龙，一者翩若惊鸿；一是驾长车踏破贺兰山缺，一是杨柳岸晓风残月；一为边疆的黄河远上白云间，一片孤城万仞山，一为内陆的两个黄鹂鸣翠柳，一行白鹭上青天。诗人毛泽东自称对诗的态度，也正概括了这两面：偏于豪放，不废婉约。在道可道非常道的阴阳八卦图上，在外圆内方、柔中有刚、绵里藏针、剑胆琴心等一系列习语中，在剑拔弩张的《孙子兵法》与善之善也的"不战而屈人之兵"间，这一豪放与婉约之势无所不在地体现出来。于是，中国人心目中的英雄既有李广李陵，但使龙城飞将在，不教胡马度阴山，又有周瑜孔明，羽扇纶巾，谈笑间樯橹灰飞烟灭。高适名句"战士军前半死生，美人帐下犹歌舞"，依施蛰存之见，非谓将帅不恤士卒，醉生梦死，而在表现以柔克刚、从容不迫的大将风度。东晋淝水之战，前线鏖战，军情如火，主帅谢安却捻着棋子与人对弈呢。这位谢丞相的一段雅趣，也恰好提示了两种风流高格调：

> 谢公因子弟集聚，问《毛诗》何句最佳。遏（谢玄）称曰：'昔我往矣，杨柳依依；今我来思，雨雪霏霏。'公曰：'訏谟定命，远猷辰告。'谓此句偏有雅人深致。"（《世说新语·文学》）

诗经以降，这一水乳交融的格调，如同中华文明的农耕与游牧格局，你中有我，我中有你，一直绵绵不绝。楚辞中，既不乏婀娜多姿的"望夫君兮未来，吹参差兮谁思""既含睇兮又宜笑，子慕予兮善窈窕"，又时见豪气干云的"诚既勇兮又以武，终刚强兮不可凌。身既死兮神以灵，子魂魄兮为鬼雄"。秦汉时，既闻高祖《大风歌》，又见武帝《秋风辞》："兰有秀兮菊有芳，怀佳人兮不能忘……"魏晋南北朝，既有魏武帝对酒当歌："秋风萧瑟，洪波涌起""老骥伏枥，志在千里"，又有魏文帝"援琴鸣弦发清商，短歌微吟不能长"，既有《木兰辞》："万里赴戎机，关山度若飞，朔气传金柝，寒光照铁衣"，又有《西洲曲》："海水梦悠悠，君愁我亦愁，南风知我意，吹梦到西洲"……

至于唐诗宋词，更成为"白马秋风塞上，杏花春雨江南"的生动写照。如果说唐诗是《国殇》的慷慨回声，"出不入兮往不反，平原忽兮路超远，带长剑兮携秦弓，首身离兮心不惩"，那么宋词则绵延着《国风》的万般心曲，荡漾着"袅袅兮秋风，洞庭波兮木叶下""帝子降兮北渚，目眇眇兮愁予"的幽远遗响。乃至当今新边塞诗，也形成豪放婉约两路，就像同为南国的想象，豪放有周涛《这是一块偏心的版图》，而婉约则有亚楠《烟雨江南》：

> 水波潋滟，湖光山色脉脉含情
>
> 柳浪闻莺只是江南
>
> 一种寻常的风景
>
> 扬子江以南水域 暖风过处
>
> 烟波浩渺，渔舟唱晚
>
> 被风干的六朝古韵
>
> 滋润着无数麻木的灵魂

也许是大漠穷秋塞草腓，孤城落日斗兵稀的早年生长背景，总体上，我更喜欢唐诗，当然也倾心宋词。攻读博士学位时，不揣冒昧地选择《唐代文明与新闻传播》为题，也是由于这一偏爱。在清华的书房与办公室，分别挂过两幅唐诗书法，王昌龄《出塞》与杜甫《丹青引赠曹将军霸》："将军魏武之子孙，于今为庶为清门。英雄割据虽已矣，文采风流今尚存。"卢照邻《长安古意》中的"寂寂寥寥扬子居，年年岁岁一床书。独有南山桂花发，飞来飞去袭人裾"，也不时引为一介书生的自我期许。大学时，系主任请来导演谢晋作报告，他用岑参《白雪歌》说明镜头语言，让我印象深刻："轮台东门送君去，去时雪满天山路。山回路转不见君，雪上空留马行处。"还有一次，慕名去听史学名家秦佩珩先生的课，他声若洪钟，旁征博引，而至今难忘的是两句遒劲有力的板书，不记得为什么说到李白《菩萨蛮·平林漠漠烟如织》，他顺手写下"何处是归程，长亭更短亭"。于是，大学四年第一个暑假，在天山脚下凉爽宜人的家中，背了《唐诗一百首》，第二年暑期又接着背了《宋词一百首》。拿到《唐诗百话》与《唐宋词举要》自然是先睹为快，前者更是一口气读完，酣畅淋漓仿佛周涛笔下的"观猎"：

饮马长江从来是一句诱人的口号

游牧者的劳动是战争，追逐水草是天性

奴役人如同奴役畜牲

发起一次战争像围猎一支兽群

2012 年，刘效礼在《中华读书报》上推荐："《唐诗百话》在选诗、解题和理论基础等方面，匠心独运极具巧思，从不因袭前人或时贤，因而如清水芙蓉般傲然挺立于众多同类平庸著作之上。全书一百篇，每篇均运用严谨的考证和比较文学的研究方法，将历代至今诸多众说纷纭百口莫辩的唐诗难题，在广搜博引细按互证详尽的中外文献资料后，条分缕析清澈通达地将众多千古之谜举重若轻地揭示在读者面前，从而使读者充满了阅读的愉悦和惊喜。"① 由于施蛰存既是作家，又是学者，文学的灵感与学问的淹博相得益彰，相映成趣，故使《唐诗百话》"在欣赏与研究之间找到了一种绝佳的平衡"。拿王昌龄的千古绝唱《出塞》来说，看看施蛰存是怎么说的：

如果你仔细玩味，体会，还是可以发现大多数绝句的结构是可以分析出起承转合四个过程的。

我们先举王昌龄的《出塞》诗为例：

秦时明月汉时关，万里长征人未还。

但使龙城飞将在，不教胡马度阴山。

题目是《出塞》，诗人首先就考虑如何表现边塞。他从许多边塞形象中选出了"明月"和"关防"，再用"秦汉"来增加它们的历史意义。从这一句开始（起），一个"塞"字就勾勒出来了。但是，光这一句还不成为一个概念，"秦时明月"和"汉时关"，怎么样呢？诗人接下去写了第二句（承）。这第二句，我们不必讲解，一读就知道他很容易地完成了征人"出塞"的概念。两句诗，还只是说明了一个客观

---

① 刘效礼：《"一部〈施蛰存文集〉即为一部'20世纪文学史'"》，载《中华读书报》2012 年 8 月 15 日。

现实：有许多离家万里的军人在塞外作战，不得回家。"出塞"的概念是完整了，但诗人作这首诗的意图呢，还无从知道。于是他不能再顺着第二句的思想路线写下去。他必须转到他的主题思想上去，于是他写下了第三句。这第三句和第一、二句有什么关系？看不出来，使读者觉得非常突兀。于是诗人写出了第四句。哦，原来如此，他把第一、二句的客观现实纳入到他的主观愿望里去了，主题思想充分表达，诗也完成了（合）。

一首绝句的第三句，总是第一、二句和第四句之间的挂钩。绝句做得好不好，第三句的关系很大。[①]

再看看他怎么讲律诗：

律诗的结构，主要是中间二联，应当是对偶工稳的警句。前面有一联好的开端，后面有一联好的结尾。这三部分的互相照应和配搭，大有变化，大有高低，决定于诗人的才情和技巧。

中间二联是律诗的主体，但这是艺术创作上的主体，而不是思想内容的主要部分。一首律诗的第一联和第四联连接起来，就可以表达出全诗的思想内容，加上中间二联，也不会给思想内容增加什么。[②]

以王维《山居秋暝》为例，首尾两联的四句已经包含了全诗的主旨：空山新雨后，天气晚来秋，随意春芳歇，王孙自可留。中间的两联四句对仗出色，形式完美，诗情画意，令人流连，可并没有增加诗的思想内容：明月松间照，清泉石上流，竹喧归浣女，莲动下渔舟。另外，随意春芳歇的"随意"是"尽管"的意思，施蛰存说，它是唐宋人的口语。这一联说的是："尽管现在已是秋天，春草已经凋零，

---

① 施蛰存：《唐诗百话》（最新修订版），西安，陕西师范大学出版社，2014，下册，第190-191页。

② 施蛰存：《唐诗百话》（最新修订版），西安，陕西师范大学出版社，2014，上册，第95页。

王孙还是可以居留的。"① 而这也就是《山居秋暝》的主题思想。再看文天祥被元军押解北上，经过南京时写下的《过金陵驿》，诗的主旨也在前后四句，表达了一种生死相依的故国情思：草合离宫转夕晖，孤云漂泊复何依，从今别却江南路，化作啼鹃带血归！而诗的中间四句只是艺术烘托，并未增加主题思想：山河风景原无异，城郭人民半已非，满地芦花和我老，旧家燕子傍谁飞。

范敬宜上大学时读的是中文系，而喜欢选修新闻系课程。我上大学时读的是新闻专业，而修了不少中文课程，仅中国文学史就读了两年，考试也有两次，第一次有道题，评析王昌龄《闺怨》："闺中少妇不知愁，春日凝妆上翠楼。忽见陌头杨柳色，悔教夫婿觅封侯。"任课的俞绍初老师给了我全年级最高分，让我受宠若惊。作为公认的七绝圣手，王昌龄除了神品《出塞》，还有《闺怨》等上品。施蛰存将他的四首七绝放在一起讨论，讲了创作与赏析的章法，使人知其然并知其所以然。其中，《芙蓉楼送辛渐》的名句"洛阳亲友如相问，一片冰心在玉壶"，一般都理解为作者清高自许，不肯随波逐流，就像陶渊明"归去来兮"，李白"安能摧眉折腰事权贵，使我不得开心颜"。而施蛰存则以令人信服的旁证说明，"冰心玉壶"乃指为官廉洁清正，犹如冰壶之清白皎然："请辛渐告诉洛阳亲友，说自己做官，一定守冰壶之戒。"② 如此说来，官员包括各路学界官员倒是不妨将此句置于座右铭，时刻提醒自己为官当守冰清玉洁的君子之道。

说到洛阳，不由想到唐宋之世，由于天时，地利，人和，河南诗人仿佛云之君兮纷纷而来下：刘希夷（年年岁岁花相似，岁岁年年人不同）、张说（昼携壮士破坚阵，夜接词人赋华屋）、李颀（白日登山望烽火，黄昏饮马傍交河）、韩翃（春城无处不飞花）、刘方平（今夜偏知春气暖，虫声新透绿窗纱）、王湾（潮平两岸阔，风正一帆悬）、

---

① 施蛰存：《唐诗百话》（最新修订版），西安，陕西师范大学出版社，2014，上册，第98页。

② 同上，第177页。

宋之问（近乡情更怯，不敢问来人）、沈佺期、杜审言、杜甫、岑参（闻一多考证为荆州江陵人）、刘禹锡、崔颢、韩愈、王建、元稹、祖咏、李商隐、李贺、元结……天宝三载（744 年），李白、杜甫、高适三位大诗人聚会汴梁，吟诗作画，开封名胜古吹台留有"三贤祠"，与王昌龄、高适、王之涣旗亭画壁一样传为美谈。汴州（开封）诗人崔颢的《黄鹤楼》，让李白叹惜"眼前有景道不得，崔颢题诗在上头"，更是广为人知的诗坛佳话了。据施蛰存的周详论述，这首名作的可信版本是："昔人已乘白云去，此地空余黄鹤楼。黄鹤一去不复返，白云千载空悠悠。晴川历历汉阳树，春草萋萋鹦鹉洲。日暮乡关何处是，烟波江上使人愁。"

李白与崔颢暗摆擂台的《登金陵凤凰台》，千百年来同样脍炙人口："凤凰台上凤凰游，凤去台空江自流。吴宫花草埋幽径，晋代衣冠成古丘。三山半落青天外，二水中分白鹭洲。总为浮云能蔽日，长安不见使人愁。"针对这一对台戏孰优孰劣的千古文案，施蛰存的看法是："李白此诗，从思想内容、章法、句法来看，是胜过崔颢的。然而李白有摹仿崔诗的痕迹，也无可讳言。"[1] 另外，他对《蜀道难》一处文字解析，也令人颇受启发，这就是开篇三个有名的感叹词：

> 不能说是三字惊叹词，应当标点作"噫！吁戏！""吁戏"就是"于戏"，而"于戏"是"呜呼"的古代写法。《宋景文笔记》云："蜀人见物惊异，辄曰噫嘻。李太白作《蜀道难》，因用之。"可知"噫吁戏"是"噫嘻"的衍声词。胡元任又引苏东坡的文章来作证。东坡《后赤壁赋》云："呜呼噫嘻，我知之矣。"又《洞庭春色赋》云："呜呼噫嘻，我言夸矣。"也就是李白的"噫吁戏"。李白把"噫嘻"衍为三字，苏东坡更衍为四字，都用了蜀郡方言。[2]

在我下乡的豫南，人们表达惊叹之意时，也常说"噫""噫戏"

---

① 施蛰存：《唐诗百话》（最新修订版），西安，陕西师范大学出版社，2014，上册，第 199 页。

② 同上，第 212 页。

等。当年不知就里，现在想来也是古风犹存呢。礼失求诸野，今天不少乡野土语，没准儿多为古代的雅言国语，如同唐宋的洛阳话、开封话，而时下流行的、连主持人都竞相模仿的港台腔反而没有什么文化，"我们女生""你们男生""哇塞"之类。在《唐宋词举要》跋尾，彭玉平教授写道："个中得失，寸心自知。噫！"

李杜文章在，光焰万丈长。2014 年秋的一天下午，河南大学新闻学院的朋友带我去黄河边放风筝。站在黄河大堤上，望着白日依山尽，黄河入海流的苍茫雄浑景象，我们不约而同吟诵起"李白最自然流畅的作品"（施蛰存）：君不见黄河之水天上来，奔流到海不复回，人生得意须尽欢，莫使金樽空对月……对这位具有西域胡人血统的诗仙，我也一样自来喜欢有加，"绣口一吐就半个盛唐"（余光中）。不过，施蛰存对李白及其作品的一番评述，让我有了更深一层体味：

> 李白的诗，以饮酒、游仙、美女为题材的最多，后代的文学批评家常以此为李白的缺点。例如王安石就说："李白诗词，迅快无疏脱处，然其识污下，十句九言妇人与酒耳。"所谓其识污下，就是世界观庸俗。这种批评，虽则也有人为李白辩护，但在李白的诗歌里，高尚、深刻的世界观确是没有表现。他只是一个才气过人的诗人，能摆脱传统创作流利奔放的诗篇。至于对人生的态度，他和当时一般文人并没有多大不同。早期的生活，就是饮酒作诗，到处旅游。……此后，他又恢复了饮酒浪漫的生活，把自己装成一个飘飘然有仙风道骨的高人逸士，不时在诗里讽刺一下政治，好像朝廷不重用他，就失去了天下大治的机会。《盐铁论》里有一段大夫讥笑文学的话："文学衰衣博带，窃周公之服；鞠躬跚踏，窃仲尼之容；议论传诵，窃商赐之辞；刺讥言治，过管晏之才；心卑卿相，志小万乘。及授之政，昏乱不治。"这些话都切中文人之弊。他们平时高谈阔论，目空一切，"心卑卿相"，人人自以为是伊、吕、管、晏。及至给他一个官做，也未见得能尽其职守。……这种孤芳自赏的高傲情绪，

从屈原以来，早就在我国文学中形成一个传统，而李白的表现，特别发扬了这个传统。①

相比李白，杜甫显然更富于忧国忧民的意味，闪烁现实主义的光辉，国破山河在，城春草木深，烽火连三月，家书抵万金——所谓"诗史"，名不虚传。同时，杜甫在近体诗的格律、声韵等方面，也作出彪炳千秋的贡献，晚年律诗如《秋兴八首》，更达到炉火纯青的境界。《唐诗百话》以此为例，讲解律诗的创作与赏析，也对杜诗作了出色当行的批评：

> 艺术中心在中间二联，思想中心在首尾二联。中间二联要求对偶工稳，一联写景，一联抒情，或一联虚写，一联实写，切不可四句平行。首尾二联要通过中间二联，完成一个思想概念的起讫。杜甫《登高》一首却以前二联写景（风急天高猿啸哀，渚清沙白鸟飞回。无边落木萧萧下，不尽长江滚滚来），后二联抒情（万里悲秋常作客，百年多病独登台。艰难苦恨繁霜鬓，潦倒新停浊酒杯）。艺术中心强了，思想中心便削弱了。……许多人读此诗，只觉得它声调响亮，对仗工整，气韵雄健，而不注意它思想内容的不明确、不完整。②

按照通常理解，律诗是律诗（五律、七律、排律），绝句是绝句（五绝、七绝）。而施蛰存反复申说，实际上不管五言，还是七言，也不管二韵、四韵或多韵，都叫律诗。所谓律诗，就是讲究声律的近体诗，与之相对的是唐宋之前的古体诗。清季大儒沈德潜编了一部有名的《唐诗别裁》，又编了一部更有名的《古诗源》，将古诗作为唐诗之源："诗至有唐为极盛，然诗之盛，非诗之源也。……唐诗者，宋、元之上流，而古诗又唐人之发源也。"（《古诗源》序）另外，通行的"格律诗"说法，在施蛰存看来也不尽准确：

---

① 施蛰存：《唐诗百话》（最新修订版），西安，陕西师范大学出版社，2014，上册，第231－232页。

② 同上，第282页。

用"格律诗"这个名词来表示唐代兴起的律诗，这恐怕是现代人开始的错误概念。在唐代人的观念里，格是"格诗"，即讲究风格的诗，也就是古诗；律是"律诗"，即讲究声律的诗，也就是近体诗。高仲武在他编的《中兴间气集》的序文中说明他选诗的标准是"朝野通取，格律兼收"，这是说：不论作者有无官职，不论诗体是古体或近体，凡是好诗都要选入。……

"格律"是两回事，不能把唐代律诗称为"格律诗"。我们如果要一个双音词来称呼唐代的律诗（包括绝句），应该名之为"声律诗"。①

唐诗之盛，以李杜为标志，而有唐一代居然出现两个光焰万丈的李杜，即盛唐大李杜（李白杜甫）与晚唐小李杜（李商隐杜牧）。从《唐诗百话》萃取的八联不朽名句，就可略见李商隐的千秋诗名：

永忆江湖归白发，欲回天地入扁舟。（《安定城楼》）

水亭暮雨寒犹在，罗荐春香暖不知。（《回中牡丹》）

身无彩凤双飞翼，心有灵犀一点通。（《无题》）

纵使有花兼有月，可堪无酒又无人。（《春日寄怀》）

一春梦雨常飘瓦，尽日灵风不满旗。（《重过圣女祠》）

梦为远别啼难唤，书被催成墨未浓。（《无题》）

春蚕到死丝方尽，蜡炬成灰泪始干。（《无题》）

神女生涯原是梦，小姑居处本无郎。（《无题》）

仿照此类，不妨也遴选杜牧的八联名句，以见"杜郎俊爽"：

清明时节雨纷纷，路上行人欲断魂。（《清明》）

停车坐爱枫林晚，霜叶红于二月花。（《山行》）

东风不与周郎便，铜雀春深锁二乔。（《赤壁》）

商女不知亡国恨，隔江犹唱后庭花。（《泊秦淮》）

---

① 施蛰存：《唐诗百话》（最新修订版），西安，陕西师范大学出版社，2014，上册，第188－189页。

一骑红尘妃子笑，无人知是荔枝来。（《过华清宫》）

天阶夜色凉如水，卧看牵牛织女星。（《秋夕》）

江东子弟多才俊，卷土重来未可知。（《题乌江亭》）

蜡烛有心还惜别，替人垂泪到天明。（《赠别》）

当然，无论如何也不能遗漏《寄扬州韩绰判官》："青山隐隐水迢迢，秋尽江南草未凋。二十四桥明月夜，玉人何处教吹箫。"这首名作既体现了小杜的艺术风格，也蕴含着他的浪漫人生。《唐诗百话》讲了他的三个浪漫史，不独率性率真，更觉可爱可亲。如今，二十四桥依然是扬州胜迹，借用南宋词人姜夔《扬州慢·淮左名都》的佳句，"二十四桥仍在，波心荡，冷月无声"。2014 年在南京师范大学出席首届民国新闻史会议后，应邀烟花三月下扬州，二十四桥自然是必去的。只是游人如织，熙来攘往，只能在心里默默回味唐诗宋词的意境了。

在现代文坛上，施蛰存向以先锋派著称，所谓"中国现代派鼻祖"。评论家朱大可认为，"他的都市心理小说，与沈从文的乡情小说，是中国文坛对称的两大支柱，共同完成了现代短篇小说的话语建构"。[①] 然而，读《唐诗百话》，却常常领略一种现实主义的美学气息，人民、劳动、国家多难、民生多艰等不时闪现，兴观群怨、文以载道、家国情怀也是他评价诗人及其作品的主要标尺。整整 30 年前的 1985 年，他在百篇诗话结束之际，长篇大论谈的最后一首唐诗，是堪比杜甫《北征》的韦庄《秦妇吟》，其中写道："从个人的成败来看，黄巢是个失败的农民革命领袖，如果从他所领导的革命的效果来看，这一场革命毕竟加速了李唐政权的崩溃。从这一意义来认识《秦妇吟》，它是反映唐代政治现实的最后一首史诗。正如杜甫的《北征》是盛唐最后一首史诗。"[②] 这路现实主义文脉是五四以来，特别是延安以来一代爱国知识分子的共同底色。有名著《宋词赏析》传世的诗

---

① 朱大可：《想起施蛰存……》，载《中国新闻周刊》2005 年第 41 期。

② 施蛰存：《唐诗百话》（最新修订版），西安，陕西师范大学出版社，2014，上册，第 129 页。

人教授沈祖棻也写道："许多优秀的和伟大的诗人，在不同的历史时代反映了人民的生活和要求；和内容相适应，他们并不断地向人民学习，创造了多种多样的形式。"[1] 三十年河东，三十年河西。不待多言，三十年来现实主义一步步从中心退居边缘，而五光十色的现代主义现代派一个个渐成新宠。当此时，看到一代大家朴素而雄廓的情怀，不禁想起并慨叹秦韬玉《贫女》一诗的名句：谁爱风流高格调，共怜时世俭梳妆。此句意思纷说不一，问题在于"共怜时世俭梳妆"。按照施蛰存的分析，"俭妆"其实不是俭朴的装束，恰恰相反，乃指流行的、人人趋之若鹜的时尚装束，因为晚唐曾经一度流行这种"俭妆"：

> 这里一个"共"字，一个"俭"字，大家都讲错了，因此没有掌握到作者的原意。"共"字应讲作"许多人"，"众人"。"俭梳妆"本该是"俭妆"，因为要凑足七字，而加入一个"梳"字。整句的意思应当讲作："大家都喜欢时行的俭妆。"[2]

如此说来，谁爱风流高格调，共怜时世俭梳妆的寓意是，当今之世，还有几人追慕诗经大雅似的境界，又有几人不追攀此起彼伏的流俗潮流呢。

虽说《唐诗百话》主要讲唐诗，但对中国诗歌的渊源流变，包括唐诗宋词的嬗替也多有论述，令人开眼界，长见识，受启发。比如，白居易《花非花》是首摇曳生姿的小诗，也选入《唐宋词举要》，可说的什么又仿佛雾里看花："花非花，雾非雾。夜半来，天明去。来如春梦不多时。去似朝云无觅处。"施蛰存一语破的，顿觉恍然而悟：

> 是为妓女而作。"花非花"二句比喻她的行踪似真似幻，似虚似实。唐宋时代旅客招妓女伴宿，都是夜半才来，黎明即去。元稹有一首诗，题为《梦昔时》，记他在梦中重会一

① 沈祖棻：《唐人七绝诗浅释》，北京，中华书局，2008，"前言"，第1页。
② 施蛰存：《唐诗百话》（最新修订版），西安，陕西师范大学出版社，2014，下册，第101页。

个女子，有句云："夜半初得处，天明临去时。"也是描写这一情况。因此，她来的时间不多，旅客宛如做了一个春梦。她去了之后，就像清晨的云，消散得无影无踪。[①]

白居易最有现实主义意味的作品是"新乐府""讽喻诗"，《卖炭翁》《新丰折臂翁》惊心动魄，而他最多也最为人知的却是"感伤诗"与"闲适诗"，《琵琶行》《长恨歌》《霓裳羽衣歌》以及"日出江花红胜火，春来江水绿如蓝"等绝唱。与之相似，作为夕阳无限好只是近黄昏的晚唐大诗人，韦庄为人熟知的不是长叹息以掩涕的《秦妇吟》，而是宋词一般的清辞丽句：残月出门时，美人和泪辞；劝我早归家，绿窗人似花；春水碧于天，画船听雨眠；垆边人似月，皓腕凝霜雪……他的《思帝乡》更典型，不妨视为唐诗宋词的分水岭："春日游，杏花吹满头。陌上谁家年少，足风流。妾拟将身嫁与，一生休。纵被无情弃，不能羞。"词学大家叶嘉莹2015年立春时节，在人民日报撰文《终古挚情能似此——品读韦庄〈思帝乡〉》：

> "人世间之所谓爱，虽然有多种之不同，然而无论其为君臣、父子、夫妇、朋友间的伦理之爱，或者是对学说、宗教、理想、信仰等的精神之爱，其对象与关系虽有种种之不同，可是当我们欲将之表现于诗歌，而想在其中寻求一种最热情、最深挚、最具体，而且最容易使人接受和感动的'爱'之意象，则当然莫过于男女之间的爱情"。这正是写男女欢爱的小词，有时偏偏能唤起读者幽微丰美的感发和联想的主要缘故。[②]

如果说，唐诗如同高适的黄钟大吕《燕歌行》：摐金伐鼓下榆关，旌旆逶迤碣石间，校尉羽书飞瀚海，单于猎火照狼山……那么，宋词则是莺歌燕舞的流行曲，宛若苏轼《蝶恋花》：墙里秋千墙外道，墙

---

① 施蛰存：《唐诗百话》（最新修订版），西安，陕西师范大学出版社，2014，下册，第101页。

② 叶嘉莹：《终古挚情能似此——品读韦庄〈思帝乡〉》，载《人民日报》2015年2月3日。

外行人，墙里佳人笑，笑渐不闻声渐悄，多情却被无情恼……元代诗人元好问有三十首《论诗绝句》，其中也以韩愈名篇《山石》和秦观名句"有情芍药含春泪，无力蔷薇卧晓枝"为例，对比了唐之豪放与宋之婉约。当然，宋词许多此类男欢女爱的"女郎诗"，尽管无法与杜甫《北征》、韦庄《秦妇吟》等鸿篇巨制相提并论，但也"确实可以传达和引发一种幽隐情思，足以触发读者丰美的联想"（叶嘉莹）。王国维的《人间词话》就曾从中捻出三条千古名句，作为治学也是人生的三种境界：昨夜西风凋碧树，独上高楼，望尽天涯路；衣带渐宽终不悔，为伊消得人憔悴；众里寻他千百度，蓦然回首，那人却在灯火阑珊处。下面随便捻出的著名词句，也同样给人"许多幽微的感发与丰美的联想"：

白居易《长相思》：汴水流，泗水流，流到瓜州古渡头，吴山点点愁。思悠悠，恨悠悠，恨到归时方始休，月明人倚楼。

李之仪《卜算子》：我住长江头，君住长江尾。日日思君不见君，共饮长江水。此水几时休，此恨何时已。只愿君心似我心，定不负相思意。

李清照《一剪梅》：红藕香残玉簟秋，轻解罗裳，独上兰舟。云中谁寄锦书来，雁字来时，月满西楼。花自飘零水自流，一种相思，两处闲愁。此情无计可消除，才下眉头，却上心头。

牛希济：语已多，情未了，回首犹重道：记得绿罗裙，处处怜芳草。

冯延巳：风乍起，吹皱一池春水；泪眼问花花不语，乱红飞过秋千去。

李璟：青鸟不传云外信，丁香空结雨中愁；细雨梦回鸡塞远，小楼吹彻玉笙寒。

李煜：离恨恰如春草，更行更远还生；独自莫凭栏，无限江山，别时容易见时难；剪不断，理还乱，是离愁，别是一番滋味在心头。

晏殊：无可奈何花落去，似曾相识燕归来；欲寄彩笺兼尺素，山长水阔知何处。

晏几道：梦魂惯得无拘检，又踏杨花过谢桥；落花人独立，微雨燕双飞；今宵剩把银红照，犹恐相逢是梦中。

秦观：自在飞花轻似梦，无边丝雨细如愁；两情若是久长时，又岂在朝朝暮暮。

张先：云破月来花弄影；娇柔懒起，帘压卷花影；柳径无人，堕风絮无影。

……

作为舞榭歌台的行乐唱词以及淫房酒肆的浅斟低唱，宋词难脱美酒加咖啡的情调，仿佛满目春草绿色、春水绿波的幽情与杨柳回塘、鸳鸯别浦的相思，声声慢总是如怨如慕，如泣如诉，点点愁不离众芳芜秽，美人迟暮，看看一个个词牌及其寓意：念奴娇、点绛唇、相思令、凤栖梧、长亭怨、钗头凤、阮郎归、贺新郎、蝶恋花、虞美人、浣溪沙……但同时看似不可思议的是，如此莺莺燕燕、袅袅婷婷、花花柳柳、风风韵韵的形式，却偏又翻出大江东去、浪淘尽千古风流人物的铿铿锵锵，激起金戈铁马、气吞万里如虎的浩浩荡荡。范仲淹《渔家傲·秋思》，王安石《桂枝香·金陵怀古》，苏东坡《念奴娇·大江东去》《水调歌头·明月几时有》，岳飞《满江红·怒发冲冠》，张孝祥《六州歌头·长淮望断》、辛弃疾《永遇乐·京口北固亭怀古》，均为气吞山河的千古名作——三十功名尘与土，八千里路云和月！2014年秋，我有幸受聘宁夏大学兼职教授，并作一场学术报告。当天早上，独自在校园漫步，想看看环境，找找感觉。深秋的银川，天高云淡，黄色的落叶与红色的霜叶，织成一片色彩斑斓的画图，在丽日蓝天映衬下愈发缤纷绚烂，于是心头不由得浮现出范仲淹《苏幕遮》的意境：碧云天，黄叶地。秋色连波，波上寒烟翠。山映斜阳天接水，芳草无情，更在斜阳外……一树梅花一放翁的陆游，既弹奏了红酥手黄藤酒的哀婉悲歌，又谱写了夜阑卧听风吹雨、铁马冰河入梦来的英雄乐章，遥相呼应着苏东坡的"十年生死两茫茫，夜来幽梦忽还乡"与"酒酣胸胆尚开张，老夫聊发少年狂"。宋词本身的豪放与婉约，更是生动体现于如下这个有名掌故：

> 东坡在玉堂日，有幕士善歌，因问："我词何如柳七（柳永）？"对曰："柳郎中词，只合十七八女郎，执红牙板，歌'杨柳岸，晓风残月'。学士词，须关西大汉，铜琵琶，铁绰板，唱'大江东去'。"东坡为之绝倒。

宋词豪放之作，我犹爱刘克庄《沁园春·梦孚若》，而通行版本同当年的背诵版本，下阕文字不尽相同，只觉得背诵版更有慷慨豪气："酒酣鼻息如雷，谁信被晨鸡呼唤回。叹年光过尽，功名未立，书生老去，机会方来。使李将军，遇高皇帝，万户侯何足道哉。披衣起，但凄凉四顾，慷慨生哀。"与之相埒还有辛弃疾《破阵子为陈同甫赋壮词以寄之》。辛弃疾与苏东坡同为豪放词翘楚，但似乎形似而神不似。苏东坡富于浪漫，耽于神游，犹如李白登高壮观天地间，大江茫茫去不还，有仙气，有灵气，更有一介书生的个人意气。而辛弃疾则身当乱世，又文武全才，上马擒贼寇，下马草军书，既充满杀敌报国的豪情壮志，又有壮志难酬、英雄末路的一腔激愤，就如这首千古绝唱：醉里挑灯看剑，梦回吹角连营。八百里分麾下炙，五十弦翻塞外声，沙场秋点兵。马作的卢飞快，弓如霹雳弦惊。了却君王天下事，赢得生前身后名，可怜白发生。《唐宋词举要》对此的解析入情入理，洞悉幽微："这首诗共十句，第一句醉着，中间八句梦着，只有煞末一句醒着。然而醉着的豪情、梦着的壮志都在醒着的白发中飘逝了。"[1]

香港回归的那年春天，我第一次赴港访学。当时，原中国社会科学院新闻研究所所长孙旭培教授也恰在那里，我们同在一校，同住一处，与君离别意，同是宦游人。一天晚上，我们登上位于太平山上的楼顶平台，望着万家灯火与起伏山峦，孙老师思乡情浓，脱口吟出辛

---

[1]　彭玉平：《唐宋词举要》，北京，商务印书馆，2014，第419—420页。

弃疾的"西北望长安，可怜无数山"（末尾恰是"江晚正愁余，山深闻鹧鸪"）。那一幕令人感慨，我突然意识到这些诗语不仅是美的艺术，而且也深深融入中国人的生命世界与精神血脉。想想看，日常生活中，又有多少耳熟的诗语：蒹葭苍苍，白露为霜，青青子衿，悠悠我心，去年今日此门中，人面桃花相映红，年年岁岁花相似，岁岁年年人不同，不到长城非好汉，壮士一去不复还，一江春水向东流，春来江水绿如蓝，池塘生春草，澄江静如练，采菊东篱下，悠然见南山，忽如一夜春风来，千树万树梨花开，春江水暖鸭先知，为有源头活水来，谁知盘中餐，粒粒皆辛苦，慈母手中线，游子身上衣，天长地久有时尽，此恨绵绵无绝期，人生自古谁无死，留取丹心照汗青，天苍苍，野茫茫，风吹草低见牛羊，每逢佳节倍思亲，人间正道是沧桑……台湾现代诗人钟鼎文的《三峡》，让今人再次领略了诗的国度、诗的文化、诗的精神：

> 大江东去，
>
> 一万里尽是滔滔……
>
> 在这里，我几次去来，
>
> 每次总想到古代的"出塞"；
>
> 澎湃的波涛，由瞿塘峡东下，
>
> 正像汉家的兵马，从玉门关西调，
>
> 听起来，总想到——
>
> 车辚辚，马萧萧……

不学诗，无以言。对于笔墨为生的新闻记者来说，学诗的意义更是不待多言了。且不说知人论世，也不说腹有诗书，仅以范敬宜与梁衡为例就可想而知。他们既是中国第一大报的名记者，分别做到人民日报总编辑和副总编辑，又是享誉天下的文化人。由于早年在无锡国专打下的古典根基，诗词歌赋在范敬宜身上已成为一种融入血脉的文化基因，以至后来在新闻工作中也不由将这种文化基因自然流露笔端。他的代表作之一，那条有名的"睡出来的新闻"《夜无电话声 早无堵门人》，就以一首绝句"月光如水照新村"收尾，既升华了报道主题，又独树一帜，别开生面。他还认为，从事新闻工作应该像龚自珍作诗一般："欲为平易近人诗，下笔情深不自持。"于是，他的文字既平易近人，又饱蘸对国家、对人民的一往深情，而他的新闻观、人生观也凝聚在一句如同穆青"勿忘人民"的词句中："念白云深处千万家，情难抑。"中国人民大学档案系毕业的梁衡，同样酷爱古典诗词，并自觉地以此锤炼自己的文字。他在清华大学新闻学院的讲座中曾经谈到，当年下乡采访之际，还带着诗词读本，乘着早上一点悠闲时光读上几段，背诵几篇。他的文字含英咀华，同这种修养修炼自然密不可分。可惜，在据说采访都成多余的新媒体、大数据、云计算的情景中，不知还有几人有如此雅人深致，晨迎朝阳诵佳句，夜对明月吟新篇。至少一天到晚低着头，刷着屏，盯着鸡飞狗跳、鸡鸣狗盗之际，恐怕很难体味艾青伫立大地对泥土的眼含泪水，更难共鸣屈原怅望长空对生民的太息掩涕吧。

（［清］沈德潜编：《古诗源》，中华书局，2006；龙榆生：《词学十讲》，北京出版社，2011）

对岸的诱惑与中西风马牛

自从上世纪末，国务院学位委员会修订学科目录，将传播学正式定为二级学科并与新闻学平起平坐构成一级学科即"新闻学与传播学"以来，静若处子的传播之学一变而为动如脱兔，腾挪跳跃，突飞猛进，倏忽已近20年。其间，虽然说不无独立之精神、自由之思想的学术建树，但总体看来好像跑马圈地多于精耕细作。国际传播、跨文化传播等由于"国际化"的时新色彩，更是观者如堵，趋之若鹜，而国家为了"文化软实力""国际话语权"，对此也不惜血本。只是迄今为止，尽管上下焦虑，多方用力，但理论与实践都有心栽花花不发，而反倒是其他人文学科有时无心插柳柳成荫。这是否也从另一个角度，再次凸显了范敬宜晚年忧心并提醒的"新闻中的文化"问题呢。至少，略输文采稍逊风骚的传播及其研究，就像孔子说的，"言之无文，行之不远"。

这里且看两部别开生面的"传播研究"著述，一为四川大学文学与新闻学院教授赵毅衡的《对岸的诱惑：中西文化交流记》，一为中国电影艺术研究中心学者吴迪的《中西风马牛》。前者聚焦现代中国文人在东西方文化的碰撞中遭逢的精神变异，后者透视当今中国电影在东西方文化的语境下面临的交流错位。前者出版于2003年，由于畅销，乃至脱销，2007年又有"增编版"面世；同样，后者付梓于2004年，十年后又以"启之（吴迪）"之名发行"修订版"。由此也表露两书的一个共同特点，那就是在深刻的社会历史命题中蕴含着文化和文字的魅力，体现了思想与思考的活力。所以，读来不仅令人深思，而且引人入胜，由于妙趣横生，还时常令人莞尔，甚至捧腹。下面先看一个有趣的例子——徐志摩。

一提徐志摩，在国人特别是都市丽人与白领小资心目中，马上会浮现一个飘逸的诗人，一个唯美的文人，一个浪漫的情人："轻轻的我走了，正如我轻轻地来；我挥一挥衣袖，不带走一片云彩……"而在赵毅衡考订精审的笔下，这位"最适应西方的中国文人"，却有着另一面酸甜苦辣诸味杂陈的心路历程，从中也折射了一种现代中国才有的文化心态与精神状态：

> 首先可举的例子，当然是徐志摩见曼殊菲尔这桩文坛佳话：费时多月，反复去信求见一面，先与曼殊菲尔的实际丈夫墨雷大谈了一次俄国文学（曼本人最爱契诃夫）。得到邀请，冒雨找去。入屋后万分激动，却不料曼殊菲尔因病不见客。徐忽见有客从楼上走下，于是乘机再陈述要求，回话才是："可以上楼去见她。"

> 据徐志摩自己说，前后不过 20 分钟，徐志摩却当作平生最宝贵的记忆，回忆纪念一辈子从未稍息。

> 换一个人，你我之类的俗人，早就觉得受了无礼怠慢，一走了之，所以我们从无徐志摩的好运。徐志摩一见"仙姿"，马上"一阵模糊"，"头晕目眩"，"像受了催眠似的，只是痴对她神灵的妙眼。""眉目口鼻之清之秀之明净，我其实不能传神于万一……只觉得可感不可说的美，你仿佛直接无碍地领会了造化最高明的意志。"

> 从我所找到的大量照片画像来看，曼殊菲尔无论用什么标准，都算不上美人，但徐志摩让我们信服她的天姿国色。而且没有人能去测定徐是否言过其实，因为曼殊菲尔第二年即去世。为此，徐志摩曾到巴黎她的坟上哭吊，并有诗祭之。[1]

---

① 赵毅衡：《对岸的诱惑：中西文化交流记》（增编版），上海，上海人民出版社，2007，第 8—9 页。

由此想起张承志的洞见："（清末）洪钧以来，中国知识分子忙碌的，大体上只是一个介绍、追撵、甚至取悦西方的过程。欧洲在一种仰视的目光里被中国人琢磨。欧洲列强的思想、方法论、世界观，被中国知识分子视为圣经，刻苦攻读，咀嚼再三。欧洲的东方学，在被学习的过程中锤炼得博大，也日益富于优美感。"① 无怪乎，在饱受凌辱与屈辱的半殖民地半封建的中国，没有丝毫奴颜与媚骨的鲁迅先生受不了以徐志摩勾连人脉的"新月派"，包括胡适、陈源、梁实秋、凌叔华等。在他的"匕首与投枪"之作中，留下不少与之论战的文字。这是题外话了，还是继续看赵毅衡对徐志摩的剖析。1920 年，徐志摩从纽约来到伦敦，由于对 17 岁的林徽因一见钟情，神魂颠倒，而这场单相思又速战速败，接着同妻子闹离婚，徐志摩的人生跌入低谷。而就在这个时候，徐志摩开始动手制造了流传至今的剑桥神话，如《再别康桥》什么的，康桥即剑桥（Cambridge）：

> 1921 年春，徐志摩到剑桥国王学院，没有专修，是个随意选择听讲的特别生。他好像从来没有认真听过课，而住处竟然离剑桥六英里（近 20 里）！徐自己承认他在剑桥"谁都不认识"，连同学都没一个。

> 1922 年 3 月归英，忽然发现了"我这辈子就只那一春"。他开始写诗了，中国有了一个才气横溢的大诗人。奇迹是怎么发生的？……细读一下，就明白徐志摩在剑桥如此惊喜地发现的，与你我各位在国外发现的完全一样：孤独。不过孤独在他笔下很诗意："'单独'是一个耐人寻味的现象。我有时想它是任何发现的第一个条件……你要发现你自己的真，你得给你自己一个单独的机会。你要发现一个地方，你也得有单独玩的机会……啊，那些清晨，那些黄昏，我一个人发痴似的在康桥！绝对的单独。"

---

① 张承志：《波斯的礼物》，载《视界》第 2 辑，石家庄，河北教育出版社，2001，第 19 页。

徐志摩写到散步，单独；写到骑自行车游荒郊，单独；划船屡学不会，也没个英国朋友教，只能呆呆看着矫健的女学生划船。"那闲暇，那轻盈，真是值得歌咏的。"①

对于这一中国历史上前所未闻的文化现象，赵毅衡的解读听上去貌似载欣载奔，而想起来却不免悲从中来："这与徐志摩交游洋人的本领，有相似的心理因素：他是个完全没有自卑心理的人。面对西方最骄傲的文化人，积极交往，不顾对方脸色；面对最孤独最失败的境遇时，寻找'发现'。"②当然，这里截取的只是赵毅衡笔下"新闻性"的吉光片羽，而《对岸的诱惑：中西文化交流记》中的徐志摩，以及傅斯年、朱湘、许地山、闻一多、刘半农、萧乾、李金发、邵洵美、吴宓、李劼人、老舍、穆旦等游学故事，绝不是为着好玩，听着有趣，而是在东西方文化碰撞的背景下，寻幽探奇地追索文化人的隐秘心理，揭示其间深长的历史意味，包括一些跨文化传播的蕴含，就像赵毅衡从清华才子、诗人朱湘的留学经历中，读出了留学与爱国的关系，或曰"留学民族主义"：

留寓国外多年，我对前辈的留学生涯自然感兴趣，细读之后，发现前辈们一样遵循留学生三大规律：大部分人感到孤独；大部分人只跟中国人交游；大部分西化论者遇到挫折就变成民族主义者。这三大规律历百年而不变。

许多人留学前崇西，留学后反而如闻一多"走内向路子"。一个世纪了，情景依然。西方人——我说的是多数西方人——改不了的民族自大心理，对非西方人礼数可能周到，傲慢难以掩饰，提供了十分有效的"反教育"。③

对此，中国社会科学院法学研究所青年学者支振锋，在 2013 年的《西方话语与中国法理——法学研究中的鬼话、童话与神话》一文

---

① 赵毅衡：《对岸的诱惑：中西文化交流记》（增编版），上海，上海人民出版社，2007，第 11—12 页。

② 同上，第 12 页。

③ 同上，第 20 页。

中，更是直截了当，入木三分。在他看来，近代中国形成三种关于西方的话语即鬼话、童话与神话。先是由于万世一系的自尊自大，加之对蛮夷的轻蔑而盛行的"鬼话"，既然洋人不过是"鬼子"，那么所言自然也是不屑一顾的"鬼话"。而后随着国势日蹙，洋人的"鬼话"渐渐变为"公论""公理""普世价值"，被赋予越来越多神奇美妙的色彩，于是便有了一套又一套的童话与神话，"西方神话其来有自，不过是被欺凌的非西方人士对强大西方的神化而已"①。在这一过程中，国人对西方的了解也大略循着三条途径展开：思想经典、制度规定和实地考察。思想经典固然高屋建瓴，但也可能只是西人的理想、空想或幻想。制度规定又不见得等同于真切实践，可能只是一纸具文。前两种途径从文本到文本，不免游离现实，于是便有蔚然成风的官商考察与留学访学。然而，正如支振锋犀利挑明的普遍问题：

即便留学或访问，又能在多大程度上真正了解、认识和理解西方呢？也实在依然是一个很难回答的问题。对于绝大多数中国学生、学者而言，更多的就像一个匆匆旅客，一片浮云，一滴油，根本不可能做到与当地生活的水乳交融。

根据对在英国、美国、荷兰等欧美国家中的中国学生与学者的观察，大多数留学生与学者的生活就是寓所、学校的两点一线，至多再到超市买买菜，或者顺便到景点留个影，生活圈子也以华人学者学生为主。而对于海外华人学生学者或者在西方科研机构工作的华裔知识分子而言，接触的也多是剑桥、牛津、哈佛、耶鲁或者哥大的知识分子，大家一般没有利益冲突，反而有陌生人之间的好客与好奇，因此交往上自然文质彬彬，谈笑有鸿儒，往来无白丁，都是一些会"香汗淋漓"而不是臭汗味四射的人。

碰巧的是，西方大学区往往多在富人区，每多香雾云

① 支振锋：《西方话语与中国法理——法学研究中的鬼话、童话与神话》，载《法律科学》2013 年第 6 期。

鬟、觥筹交错甚至灯红酒绿，自然晓风残月，令人留恋。对于那些虽然负笈远游但也因此得享自由感觉海阔天空的中国学生学者而言，即便回国了，多年后也成为美好的回忆和重要的资历，如果再有红袖添香的罗曼蒂克故事，更是美得痒到心肝里。

这样的"西方"，难道不是玻璃瓶里的美丽童话世界吗？[①]

由此看来，无论是近代早期的"鬼话"，还是后来层出不穷的"童话""神话"，恐怕都难以算是关于西方的"真话"，多年执教英伦的赵毅衡就坦承："与国内学者相比，我们没有任何优势。相反，我认为海外学者只有劣势：毕竟不亲历对象文化，直接体验就太少。从书本到书本，从材料到材料，做的学问不免有隔。"[②] 民国年间一位来华采访的美国记者发现，蒋介石统治集团的官员，多是富贵人家的子弟留学生。他们高高在上，说外语，敬耶稣，缺少对中国社会的深刻理解，更不懂得人民的苦难。他们的治国理念来自西方，与中国国情往往格格不入（中共"二十八个半布尔什维克"何尝不是如此）。不用说，所谓鬼话、童话、神话并非都是"假话"，而大多只是源于现实而扭曲变形的"梦话"，故而赵毅衡说："整个20世纪中国知识界，整部中国现代思想史，就是朝西的'梦游记'。"[③] 当然，应看到近代以来的西游记，也不乏脚踏实地的探求者及其"真话"，前如上世纪三四十年代新闻界邹韬奋的《萍踪寄语》与《萍踪忆语》、杨刚的《美国札记》等，后有八九十年代作家张承志、学者温铁军的日入日深。而不管什么"话（话语）"，都不脱马克思恩格斯《德意志意识形态》，以及葛兰西、阿尔都塞、福柯等思想家所点中的"命穴"：

① 支振锋：《西方话语与中国法理——法学研究中的鬼话、童话与神话》，载《法律科学》2013年第6期。

② 赵毅衡：《对岸的诱惑：中西文化交流记》（增编版），上海，上海人民出版社，2007，第305页。

③ 同上，第3—4页。

任何话语都无所不在地体现着特定社会历史条件下的政治经济关系，话语问题其实就是权力问题，正如中国人说的一言九鼎、人言可畏、人微言轻、言出法随等。说白了，说就是做，"说到做到"，说什么就做什么，怎么说就怎么做，说与做、言与行、理论与实践、话语与权力归根结底乃是一回事，而非两张皮，二者不可能"脱节"，充其量不过是"错位"。

赵毅衡的著作与支振锋的文章，也在探究话语与权力这种一而二、二而一的关系，旨在揭示理论与实践的错位。《对岸的诱惑：中西文化交流记》一书包括四编：分别题为"西游记""东游记""梦游记"和"游之余"。全书的核心思路是，20世纪中国人到西方是去做学生的，而西方人来中国是来做老师的——从杜威到福柯，从鲍罗廷到哈耶克。一教一学，教的什么？学的什么？一言以蔽之，就是近代西方特产，20世纪最重要的一门功课——"现代性"。而且，西方的"特殊性"俨然成为另一种万世一系的"普遍性"，并体现于文化及其交流的所有领域，如"言必称希腊""言必称美国"，而交流或传播的本意据说在平等对话、信息共享云云：

> 教的东西，学的东西，不是"西方学术"，而是"学术"。

> 百年实践，西学被等同于普遍性，为体；中学明白无误是特殊性，为用。这种据称的普遍性，经常闯祸：李德教革命战争，不明白面对的是中国战争；傅利曼（即新自由主义经济学家弗里德曼——引者注）教价格改革，不明白面对的是中国市场。尽管有此教训，西方性即普遍性，这个基本概念，依然如旧：今日的时髦青年认为西方式酒吧文化，就是"文化"。①

岂止是小青年的时髦之举。日前读到一篇核心期刊文章，论及当

---

① 赵毅衡：《对岸的诱惑：中西文化交流记》（增编版），上海，上海人民出版社，2007，第341—342页。

下中国记者的社会地位，竟从美国"第一修正案""第四等级""无冕之王"一路所谓普世神话谈起。那种自然而然的逻辑和天经地义的思路，俨然将美国一套家当视为放之四海而皆准的普遍法则而非某种"地方性知识"，完全无视一个基本事实：且不论美国新闻模式是否完美无缺并都落在实处，即使有其合理性与正当性，又何曾与中国更不用说新中国天衣无缝的"国际接轨"呢？人民中国与人民报刊又何时赋予新闻记者"第四等级"或"无冕之王"等莫名其妙的地位呢？中国记者耳熟能详的难道不是"热情维护自己自由的人民精神的千呼万应的喉舌"（马克思）、"为人民服务"（毛泽东）、"人民的公仆"（陆定一）、"勿忘人民"（穆青）等信念吗？我的不解与赵毅衡殊途同归。他提到后现代主义的思想教父、美国杜克大学教授詹明信（Fredric Jameson），30 年前来北京大学讲学，留下一部至今仍被中国学界奉若神明的讲稿《后现代主义与文化理论》，其中讲的不是西方的后现代主义，而像是"普世性"的后现代主义。赵毅衡想不通：詹明信将中国文学说成是"民族寓言"，具有特殊性质，那么为什么鲁迅是民族寓言，而美国的福克纳就不能读成"民族寓言"呢[1]。与此相似，支振锋也大惑不解地提出自己的问题：

> （西方）成了"神话"，成了强大、先进、正确的象征，成了第三世界发展中国家迈向美好未来的"必由之路"。却很少有人关心，这个体系迄今不过 300 年左右，而并不在这个体系的中国不仅曾经领袖群伦 2000 年，迄今为止又连续 30 年成为人类经济发展史上最耀眼的明星，并且基本保持了社会和政治的稳定与有序；人们故意忽视，那些服用了这些西方药方的国家却大多经济崩溃，山河破碎，社会失序，并引发了美国学者所言的一个"起火的世界"。[2]

① 赵毅衡：《对岸的诱惑：中西文化交流记》（增编版），上海，上海人民出版社，2007，第 342 页。
② 支振锋：《西方话语与中国法理——法学研究中的鬼话、童话与神话》，载《法律科学》2013 年第 6 期。

　　无疑，类似徐志摩的故事不仅是"西游记"问题，而且同样属于西方对东方的"东游记"——不管是马可波罗的游历与游记，还是罗素、杜威、庞德、萨特的"神游"。交流的无奈，文化的错位，看来也属天然正确的社会现象，古今皆然，东西亦然，恰似列奥·施特劳斯在现代"天赋人权"（nature right）与古典"自然正确"（nature right）之间的思想穿越。也许，正如哲人常说的，解读就是误读，理解就是误解，换言之，没有误读与误解，就难有解读与理解。吴迪的《中西风马牛》提供了一系列哭笑不得的电影案例，也从一个侧面说明了这一点。本书是作者在瑞典一所大学讲授《中国文化与中国电影》的课堂实录，是一位中国老师与四位西方学生的跨文化交流。选课的四位学生不仅性格鲜明，而且都对中国文化颇有兴趣与研究。吴迪说，这四位活宝一般的人物，使课堂变成了奇谈怪论的集装箱，刀光剑影的辩论场。拿第一课播放的影片《焦裕禄》为例：

　　　　我的计划是，先给他们讲讲中国的主旋律——英雄模范题材。让他们了解中国，受受教育。事先准备好的中文故事梗概和英文语言点发下去了，录像带塞进了录放机，教室里突然安静了，八只洋眼睛都盯住了屏幕。

　　　　《焦裕禄》放完了，我宣布休息。可这四个人没有一个动弹。费米接上手提电脑，忙着查什么文件。托马斯在翻一个黑皮本本，魏安妮在本子上记着什么，索菲娅在旁边看着，两人还不时地嘀咕着什么。

　　　　我刚刚宣布上课，托马斯就站了起来发难，他扶了扶眼镜，扬起一脸毛茸茸的红胡子："焦裕禄是不是想继承那家老贫农的遗产？"

　　　　我有点发蒙："你……说什么？你……是不是没看懂？"

　　　　托马斯的脸腾地变得通红，一直红到脖根，红脸、红脖加红胡子，更像孙悟空。他一言不发，径直走到录像机旁边，倒出"继承遗产"的一段，按了一下PLAY。

　　　　这是影片中最感人的一幕——

大雪纷飞，黄沙路上，李雪健扮演的焦书记拉车，几人推车，车上装着救济粮。寒风挟着雪片打在人们的脸上。河南民歌《共产党是咱好领头》响起，歌手（据说就是李雪健）为这一行人的爱民行为拼命地吼唱着。

雪花飘飘，洒遍一身还满。焦裕禄推开一农家院的破栅栏门，通讯员小赵扛着粮袋跟在后面，两人踏着厚厚的雪来到一间破土房前。

破土房的门被推开，焦裕禄和小赵出现在门口。屋里的一对老夫妇，老头躺在炕上，老太婆站在地上，惊异地看着这两位不速之客。

焦来到炕前，坐在老头身边："大爷，您的病咋样呀？快过年了，我们给您送点粮食和钱来，您们先用着。"

说着，掏出钱放到老太婆手里："大娘，这是20块钱。"老太婆感动得喃喃自语："这可怎么好呀！"躺在破棉絮中的老头双手抱拳不胜感激。

小赵扶起老头，老头睁开昏花的老眼，看着焦裕禄："你，你是谁呀？"

焦裕禄拉着他的手："我是您的儿子！是毛主席派我来看望您老人家的。"

老人的胡子颤动着，泪水溇溇。

老太婆伸出手，顺着焦裕禄的头从上往下摸索，帽子、围脖、棉衣："感谢毛主席……给我们派来了这样的好儿子！"

那粗犷的民歌配合着画面将电影推上高潮。

托马斯关上录像机，像个角斗士，盯着我："这个电影我在中山大学时就看过。请问，焦裕禄是不是那两个老人的儿子？"

"当然不是。"

"既然不是，他为什么要说是？"

"因为······因为他想向他们表示亲近，这是中国的习惯。"我随口答道。

"如果我想向你表示亲近，就应该说，我是你的儿子吗？"托马斯右腿向前一步，左膝弯曲，假模假式地给我鞠了一躬："Father 大人。"

他的滑稽动作引起一阵哄笑，教室里开了锅，穿着肚脐装的索菲娅居然坐到了桌子上，那肚脐就像只没长睫毛的独眼，偷偷地朝我眨眼睛。

我有点走神："不不，只有晚辈在长辈面前才能用这种方式表示亲近。你我年纪差不多，我当不了你爸爸。"

托马斯似乎一定要当我儿子："周恩来到邢台慰问，他对一个老人也是这么说的，'我是您的儿子'。周恩来出生于 1898 年 3 月 5 日，邢台地震那年是 1966 年，周恩来六十八岁，那老人顶多七十岁。他们是同辈，周恩来为什么要做一个同辈的儿子？"

本想大鸣大放，这家伙却给鼻子上脸。我赶紧收回心思，转守为攻："照你的逻辑，只要说是人家的儿子，就是要继承人家的遗产。那么周恩来想继承那个老人的遗产吗？不用说，那个受灾的老人根本没有财产，就算是有，一个国家总理能为了那几间破房去当人家的儿子吗？不管是邢台的难民，还是兰考的灾民，都是一种符号，它代表的是中国人民。周总理和焦书记的意思是——我是中国人民的儿子。邓小平不是也说他是中国人民的儿子吗？他继承了什么遗产？"①

类似驴唇不对马嘴的跨文化误读与误解或者说解读与理解，在这部活灵活现的《中西风马牛》中比比皆是，一位评论家称之为"竭尽

---

① 启之（吴迪）：《中西风马牛》（修订版），北京，世界图书出版公司北京公司，2014，第 6—8 页。

狳狯之能事的异书，叙述之洗练老到，台词之精彩尖新，均属骇人听闻"。应该承认，也正是此类误读与误解，有时反而见常人所未见，发常人所未发，所谓当局者迷而旁观者清。还以上述"焦裕禄"故事为例：

费米接过了索菲娅的话头："1991 年，我在北京，采访过李雪健的朋友，他们给了我李雪健的创作谈。"

他把面前的手提电脑转了一个一百八十度，让屏幕对着讲台。

"这是李雪健的原话，发表在贵国 1991 年第三期《电影艺术》第五十五至五十六页上，题目是《用心去拼戏》。请中国教授给大家念一念。"

我暗暗吃惊——没想到这个小小的东亚系藏龙卧虎，居然还有李雪健的追星族。我做了一个"请"的手势："还是你自己来吧，你的四川普通话大家都能听得懂。"

费米转过电脑，板起面孔，拿出一副宣读论文的架势："李雪健是这样说的：'焦裕禄是个县委书记，我没有当过书记，但我当过爹，有妻儿老小……我把焦裕禄作为一县之长的感觉是缩小至家，找到一家之长的感觉再扩展，根据片子的需要去贴近作为书记的焦裕禄……面对那么多人没有吃的、逃荒、生病，他是非常紧迫、忧苦、着急的……他那份着急跟任何一个一家之长看到自己的妻儿老小整天吃不饱时是一样的。'"

念完了，费米往嘴里扔了一块口香糖，边嚼边评论："我认为，中国就像个大家庭，中央第一把手是最高的家长，下面的省长、市长、县长都是本地区的大大小小的家长。这就是贵国所说的'中国特色'。李雪健认为他能把焦裕禄演活了，就是因为他找到了当家长的感觉。"①

这位"老外"把中国理解为一个"大家庭"，看来对中国文化及其精髓确有深切领悟。因为，"大家庭"意象，蕴含着中国社会最深刻、最珍贵、最独特的文明基因，以及一系列源远流长的文化传统，包括家国一体、天下大同、四海之内皆兄弟、得民心者的天下、老吾老以及人之老、幼吾幼以及人之幼、修身齐家治国平天下、先天下之忧而忧、后天下之乐而乐……北京大学中国与世界研究中心主任潘维教授，2014年接受记者、留美政治学博士玛雅采访时，就认为"（中华）大家庭"三个字，足以表达社会主义核心价值观的所有内涵，不仅简明、亲切、响亮、实在，而且最重要的是"接地气"：

> "大家庭"的内涵非常丰富。家庭是我国社会和经济生活的基本单位。血缘和虚拟血缘的城乡居住社区和工作单位社区构成我国的社会网络。血缘关系称谓覆盖了整个社会，体现了虚拟的"大家庭"。以家庭为基础层层扩大构成的最大"家庭"是国家。我们的军队是百姓"大家庭"的子弟兵，为"保家"而"卫国"。从家庭关系里衍生出的道德是中式道德，即伦理道德。在伦理道德中，互帮互助，贫富一家。作为执政党的中国共产党，就应该是为这个"大家庭"操心的"大家长"。家长意味着责任，意味着为了"大家庭"的福祉呕心沥血的公心，绝非专制的"家长制"。②

作为"文化大革命"后首届万余名研究生之一，赵毅衡曾师从中国社会科学院外国文学研究所知名学者卞之琳——徐志摩的学生、新月派诗人。30多年前，赵毅衡、赵一凡、张隆溪等均为中国社会科学院的青年才俊，后又都留学美国。《读书》上连载的赵一凡"哈佛读书札记"、张隆溪"20世纪西方文论评述"，曾影响一代青年学人。

---

① 启之（吴迪）：《中西风马牛》（修订版），北京，世界图书出版公司北京公司，2014，第9—10页。

② 潘维、玛雅：《理论创新与理论自信——关于建立"中国学派"的对话》，载《经济导刊》2014年5月号。

2010 年，赵毅衡放弃英国国籍，落户四川大学，对学术界无异一次"地震"。在《对岸的诱惑》自序中，他似乎流露了其中的些许心迹：

> 这本薄薄的书，写了 20 多年，从 1978 年允许我按自己的兴趣读书开始，一直到今天。当然这 20 多年也做了一些别的事，无非是读书教书写书——很多都是人生不得不做的事。从马齿徒长到满鬓苍然，多少"事业"不过是人生的规定动作，得分失分都不会太意外。人生悲哀莫过于此：动作做完，鞠躬下台，回想起来，只有一两个过门动作，允许别出心裁。

如果说赵毅衡是留洋的传统文人，那么吴迪则是本土的新派潮人。仅从二者的语言风格上，也不难分辨这种古今中西之别。虽然二者文字都是富有生气、文气与灵气，但赵毅衡却是一派返璞归真的气象，凝重，沉郁，好似庾信文章老更成，凌云健笔意纵横。而吴迪则似诗仙李白，斗酒百篇，人生得意须尽欢，莫使金樽空对月，或如王朔、冯小刚、葛优"玩的就是心跳"。而出于新闻专业的本能——"你母亲说爱你都得核实"，我对《中西风马牛》中细致入微、纤毫毕现的故事、情景、对话不免心生疑窦：课堂实录怎么可能记得如此栩栩如生呢。我曾就此请教了两位电影学者，结果也是王顾左右，语焉不详。倒是此书"再版前言"末尾提供了蛛丝马迹，而这与赵毅衡笔下的徐志摩一样看来还是深深的孤独：

> 这次出国使我有生以来第一次生活在洋人中间，少见必然多怪，怪而无处说，只好跟日记说话。孟德斯鸠在《波斯人信札》里说："勇于求知的人决不至于空闲无事，虽然我并不担负任何重要职务，却总是忙着不停，我以观察为生，白天所见、所闻、所注意的一切，到了晚上——记录下来。什么都引起我的兴趣，什么都使我惊讶。"我跟孟先生当然没法比，但在"忙着不停"方面一样。我也是"到了晚上——记录下来"，也是见什么都感兴趣，都惊讶。但这与"勇于求知"无关，而完全是空闲无事的缘故。

〔赵毅衡：《对岸的诱惑：中西文化交流记》（增编版），上海人民出版社，2007；启之（吴迪）：《中西风马牛》（修订版），世界图书出版公司北京公司，2014〕

新中国与新文化的一部经典

——《史诗〈东方红〉创作者口述史》序

一

1977 年，国史上一个寻常而奇崛的年份，用《万历十五年》的英文书名副题来说，貌似"无足轻重"的年份（*A Year of No Significance*）。此前一年，华国锋为首的政治局以非常手段，解决了王洪文、张春桥、江青、姚文元问题，结束了"无产阶级文化大革命"；此后一年，中央工作会议以及紧随其后的十一届三中全会召开，全面开启了"改革开放"年代。

1977 年，在自己人生历程中也印象深刻。上一年，高中毕业，上山下乡；下一年，成为文革后恢复高考的首届大学生，即所谓"七七级"（今人以为七七级自当 1977 年入学，其实七七级与七八级同年入校，同年毕业，相距一学期而非一学年）。作为业余"音乐爱好者"，自己留在这一年的鲜明记忆当属一大批解禁作品：《洪湖赤卫队》、《黄河大合唱》、《长征组歌》、音乐舞蹈史诗《东方红》……这些排山倒海的黄钟大吕，激荡着历史风云，洋溢着时代气息，黄河之水天上来，万里写入胸怀间，铸就了中国现代音乐以及现代文化迄未逾越的高峰。特别是《东方红》，更以沧海横流的史诗性和大江东去的精气神，象征性地展现了一个古老民族追求复兴的生命意志与心路历程，英风飒飒，生机勃勃，蔚为壮观，动人魂魄，也在自己心底留下荡气回肠的悠远回声。而此时，距离这部文化经典的问世已十三年了。

1964 年 10 月，金风送爽时节，《东方红》作为国庆十五周年献礼作品在人民大会堂上演。风乍起，吹皱一池春水，而《东方红》恰似一颗精神原子弹，在新中国文化领域卷起了惊涛拍岸的千堆雪。巧的是，同月 16 日，新疆戈壁大漠间炸响中国第一颗原子弹，当天晚上，毛泽东、刘少奇、周恩来、朱德、陈云、邓小平等在人民大会堂接见剧组全体成员，周总理宣布了这一消息，事先提醒大家控制情绪，免得大会堂的地板承受不了冲天而起的喜悦浪潮。由此，《东方红》剧组最早获悉了这一捷报。至于《东方红》山呼海应的感染力，从一位清华学子发在《人民日报》的文章中可见一斑，文章题为《上了生动的一课》，作者胡锦涛：

> 看了音乐舞蹈史诗《东方红》以后，我的心久久不能平静……这不仅是一场很好的歌舞，而且是一部中国革命的巨大史诗，是党领导下的 40 多年革命斗争的缩影，是对我们进行阶级教育和革命传统教育的好教材，它赋予我们巨大的精神力量，给我们上了生动的一课。[①]

从此，这部由周恩来总理一手挂帅、云集当时一流艺术家的音乐作品，就同交响诗《嘎达梅林》《红旗颂》、管弦乐曲《瑶族舞曲》《春节序曲》《北京喜讯到边寨》、小提琴曲《梁山伯与祝英台》《金色的炉台》《阳光照耀着塔什库尔干》、钢琴协奏曲《黄河》、歌剧《洪湖赤卫队》《江姐》、芭蕾舞剧《红色娘子军》《白毛女》、电影《阿诗玛》《刘三姐》、现代京剧《沙家浜》《杜鹃山》《红灯记》等音乐精品，一同在新中国的文化星空上熠熠生辉。其中，不仅凝聚着新中国六十年来一脉相承的文化精神，而且体现着现代中国一以贯之的文化政治，国庆三十五周年的《中国革命之歌》和六十周年的《复兴之路》，也从一个侧面表明了这一点。由此说来，把握了《东方红》的文化蕴含，也无异于感悟了现代中国的立国之魂。

作为歌、舞、诗、画的综合性创作，《东方红》以革命英雄主义

---

① 胡锦涛：《上了生动的一课》，载《人民日报》1964 年 10 月 6 日 6 版。

与革命浪漫主义的手法，抒写了"不愿做奴隶的人们"在毛主席、共产党领导下，追求国家独立、民族解放、人民自由的苦难历程。下列家喻户晓的曲目，凝练传神地勾勒了这一曲折历程以及这部经典的文化政治意味，汇成一幅长夜难明到雄鸡一唱的东方红图景：

序　曲

歌舞：《葵花向太阳》

歌曲：《东方红》

第一场：东方的曙光

舞蹈：《苦难的年代》

歌曲：《北方吹来十月的风》

歌曲：《工友歌》

歌曲：《农友歌》（领唱：王昆）

歌曲：《工农兵联合起来》

第二场：星火燎原

表演唱：《就义歌》

舞蹈：《秋收起义》

表演唱：《拿起武器闹革命》

舞蹈：《井冈山会师》

歌曲：《双双草鞋送红军》

歌曲：《井冈山》（领唱：寇家伦）

歌曲：《三大纪律八项注意》

歌舞：《打土豪分田地》

歌曲：《八月桂花遍地开》

第三场：万水千山

表演唱：《红军战士想念毛泽东》

舞蹈：《飞夺天险》

歌曲：《飞跃大渡河》

歌舞：《情深意长》（独唱：邓玉华）

舞蹈：《雪山草地》

歌曲：《过雪山草地》

歌舞：《陕北会师》

歌曲：《会师歌》

歌曲：《七律·长征》（领唱：贾世俊）

第四场：抗日的烽火

表演唱：《松花江上》（领唱：张越男、李光羲）

歌曲：《义勇军进行曲》

表演唱：《抗日军政大学校歌》

表演唱：《到敌人后方去》

歌曲：《游击战》

歌舞：《游击队之歌》

表演唱：《大生产》

歌曲：《南泥湾》（独唱：郭兰英）

歌舞：《保卫黄河》

第五场：埋葬蒋家王朝

表演唱：《团结就是力量》

歌曲：《坐牢算什么》

舞蹈：《进军舞》

歌曲：《中国人民解放军进行曲》

舞蹈：《百万雄师过大江》

歌舞：《欢庆解放》

歌曲：《解放区的天》

歌曲：《人民解放军占领南京》

第六场：中国人民站起来

乐曲：《国歌》

歌舞：《伟大的节日》

歌曲：《没有共产党就没有新中国》

歌曲：《赞歌》（独唱：胡松华）

新疆舞

歌曲：《毛主席祝您万寿无疆》（独唱：才旦卓玛）

民族舞蹈

歌曲：《歌唱祖国》

全场合唱：《国际歌》

围绕这部经典，流传着各种传奇般的故事。比如《东方红》从动议到上演不过一个半月，涉及七十多个单位，三千七百多人，包括三十多首歌曲、九部大型舞蹈、十八部歌舞表演、十八段朗诵等。再如，总导演周总理忙完一天的国务活动后，常常凌晨一两点钟来到剧组，和大家一起讨论，大到思路，小到细节，无不亲力亲为，广为流传的《赞歌》就是根据他的意见重新创作的，而这首名曲本身又是一个传奇。

在新中国开国元勋中，文采风流颇有人在，毛泽东、朱德、陈毅、叶剑英等诗作自是脍炙人口，周恩来总理的文化品位与艺术修养同样传为佳话。中共中央文献研究室的陈晋先生，为毛泽东、周恩来、邓小平三人的退休生活做过如下设想：毛泽东嗜书如命，当会高卧终日，手不释卷；周恩来邀集文人墨客，高谈阔论，畅叙幽情；邓小平无论干什么，都爱同家人在一起……有这样热衷文化、尊崇艺术的总理与导演，《东方红》的成就也就顺理成章了。当然，周总理首先是一位政治家，一开始他就明确指出，《东方红》是一部政治作品，用现代学术语言来说，他清晰地将《东方红》定位于"文化政治"。同时，他为《东方红》确立了"史诗"的基调："要采用史诗的写法""中国革命本身就是一首壮丽的史诗""努力做到用艺术形式将中国革命这首史诗再现在舞台上"……

笔者曾就《东方红》的精神内涵与艺术魅力，向李书磊教授就教，他的一个观点一语中的，令人茅塞顿开：审视这部史诗之作，最适于用古代文论的核心范畴——"气象"。确实，《东方红》给人最直观、最深刻、最难忘的感触，就是吞吐日月、浑然一体的气象。气者，气息悠长，气韵生动，气吞万里，气势如虹，力拔山兮气盖世之谓也，一切生命也无不凝聚为一口气。而象者，可观、可感、可闻之形象也、意象也。气象既属于美学的境界、艺术的境界，更体现着一种整体的生命状态与时代精神。如果说慷慨悲歌壮怀激烈的沉雄气象一向为古典时代所推重："身既死兮神以灵，魂魄毅兮为鬼雄""风萧萧兮易水寒，壮士一去兮不复还""秦时明月汉时关，万里长征人未还"……那么《东方红》则是现代中国一部气吞山河的闳放豪迈之作，借吴建民对"气象"的阐发：

> 雄浑的"气象"是生命力强旺蓬勃的体现。这种"气象"雄壮宏大，有着强健刚劲、勃勃跃动的生命力……对此种"气象"的观照，也就是对蓬勃生命力的观照……观照这种"气象"，观赏者能够获得生命力的鼓舞和激励，从而产生无穷的审美快感。[①]

总之，《东方红》既是新中国文化艺术的一次巡礼，也是现代音乐舞蹈在科学的、民族的、大众的新文化道路上的又一座里程碑，实现了周总理所期许的目标："努力做到政治和艺术的统一、内容和形式的统一。要具有新鲜活泼的、为中国老百姓所喜闻乐见的中国作风和中国气派。"

二

2012 年，适逢毛泽东《在延安文艺座谈会上的讲话》发表七十周年纪念。当此时，这部《史诗〈东方红〉创作者口述史》将在中国现代政治与现代文化的发祥地付梓，自然多了一层颇堪究诘的历史蕴含。

就社会进程及其象征意味而言，"讲话"发表的七十年是现代中国即新中国诞生、成长、壮大的时期，也是现代文化即新文化日益自觉、日渐丰满、日趋成型的阶段。以延安为界，如果说之前中国政治与文化还处于半土半洋的氛围，就像当时文字半文半白，那么经过此

---

① 吴建民：《古代文论中的"气象"观》，载《衡阳师范学院学报》2004 年第 2 期。

后风起云涌的时代潮流洗礼，中国的社会政治与文化已经彻头彻尾"现代化"了。虽然时下对民国"范儿"的想象貌似蓊蓊郁郁，频见时贤口吐莲花，列强侵凌、军阀割据、日寇凶暴、独裁专横、民不聊生的长夜难明赤县天，貌似"比西施还美、比王昭君还美、还比得上杨贵妃"，但终归不过是"白头宫女在，闲坐说玄宗"的思古幽情，浩浩汤汤的现代潮流早已渐行渐远，恰如四五运动天安门诗抄所言："中国已经不是过去的中国/人民也不是愚不可及/秦皇的封建时代已经一去不复返了。"而这一切浓郁蓬勃的现代气息，都点点滴滴体现于本书前言所谓"新中国与新文化"，体现于主导新中国与新文化的历史动因——中国革命与中国共产党。

中国革命与中国共产党是以全新的现代面貌登上历史舞台的，其中蕴含着极其丰富的现代意味，洋溢着焕然一新的现代气息。诚然，中国革命的主体来自泥腿子，革命的道路是农村包围城市，革命的领袖也常带着乡土气，但若据此将这一重塑世界、再造中国的历史伟业视为既往的"改朝换代""农民起义"等，那么就失之毫厘谬以千里了。不说别的，如下镜头便意味深长：长征途中，野外露营，围着一团团篝火，红军将领或用德语朗读《共产党宣言》，或用法语高歌《马赛曲》，或跳起风风火火的俄罗斯水兵舞……按照陈晋先生的说法，这支革命队伍其实是很"洋"气，而所谓洋气不就是现代气嘛。这种洋气或现代气不是个人偏好问题，也不是风尚问题，而是现代潮流洗礼、浸淫、涤荡而焕发的精神气象。

通常说来，鸦片战争一声炮响，万世一系的天朝体制或天下体系就此宣告失灵，日渐崩颓，中华帝国由此一步步汇入现代世界体系。在这个血与火的苦难进程中，从生产方式到社会制度，从思想观念到行为模式，中国无不发生着或翻天覆地或习焉不察的变化，而其中至关重要的当属中国人作为现代政治共同体的觉醒，以及相伴相生的现代国家与现代文明的生成。不言而喻，没有自觉自醒的现代政治民族，就不可能开创自强自立的现代国家与现代文明，而政治独立与精神觉醒始终离不开一种文化自觉，离不开现代文化的建设与传播。可以说，从晚清到民国，从毛泽东到习近平，这一觉醒与崛起、复生与再造的社会进程始终连绵不绝，一以贯之。换言之，新中国与新文化始终相伴相生，一脉相连。如果说"中国人从此站起来了"是现代中国的独立宣言，那么毛泽东的《新民主主义论》则为现代文化剪了彩：

> 我们不但要把一个政治上受压迫、经济上受剥削的中国，变为一个政治上自由和经济上繁荣的中国，而且要把一个被旧文化统治因而愚昧落后的中国，变为一个被新文化统治因而文明先进的中国。一句话，我们要建立一个新中国。建立中华民族的新文化，这就是我们在文化领域中的目的。[①]

大致说来，这一自觉自醒的历史进程，已经经历了三个时期或三次浪潮。第一次浪潮是五四运动。这场决定现代中国命运与方向的运动，既是波及广泛的思想解放与文化启蒙运动，又是旧邦新造的社会政治工程，既以李大钊、胡适、鲁迅、陈独秀以及《新青年》、德先生、赛先生等文化符号彪炳于世，又以学生罢课、工人罢工、"外争国权，内惩国贼"以及马克思主义的传播、共产党的诞生等政治事件轰动天下。以往与当下总有对五四的片面解读，或突出思想文化的启蒙意义，或强调社会政治的历史功绩，而没有意识到五四的救亡与启蒙实际上第一次鲜明体现了现代中国的政治自觉与文化自觉，标志着中华民族作为一个现代政治民族的自觉与自醒，借用陈寅恪先生的话说就是"我民族独立之精神，自由之思想"，或用1907年26岁的鲁迅先生在《文化偏至论》一文的阐发：

> 外之既不后于世界之思潮，内之仍弗失固有之血脉，取今复古，别立新宗，人生意义，致之深邃，则国人之自觉至，个性张，沙聚之邦，由是转为人国。人国既建，乃始雄

---

① 《毛泽东选集》第 2 卷，北京，人民出版社，1991，第 663 页。

厉无前，屹然独立于天下，更何有于肤浅凡庸之事物哉？[①]

第二次浪潮是以鲁迅为旗手、延安为象征的左翼新文化运动，兵强马壮的"鲁艺"文化人就足以显示了这一现代文化大河奔流的声势与气象：茅盾、周扬、丁玲、萧军、冼星海、周立波、光未然、贺敬之、刘白羽、李焕之、郑律成、何其芳、陈荒煤、艾青、张庚、吕骥、刘炽、严文井、孙犁、秦兆阳、马烽、西戎、王朝闻、冯牧、古元、江枫、华君武、吴印咸、蔡若虹、张仃、穆青、崔巍、陈强、王昆、于蓝、王大华……左翼新文化运动不仅确立了新中国立国之本即《新民主主义论》阐发的"科学的、民族的、大众的"宗旨，体现了"古为今用，洋为中用，百花齐放，推陈出新"的追求，而且产生了一批洋洋大观的现代文化经典，迸发着一种鲜明的、生机勃勃的现代精神。其中常常提及的有哲学社会科学领域一大批马克思主义中国化成果，包括毛泽东的《矛盾论》与《实践论》、艾思奇的《大众哲学》、李达的《社会学大纲》、郭沫若的《甲申三百年祭》、范文澜的《中国通史简编》、陈翰笙的《中国的地主与农民》、薛暮桥的《经济学》等；文学有茅盾的《子夜》、巴金的《激流三部曲》、老舍的《骆驼祥子》、郭沫若的《屈原》、曹禺的《雷雨》、萧红的《呼兰河传》、赵树理的《李有才板话》、丁玲的《太阳照在桑干河上》、艾青的《大堰河——我的保姆》、李季的《王贵与李香香》等；音乐有"人民音乐家"聂耳的《义勇军进行曲》、"人民音乐家"冼星海的《黄河大合唱》以及张寒晖的《松花江上》、贺绿汀的《游击队歌》、马可的《白毛女》、王洛宾的《在那遥远的地方》等；电影有蔡楚生的《渔光曲》《一江春水向东流》、田汉、夏衍的《风云儿女》、袁牧之的《桃李劫》《马路天使》等；新闻有范长江的《中国的西北角》、邹韬奋的《经历》、夏衍的《包身工》等；且不提译介的世界优秀文化作品，如《共产党宣言》（陈望道译）、《资本论》（郭大力译）、《铁流》（曹靖华译）、《钢铁是怎样炼成的》（梅益译）、《西行漫记》（胡愈之策划）等

---

① 《鲁迅全集》第1卷，北京，人民文学出版社，2005，第57页。

……真可谓千岩竞秀，万壑争流，风光无限，气象万千。

左翼新文化传统及其文化自觉与政治自觉，既延续着五四新文化运动的现代精神，又奠定了新中国的文化政治与文化领导权，在传承五四精神的基础上全面开辟了新中国的新文化。具体说来，这种新文化一方面构成对抗当时国民党黑暗政治及其封建文化与买办文化的崭新气象，一方面为新中国确立了政治格局与文化方向，最终形成不可逆转的现代趋势：

> 当毛泽东在抗战最艰苦的阶段描绘一种新民主主义政体时，他同时也是在描述一种前所未有的新民主主义文化；而1949年以后的社会主义国家形式的确立过程，本身也是社会主义文化意识的确立过程。可以说，20世纪中国革命的高潮，也是近代中国人政治自觉和文化自觉最为明晰的时刻。[①]

第三次浪潮则以邓小平时代为契机，既涉及改革开放的一整套政治经济的革新探索，更关乎思想文化领域的精神解放，从而大大激发了中国人的政治自觉与文化自觉，形成一百年来前所未有的国家强盛与精神独立的时代气象。正如美国汉学家艾恺接受人民日报记者采访时说到的："几十年的发展，中国人的思想发生了很大的变化，思想更为活跃和开放，视野更加开阔，社会更加包容，中国传统文化所蕴藏的生命力再次绽放出来。"[②] 其间又可分为两次思想解放高潮，一是当年的真理标准大讨论，一是如今的文化自觉潮流，前者的关键词是实事求是，后者的关键词是文化自觉。特别是当下这一更为艰巨、更为重大的思想解放潮流，既源于费孝通为代表的自觉自省意识，又得益国家战略大力推进的现实运动——中华民族伟大复兴的中国梦。

将《东方红》置于这种语境中审视，当能更加深切地理解其中的文化政治及其现代意味，进而透视现代文化及其建设与传播的内在规

---

① 张旭东：《离不开政治的文化自觉》，载《文化纵横》2012 年第 2 期。
② 宋静思：《见证你的伟大复兴，中国》，载《人民日报》2014 年 11 月 6 日。

律与外在条件，并汲取历史的镜鉴与思想的启迪。随着中华民族作为独立自主的现代政治共同体越来越清晰的历史使命，文化已经成为国家发展与民族复兴的核心命题。借用中国社会科学院美国研究所所长黄平研究员的形象说法，毛泽东时代 30 年解决"挨打问题"，邓小平时代 30 年解决"挨饿问题"，未来 30 年解决"挨骂问题"。① 虽然挨骂涉及发展中的一系列新问题，如生态恶化、社会分化、精神异化的三重危机叠加，但邓小平批评的"一手硬，一手软"无疑首当其冲。就连文化大发展大繁荣，在一些人看来，也不过意味着新一轮的征地、开发、园区，以及动漫、游戏、会展、旅游、大片、大制作、声光电、技术融合，乃至选美等。对此，有识之士多所论列，试举几例就不难理解作家张炜疾首蹙额的"全民性精神恍惚"：

——《文艺研究》杂志社长方宁在人民日报上指出：没有哪个时代像今天这样热衷于"帝王将相""才子佳人"。"帝王剧""宫廷戏"以及泛滥成灾的"才子佳人演义"，恰恰呈现出了一种文化病象。②

——中国艺术研究院《文艺理论与批评》杂志副主编祝东力研究员，接受《凤凰周刊》记者玛雅博士采访时说道：不论我们怎样评价共和国前 30 年历史的是非功过，当时中国在核心价值观和思想观念方面处于"出超"的地位，应该说是一个基本事实。而如今这方面，我们已由"出超"变为明显的"入超"。③

——批评家李陀认为：现在不仅是文学，而且是整个文化都被消费主义的逻辑所控制，被无所不在的资本的力量所控制，形成了一个前所未有的局面：一方面文化的确很繁荣，另一方面，文化品质明显在日益低落。④

①　黄平、玛雅：《当代中国需要伟大的思想》，载《天涯》2008 年第 4 期。

②　张江等：《文学是民众的文学　向"小人物"要"大作品"》，载《人民日报》2014 年 3 月 14 日。

③　玛雅：《中国文化自信与普世话语建构——专访中国艺术研究院祝东力》，载《决策与信息》2015 年第 1 期。

④　杨青：《文学史的任务是建立文学秩序——访著名批评家李陀》，载《深圳商报》2014 年 9 月 25 日。

——中国政法大学人文学院院长李德顺教授的分析表明：文化沙漠化是更深层、更具根源性的问题。文化沙漠化并不是没有文化，而是只有消费型文化，没有或缺少生产型文化，其迹象可归结为三个大家普遍关心的问题：一是意识形态的危机感为什么越来越严重？二是大学里的学术风气为什么越来越糟糕？三是我们为什么培养不出杰出人才？[①]

——国防大学教授金一南在 2014 年的一次会议上发言：别人都说我们有全世界最强的新闻管控能力。可是从中央电视台播放的一些节目看，可以明显看出我们一些管意识形态的人不懂意识形态；以"维稳""和谐"为最高追求，导致意识形态领域斗争主动权有意无意放弃。[②]

......

如今，上上下下对文化的重视非比寻常，相较当年许世友将军听说毛泽东号召高级干部多读《红楼梦》，发牢骚说自己不看"吊膀子"的书，确实不可同日而语，文化产业更是如雷贯耳。然而，文化之为"文而化之"的精神食粮，并非有钱能使鬼推磨的。联系《东方红》的经验，除了领导人亲力亲为、艺术家不计名利等时代背景，首先还在于将文化置于现代政治与现代国家的高度，从而将文化建设与国家建设、文化自觉与政治自觉相提并论，而不是局限于泛泛的"丰富生活""调剂身心""吹拉弹唱""风花雪月"。其次，将文化作为文化，正心诚意，痴心向往，而非种种现实功利的"敲门砖"，诸如"政绩""利润""收视率""发行量"。诚然，文化需要市场，也离不开阿堵物，正如文化人也得安居乐业，据说一些人心目中"代表先进文化"的美国，就是将文化与产业一锅煮的——恐怕大多属误读。但是，市

---

① 王正：《文化沙漠化将是中国的一场灾难——李德顺访谈录》，载《博览群书》2010 年第 8 期。

② 金一南：《我们取得了前所未有的进步，也充满了前所未有的挑战》，见本刊编辑部：《问题中国，进步中国——关于制度模式选择与话语体系构建的研讨》，载《经济导刊》2014 年 8 月号。

场再发展、再繁荣，阿堵物哪怕堆成喜马拉雅山，也堆不出《卡门》《天鹅湖》《英雄交响曲》，同样堆不出《东方红》《黄河大合唱》《梁山伯与祝英台》。因为，归根结底，文化是灵魂的翔舞、精神的欢歌、生命的悸动，更是现代国家的立国之魂与精神家园。倘以"非文化""伪文化"，乃至"反文化"追求文化，则无异于南其辕而北其辙。道理很简单，既然没有对文化的向往与痴迷，一门心思只想以"文"谋"利"，那么文化又怎能发展，如何繁荣呢。文化学者黄纪苏的一个批评深中肯綮："电视台广大职工也有他们的苦衷：我们也不想下三烂，但上面定了产业化大方向，下了收视率、广告收入硬指标，不下三路，我们不得下岗么？"① 东方演艺集团的步步落败及其董事长顾欣2015年终于银铛入狱，无非提供了一个最新而又不足为奇的案例。在其所谓产业化改革名号下，不仅一大批艺术家沦为雇佣劳动者，包括周恩来总理一手培育的著名东方歌舞团不知所终，而且也无异于再次提示我们：青年马克思抒发畅想的人生何尝不是社会主义文艺念兹在兹的境界：

> 我们现在假定人就是人，而人对世界的关系是一种人的关系，那么你就只能用爱来交换爱，只能用信任来交换信任，等等。如果你想得到艺术的享受，那你就必须是一个有艺术修养的人。如果你想感化别人，那你就必须是一个实际上能鼓舞和推动别人前进的人。你对人和对自然界的一切关系，都必须是你的现实的个人生活的、与你的意志的对象相符合的特定表现。如果你在恋爱，但没有引起对方的爱，也就是说，如果你的爱作为爱没有使对方产生相应的爱，如果你作为恋爱者通过你的生命表现没有使你成为被爱的人，那么你的爱就是无力的，就是不幸。②

---

① 黄纪苏：《漫议文化重建》，载《文化纵横》2011年第4期。

② 中共中央编译局编译：《马克思恩格斯文集》第1卷，北京，人民出版社，2009，第247页。

三

这部别具一格的文化名人采访录，是由多位年轻的清华北大学人一同完成的，而总其成者是黄卫星副教授。

黄卫星，湖北蕲春人，硕士与博士均受业于蒋孔阳先生的高足、马克思主义实践美学权威张玉能教授，博士学位论文《审美价值观的传播与建构》由人民出版社付梓。2010年初夏，上海交通大学人文艺术研究院院长、美国杜克大学教授刘康来电，举荐一位学者来此从事博士后研究，这是我第一次听说黄卫星博士。恰好自己正想为手头的国家社科重点基金项目"新中国六十年新闻事业史研究"物色一名博士后，而且已有预期人选。单从学科背景等条件看，黄博士同国家项目似显疏离，说实话我更多碍于朋友情面，请她一并前来参见面试。而结果出乎意料，最初的人选名落孙山，她却得到面试专家的一致认可。入站以来，她更以优异表现证明大家的判断。

犹记我们第一次相见，是在自己一周一次的开放时间。当晚，夜雨骤降，水流成河，学院办公室少了往日的欢声笑语。顶着狂风暴雨，她如约而来，一袭旗袍，优雅娴静，行礼如仪，从容淡定。伴着音响里悠然飘荡的音乐，我们随意聊起下一步的研究设想，擘画着如何同国家项目有机契合。不知不觉间，谈到音乐舞蹈史诗《东方红》。这部新中国的文化经典，可从文化建设、文化传播、文化研究多方面展开探讨，而这些方面正是她的学科专长。两年之后，茫茫沙漠的旅人终于看到一片郁郁葱葱的绿洲，当初幼芽似的朦胧设想如今一点点长成枝繁叶茂的大树。围绕《东方红》研究，她不仅在《现代传播》《文化研究》《新闻学论集》《清华大学学报》等权威期刊发表了若干有分量的论文，而且更完成两部专著，一是出站报告《新中国文化建设与文化传播研究——以音乐舞蹈史诗〈东方红〉为例》，一是《史诗〈东方红〉创作者口述史》。两书珠联璧合，息息相通，前者是系统厚实的理论研究，后者是鲜活丰满的口述文献。而在我看来，后者的参考启发价值或许更为突出，正如钱锺书《管锥编》体现的意味：

各路宏大叙事与理论体系迟早都可能化为残垣断瓦，而实实在在的一鳞一爪更具有恒远的意义。

采访录中的人物既是《东方红》的主创人员，又是新中国与新文化的风流人物，从作曲家周巍峙到词作家乔羽，从歌唱家王昆、才旦卓玛、李光羲到舞蹈家欧米加参，从毕业于北京大学的陆祖龙到受业于清华大学的茅沅……这些艺术家既为《东方红》付出心血，又以一串串经典之作续写了现代文化的华美篇章：《志愿军战歌》《我的祖国》《英雄赞歌》《让我们荡起双桨》《情深意长》《映山红》《瑶族舞曲》《北京的金山上》……从这些访谈录里，我们听到看到最多的是周总理、精品、经典、丰碑、里程碑、精气神、激情燃烧、空前绝后等，同时还有他们对文化艺术的真切感受与朴素思考：

欧米加参：当时参加《东方红》演出的演员，基本各有各的故事。我们经历过旧社会，也经历过新中国，所以有一种直观的生活体验，知道应该怎么表现。当时排练的时候基本上是义务劳动，呵呵，但大家都很开心。记得很清楚的是，总理那个时候作为总导演，对于整个文艺界都是很熟悉的，谁到了谁没到，总理都记得的。演员的精神状态也跟现在很不一样。后来排练的《复兴之路》，取材、灯光、技巧、音乐等技术层面都特别好，但是总感觉在精神状态上现在的演员是体会不到的。比如现在很多演员走穴，我总觉得心里特别扭，因为我最开始就是像走穴一样，到处流浪，到处挣钱，最后成了人民的文艺工作者，开始了新的生活，不再卖艺了。可是现在的文艺工作者又回去了，只要给钱我就唱，有点像轮回啊，呵呵。现在说文艺工作要这样要那样，我觉得我们当时靠的就是一个延安文艺座谈会的精神。

邓玉华：我挺拥护毛主席在延安文艺工作座谈会上的讲话。因为，我觉得我们的文艺就要为人民服务。有一段时间批判，说文艺为政治不对。那要看怎么说，一个资本主义，一个社会主义，你说是不是政治？这就是政治。社会主义国家的文艺要不要为社会主义服务？你不能避开这个性质，不说为政治服务，不说不等于不存在。什么是社会主义？爱祖国，爱中华民族，就相当于你爱你的家，爱你的爸爸妈妈，兄弟姐妹，要团结、要友爱，要互相帮助，56 个民族大团结，这是不是政治？这都是政治。文艺就要为政治服务。

周巍峙：现在大多数艺术家都奔着钱，给歌星写歌 5 万、10 万，却和人民没有交流。有一篇文章批评演员"请天上飞的下来看看"。很多时候节目只要表演完，演员就马上坐飞机走了。有时候配音都没有配好，他也不管，演出结束后拿了钱就坐飞机走了，因为下一个表演在等着他。

陆祖龙：我觉得现在是国家富了，但艺术团体不行了。除了部队的艺术团体，部队有钱，其他的艺术团体都不行啊，都要倡导产业化，市场化。我爱人本来是北京歌舞团的，但现在变成一个演艺公司了。改制后也搞舞剧，但花了几百万，演不了几场就不演了。为了生存，去跟旅游公司订合同，跑到旅馆和餐厅里去演出。可能我看得片面了。当然也有些剧场本来就是市场化的，有的改革也成功了，就像杂技现在改革了就很好，衣服也很漂亮，演出效益很好。但我觉得文化艺术团体不能全部走向市场化，国家还是应该担负起来。全世界绝大部分国家都有自己养着的文艺团体，好的艺术家都是国家养着的，没有说自负盈亏的，文化艺术与市场不能等同。

……

参与此书采访、整理与编辑的几位清华北大硕士生、博士生多为八零后，他们在走进这些文化名家的世界时，也留下自己的点滴感悟：

学者阎云翔说："集体化终结、国家从社会生活多个方面撤出之后，社会主义的道德观也随之崩溃。既没有传统又没有社会主义道德观，非集体化之后的农村出现了道德与意识形态的真空。"我想，不仅是农村，我们整个社会都面临着这种真空带来的虚无和危险。

（蒋肖斌，清华大学新闻与传播学院 2010 级硕士研究生）

有人问音乐、文学等艺术有什么用，不能吃不能穿，更不能走遍天下都不怕，我曾因这样的质问而语塞沉默，听了黄卫星老师与乔羽老师的访谈录音之后，我想试着回答你：有一种美和情怀不是为了有用而存在，那是为了听拍岸的大河浪花、闻两岸稻花香薰、看海上点点白帆，是即便经历波折，依然能够夜奔八千里路、披着云和月为祖国奉献的纯真和激情。

（杨荣荣，清华大学新闻与传播学院 2011 级硕士研究生）

他们一定是很坚定的红色一代，他们一定有毫不动摇的信仰，可是，究竟是怎样的一种坚定，我无从知晓。直到我看着眼前口齿不怎么清晰但精神依旧矍铄的老艺术家（欧米加参），努力想象着当年流浪卖艺的年轻小伙的模样，我才慢慢消除了心底由来已久的隔膜。听老师讲辗转流浪的生活经历如何凝练成《东方红》中 5 分钟的藏族舞蹈，讲 50 年代的艺术家如何到基层演出、一连八个月与百姓同吃同住，才会觉得"艺术创作要体现人民群众的思想感情"真的不是一句空话。

（杨丽娟，清华大学新闻与传播学院 2011 级硕士研究生）

……

本书的文化人身上，焕发着一种九死未悔的时代精神；采访他们的青年学人身上，透露着一股薪火相传的精神气息。如今，这种精神传承已由星星之火而渐成燎原之势，文化研究与传播研究的新动向令人欣慰。如罗小茗主编的《制造"国民"：1950－1970年代的日常生活与文艺实践》，就收录了多篇可圈可点的学术成果：安徽师范大学中文系丁云亮的《识字的政治——1950年代上海工人的学文化运动》、上海社会科学院张炼红的《"红色经典"的想象政治与"革命中国"的认同困境——以〈沙家浜〉史事演义为个案》、复旦大学中文系倪伟的《社会主义文化的视觉再现——"户县农民画"再释读》、海南大学人文传播学院张硕果的《1950年代早期上海的电影文化论争与改造——从"文艺可不可以为小资产阶级服务"讨论到"文艺整风学习运动"》（博士论文《论上海的社会主义电影（1949－1966）》一节）等，显示了思想文化波涌浪翻的新潮流，就像复旦大学中文系副教授倪伟对户县农民画的阐述：

> 我们显然不能因为户县农民画与时代政治的这种瓜葛就全盘否定其功绩。在户县农民画的历史中有不少值得总结的经验，其中尤其值得肯定的一点是它让艺术走进了普通劳动者的生活。艺术不再是少数文化人的专利，也不再笼罩着"天才论"的神秘色彩。长年累月、坚持不懈的美术普及教育，使许多普普通通的农民掌握了绘画的技能，并由此而发现了自己的创造潜能，认识到他们作为一个已经站立起来的阶级，是有能力创造文化的，也有能力创造自身乃至整个社会、国家的崭新历史。正是艺术唤醒了他们的主体意识，并帮助他们树立了创造历史的自信心。

> 这场雄心勃勃的文化革命，目标在于创造一种与封建传统文化和资产阶级文化都迥然不同的崭新的文化形态，它召唤"工农兵群众"，希望这个长久以来被认为卑贱的社会群体能够独立地担当其创造新的文化、新的历史的重任。

> ……

数风流人物，还看今朝。黄卫星博士及其年轻群体，同样属于这脉文化传承的后起之秀，属于中国现代文化建设与传播的风流人物，伴随中华民族自立于世界民族之林的崛起以及文化自觉意识，他们的心血也将融入东方红的风云画卷。

（黄卫星：《史诗〈东方红〉创作者口述史》，清华大学出版社，2013）

尾 声

○ 也是多余的话

也是多余的话

　　笔墨生涯三十年，除去正襟危坐的"三史三论"（《全球新闻传播史》《中国新闻社会史》《唐代文明与新闻传播》与《传播学引论》《传播符号论》《新中国新闻论》），尚余两部随性之作，即《清谭杂俎——新闻与社会的交响》和《水木书谭——新闻与文化的交响》。尽管读书人四体不勤，五谷不分，对社会人生的点滴作为就在于读到老、写到老，但毕竟岁月不饶人，精力不由人，所谓"骸骨癯瘁，目视昏近，目前所为，旋踵遗忘……"（司马光《进〈资治通鉴〉表》），故而无论凝神聚气的雕龙，还是殚精竭虑的雕虫，日后想来都愈发勉为其难了。于是，这部书稿杀青之际，回望三十浮名，不禁望风追怀，感慨系之。

　　上世纪六七十年代，中国内地涌起一阵无线电热潮，文革中后期更是达到高潮，从沿海到边疆，从城市到山乡，架天线，埋地线，组装收音机的情景仿佛随处可见。印象中，这一热潮既源于日入日深的广播（广播的黄金时代恰在六七十年代，当时广播之于日常生活正如今日手机），又得益于半导体、晶体管等廉价元件的普及，更与国家推动的向科技进军热潮息息相关，包括周恩来总理1975年在四届人大一次会议上抱病宣读《政府工作报告》，激荡人心地重申"四个现代化"——工业、农业、国防和科技现代化，而无线电正是当年科技现代化的高科技之一。对此，北京大学新闻与传播学院王洪喆博士在一篇论文中也作了专精的研究和论述：

　　　　电子工业生产不但没有停滞，反而在"文革"中获得了一次跃进式的发展……周恩来亲自指示保证电子计算机、卫星通信地面站和国防尖端配套产品的研发。根据周恩来的指示，国家计委把电子技术的应用列为"四五"期间国民经济生产技术发展重点，并在投资、物资方面给予扶植政策。

1969 年 10 月，中央电信工业领导小组召开了全国电信工业工作会议（代号"6910 会议"），会议提出"全民大办"、"破除电子工业神秘论"、"电子中心论"等陈伯达式的口号。

仅就单一工业部门而言，1968—1971 年地方电子工业出现的第二次"大跃进"，比 1958—1960 年"大跃进"期间电子工业的发展在规模和速度上都更加激进。[①]

70 年代初，我刚上初中，也迷上无线电。想起来，除了电子热的氛围，也同自己数理成绩尚可，这方面兴趣一直很浓不无关系。记得文革中后期，新版"十万个为什么"广泛发行，"飞机为什么会飞"一类科普小册子也不时可见——自己那点儿飞机会飞的流体力学常识就来自于此。大约同时，不知怎么弄到一些文革前泛黄的科普读物，诸如深入浅出、简便易行的"如何组装矿石收音机"，我的无线电之旅也就由此启程。

第一步，最简单。照葫芦画瓢，爬上屋顶，在烟囱上绑一根长杆儿，顶端系上条铜线，一直引到自己的桌头，就是天线了。然后，在房角挖个小洞，用铜线连个金属物，埋起来就算地线了。再配上二三简易元件，接通天线与地线就组成一台矿石机，用耳塞似的耳机便能收听广播了。当年，中央以及各地人民广播电台午夜后停止播音，难忘组装第一台矿石收音机时，心情激动，彻夜未眠，一心盼着凌晨的电台信号，睁着眼睛幻想冥冥中"无穷的远方，无数的人们"（鲁迅）。

---

① 王洪喆：《从"赤脚电工"到"电子包公"：中国电子信息产业技术与劳动政治》，载《开放时代》2015 年第 3 期。

矿石收音机由于没有动力，如电源、电池等，纯粹倚仗电台传输的无线电讯号，因此声音微弱。但组装成功矿石机，还是得到莫大激励。从此，一发不可收地钻研无线电，从电流、电容、电阻一类基础知识入手边习边作：一边学习，一边实验。前些年，看到王蒙自传里写道："一九七五年，我更勇敢地在乌市（即乌鲁木齐市——引者注）大十字——当时叫作红卫路的电器商店买了一台十四英寸的黑白电视接收机。这在芳的校园中，是第一台电视机。我们得以在电视屏幕上欣赏《春苗》《红雨》《决裂》《寂静的矿山》与老电影：《地雷战》《地道战》《南征北战》和《小兵张嘎》……"[①] 这让我又艳羡，又亲切，艳羡的是自己开始捣鼓最简单的收音机时，名满天下的"右派"已有最先进的电视机了。亲切的是他说的那家电器店正是我常常光顾的，不过我是买收音机的小零件，而他是买我还闻所未闻的电视机。

在此期间，有一本书特别有用，我想的问题都恰好讲到，读起来心有灵犀一点通。由于爱不释手，这本书陪伴我四十余年，从边城到首都，这就是"劳动人民知识化、知识分子劳动化"时代的作品之一《晶体管基础知识及其应用》，作者"上海市卢湾区业余工业专科学校"（当年著述多为集体署名）。内容提要写道："这是一本电子技术的普及读物……可供广大工农兵、知识青年、业余无线电爱好者参考"，犹如影响几代人的那套著名"数理化自学丛书"。我手头这本封底盖有"乌鲁木齐市新华书店"印章，定价 0.55 元，252 页，上海人民出版社，1972 年第 1 版，1974 年第 3 次印刷，印数从 250001 到450000 册。也就是说，我曾忝列截至那时的至少 45 万潜在"业余无线电爱好者"。

按照这本书的指引，一个初中生自学自练，边习边作，不久就组装了一台"单管"收音机，就是以一个三极管为轴心形成放大系统，以将电波信号变成清晰可辨的声音。这是一个质的飞跃。如果说矿石机犹如原始人的石斧，那么单管机就是劳动创造人类的工具，文明的

---

① 王蒙：《王蒙自传·半生多事》，广州，花城出版社，2006，第 354 页。

第一缕曙光由此显现。永难忘我的单管收音机组完毕，开始慢慢旋动"可变调谐器"搜寻电台讯号时，转着转着突然听到响亮的播音，一瞬间，手舞足蹈，欢呼雀跃，兴奋之情不亚于两弹一星研制者看到原子弹起爆！2001年调入清华大学任教，担任第一个新闻班的班主任。一次，班上一位男生带着女朋友来家聊天，女生也在清华，专业恰好是无线电，说起他们的专业实习就是组装一台单管收音机。我告诉她，自己初中时摸索着做过同一实验。

突破单管机，也就一步步会有双管机、三管机等。当然，并非三极管越多越好，而得看整体构造及其电路设计。依据残存记忆，当年收音机的整体构造有来复式与超外差之别，前者属通用水平，后者为高级水平，而再高一级就是集成电路。具体说来，来复式只能收听中波，超外差可以接收短波，超外差的电台频道自然比来复式多。所以，当时最先进的北京上海无线电诸厂及其尖端产品均属超外差。我边习边作，自己摸索，最后也达到这一"国内先进水平"。70年代中期，我下乡所在的淮河之滨公社广播站新进一套上海某厂的最先进多用机——收音、扩音、对讲等，而公社举行庆祝粉碎"四人帮"集会时，却借用我组装的超外差多用机。那天下午，红旗飘扬，人声鼎沸，而我则经历了平生刻骨铭心的瞬间。一个顽皮孩童在会场跑来跑去，不小心绊着大喇叭的电线，一下将连着主席台的多用机拽到地上，一声脆响仿佛雷鸣电闪在我心中炸开！抗战影片《血性山谷》里有位给八路军带路的老乡，在日军炮火中丢失心爱的骡子，一路跑着、哭着、喊着骡子的名字，一声声"命根根"的呼唤痛不欲生。我的宝贝机子摔地瞬间，也让我体验了同样撕心裂肺之情。

这台超外差多用机，是我中学时边习边作无线电的最终成果，凝聚着多少日日夜夜的心血，处心积虑的经营，也体现着平生最高水平。其中，所用元件均属一流工艺，机身也非常漂亮，时尚，高贵——高端大气上档次。70年代，农村还普遍没有通电（2015年《政府工作报告》提出解决最后20万无电人口的用电问题），我当年住过的公社机关只在早中晚三个时段，用柴油发电机突突突供一会儿电，而且主要用于广播站播音，晚上大概到十点。我能指望的用电时间基本在晚上。于是，白天死啃书本，并作好各种"预案"，等电一来便全力以赴组装调试。记不清多少个夜晚，电早已停了，万籁俱寂，一片黑暗，蝉鸣高树，蛙动四野，我还点着油灯一点点捣鼓自己的超外差多用机，往往这个参数调好了，那个参数又动了，真是牵一发而动全身。就这样，常常不知东方之既白。所以，捧着摔在地上的命根根，眼看着鼻青脸肿，机能破损，怎不心疼万分！鲁迅先生的悲剧定义无愧为经典：把有价值的东西毁灭给你看。不过，即使如此，夜深人静时，这台破损收音机还能收到远方的"敌台"广播，欣赏朝鲜的抒情音乐，白天连上村头大喇叭，依然可以播放我们的新闻、音乐、曲艺等，让寂静的田野远远回荡着广播的声音。

痴迷无线电，组装收音机，心里也是怀着一种懵懵懂懂的科学梦想。故而一方面钻研书本，一方面动手实验，对自动化控制尤其着迷，还设计组装声控、光控装置，直到遇上当年有限的知识无法逾越的火焰山，一部啃不动的"集成电路原理"。书名记不清了，但作者过目难忘——清华大学自动化控制专业。也由于这部"拦路虎"，还痴心妄想将来就上这所大学，读这个专业（其时对清华一无所知）。可惜，后来既没有上清华，也没有读无线电、学自动化，而是沦为百无一用的书生。好在聊以自慰的是，山不转水转，最终还是落脚清华，像一种宿命似的。身处清华，已不复科技报国的心态，而更倾心闻一多、朱自清一脉的人文日新，更向往春草绿色、春水碧波的清新气象。

1977 年参加高考，有幸成为"文革"后的第一届大学生"七七级"，进入郑州大学中文系（新闻方向）就读。入学报到时，带了两个箱子，一个装着书籍，包括《史家之绝唱，记者之先声——读伟大的司马迁与〈史记〉》里谈的那套十元《史记》，一个装着五花八门的无线电元件。而那台超外差多用机，就永远留在成于斯、毁于斯的地方。也从那时起，广播一步步退居边缘，同时无线电产业一方面被先进的集成电路所覆盖，一方面被外资冲得七零八落，"熊猫""春雷""海燕""红灯"一个个雨打风吹去，而"三洋""索尼""东芝""飞利浦"纷纷抢滩中国。更令人深思的是，电子产品为人所用之际也日益造成人类社会为物所役，看看当下满街手机低头族，不禁疑惑我们是越来越获得自由解放，还是越来越陷入种种束缚奴役，用马克思的话说："在我们这个时代，每一种事物好像都包含有自己的反面。……我们的一切发明和进步，似乎结果是使物质力量成为有智慧的生命，而人的生命则化为愚钝的物质力量。"① （《在〈人民报〉纪念会上的演讲》）

2013 年《新闻爱好者》杂志改版，我一时心血来潮，鼓匹夫之勇，开了一个"新闻与文化书谭"专栏，计划一月一篇小文章，通过书籍与阅读的视角，随心所欲谈点儿有文化、有思想的专业话题，希望为新闻爱好者提供一些参考。这本小书就是由此形成的三十篇文章与三篇书序的结集，总计三十三篇，出版之际又作了调整、补充与修订。取名《水木书谭——新闻与文化的交响》，是因为清华百年校庆之际，笔者有部"献礼作品"《清谭杂俎——新闻与社会的交响》付梓，鉴于两书格调类似，话题相通，故以相似书名一以贯之。不过，虽属清华期间一鳞一爪的"余事"（范敬宜院长称诗书画为其新闻工作的"余事"），但两部随性之作到底初衷不同，立意有别，不可同日而语。《清谭杂俎》是将手头现成的、弃之可惜而用之无着的成品汇编而成，而这部《水木书谭》则是茅檐低小平地起，边习边作，颇似当年研习无线电，用南振中的话说"边积边发"（相对于"厚积薄发"）。一方面，每篇文章除了阅读或重读三五本相关书籍，几年来还阅读或重读几套"大书"，如《资治通鉴》《鲁迅全集》《史记》《马克思恩格斯文集》等。一方面，每篇文章大大小小修改不下三五十遍，就像当年反复调适各种无线电参数，以至有时走火入魔，直到一天看到黄永玉回忆沈从文写《边城》，修改二百遍，才多少觉得心安

---

① 中共中央编译局编译：《马克思恩格斯文集》第 2 卷，北京，人民出版社，2009，第 580－581 页。

理得。

　　记得钢琴家斯特拉文斯基讲过一个小故事。一天，女佣敲门进来，又抱歉又期待地说：对不起，先生，打搅一下，请你看看我把地板擦得多么光亮。朋友赞叹，你家女佣像你一样了不起，而斯特拉文斯基答道：不，我不如她，她纯粹出于爱好。对我来说，研习无线电也近乎纯粹的兴趣，浓烈的爱好，边习边作。《清谭杂俎（续）》，再次体验了类似的忘乎所以，乐此不疲。两年多来，虽然也常为搞不懂的问题困扰，为各种参数牵一发而动全身苦恼，为灯尽油干而无奈，但看到一篇篇书谭像打磨好的地板，也是忍不住想拉着人看看，正如我那个村头大喇叭，不管别人喜欢不喜欢，兀自嘈嘈切切错杂弹。由于这个缘故，赵毅衡在《对岸的诱惑》自序中的真情流露，让我深有同感：

　　　　从马齿徒长到满鬓苍然，多少"事业"不过是人生的规定动作，得分失分都不会太意外。人生悲哀莫过于此：动作做完，鞠躬下台，回想起来，只有一两个过门动作，允许别出心裁。[1]

　　生年不满百，常怀千岁忧，人生悲哀也莫过于此。如前所述，"新闻与文化书谭"原打算溜溜达达，晃晃悠悠，走着说着，走哪儿算哪儿，不成想越走越吃力，越写越沉重，幻想的风花雪月渐渐演为雨疏风骤。换言之，起初以为这一路自当春和景明，波澜不惊，岸芷汀兰，郁郁青青，而后来发现更多时候却是淫雨霏霏，薄雾冥冥，阴风怒号，浊浪排空。《这里的黎明静悄悄……》里的苏军准尉，听说后方丛林中发现两个德国伞兵，于是带着五名女兵前往搜索，结果发现不是俩人，而是十六个人高马大、武装到牙齿的特种兵。我的最初感觉也以为囊中探物，手到擒来，岂料遭逢远远超出自己实力的阵势。更要命的是，鬼子毕竟是个目标，而自己貌似陷入无所不在的

---

　　[1]　赵毅衡：《对岸的诱惑：中西文化交流记》（增编版），上海，上海人民出版社，2007，第1页。

"无物之阵"（鲁迅），或如志愿军在长津湖神兵天降，美军陷入重围后，一个军官还在耍贫嘴的情形：前面是共军，后面是共军，左面是共军，右面是共军，这一下他们可跑不了了。与此相似，一旦我的笔触深入当下思想文化领域，就像面临一位作者评论电影《色·戒》的局面：

> 从思想层面来讲，《色·戒》巧妙地呼应了当前中国由来已久的主流话语——用个体生命消解宏大叙事，并视之为人的解放。这股思想潮流，本质上就是"不讲政治"，不讲性政治也不讲时代政治，消解历史意识，高扬人性旗帜，认为人性具有先天的超越性，而政治必定局限于一时一地，而且是暴力的、反人性的。也就是说，这种"不讲政治的政治"才是《色·戒》影迷们的心理支点。你拿民族大义的板砖去拍这个？不是落在棉花上，就是拍在皮球上。而且，这种"只谈风月，不谈风云"的取向，这种"不讲政治的政治"，恐怕已经成了当代中国真正主流的政治。《色·戒》不过是个小小的例证。这股潮流的形成，或许在某些具体情境或具体作品中包含着应对舆论监管的现实策略，但我觉得主要还是与 20 世纪 80 年代以来重新解读中国历史（特别是20 世纪革命史），以及当前全球化、资本主义化的消费社会有关。它是一种自觉的，甚至集体无意识的时代潮流。这种"不讲政治的政治"，主打的正是"人性"这张牌，它的具体表现方式往往是"情感"，并附加审美包装。①

众所周知，曾几何时，《色·戒》这部顶着"普遍人性""永恒爱情"光环的影片，一度横扫大陆各大影院，各路文人、大小媒体一片欢呼雀跃，若非几个寂寂无闻的大学生上书文化部"严打汉奸文化"，这出匪夷所思的当代"大东亚共荣圈"似的丑剧闹剧还不知如何收场。也许，正因这股文化"主潮"已经如此弥漫，如此浩大，如此强

---

① 所思：《只谈风月，不谈风云？》，载《读书》2008 年第 4 期。

劲，以至于上述文章的作者宁愿用笔名表达其核心思想：

> 所谓"人性"，不过是另一种形式的政治和历史批判。在当代中国的文化语境中，它往往指向 20 世纪乃至近代以来的革命史，通过批判革命的暴力，表达个体的悲剧，来否认革命这个所谓"宏大叙事"的合法性，并为今日形形色色的利益阶层铺路。①

无论如何，不管怎样，面对漫天塞地的无物之阵，还是不能不咬牙坚持。大学毕业时，同学间在毕业册上留言，抒发各自志向，自己不知天高地厚写下一句豪言壮语：驾长车，踏破贺兰山缺！如今咬牙坚持，已褪去年少的壮志豪情，仅余一个简单而现实的原因，还借《这里的黎明静悄悄……》里准尉对五位女兵的话说：明知不敌，我们也不能退却，因为，我们身后就是俄罗斯！同样，我的身后也是"我的祖国"，是方志敏笔下可爱的中国，是鲁迅心中埋头苦干、拼命硬干、为民请命的"民族脊梁"数千年丹心汗青的中国，是毛泽东题写人民英雄纪念碑碑文所言仁人志士抛头颅洒热血的中国。为此，这部《清谭杂俎（续）》貌似李陵当年，转斗千里，矢尽道穷，字里行间依然倾注一腔希望——向光明，向太阳。正如习近平说的："站立在 960 万平方公里的广袤土地上，吸吮着中华民族漫长奋斗积累的文化养分，拥有 13 亿中国人民聚合的磅礴之力，我们走自己的路，具有无比广阔的舞台，具有无比深厚的历史底蕴，具有无比强大的前进定力。"②

大江歌罢掉头东，难酬蹈海亦英雄。清华校友、九叶诗人郑敏的《献给贝多芬》，是我格外欣赏的诗作之一，如同贝多芬愈挫愈奋而热情似火的《英雄交响曲》，纵不能至，心向往之：

> 人们都在痛苦里哀诉
>
> 唯有你在痛苦里生长

---

① 所思：《只谈风月，不谈风云？》，载《读书》2008 年第 4 期。

② 习近平：《在纪念毛泽东同志诞辰 120 周年座谈会上的讲话》，新华社北京 2013 年 12 月 26 日电。

在一切的冲突矛盾中从不忘
将充满希望的主题灿烂导出
你的热情像天边滚来的雷响
你的声音像海底喷出的巨浪
你的心在黑暗里也看得见善良
在苦痛的洪流里永不迷失方向
随着躯体的聋黯你乃像
一座幽闭在硬壳里的火山
在不可见的深处热流旋转
于是自辽远的朦胧降临
你心中
神的洪亮的言语
刹那间千万声音合唱圣曲

李 彬
2016 年于清华